民航法規

【2nd Edition】

Civil Aviation Law

楊政樺◎著

李 序

　　自1903年美國人萊特兄弟駕機飛翔展開人類跨足三度空間的里程碑迄今，年正滿百。置身航空百年，綜觀過去一個世紀的風雲事變，以航空及航天產業的高科技發展為最，並在人類文明史造就冠冕上最耀眼的鑽石。然而，航天科技硬體發展雖不容易，民航業者例行運作所衍生環環相扣的經營管理與法務問題卻更為複雜，其牽涉層面之廣，上至國際交往，經濟民生，文化交流，下至繁複的個體權利互動，牽一髮而動全身。為協調可能的衝突，制度化及法治是人類社會發展過程中必然的自發性秩序。韓非子在《定法》有云：「法者，憲令著於官府，賞罰必於民心，賞存乎慎法，而罰加乎姦令者。」雖航空法為近代新興之法，其理仍然相通，法是國家或國際組織公布的規則律令，是使航空六業運作及民眾行為依循正軌，實現正義的規範。法能安邦治國，因事制宜，事過於法則行，不遇於法則止之效，維持社會機制穩定之運作。研讀航空法，有助於明晰這個行業權利與義務的範圍，並培養以民為主，以法為治的正念。

　　航空法學囊括公法與私法，又擴及國家主權，其涵蓋領域之深度及廣度可謂既繁且雜，欲究真理，卷帙浩繁，人難盡閱。國立高雄餐旅學院航空暨運輸管理系楊政樺主任多年來治學嚴謹，勤學好思，屢有創見。其專長為航空運務及航空法學，很高興楊主任繼《航空地勤服務管理》一書問世後，再度針對航空法學中有關航空客運實務中所涉及之相關國際公約及國內法令規章、客艙行政管理等主題編撰《民航法規》一

書以餉讀者。本書將豐富的知識化為淺顯易懂的文字，配合精美的照片
引領讀者猶如身歷其境的探索，是航空法學入門者值得一閱的佳著。楊
主任大作付梓之際，特綴數言予以推薦，並為之序。

中華航空股份有限公司前董事長

李雲寧 謹識

再版序

　　本書自2003年12月初版迄今，已將近七年。從拙著付梓迄今，因應國際民航事業快速發展與經營環境的時空變遷，亦為了掌握業內主客觀環境消長與脈動而與時俱進，光是《民用航空法》的母法就在這段期間歷經了2004年6月2日、2004年6月9日、2005年11月30日、2007年7月18日以及2009年1月23日的條文增修或刪改。即便拙著部分內容已隨時空轉換而與世情有不相投合之憾，但筆者非常感謝讀者的愛護與支持，讓這本在教科書行銷通路屬於小眾市場的拙著能有機會獲得初版三刷的績效。近年來，筆者忙於衝刺學術研究與教學工作，在案牘勞形下，常感體力耗竭、精神絞盡。遂頗為害怕接到揚智文化事業股份有限公司閻富萍總編打來催促儘快再版的電話邀約，讓末學在深感任重道遠的壓力之餘，亦對閻總編及讀者感到汗顏與深深的歉疚。

　　對於學術勞動者而言，研究成果與教學表現均是奠基在專業同儕的對話與制度環境的支持上。在有限的時間下，需要累積被學術社群認可的核心期刊發表點數。筆者資質愚鈍，欲獲得審查委員對研究成果的青睞，甚至在後續審查過程中歷經理念答辯與攻防而能僥倖化險為夷，均讓人耗盡心神。過程宛如武僧欲出少林，必須通過八面金鎖陣，內藏絆馬索、鐵蒺藜、陷馬坑，再勇闖「木人陣」及「十八銅人陣」，在雙臂烙上「青龍火印」後，才能下山。筆者深信任何曾經身歷其境者，應該不難體會這種表面上看不見，但卻真實的存在於當事人周遭的這種龐大、無所不在的無力感與不確定感的氛圍。由於大專教科書創作不列入

教師升等的評估與評鑑，在有限的時間分配，甚至長期腦力疲倦、睡眠壓縮的勞務過荷下，投入教科書編撰工作實感力有不逮。

今年4月，再度接到閻總編誠懇的催稿邀約，盛情難卻下，擔心卻之不恭，也就慨然承諾撥出時間投入再版工作。筆者也藉此一隅，表達對揚智文化事業股份有限公司工作團隊的感激，由於您們的努力，才能讓拙作以全新的面貌與讀者見面。另外，由於筆者知識窮陋，疏漏訛誤，定所不免，尚祈運輸法學學者及實務界先進有以教之，不吝導正為幸。

最後，願將此書獻給我最摯愛的家人。

楊政樺 謹誌

於國立高雄餐旅學院航空暨運輸服務管理系

目　錄

附　錄

第一章　航空法學導讀

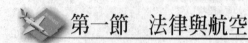 第一節　法律與航空

　　英人Daniel Defoe在1719年出版了《魯賓遜漂流記》（*Robinson Crusoe*），成為舉世聞名暢銷之作。魯賓遜在航海的途中遇難而漂流至孤島，在小島上生活了二十八年。該書藉由虛擬的創作背景探討社會經濟文化的寓意，並說明有關人類經濟制度與社會文化的部分情節以作為學習經濟學導論之佐證。從這本著作我們知道人類不能離群獨居，過著魯賓遜與世隔絕的孤獨生活。但是，如果個人要和其他人或團體和諧互動，就必須遵守某一種規範。這種規範一方面約束個人的行為，使個人的行為不致侵害他人或團體的權益，另一方面是尊重其他個人或團體，減少衝突、摩擦的負面影響，使社會得以維持和平、安定。

　　有關法律的意義，學者間的見解紛歧不一。法學在傳統上有三種說法，亦即：神意說、正義說及權利說。主張神意說者，以羅馬法學家烏爾皮安奴士（Domitius Ulpianus, 170-228）為代表，他認為法律是本於神的意思而制定的規律，它是「神事與人事的智識，正與不正之科學」；主張正義說者，以荷蘭法學家格老秀斯（Hugo Grotius, 1583-1645）為代表，他認為法律是本於人類的正義驅力所引發的遵守義務；主張權利說者，以德國法學家萊布尼茲（Gottfried Wilhelm Leibniz, 1646-1716）為代表，他認為法律是研究權利的學科。截至近代，因受宗教改革、政教分立、文藝復興、工業革命及權利義務觀念之影響，法學定義，始趨統一。

　　簡言之，「法學」是以人類社會中關於法律意識形態之發生、作用、變遷及消滅為其研究對象之學問，而「法」是人類共同生活體中，為形成秩序、維繫和平、解決衝突、實現自由，可透過權威機關之強制力所實施的規範。即使國內的學者，對於法律的意義，亦有不同的詮釋；例如管歐教授認為：「法律是經過一定的制定程序，以國家權力而

強制實行的人類生活規範。」已故的大法官鄭玉波教授認為：「法律是以保障群眾安寧，維持社會秩序為目的，而通過國家權力以強制實行之一種社會生活規範。」已故的大法官林紀東先生認為：「法律是社會生活上人和人間關係的規律，以正義為其存在的基礎，以國家的強制力為其實施的手段者。」已故的司法院副院長韓忠謨認為：「法律是憑藉強制力以為施行之保障的社會生活規範。」綜合前述諸子百家的說法，法律可以說是國家與人民，或人民與人民相互之間權利與義務關係的社會生活規範，也是以公權力強制施行的一種社會生活規範。

在開始研究「民用航空法」這門學問之前，首先要釐清何謂「民用航空法」？為何要有民用航空法？它的規範範圍為何？如何制定？航空人員及乘客各有哪些權利？義務？誠如前述，「法」為人類行為的軌範。顧名思義「民用航空法」就是民用航空行為人與使用者的軌範。凡從事民航運輸或利用民航運輸者，須憑藉這套法律以享權利，以盡義務。因運輸工具不同、運輸方法不同，法律所樹立之軌範亦各具特性。就法律分野來說，運輸可分為水、陸、空三類：水上運輸的法律關係原有海上及內河運輸兩類，但我國的海商法不僅適用於海上，與海相通的水域亦有其適用。陸上運輸雖有捷運、鐵路、公路、人力、獸力之分，但有關人力、獸力運輸，仍適用民法，實質上僅有大眾捷運、鐵路、公路三法之別。空中運輸為二十世紀新興事業，適用民用航空法。此外，民航法為經濟立法之一，具有公私法的雙重性質，屬「中間法域」。就行政觀點來說，民航法屬於公法（public law），旨在發展經濟及社會安全。就企業觀點來說，民航法屬於私法（private law），旨在規範運輸當事人間的權利義務。所謂公法是規範國家與公共團體間的關係，或國家、公共團體與私人關係的法律，諸如：主權、領土、國籍、國家關係。而所謂私法是規範私人間相互關係的法律，諸如：財產權利、合同法、侵權行為法等。

然而，什麼是航空法呢？若干法國學者認為：「航空法是一套關於飛機空中航行、航空商業運輸，以及國際國內空中航行所引起的、公

法的、私法的全部法律關係的國際國內規則。」；阿根廷艾斯卡拉達認為：「航空法是一套由航空活動引起的，或經其修改的制度、與法律關係的、公法的、私法的、國際與國內的原則與規範。」；荷蘭迪德里克斯認為：「航空法是調整空氣空間的利用，並使航空、公眾和世界各國從中受益的一套規則。」；中國大陸法學學者趙維田教授認為：「航空法是一套調整人類航空活動中各種法律關係的規則體系，而同時對航空法的主要特徵另行表述。」

　　航空法涵蓋的範圍甚廣，涉外可溯及國與國之間的航權、貿易及互惠關係；在政府監督方面可以包含民航發展與適航驗證、民航品管；在航空公司方面可以規範與飛機航行有關的航務操作、簽派原則、品質工程與可靠度分析、民航機製造的檢驗與品管、航空工業技術文件與管理、航空器產品的檢驗與測試、航空器維修的準則；在旅客權益部分可以包含客貨損害賠償、權利與義務等。本書的撰寫原則係針對「客運服務」，以管理實務為著墨的準繩，故僅就我國民法債編分則與航空運輸有關的部分、海峽兩岸的民用航空法、國際民航公約及美國聯邦航空法

圖1-1　航空法涵蓋範圍甚廣，屬綜合性法律
資料來源：楊政樺攝於馬來西亞亞庇國際機場。

（Federal Aviation Regulations; FAR）有關客艙行政的部分等四個方向，慎擇適當的主題作爲本書的架構。

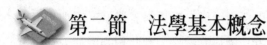

第二節　法學基本概念

　　法律主要是規範人類之社會生活，而人的社會生活常相互牽涉，故有生活關係之發生，例如債權債務關係、雇傭關係、同事關係、同學關係等是。其中生活關係受法律規範支配者，我們稱之爲「法律關係」。法律關係乃各個權利義務所構成之具體關係，故亦可稱之「爲權利義務關係」。而依法學文獻的看法，若將法律關係分爲動態與靜態觀察，靜態面爲法律關係之主體與客體；動態面則爲權利義務及其變動所生之法律現象。爲了維繫「法律關係」的均衡，我們有必要研究權利、義務與制裁三者的關係。

　　爲了維繫某一種社會行爲的規範，在系統下的參與者有其相對權利，享受權利的另一面則必須盡義務。而維繫權利與義務間的秩序與公信必須有制裁爲後盾。茲討論如後：

一、權利

　　實務上，當我們探討所謂的「法律關係」時，通常會涉及「權利」的概念。在近代以來的法學通說認爲，權利並非一個類似「意思的自由」或「意思的支配力」般的先存概念，反之，「權利」乃是由國家實定法爲使個人享受一定的利益，所賦予的「法律上之力」。換言之，該「法律上之力」得以要求他人在法律秩序下爲某種作爲或不作爲，從而使權利人的利益得以獲得實現。然而，「權利」的種類有些什麼？

(一)權利是一種支配權

可以區分為「對世權」及「對人權」。如果我們考慮以「對他人所及的範圍」為標準,可以區分為「對世權」及「對人權」。所謂「對世權」泛指一般人對之均具有尊重其權利的義務,當此類的權利受到侵害時,權利人可以對抗一般人,故而又稱為「絕對權」。諸如:以動產及不動產為標的之「物權」、以法律所擬制的專利、著作、商標為標的之「無體財產權」、人格權等均屬之。

(二)權利是一種請求權

所謂「請求權」是指向他人的權利。生活中常見的請求權實例甚多,諸如:對財產的請求權(如債的請求權、物的請求權)、人的請求權(如人身扶養請求權)。另外,法律上對請求權亦有消滅時效的規定,亦即請求權因經過一段期間不行使致使該請求權歸於消滅的法律效力。

(三)權利是一種形成權

所謂「形成權」是指直接創設、改變或消滅某一法律關係的權利,亦可說是「能夠改變權利」的權利。人民依法享有參與國家政治意思之決定權與政治意見之形成權,因此舉凡選舉、集會、結社、服公職之權等均屬之。而在民法上常見的認領子女亦是形成權的一種。

(四)權利是一種抗辯權

所謂「抗辯權」是指妨礙他人行使請求權的一種對抗權。簡言之,抗辯權又可定義為他人請求給付時,得為拒絕之權利。抗辯權可區分為「永久抗辯權」與「一時抗辯權」。前者為永久拒絕履行之權利,如行使消滅時效完成之抗辯權是(《民法》第144條);後者則是抗辯權人並非能永久排除請求權人之請求,但在特定的消滅條件下,就無法對抗

請求權人的請求行為。如：抗辯權人得在雙務契約之對方未為履行時，由我方行使抗辯，要求對方需付雙務契約之義務，同時拒絕自己義務之履行，但如對方已完成債務之履行後，其抗辯權即消滅（《民法》第264條）。

二、義務

在法律上的「義務」是指一種規範層面上的拘束力，拘束當事人為一定之作為或不作為。例如：在作為義務方面，我國憲法中課與人民納稅、服兵役、接受國民教育之義務。在不作為義務方面，主要是針對法律意義上「義務」的違反，而發生民事責任、刑事責任及行政責任。諸如：漏稅罰乃因納稅義務人未履行租稅法上之稅捐義務，故其處罰恆以漏稅金額為基礎，而科以若干倍數之罰鍰；因違反道路交通管理處罰條例此等行政法規所規範之不作為義務，將遭行政機關科處罰鍰。

一般而言，有權利之享受大多有一相對之義務負擔。例如：有一債權存在，相對必有一債務有待履行。

三、制裁

雖然人民身體之自由及財產權，法律應予保障，但其前提是人民之自由及權利，不妨害社會秩序，公共利益者，均受憲法之保障。《憲法》第23條明定，人民之自由權利，除為防止妨礙他人自由、避免緊急危難、維持社會秩序，或增進公共利益所必要者外，不得以法律限制之，以防止國家任意以法律限制人民之自由權利。對於人民科處刑罰之法律，影響人民身體自由及財產權益至鉅，自不得逾越該條所定之限制。但是，若非維持社會秩序或增進公共利益所必要，即與《憲法》第22條、第23條規定之本旨有所不符，惟為維持法律之安定性，制裁是維繫法律、保障大多數人民的手段之一。簡言之，「制裁」是指國家公權

力機關，透過強制力所加諸違反法律者的一種惡害或不利益。

　　對於人民違反行政法上義務之行為科處裁罰性之行政處分，涉及人民權利之限制，其處罰之構成要件及法律效果，應由法律定之。若法律就其構成要件，授權以命令為補充規定者，授權之內容及範圍應具體明確，然後據以發布命令。對於人民因違反法律上義務而應受之行政罰，係屬對人民之制裁，原則上行為人應有可歸責之原因，故於法律無特別規定時，雖不以出於故意為必要，仍須以過失為其責任條件。但為維護行政目的之實現，兼顧人民權利之保障，應受行政罰之行為，僅須違反禁止規定或作為義務，而不以發生損害（damage）或危險為其要件者，推定為有過失，於行為人不能舉證證明自己無過失時，即應受處罰。其制裁方式包含：

(一)刑事制裁

　　刑事制裁的刑罰：分為主刑（haupstrafe）、從刑（nebenstrafe）及保安處分。分述如下：

◆主刑

　　「主刑」是指得以獨立科處之刑罰謂之。依據《刑法》第33條，主刑之種類如下：「一、死刑。二、無期徒刑。三、有期徒刑：二個月以上十五年以下。但遇有加減時，得減至二月未滿，或加至二十年。四、拘役：一日以上，六十日未滿。但遇有加重時，得加至一百二十日。五、罰金：新台幣一千元以上，以百元計算之。」

◆從刑

　　「從刑」又稱為「附加刑」，係指附屬於主刑而科處罰金及沒收之刑罰，可分為褫奪公權及沒收兩類。在褫奪公權方面，是指剝奪犯人所應享之公法上的權利能力，依據《刑法》第36條：「褫奪公權者，褫奪下列資格：一、為公務員之資格。二、為公職候選人之資格。」而在沒

收方面，是指是指國家強制剝奪與犯罪有密切關係之物的所有權的一種處分。《刑法》第38條：「下列之物沒收之：一、違禁物。二、供犯罪所用或犯罪預備之物。三、因犯罪所生或所得之物。前項第一款之物，不問屬於犯罪行為人與否，沒收之。第一項第二款、第三款之物，以屬於犯罪行為人者為限，得沒收之。但有特別規定者，依其規定。」

◆保安處分

我國的刑法對於保安處分有下列七種：感化教育（《刑法》第86條）、監護處分（《刑法》第87條）、禁戒處分（《刑法》第89條）、強制工作處分（《刑法》第90條）、強制治療處分（《刑法》第91條）、保護管束處分（《刑法》第92條）及驅逐出境處分（《刑法》第95條）。

(二)民事制裁

因違反民法義務所為之制裁，稱為「民事制裁」，此種制裁與刑法或行政法上之公法制裁由國家介入對違反者予以制裁者不同。實務上，民事制裁必須經由當事人之請求，始予處理。其種類包含：

◆損害賠償

因故意或過失致損害於他人者，由法院判決，使加害人回復或填補被害人損害之責。如《民法》第184條：「因故意或過失，不法侵害他人之權利者，負損害賠償責任。故意以背於善良風俗之方法，加損害於他人者亦同。違反保護他人之法律，致生損害於他人者，負賠償責任。但能證明其行為無過失者，不在此限。」《民法》第194條：「不法侵害他人致死者，被害人之父、母、子、女及配偶，雖非財產上之損害，亦得請求賠償相當之金額。」

◆宣告解散

特別針對法人之人格權的消滅宣判。如《民法》第36條：「法人之

目的或其行為，有違反法律、公共秩序或善良風俗者，法院得因主管機關、檢察官或利害關係人之請求，宣告解散。」

◆權利剝奪

停止其民法上應享之權利，如對子女監護權的剝奪。如《民法》第1090條：「父母之一方濫用其對於子女之權利時，法院得依他方、未成年子女、主管機關、社會福利機構或其他利害關係人之請求或依職權，為子女之利益，宣告停止其權利之全部或一部。」

◆法律行為之無效

所謂「無效」是指法律行為在法律上不發生效力之謂。如《憲法》第172條：「命令與憲法或法律牴觸者無效。」、《民法》第72條：「法律行為，有背於公共秩序或善良風俗者，無效。」

◆法律行為之撤銷

所謂「撤銷」是指法律行為經撤銷，失其法律上的效力。如《民法》第74條：「法律行為，係乘他人之急迫、輕率或無經驗，使其為財產上之給付或為給付之約定，依當時情形顯失公平者，法院得因利害關係人之聲請，撤銷其法律行為或減輕其給付。前項聲請，應於法律行為後一年內為之。」

◆契約之解除

當事人之一方不依契約規定履行其義務者，其相對人得依法解除其契約，使契約之效力自始消滅。如《民法》第254條：「契約當事人之一方遲延給付者，他方當事人得定相當期限催告其履行，如於期限內不履行時，得解除其契約。」《民法》第359條：「買賣因物有瑕疵，而出賣人依前五條之規定，應負擔保之責者，買受人得解除其契約或請求減少其價金。但依情形，解除契約顯失公平者，買受人僅得請求減少價金。」

(三)行政制裁

因違反行政法規所為之制裁稱之「行政制裁」。可以區分為三種：對行政機關之制裁、對公務人員之懲戒、對一般人民之制裁。

◆對行政機關之制裁

以對行政機關之制裁而言，即針對人民因對中央或地方機關之行政處分認為違法或不當，以「訴願」方式要求撤銷或變更原處分；或人民因對中央或地方機關之違法行政處分認為損害其權利或法律上的利益，經依訴願法提起訴願而不服其決定或提起訴願逾三個月不為決定，或延長訴願決定期間逾兩個月不為決定者，得向最高法院提起撤銷訴訟，行政法院如認為有理由，得以判決撤銷或變更原處分或決定。

◆對公務人員之懲戒

以對公務人員之懲戒或制裁而言，依據《公務員懲戒法》第2條：「公務員有左列各款情事之一者，應受懲戒：一、違法。二、廢弛職務或其他失職行為。」而對於其懲戒處分的種類，依據《公務員懲戒法》第2章第9條：「公務員之懲戒處分如左：一、撤職。二、休職。三、降級。四、減俸。五、記過。六、申誡。」辦理之。

◆對一般人民之制裁

而對一般人民違反行政法規或行政處分時，國家的制裁方式，可分為「行政罰」及「行政上的強制執行」兩種。我們先介紹「行政罰」，對於國家為了維護一般統治權及秩序，對於違反行政法之義務者，所科之制裁稱之行政罰。其內容至少包含：

1.警察罰：人民違反警察法規或處分所為之處罰稱之。以《社會秩序維護法》第19條為例：「處罰之種類如左：一、拘留：一日以上，三日以下；遇有依法加重時，合計不得逾五日。二、勒令歇

業。三、停止營業：一日以上，二十日以下。四、罰鍰：新台幣三百元以上，三萬元以下；遇有依法加重時，合計不得逾新台幣六萬元。五、沒入。六、申誡：以書面或言詞為之。勒令歇業或停止營業之裁處，應符合比例原則。」

2.財政罰：對違反財政上義務所為之處罰稱之。其處罰之種類包含：罰鍰、滯納金、停止營業或沒入、情節重大者移送司法機關科處徒刑或拘役。

3.安全秩序罰：交通、建築等。

4.社會秩序罰：拘留、申戒、罰鍰、沒收、勒令歇業等。

5.經濟秩序罰：撤銷事業登記等。

6.其他行政罰：包含經濟罰、軍政罰、專業人員之懲戒處分等。

(四)行政執行法制度

此外，對「行政上的強制執行」而言，是指人民依法令或本於法令行政處分，負有行為與不行為的義務，經於處分書或另以書面限定相當期間履行，逾期仍不履行者，由執行機關依間接強制或直接強制方式執行之。有關各國行政執行法制度，可分為兩大法系，分別是海洋法系及大陸法系。海洋法系，在原則上視行政機關與私人處同一地位，關於行政處分之執行，如私人所為之法律行為，必須經司法機關審判，取得執行名義後，再由司法機關強制執行。至於大陸法系，在原則上，認行政機關為國家執行法律，其所為之行政處分，本身有執行力，無須經司法機關裁判，行政機關得逕行強制執行。茲就各法系重要法例說明之：

◆海洋法系

海洋法系又稱英美法系，以美、英兩國為代表。美國對於以行政命令所課之義務，義務人如不履行其義務者，一般除由司法機關以刑罰制裁外，得由行政機關請求司法機關以命令命其履行，如仍不履行時由法院以藐視法庭罪，處以罰金或拘禁之方法強制之。但有例外情形，如對

於負有繳納國稅義務人財產之扣押、外國人之驅逐以及違反衛生或安全
秩序之排除而認為有即時強制執行之必要者，得由行政機關逕行強制執
行。

◆大陸法系

　　大陸法系又稱歐陸法系或羅馬法式法系，以德、法、日為代表。按
西德1953年4月24日聯邦行政執行法規定關於強制執行方法有代執行、
強制金及直接強制處分。負有第三人可代替之行為義務而不履行者，
得以代執行之方法強制之。負有第三人不能代替之行為或不行為之義
務而不履行者，得以強制金之方法強制之。代執行或強制金不能達成目
的或適用上有困難時，得以直接強制方法強制之。關於強制金之徵收，
依1919年租稅法，行政機關得逕行徵收。強制金不能徵收時，由行政裁
判所詢問義務人後，易科以拘留以代償強制金，拘留日期一日以上兩週
以下。法國無一般行政執行法之規定，但法律有民事或刑事制裁之規定
者，對於違反行政處分之義務人，由司法機關依民刑事訴訟程序制裁
之。法律有強制處分方法之特別規定者，由行政機關依其規定行之。日
本舊行政執行法亦採大陸制度，分有間接強制處分及直接強制處分。間
接強制處分，又分代執行及罰鍰；直接強制處分，除一般直接強制處分
之外，並有即時強制處分之規定。關於罰鍰之徵收依國稅法之規定。第
二次世界大戰後，日本於昭和24年5月15日頒布行政代執行法，以代行
政執行法。自行政執行法廢止後，除另有特別規定外，罰鍰及直接強制
處分不再有其適用。

第三節　海峽兩岸的民用航空法概要

　　自從1783年人類將第一個航空器（輕氣球）升入天空以來，空間空
氣（air space）的法律地位問題及環環相扣的各種牽扯因素就成為航空

法律要解決的一大課題。雖然現今海峽兩岸因政治問題存在若干需要協商的空間，但拋開政治立場，單就航空技術與法令規章而言，熟悉彼此的法令，正是直航的起步。我國《民用航空法》第1條：「為保障飛航安全，健全民航制度，符合國際民用航空標準法則，促進民用航空之發展，特制定本法。」而中華人民共和國《民用航空法》第1條也明白揭示：「為了維護國家的領空主權和民用航空權利，保障民用航空活動安全和有秩序地進行，保護民用航空活動當事人各方的合法權益，促進民用航空事業的發展，制定本法。」無論是政府、航空器使用人或旅客，既是航空體系的一環，不管政治立場如何，瞭解雙方相關的飛航規定、規章及程序是建立共識的開始，俾便順遂直航後航空器運行的便捷與安全。

一、我國的民用航空法

以我國來說，《民用航空法》是規範一切與民航相關的行為軌範的母法。與《民用航空法》相互配套的其他子法，包含：《民用航空運輸業管理規則》、《航空貨運承攬業管理規則》、《普通航空業管理規則》、《航空站地勤業管理規則》、《航空貨物集散站經營業管理規則》、《空廚業管理規則》等共同構成政府管制航空六業的法律依據。我國《民用航空法》制定的發展係始於1941年5月30日由國民政府公布航空法，共8章67條，但此法公布後，未即實施，爾後十數年航空事業之處理，大抵以命令行之。交通部根據原有航空法及參照國際民用航空公約，並旁及各國航空法，擬定《民用航空法》草案，共101條，於1953年5月30日總統公布施行，至此我國始有一完整體系之《民用航空法》（劉承漢、蔡喆生；1954）。從1953年5月30日制定《民用航空法》迄2003年5月28日，我國的《民用航空法》總共修訂十一次。其中，單就2001年這一年，我國民航法就歷經三次修訂，究其原因，係因當年我國政府為了使得我國飛安評鑑維持在第一級，免於無法增加飛美

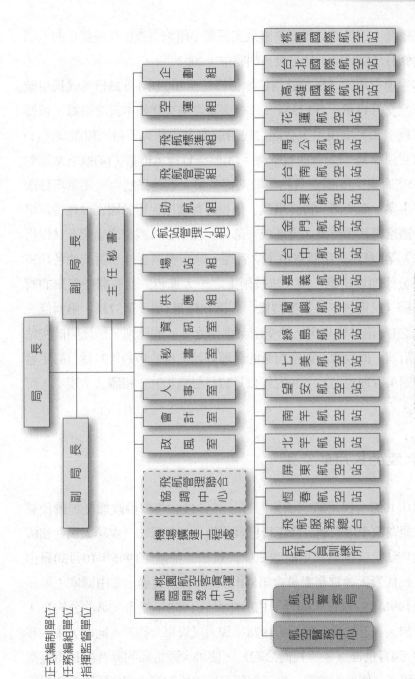

圖1-2　中華民國民用航空局組織圖

資料來源：中華民國民用航空局網站，http://www.caa.gov.tw。

正式編制單位
任務編組單位
指揮監督單位

局　　長
副局長
副局長
主任秘書

企　劃　組
空　運　組
飛航標準組
飛航管制組
助　航　組
（航站管理小組）
場　站　組
供　應　組
資　訊　室
秘　書　室
人　事　室
會　計　室
政　風　室
飛航管理聯合協調中心
機場擴建工程處
桃園航空貨運園區開發中心籌備

桃園國際航空站
台北國際航空站
高雄國際航空站
花蓮航空站
馬公航空站
台南航空站
台東航空站
金門航空站
台中航空站
嘉義航空站
蘭嶼航空站
綠島航空站
七美航空站
望安航空站
南竿航空站
北竿航空站
屏東航空站
恆春航空站
飛航服務總台
民航人員訓練所

航空警察局
航空醫務中心

航班之隱憂,逐根據當年度美國飛安評鑑小組來台查核後所提出的六項建議而修訂(袁曉峰、林源發、胡勝中;2002)。

　　本書所引用的《民用航空法》係修正至2009年1月23日。《民用航空法》全文分11章,共123條,各章涵蓋之條文詳如本書之附錄。依據《民用航空法》之規定,我國之民用航空事業計有下列六項產業:(1)民用航空運輸業;(2)普通航空業;(3)航空貨運承攬業;(4)航空站地勤業;(5)空廚業;(6)航空貨物集散站經營業。上述民航六大產業均係國家特許事業,而所謂「特許事業」係指經營權原保留於國家,在特定情形下,國家將其經營權之全部或一部分,授予私人經營之事業。《民用航空法》第6章為民用航空事業之管理,除空廚業之外,對其他各類特許產業分節加以規範,為立法技術上之一大進步。而有關空廚業的管理,依據《民用航空法》第77條:「第48條第3項、第57條、第74條、第74條之1、第75條規定,於空廚業準用之。」的原則,係比照航空站地勤業辦理。而我國針對空廚業的管理細節,也於1999年2月8日訂定發布《空廚業管理規則》(2002年12月17日已修正),相關法令規章,可謂完備。

二、大陸的民用航空法

　　以中共的《民用航空法》而言,其於1949年取得政權後,雖民航相關法規在數十年的制訂修正後已具規模,但其母法《中華人民共和國民用航空法》(簡稱民用航空法或民航法)卻遲至1995年10月30日由全國人民代表大會常務委員會第8屆第16次會議通過,並由國家主席頒令,於1996年3月1日起施行。由於中共在1958年加入《華沙公約》,1974年加入《芝加哥公約》,1978年加入《東京公約》。同時,中共亦於2003年4月批准《蒙特利爾公約》,使得大陸地區的原有的民用航空法亦面臨了一個新的挑戰。為了俾便民航法能夠符合這些國際公約對簽署國的規範,其民航法主要的法源係參考諸多國際公約、美國聯邦航

空法、歐盟聯合航空要求（Joint Aviation Requirements; JAR）及「國際民航組織」（International Civil Aviation Organization; ICAO）的規章。中共正式頒布後的民航法內容共分16章，總計214條。各章節分別為「總則」、「民用航空器國籍」、「民用航空器權利」、「民用航空器租賃」、「民用航空器適航管理」、「航空人員」、「民用機場」、「空中航行」、「公共航空運輸企業」、「公共航空運輸」、「通用航空」、「搜尋援救和事故調查」、「對地面第三人損害的賠償責任」、「對外國民用航空器的特別規定」、「涉外關係的法律適用」、「法律責任」及「附則」等，內容包羅萬象，涵蓋甚廣。

　　隔著台灣海峽，中華民國與中華人民共和國對峙分治六十餘年，歷

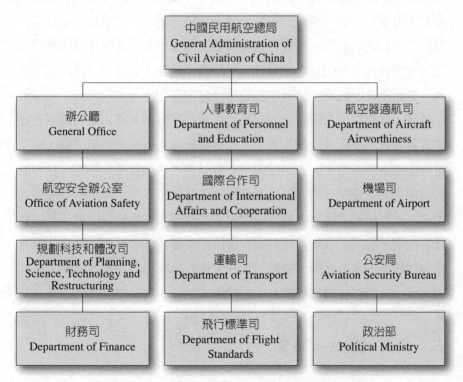

圖1-3　中華人民共和國民用航空總局組織機構圖

資料來源：中華人民共和國民用航空總局網站，http://www.caac.gov.cn/。

經兩岸軍事衝突對峙時期（1949-1979年）、兩岸對峙暨互不往來時期
（1979-1987年）至現在的兩岸和平交流暨協商時期（1987年迄今），
雖自1987年台灣方面開放赴大陸探親開始，兩岸局勢持續緩和。以目前
兩岸直航問題而言，除政治問題、航空術語統合等技術問題尚待擬具共
識外，數十年來兩岸相關法規亦極需要整合。

　　隨著1999年《蒙特利爾公約》的頒布，1997年和1999年香港、澳
門先後回歸中國，以及台灣與大陸之間的特殊關係，兩岸四地之間隨著
經濟、社會、文化底蘊、觀光旅遊、經貿往來等原因，除了推進區域經
濟合作不斷地向縱深發展，彼此之間的經濟活動、網絡關係早已成為一
個有機實體。然而，宥於政治因素，因空運而衍生的損害賠償責任議題
更加錯綜複雜。雖然台灣係以《華沙公約》體系為論述客貨損害賠償的
基礎，但畢竟不是《華沙公約》、《海牙議定書》、《蒙特利爾公約》
等國際公約的締約國，無法在國際民航組織法律委員會所主導的國際公
約修改中表達台灣的立場和聲音，造成兩岸航空客貨運損害責任上的鴻
溝。影響所及，就是全球航空運輸領域最重要的多邊國際條約，兩岸互
不適用，無法提供公平賠償的有限責任及處理機制，從而導致國際空運
的複雜性或不確定性升高。甚至，旅客或託運人面對損害賠償時，除了
可能面臨兩岸四地不同的法律規定及有無簽署各個國際公約外，也可能
因為運送人約定免責約款以減免責任而造成舉證不易，都將成為求償之
困擾。就民航業者而言，航空器使用人及承運人亦可能受限於「無限責
任」所困，提高了永無休止的損害保險的營運成本。其解決途徑，唯有
兩岸四地共同審時度勢，整理並比較兩岸四地關於民用航空運送人責任
之規範，研商客貨損害賠償責任的共識。

二、民用航空法之特質

　　綜觀現階段海峽兩岸的民航法雖然在名詞的一致性上尚有討論的空
間，但卻都可以窺見其共同特質：民用航空法相對於其他法律的性質可

謂包羅萬象，甚至跨足其他法律的領域，其深度與廣度迥異於其他。茲於後討論民用航空法之特質：

(一)國內法與國際法之混合

　　民用航空法為國內所制定，並施行於國內，在分類上應屬「國內法」，然而實質上卻有「國際法」之適用。我國《民用航空法》第1條規定：「為保障飛航安全，健全民航制度，符合國際民用航空標準法則，促進民用航空之發展，特制定本法。」由此可窺見，符合國際標準法則，為其立法目的之一。而中共的《民用航空法》第184條亦規定：「中華人民共和國締結或者參加的國際條約同本法有不同規定的，適用國際條約的規定；但是，中華人民共和國聲明保留的條款除外。中華人民共和國法律和中華人民共和國締結或者參加的國際條約沒有規定的，可以適用國際慣例。」雖然民航法亦是中共的國內法，但因中共是《華沙公約》、《芝加哥協定》（The Chicago Agreement）、《東京公約》、《蒙特利爾公約》等國際公約的簽署國，有其國際的性質，因此我國與中共的民航法皆有國內法與國際法雙重的性質，亦即符合部分法學家所謂國內法與國際法均是一個法律結構的「一元論」（monism）。

(二)公法與私法之混合

　　從羅馬十二銅（木）表法以來的一般法學的傳統，係以二分法的方式將法律分為公法和私法。公法是規律「縱」的關係，即層級關係垂直線之法律體系，為規律國家與公共團體間之關係或國家、公共團體與私人關係之法律，例如：憲法、刑法、訴訟法等均屬之；私法則是規律「橫」的關係，即人群結構水平線上左右之生活關係的法律體系之謂，亦即規律私人相互間關係之法律，例如：民法、商事法等均屬之。民用航空法具有公私法的雙重性質。從「航空行政」的觀點來看，民用航

空法是屬於「公法」；從「航空運輸」的觀點來看，民用航空法是屬於「私法」。討論於下：

◆行政法的觀點

先從「行政法」的觀點談起：《民用航空法》共計11章123條，除第9章賠償責任為純私法規定外，其餘各章多半涉及行政範圍，第10章之罰則，其中有刑事罰和行政罰。其中刑事罰部分，以劫機事件處罰最重。如《民用航空法》第10章第101條規定：「以強暴、脅迫或其他方法危害飛航安全或其設施者，處七年以下有期徒刑、拘役或新台幣二十一萬元以下罰金。因而致航空器或其他設施毀損者，處三年以上十年以下有期徒刑。因而致人於死者，處死刑、無期徒刑或十年以上有期徒刑；致重傷者，處五年以上十二年以下有期徒刑。第一項之未遂犯罰之。」而行政罰部分，如第112條所揭示的罰則：

航空器所有人、使用人、民用航空運輸業、普通航空業、航空貨運承攬業、航空站地勤業、空廚業、航空貨物集散站經營業、飛行場、製造廠或民用航空人員訓練機構有下列情事之一者，處新台幣六十萬元以上三百萬元以下罰鍰；情節重大者，民航局得報請交通部核准後，停止其營業之一部或全部或廢止其許可：

一、航空器國籍標誌及登記號碼不明或不依規定地位標明。

二、違反第四十條第一項規定之航空器維護作業。

三、規避、妨礙或拒絕依第五十六條第二項規定之檢查。

四、違反第五十八條之一第一項規定，未經許可實施聯營。

五、違反第六十四條之一第一項規定而為個別攬客行為。

六、其他依本法應接受檢查或限期改善事項而規避、妨礙或拒絕檢查或屆期未改善者。

航空器所有人、使用人、民用航空運輸業、普通航空業、航空貨運承攬業、航空站地勤業、空廚業、航空貨物集散站經營業、飛行場、製

造廠或民用航空人員訓練機構有下列情事之一者,得予以警告或處新台幣六十萬元以上三百萬元以下罰鍰,並命其限期改善,屆期未改善者,得按次處罰;情節重大者,民航局得報請交通部核准後,停止其營業之一部或全部或廢止其許可:

一、登記證書或適航證書及依據本法所發其他證書應繳銷而不繳銷。

二、違反依第九條第三項所定規則有關航空產品與其各項裝備及零組件之設計、製造之檢定、認可或其他應遵行事項之規定。

三、違反依第九條第五項所定規則有關適航檢定之分類與限制、檢定、簽證、紀錄、年限管制、適航、維修管理或其他應遵行事項之規定。

四、違反第四十一條第一項規定,未遵守飛航管制或飛航管制機構指示。

五、違反依第四十一條之一第二項所定規則有關航空器飛航作業、飛航準備、航空器性能操作限制、航空器儀表、裝備與文件、航空器通信與航行裝備、航空器維護、飛航組員作業、駕駛員資格限制、簽派員、手冊表格與紀錄、客艙組員、保安或其他應遵行事項之規定。

六、違反依第四十一條之二所定規則有關飛航安全相關事件通報作業事項之規定。

七、不遵照噪音管制規定。

八、違反第五十五條第一項規定,客貨運價之訂定及變更,未報請備查或核准。

九、違反第五十六條第一項規定,未按期申報營運、財務、航務、機務或股本百分之三以上股票持有者之表報。

十、違反第五十八條規定,未申報增減資本、發行公司債、租借、相繼運送與代理等契約或主要航務與機務設備之變更或遷移。

未經許可而從事民用航空運輸業、普通航空業、航空貨運承攬業、

空廚業、航空站地勤業、航空貨物集散站經營業或民用航空人員訓練機構之業務及製造、銷售航空產品與其各項裝備及零組件者，處新台幣六十萬元以上三百萬元以下罰鍰。

◆**航空運輸的觀點**

再談「航空運輸」的觀點：航空運輸係運送營業之一，隸屬商事行為，在民商法典分立的國家，應屬商事法之一，我國採民商合一制度，應屬民法之特別法，其性質與海商法類似。此觀於《民用航空法》第2章有關航空器權利之規定，以及第9章賠償責任的規定，其為民法物權與債編之特別規定，毫無疑義。

(三)實體法與程序法之混合

若考慮以法律規定的內容為區別標準，可分為「實體法」（substantive law, materielles recht）與「程序法」（object law, formelles recht）兩種。所謂實體法是直接規定人們在政治、經濟、文化和社會生活等實際關係中的權利和義務之實體關係，亦即規定權利義務之發生、變更、效果與消滅的法律之謂，如憲法、刑法、民法、行政法等。程序法是規定實現實體法過程中有關訴訟程序或手續的法律，如刑事訴訟法、民事訴訟法、行政訴訟法等。實體法和程序法兩者相輔相成，缺一不可。沒有實體法，程序法就失去了目的和意義；沒有程序法，就不知道按哪種原則、方法和步驟去實現實體法所規定的內容。簡言之，實體法與程序法之區別，是以法之實質及施行手續為標準。凡規定權利義務實質之法律，為「實體法」。若為關於其運用之手續者，為「程序法」。實體法為權利義務之實質法，亦稱主法；程序法則為輔助實體法施行的程序，亦稱助法。

實體法之任務在規定權利義務之內容，舉凡國家與人民間或個人相互間之權利義務，皆詳載於實體法，至於權利義務之如何施行、如何運用，則係程序法之任務。民用航空法實兼具實體法與程序法之兩種性

質。除本身在原則上多爲實體法外，並涉及民事訴訟法與刑事訴訟法之規定。如《民用航空法》第99條規定：「航空器失事之賠償責任及其訴訟之管轄，除本法另有規定外，適用民法及民事訴訟法之規定。」

參考文獻

袁曉峰、林源發、胡勝中（2002）。〈我國民航法之初步研析〉，「民航學會／航太學會／燃燒學會」學術聯合會議論文集。

劉承漢、蔡喆生（1954）。《民用航空法論》，頁8-10。中國交通建設學會。

劉承漢（1978）。《陸空運輸法概要》。三民書局。

第二章 民法之「運送營業概要」

第一節　民法上的運送營業概說

　　法諺有云：「有社會斯有法律，有法律斯有社會」，足見法律與社會關係乃相當密切。其中民法爲規律私人間日常生活關係之生活規範，所以民法包含範圍甚廣，可謂規範人間財產及身分關係之法律，學者亦有稱之爲「日常生活之根本大法」。民法和生活緊密結合，生活點滴在在都是民法活生生的體驗。民事活動應受規範，規範之目的在保障個人之活動自由與財產之權利。既然民法是規範人民生活的根本大法，因此凡是和人民日常生活中權利義務有關的法律規範，概屬民法範圍，是爲廣義之民法，亦即實質意義之民法。國家立法原須將民法應行規律事項悉置於統一法典之內，不過，因現實生活中各類權利義務的關係錯綜複雜，不僅種類繁雜，而且瑣碎零散，想要求得網羅無遺，實在並不容易。因此，只能就可以統一編纂之部分，彙編爲民法典，而其他部分，則視社會環境的需要，分別制訂若干單行法規。

一、民法的淵源與發展

　　我們很有興趣知道，中國何時開始有「民法」？中國在西元前二十一世紀左右的夏朝已形成了法制。但由於中國物大地博，資源豐富，以農業爲立國之本，以宗法家長制家庭爲社會的基本構成單位，以儒家綱常倫理學說爲統治思想，以皇權神聖的專制主義爲國家的基本政治制度。清朝在順治3年5月時制定《大清律》，歷數十年修訂後，於乾隆5年制定《大清律例》以後，宣布不再修改律文，而以例作爲律文的補充，並且規定例五年一小修，十年一大修。雖然，專制時代對民事規律已有完整的規範，然而，那些法例是由人治政府制定，是由統治者意志而訂定，人民沒有權利表達意見。在專制主義的統治下，重公權、輕

私權，以無訟為價值取向。亦即，法律以維護公權即國家的統治權為首要任務，至於私權觀念則較為淡薄。這種長期缺乏民法之現象，直到1902年，清廷命沈家本等為修律大臣，主持法律館，規定修律的指導思想是「參酌各國法律，悉心考訂，妥為擬議，務期中外通行」。其於1911年完成《大清民律草案》，但因宣統皇帝愛新覺羅‧溥儀遜位後而停止。1930年於中華民國國民政府時期制定的民法，至今仍於台灣廣為施行。中共在1949年建立政權後，立即廢除國民政府時期發布的各項法律、法令，並開始建立其所謂的「人民司法制度」。經過近四十年的波折，大陸始於1986年4月12日由第6屆全國人民代表大會第4次會議通過《中華人民共和國民法通則》且於1987年元旦起施行至今，主要內容包括民事主體、民事法律行為和代理、民事權利、民事責任、訴訟時效、涉外民事關係的法律適用等；《婚姻法》、《物權法》、《合同法》、《公司法》等作為中共《民法通則》的延伸部分。

眾所周知，台灣民事法律關係之安定性係建立在法的位階性或穩妥的法源論上。《民法》第1條規定：「民事，法律所未規定者，依習慣；無習慣者，依法理。」指出了法源的適用順序，據此，也承認法有漏洞時，可依類推適用等方式補充漏洞。在這一類法源理論、法的解釋、補充等方法論上，已形成一套科學，也使民法之適用深具可預測性。然而，一般認為中共民法之法源有：(1)憲法；(2)法律：民法通則、經濟合同法及其他有關民事法律；(3)國務院制定之行政法規、決定、命令；(4)國務院所屬部、委發布之命令、指示、規章；(5)省、市縣各級人代會、人民政府發布的決議和命令；(6)最高人民法院所作司法解釋和具有指導性的指示；(7)國家政策。此外，中國所制定的首部民法典《中華人民共和國民法草案》，已由全國人大常委會法制工作委員會審議中。

二、台灣的民法條文

以台灣而言，民法條文眾多，共有1,225條之多，涵蓋私法行為之各個層面，極為瑣碎繁雜，共分總則、債、物權、親屬、繼承五編。茲列舉各編章節如後：

第一編　總則
　第一章　法例
　第二章　人
　第三章　物
　第四章　法律行為
　第五章　期日及期間
　第六章　消滅時效
　第七章　權利之行使
第二編　債
　第一章　通則
　　第一節　債之發生
　　第二節　債之標的
　　第三節　債之效力
　　第四節　多數債務人及債權人
　　第五節　債之移轉
　　第六節　債之消滅

其中，債編第二章包含：第一節買賣、第二節互易、第三節交互計算、第四節贈與、第五節租賃、第六節借貸、第七節僱傭、第八節承攬、第九節出版、第十節委任、第十一節經理人及代辦商、第十二節居間、第十三節行紀、第十四節寄託、第十五節倉庫、第十六節運送、第十七節承攬運送、第十八節合夥、第十九節隱名合

夥、第二十節指示證券、第二十一節無記名證券、第二十二節終身
定期金、第二十三節和解及第二十四節保證。

因應多年來我國社會、經濟環境的快速變遷，現有條文已逐漸不敷
需要，修正後之民法已於2009年6月10日正式施行。

三、大陸的民法條文

此外，中共於1986年4月12日通過，自1987年1月1日起施行的《中華人民共和國民法通則》，共有9章156條。各章節標題依序為：

第一章　基本原則

第二章　公民（自然人）

　第一節　民事權利能力和民事行為能力

　第二節　監護

　第三節　宣告失蹤和宣告死亡

　第四節　個體工商戶、農村承包經營戶

　第五節　個人合夥

第三章　法人

　第一節　一般規定

　第二節　企業法人

　第三節　機關、事業單位和社會團體法人

　第四節　聯營

第四章　民事法律行為和代理

　第一節　民事法律行為

　第二節　代理

第五章　民事權利

　第一節　財產所有權和與財產所有權有關的財產權

　第二節　債權

　第三節　知識產權

　第四節　人身權

第六章　民事責任

　第一節　一般規定

回顧民法在法學史上的時間洪流之演繹：歐洲自中世紀以後，封建制度漸趨沒落，在法國拿破崙法典公布前後，商業蓬勃發展，商人具有特殊地位，而他們在交易行為的性質，和與一般人民有所差別，而他們所遵循的習慣，亦與一般人民不同。當時各國立法趨勢，乃於民法法典之外，多另訂商法法典，以資適應。這是所謂的「民商分立主義」。爾後，商業之經營日趨普遍，諸如信用之運用、證券之流通，漸成為一般人之日常習慣，商人之特殊地位消滅，立法例又轉而將民商法合併編撰，是為「民商合一主義」。以我國為例，制定民法之際，即採上述所謂的「民商合一主義」，將商事行為，如買賣、契約、倉庫、代辦商等，均列於「債編分則」之中。「運送」係屬商業行為之一，採民商分立主義的國家，均規定於商法典之內。我國因採民商合一主義，故列為民法債編分則中之一節。按所謂運送營業，就運送客體來區分，可分為「物品運送」與「旅客運送」。就運送途徑加以區分，可分為「陸上運送」、「水道運送」（河運、漕運、海運）、「空中運送」。由於航空運輸業正是所謂的「空中運送」，因此，我們有必要先釐清「運送法」的原則。

四、運送法的原則

(一)運送人的界定

根據我國的《民用航空法》第2條第11項「民用航空運輸業：指以航空器直接載運客、貨、郵件，取得報酬之事業。」航空運輸事業的本質核心是「運輸」，其運送媒介是透過空中航行完成其運送行為，而依賴運送以為其生計來源之謂。因此，我們有必要先對「運送人」從事適當界定。根據《民法》第622條規定：「稱運送人者，謂以運送物品或旅客為營業而受運費之人。」就法條定義加以分析，運送人身分的構成，須符合下列條件：

◆運送人必須從事運輸（運送）行為

所謂運輸（運送），是使用運輸工具，將人、貨、郵件從甲地運至乙地，以克服空間阻隔的一種過程或經濟行為。透過運輸，可以創造空間效用（place utility）、時間效用（time utility）、形式效用（form utility）及持有效用（possession utility）。

◆運送人必須為不特定的第三人從事運送

運送行為在法律上有債權債務的交互關係。由不特定的第三人給付一定的費用，在遵守與運送有關的規章或法令的前提下，運送人和其締結契約，而擔任運送之謂。若為自己運送，雖然不失為運送行為，但並非民法上所謂運送人之運送行為。

◆運送之標的必須是物品或旅客

運送標的除了人（旅客）之外，物品亦是運送標的。舉凡一切動產可供輸送者皆是其服務範圍，至於有無價格、是否商品，則不是我們關心的課題。以航空運輸常見的軍需物品託運、活生動物（Carriage of

Animal）、甚至遺體運送，均可以是物品運送之標的，但必須限制其爲有體物。電報（telegram）、電話（telephone）、廣播（radio）、電子郵件（e-mail）等之通信，均非民法所定義的運送。至於書函通信之輸送，雖然是屬於物品運送，但各國均列爲郵政專營業務，不適用民法運送的規定。簡單的來說，就是運送物必須限於書函通信之外的有體物。

◆運送人必須以運送爲營業

依據《民用航空法》第2條，民用航空運輸業是以航空器直接載運客、貨、郵件，取得報酬之事業。而普通航空業是指以航空器從事空中遊覽、勘察、照測、消防、搜尋、救護、拖吊、噴灑、拖靶勤務、商務專機及其他經專案核准除航空客、貨、郵件運輸以外之營業性飛航業務而受報酬之事業。他們共同的特質都是以「運送」當作謀生的事業。既然是營業，當然必須向使用者收取運費。如果只是偶然爲他人運送，而不以爲營業者，不得稱爲運送人。

(二)運送契約的特質

除此之外，運送人及託運人依雙方意志或社會習慣所簽訂或意義上所構成之運送契約，有下列五點特質：

◆運輸契約必爲雙務契約

當事人雙方互負對價關係的債務之契約稱之「雙務契約」。雙務契約相對於片務契約而言，指雙方均需擔負債務，並需有「對價關係」。以航空客運的運送契約爲例，旅客方面負有支付運費的債務，航空公司方面負有依旅客訂位之日期、航線、班次完成載送，並確保旅客在載運過程中人身及所攜行李安全不受損害的債務，兩者居於對價關係。

◆運輸契約必爲有償契約

當事人互爲對價關係的給付之契約稱爲「有償契約」，雙務契約當事人雙方既互負對價關係的債務，結果當互爲對價關係的給付。因此，

33

就航空客運的雙務契約而言，都是有償契約（但是，有償契約卻未必都是雙務契約，請釐清！）。

◆ **運輸契約或為諾成契約，或為要物契約**

諾成契約僅以合意為成立要件，要物契約於合意之外，更以當事人一方交付標的物為成立要件。

◆ **運輸契約是定型化契約**

所謂定型化契約意指是指由一方立約人的意思來決定契約內容，另一方只能決定是否要締結，但無權變更內容的契約型態，因此又稱為「捕蠅紙契約」。依照我國《消費者保護法》第2條第7項的規定：「定型化契約條款：指企業經營者為與不特定多數消費者訂立同類契約之用，所提出預先擬定之契約條款。定型化契約條款不限於書面，其以放映字幕、張貼、牌示、網際網路、或其他方法表示者，亦屬之。」「定型化契約」的名稱，學術上的名詞並不統一，除稱為「定型化契約」外，也有叫做「附合契約」、「標準契約」、「一般契約條款」、「普通契約條款」、「標準契約條款」、「契約標準格式」等。它的特質是不重視相對人的個別因素，而將交易條件統一化，以利使用者大量使用，避免因個人磋商所帶來的不便。航空客運的運送契約是由運送人一方面所決定，旅客只有依其所定的條款同意訂立與否的自由，並無討價還價的空間。但是，法律上為了保障消費者，依消費者保護法第11條之規定，定型化契約條款如有疑義時，應為有利於消費者之解釋。以航空客運機票為例，航空公司為與不特定消費大眾訂立運送契約而單方預先擬定之契約條款，故機票上載之運送條款，本質上應為定型化契約，機票本身係為運送契約之證明文件，旅客只要持機票向票上之航空公司請求劃位搭機，航空公司均僅審核搭機人之身分與機票上載姓名是否同一人，以及請求搭乘之班機、時間、目的地與票上記載事項是否相符，至於旅客如何取得機票，並非主要關心的課題。

◆**運輸契約以不要式契約為原則，要式契約為例外**

　　一般契約依《民法》規定只需符合第153條第1項：「當事人互相表示意思一致者，無論其為明示或默示，契約即為成立。」之條件，即可合法成立，並不需特定之格式或形式，故稱為「不要式契約」。然而，某些契約因其性質特殊，法律為使當事人慎重行事，並確保契約之存在與內容完整，特別規定該契約之成立需遵循一定之方式進行；或雙方當事人為保全契約內容及權利，互相約定應依一定方式進行，則均稱之為「要式契約」。簡言之，要式與不要式的區別，在契約之成立，是否須有以書面或一定形式。要式契約如不具備法定或約定之必要方式，其契約原則上無效。《民法》第73條：「法律行為，不依法定方式者，無效。但法律另有規定者，不在此限。」就民法對運送契約之成立要件而言，並無硬性規定，故為不要式契約。

 # 第二節　物品運送的權利與義務

一、託運人的義務

　　在民法的運送營業有關物品運送的相關規定中，託運人和運送人的義務及權利是相對而非絕對的。首先，我們先談談託運人有哪些義務：託運人委託運送貨物，首先要與運送人訂立運送契約，而為了運送之順遂，根據《民法》第624條：「託運人因運送人之請求，應填給託運單。託運單應記載左列事項，並由託運人簽名：一、託運人之姓名及住址。二、運送物之種類、品質、數量及其包皮之種類、個數及記號。三、目的地。四、受貨人之名號及住址。五、託運單之填給地及填給之年、月、日。」託運人有下列義務必須遵循：

(一)運送物之內容項目告知義務

1929年10月12日在華沙簽訂，1933年2月13日起生效的《統一國際航空運輸某些規則的公約》（Convention for the Unification of Certain Rules Relating to International Carriage by Air Signed at Warsaw on 12 October 1929）（俗稱華沙公約）第10條規定：「(1)對於在航空貨運單上所填關於貨物的各項說明和聲明的正確性，託運人應負責任。(2)對於因為這些說明和聲明不合規定、不正確、或不完備而使承運人或任何其他人遭受的一切損失，託運人應負責任。」運送物之種類、品質、數量為何？是否為一般物品？抑或是貴重物品？危險品或政府管制品？託運人應將這些運送物之內容項目確實告知運送人，俾便其決定是否願意承運？如何承運？以及費率金額的收取。此外，若填寫不合規定、不正確或不完備導致運送人遭受損失，尚得負責。而我國的《民法》第631條亦強調：「運送物依其性質，對於人或財產有致損害之虞者，託運人於訂立契約前，應將其性質告知運送人，怠於告知者，對於因此所致之損害，應負賠償之責。」

(二)運送物之封裝完好義務

託運人交付運送之運送物，為順遂運送過程中不致因缺乏包裝或包裝不適當導致的物品散落或傷及搬運工，託運人於交付運送物時應備置約定或相當慣行之包裝。《瑞士債務法》第442條規定，若託運人未將運送物封裝完好，則運送人得拒絕受領，或請求修改包裝。我國《民法》第635條規定：「運送物因包皮有易見之瑕疵而喪失或毀損時，運送人如於接收該物時，不為保留者，應負責任。」換言之，運送人對於有瑕疵的包裝，既得免除其責任，對於有易見之瑕疵者，亦得為之保留。而中共的《民用航空旅客、行李國內運輸規則》第37條亦有類似規定：「託運行李必須包裝完善、鎖扣完好、捆扎牢固，能承受一定的壓

力，能夠在正常的操作條件下安全裝卸和運輸，並應符合下列條件，否則，承運人可以拒絕收運：(一)旅行箱、旅行袋和手提包等必須加鎖；(二)兩件以上的包件，不能捆為一件；(三)行李上不能附插其他物品；(四)竹籃、網兜、草繩、草袋等不能作為行李的外包裝物；(五)行李上應寫明旅客的姓名、詳細地址、電話號碼。」

(三)交付託運單之義務

託運人與運送人訂立運送契約時，為使受貨人知悉契約之內容起見，並依運送人之請求，多以書面記載其主要條款，亦即所謂的「託運單」。託運單大抵由託運人於交付託運物時，交付於運送人，由運送人將託運單與運送物一併運至目的地，然後交付受貨人，俾得據以查悉運送契約之內容，並比照單上記載，與運到品審查無誤。我國《民法》第624條規定：「託運人因運送人之請求，應填給託運單。託運單應記載左列事項，並由託運人簽名：一、託運人之姓名及住址；二、運送物之種類、品質、數量及其包皮之種類、個數及記號；三、目的地；四、受貨人之名號及住址；五、託運單之填給地及填給之年、月、日。」對航空貨運而言，《統一國際航空運輸某些規則的公約》第7條規定：「如果貨物不止一件時，承運人有權要求託運人分別填寫航空貨運單。」第8條更詳細地規定了航空貨運託運單上應該包括的各個項目，包含：(1)貨運單的填寫地點和日期；(2)起運地和目的地；(3)約定的經停地點，但承運人保留在必要時變更經停地點的權利，承運人行使這種權利時，不應使運輸由於這種變更而喪失其國際性質；(4)託運人的名稱和地址；(5)第一承運人的名稱和地址；(6)必要時應寫明收貨人的名稱和地址；(7)貨物的性質；(8)包裝件數、包裝方式、特殊標志或號數；(9)貨物的重量、數量、體積或尺寸；(10)貨物和包裝的外表情況；(11)如果運費已經議定，應寫明運費金額、付費日期和地點以及付費人；(12)如果是貨到付款，應寫明貨物的價格，必要時還應寫明應付的費用；(13)根據

第22條第2項聲明的價值；(14)航空貨運單的份數；(15)隨同航空貨運單交給承運人的憑證；(16)如果經過約定，應寫明運輸期限，並概要說明經過的路線；(17)聲明運輸應受本公約所規定責任制度的約束。」如果運送人接受託運人委託運送物品時沒有要求其填寫託運單，則若將來在運送過程中遭遇糾紛，就會喪失若干權益，亦即《統一國際航空運輸某些規則的公約》第9條之規定：「如果承運人接受貨物而沒有填寫航空貨運託運單，或航空貨運單沒有包括第8條(1)至(9)和(17)各項，承運人就無權引用本公約關於免除或限制承運人責任的規定。」

(四)交付運送上必要文件之義務

我國的《民法》第626條規定：「託運人對於運送人應交付運送上及關於稅捐警察所必要之文件，並應為必要之說明。」所謂「必要之文件」意義甚廣，舉凡完成運送目的所必需者，均包括在內。如果是特種貨品，依法必須有特准證件。舉凡為了順遂運送人完成託運人委託運送

圖2-1　中華航空公司高雄運務櫃檯的活生動物

資料來源：國立高雄餐旅學院航空管理系林慶杰同學攝。

之終結目的，爲了能將運送物安全運達於目的地，並能依時完好交付於受貨人，如果必要之文件有缺，或則遲滯於中途，或則受阻於投遞。凡此均有違背託運人交付運送之原意，爲託運人本身的利益考量，應當事先妥爲交付。以活生動物託運爲例，中共的《民用航空旅客、行李國內運輸規則》第44條規定：「旅客必須在定座或購票時提出，並提供動物檢疫證明，經承運人同意後方可託運。」而國際線對活生動物託運更是規定，若欲辦理寵物入境某個國家，應依該國動物檢疫站的各項規定辦理動物檢疫證明，並辦理「進口同意文件」、輸出國政府動物檢疫機構簽發之動物檢疫證明書正本及航運公司提單（B/L）。若這些在運送過程中「必要之文件」不齊全，恐怕這些寵物就會被拒絕入境而無法順利完成運送。

二、託運人的權利

　　然而，對物品運送人之義務來說，物品運送人依運送契約之所定，對託運人負有種種義務。其義務重在運送之履行。就託運人之觀點來說，亦即託運人的權利。有關物品運送人有哪些義務，分述如下：

(一)按時運送之義務

　　《民法》第632條規定：「託運物品，應於約定期間內運送之。無約定者，依習慣。無約定亦無習慣者，應於相當期間內運送之。前項所稱相當期間之決定，應顧及各該運送之特殊情形。」運送人如違反此項義務，則依《民法》第634條規定：「運送人對於運送物之喪失、毀損或遲到，應負責任。但運送人能證明其喪失、毀損或遲到，係因不可抗力或因運送物之性質或因託運人或受貨人之過失而致者，不在此限。」運送人對於運送物之遲到，應負責任。惟遲到責任之範圍大小，各國不一，大致可以分爲「通常事變責任主義」及「不注意責任主義」。所謂

「通常事變責任主義」是指運送人除以不可抗力之事由為免責要件外，對於通常事變，均負責任，如法國、義大利的商法。而「不注意責任主義」者，以運送人未怠於注意為免責要件，如德國、日本的商法。我國民法則採取相對較嚴格的「通常事變責任主義」，除了依據前述《民法》第634條內容可證之外，亦可由《民法》第633條：「運送人非有急迫之情事，並可推定託運人若知有此情事亦允許變更其指示者，不得變更託運人之指示。」這種「除不可抗力因素外不得免責」的原則可窺見一斑。

(二)依從指示之義務

託運人有指示運送人處理運送之權利，運送人亦有依其指示之義務。所謂指示，指與運送有關的要項為主，諸如：運送路線、交付方法、收貨人姓名等。此種指示，或為契約上之明示，或雖無契約，而為習慣上之默示，訂有契約者，運送人如有違反，係屬違背契約行為，固應負損害賠償之責，雖非明示而有違其默示者，則其債務履行，未依債務之本旨，亦應負損害賠償之責。

(三)運到之通知義務

航空運送，遍布全球，動輒牽連兩國以上，故運送人多於他地或他國設立分公司或代理人，代為辦理有關承運貨物在該地之一切事務，《民法》第643條規定：「運送人於運送物達到目的地時，應即通知受貨人。」運送人將託運物送抵收貨人所在目的地，應該通知受貨人，方可使受貨人獲知貨已運到，而請求交付。依同法第644條：「運送物達到目的地，並經受貨人請求交付後，受貨人取得託運人因運送契約所生之權利。」受貨人完成託運物的交付後，即取得託運人因運送契約所生之權利，若運送物沒有遲延或損毀等問題，運送人之義務始正式終了。

實例個案研討

運到之通知義務

【案由】損害賠償

【相關法條】《民法》第643條（0181122）

【判例全文】

上訴人：戀興有限公司

法定代理人：張祖茂

訴訟代理人：江鵬堅律師

被上訴人：韓商大韓航空股份有限公司台北分公司

法定代理人：崔鎮奉

右當事人間請求損害賠償事件，上訴人對於中華民國六十二年十二月三十一日台灣高等法院更審判決（六十二年度上更一字第二八九號），提起上訴，本院判決如左。

主文：原判決廢棄，發回台灣高等法院。

理由：本件上訴人主張，訴外人海灣育樂器材股份有限公司向伊訂購進口育樂器材一批，特約於六十年九月二十五日前交貨，並由伊交付保證金新台幣（下同）四十萬元與海灣公司，保證如期交貨，如有違誤，該保證金即由海灣公司沒收，嗣伊於同年九月間向美國康恩公司訂購該育樂器材，經康恩公司於同年九月二十一日，交由美商美國環球航空股份有限公司運送，環球公司於同年九月二十三日轉託韓商大韓航空股份有限公司，自美國洛杉磯運送，於同年九月二十四日運抵台北。詎被上訴人竟違背民法第六百四十三條所定保護他人之法律，未即時通知上訴人領取，經上訴人會同海灣公司以電報向美國追詢，迨至同年十月七日始悉該批器材運抵台北有時，並悉貨單連同發票，裝箱單一併

遺失，經由代理被上訴人之復興航空公司出具證明，於同年十月八日始將貨領出。惟因已逾時二週之久，上開保證金悉被海灣公司沒收。爰求為命被上訴人與美國環球航空公司連帶賠償四十萬元及其法定遲延利息之判決。被上訴人則以，環球公司於六十年九月二十三日轉託其運送，並末於提單載明應於同年九月二十五日以前運達台北，即本係屬末定期限之運送，被上訴人依一般程序處理，依民法第六百三十二條之規定，自無不當。又上訴人雖曾向被上訴人查詢，但謂係由美國運交中華電視台之貨物，與本件提單記載之收貨人中國農民銀行不符，致無結果，足見上訴人就遲領貨物與有過失等語，資為抗辯。原審審理結果，係以依上揭上訴人主張之事實，環球公司係轉託在美國－洛杉磯之大韓航空公司運送來台，顯非設在台北市之被上訴人遠去美國洛杉磯轉運，縱令本件爭執事項與被上訴人之總公司有關，被上訴人亦非有當事人能力，被上訴人既非運送人，上訴人又不能證明被上訴人有民法第六百四十三條之通知義務，其以被上訴人怠於通知為由，請求賠償，自非有理由。因將第一審所為有利於上訴人之判決廢棄，改為駁回上訴人之訴之判決。惟查航空運送，遍布全球，動輒牽連二國以上，故運送人多於他地或他國設立分公司或代理人，代理辦理有關承運貨物該地之一切事務，民法第六百四十三條所規定之運送物達到之通知義務，自亦不例外。本件被上訴人既係韓商大韓航空股份有限公司設在台北市之分公司，惟論環球公司轉託運送該育樂器材者，為大韓航空公司，或其設在美國洛杉磯之分公司，關於貨物達到台北市之通知，依前開說明，均應由被上訴人為之。原審以上揭理由為上訴人敗訴之判決，自屬違誤。究竟被上訴人有無怠於通知，致上訴人受損害情事，既待事實審法院審認，應認有廢棄發回原因。上訴論旨，執是指摘，求為廢棄原判決，非無理由。據上論結，本件上訴為

有理由。依民事訴訟法第四百七十七條第一項，第四百七十八條第一項，判決如主文。中華民國六十三年四月十九日

資料來源：台灣高等法院判例，判例字號：1974/04/19年台上字第994號。

(四)同意中止返還等處分之義務

運送物交由運送人運送之後，託運人對於運送人得請求中止運送，返還運送物，或爲其他處分。依據1929年在華沙簽訂的《統一國際航空運輸某些規則的公約》第12條第1項：「託運人在履行運輸合同所規定的一切義務的條件下，有權在起運地航空站或目的地航空站將貨物提回，或在途中經停時中止運輸、或在目的地或運輸途中交給非航空貨運單上所指定的收貨人、或要求將貨物退回起運地航空站，但不得因爲行使這種權利而使承運人或其他託運人遭受損害，並且應該償付由此產生的一切費用。」惟託運人對於中止返還仍需負擔運費，如《民法》第642條：「運送人未將運送物之達到通知受貨人前，或受貨人於運送物達到後，尚未請求交付運送物前，託運人對於運送人，如已填發提單者，其持有人對於運送人，得請求中止運送，返還運送物，或爲其他之處置。前項情形，運送人得按照比例，就其已爲運送之部分，請求運費，及償還因中止、返還或爲其他處置所支出之費用，並得請求相當之損害賠償。」

(五)必要注意或處置之義務

運送物如在途中遇有事故，運送人負有必要注意或處置之義務。例如運送人於變更指示、請求指示、運送物之寄存拍賣、受領權之歸屬訴訟時，或有其他情形，足以妨礙或遲延運送，或危害運送物之安全時，運送人爲保護運送物之利益，應爲必要之注意及處置，如怠於此項注意

43

及處置，則對於因此所致之損害，運送人應負責任，此即為我國《民法》第641條所規定：「如有第633條、第650條、第651條之情形，或其他情形足以妨礙或遲延運送，或危害運送物之安全者，運送人應為必要之注意及處置。運送人怠於前項之注意及處置者，對於因此所致之損害應負責任。」之意義。

三、運送人之權利

繼而，物品運送人之權利為何？分述如下：

(一)運費請求權

既然在《民法》第622條得知所謂運送人是以運送物品或旅客為營業而受運費之人。換言之，對於運送人於不特定大眾所提供之運送服務，自然有請求運費之權利。值得注意的是，雖然運費是對運送人完成運送的報酬，但必須建立在其已完成運送的前提下才有運費請求權。《民法》第645條規定：「運送物於運送中，因不可抗力而喪失者，運送人不得請求運費，其因運送而已受領之數額，應返還之。」以不可抗力的極端情境來說，我國的民法對運費請求權規定如此嚴格，更不用說是因可歸責於運送人所產生的過失了。

(二)費用償還請求權

運送人在運送過程中，有時在不可預期的狀況下為了順遂運送之進行，需要代託運人墊付關稅、保險費等開支。因此，基於「使用者付費」的原則，運送人除有對託運人享有運費請求權利之外，並有請求償還其他費用之權利。我國的《民法》第652條即規定「運送人得就拍賣代價中，扣除拍賣費用、運費及其他費用，並應將其餘額交付於應得之人，如應得之人所在不明者，應為其利益提存之。」所謂「其他費

用」，名目不一，指關於運送物所生之一切費用及墊付金而言。有關前述「提存」的意義，建議讀者可詳閱民法的債編分則的條文，簡單地說，其意義是指債務人若想把債務金或提存物還給債權人（法律名詞稱爲清償），但如果這筆債務有所爭議或找不到債權人，抑或債務人願意把債務金或提存物還給債權人，惟債權人因某些原因拒收，這便是「受領遲延」。債權人受領遲延，要清償人可以依照《民法》第326條的規定「債權人受領遲延，或不能確知孰爲債權人而難爲給付者，清償人得將其給付物，爲債權人提存之。」可以把該包含利息在內的債務金額繳到法院的提存所裡，爲債權人辦理提存，債務人與債權人之間在法律上有關的債之關係，就宣告消滅。依《民法》第329條的規定「債權人得隨時受取提存物，如債務人之清償，係對債權人之給付而爲之者，在債權人未爲對待給付或提出相當擔保前，得阻止其受取提存物。」債權人可到法院的提存所去領取債務人所繳交的提存物。爲使提存物之權利狀態早日確定，以維持社會秩序之安定，與憲法無有牴觸，如果自提存之翌日起算起十年以內不去領取的話，依《民法》第330條的規定，債權人關於提存物之權利，自提存後十年間不行使而消滅，其提存物就歸屬國庫了。提存書的書狀格式如**圖2-2**所示。

(三)留置權

《民法》第647條規定：「運送人爲保全其運費及其他費用得受清償之必要，按其比例，對於運送物，有留置權。運費及其他費用之數額有爭執時，受貨人得將有爭執之數額提存，請求運送物之交付。」前述「留置權」是一項擔保物權。債權人爲保障本身權益而藉由合法途徑持有屬於債務人的貨物或物件，在債務人未履行其債務前，有權不交還該物予債務人。特別一提的是留置權一般只限於持有貨物或物件，並不給予代理人售賣、抵押或以其他方式處置的權利。

提存書　　　　　年度存字　第　號

提存物受取人姓名或名稱		提存原因及事實	提存物之名稱種類數量（有價證券應記載號碼）	對待給付之標的及其他受取提存物所附之條件	證明文件	提存所名稱	提存人姓名（或名稱）及國民身分證統一編號	提存人代理人姓名及國民身分證統一編號
姓名或名稱（填寫）		（填寫）	新台幣 ○○○ 元正		（填寫）	臺灣　　地方法院提存所	（姓名及身分證統一編號均須填寫）（簽名蓋章）	（如有代理人須填寫其姓名及身分證統一編號並提出委任狀）（簽名蓋章）
住所或事務所（填寫）							住所或事務所（填寫）	住所或事務所
不受知取人者其事由						聲請提存日期　中華民國　年　月　日	電話號碼（填寫）	電話號碼（填寫）

圖2-2　提存書範例

資料來源：法務部網站書狀表格，http://law.moj.gov.tw/fp/fp2-6.asp。

(四)運送物之寄存或拍賣權

《民法》第650條：「受貨人所在不明或對運送物受領遲延或有其他交付上之障礙時，運送人應即通知託運人，並請求其指示。如託運人未即爲指示，或其指示事實上不能實行，或運送人不能繼續保管運送物時，運送人得以託運人之費用，寄存運送物於倉庫。運送物如有不能寄存於倉庫之情形，或有易於腐壞之性質或顯見其價值不足抵償運費及其他費用時，運送人得拍賣之。運送人於可能之範圍內，應將寄存倉庫或拍賣之事情，通知託運人及受貨人。」運送人雖然在民法上被賦予有交付運送物的義務，但如果受貨人拒絕領取，或因某些理由無法完成交付時（如受領權歸屬有訴訟或交付遲延等特別狀況），而如果要運送人遙遙無期地負擔管責任，似乎不太說得過去。因此，《民法》特別在第650條賦予運送人以寄存或拍賣權的權利。若運送人將這些有爭議的運送物寄存於倉庫所產生的成本或因存放倉庫，但遲遲無人領取，若繼續寄存，恐成本會逐漸增加，因此《民法》在第652條賦予運送人若干彈性，亦即「運送人得就拍賣代價中，扣除拍賣費用、運費及其他費用，並應將其餘額交付於應得之人，如應得之人所在不明者，應爲其利益提存之。」

四、假扣押、假處分及假執行

最後，於本節末尾並介紹假扣押、假處分及假執行的意義，並以台灣民航史上空前絕後的個案「債務糾紛，大菲航空遭假扣押」作爲實例。所謂「假扣押」，依《民事訴訟法》第522條之規定：「債權人就金錢請求或得易爲金錢請求之請求，欲保全強制執行者，得聲請假扣押」。亦即，債權人就金錢債權或得易爲金錢請求之債權，恐日後有不能執行，或甚難執行之虞時，向法院聲請，先行扣押債務人財產，以供

47

日後執行之程序；「假處分」則是指債權人就金錢請求以外之請求，恐因請求標的物變更，日後有不能執行或甚難執行之虞，向法院聲請確保標的物之現狀保持或定暫時狀態之程序；「假執行」是起訴後判決確定前，如第一審或第二審判決主文有宣告假執行，得提存擔保金以後聲請查封拍賣債務人的財產或返還房屋等，不像假扣押假處分只執行查封而已。

　　值得一提的是：假扣押、假處分、假執行都有個「假」字，往往讓人誤解為是假的，而不是真的執行行為。其實，「假」是指「預先、預為」的意思。所以假扣押、假處分、假執行皆是指先為的保全或執行程序，目的是為保全債務人財產，以免債務人脫產或使財產消失之行為。「假扣押」和「假處分」性質比較類似，都是在尚未取得判決前先為之保全行為，只是對債權種類有所區分：「假扣押」是保全金錢請求或得易為金錢請求之強制執行；「假處分」則是對金錢以外之請求先為保全之強制執行。至於「假執行」的性質則大不相同，「假扣押」、「假處分」只是將財產暫時凍結，而「假執行」可逕將財產執行拍賣。「假執行」是在起訴後已為判決，但判決尚未確定前所為之強制執行，此時因已有判決存在，為免債務人濫行上訴，拖延判決確定時間，故債權人先為「假執行」，取回債權。在台灣民航史上，因航空公司積欠債務而遭法院拍賣飛機的案例是曾經在1995年推出「一元專案」震驚業界的瑞聯航空公司。該公司五年虧損39億、負債74億而遭民航局停飛，雖於2000年8月11日遭民航局下令收回所有航線證書，但是瑞聯航空積欠高雄航空站的場地租金等相關費用560萬元一直沒有清償。兩架原屬於瑞聯航空的MD-82型客機於是被查扣拍賣，2003年8月27日第一次拍賣兩架飛機連同引擎，底價分別訂在2億7,937萬以及2億6,237萬，但是無人投標，第一次拍賣宣布流標。此外，因債務糾紛，外籍航空公司之航空器首次遭我國假扣押的案例亦值得探討，詳如個案研討。

實例個案研討

債務糾紛，大菲航空遭假扣押

【相關法條】《民事訴訟法》第385條第1項前段、第78條、第390
　　　　　　條第2項

【案由概述】

　　菲律賓大菲航空（Grand International Airways）一架波音
B737-200型客機，1998年1月20日飛抵中正機場時，因為該公司
於1996年11月25日與亞獅國際股份有限公司與中瑞租賃公司簽訂
飛機租賃契約，承租波音B737-247型飛機一架（製造號碼20132
號），並產生債務糾紛，經中瑞租賃向桃園地方法院提出聲請，
由法官至機場執行「假扣押」，這是我國民航史上首度扣押外國
航空器的案例。這架編號RPC899的大菲航空709班次客機，是於
1998年1月20日下午1時30分由馬尼拉載客飛抵臺北，本預定下午
3時30分飛返馬尼拉。但是下午3時左右，桃園地方法院法官及書
記官一行前往中正機場執行假扣押工作。該班客機被拖往華航維
修棚廠前的停機坪，並被貼上封條，原搭乘大菲709班機的49位乘
客及機組員則改搭菲航899班機於下午5時50分飛往馬尼拉。根據
原法院判例，大菲航空是因為在菲律賓與中瑞租賃公司有美金玖
拾玖萬參仟陸佰柒拾壹元租金、維修保養款及遲延利息的積欠糾
紛，被原告依相關契約提起訴訟，並向桃園地方法院提出聲請而
假扣押了客機，請求被告給付租金及維修保養款，以保權益。因
本事件所扣押之飛機登記於被告公司名下，所在地為桃園中正國
際機場，故台灣桃園地方法院對本事件有管轄權，依我國《民事
訴訟法》第385條第1項前段、第78條、第390條第2項，判決大菲
航空應給付原告美金玖拾玖萬參仟陸佰柒拾壹元及自1998年1月21

日起至清償日止按年息5%計算之利息，訴訟費用由被告負擔。本
判決於原告以新台幣壹仟壹佰萬元供擔保後，得假執行。

資料來源：2002/2/27台灣桃園地方法院民事判決八十七年度重訴字第二八○號。

 第三節　旅客運送之責任

一、賠償責任構成要件

　　侵權行為，也就是某種對人造成損害的行為，要求侵權者損害賠
償，可以透過法律強迫加害人考慮其行為對別人所產生的成本，藉以預
防此損害之發生。甚至亦能達到對被害人的損害填補。就航空運輸的過
程中，如果發生乘客的損害事故，理應由乘客按運送契約追究航空公司
的賠償責任。一般而言，侵權行為係指由於行為人本身的行為，導致侵
害他人的權利，而負賠償責任而言。其構成要件有以下數點：

(一)須有故意或過失

　　故意或過失為成立侵權行為的主觀要件。行為人如無故意或過失，
即無成立侵權行為損害賠償責任的理由。所謂「故意」是行為人對於構
成侵權行為的事實，明知並有意使其發生，或預見其發生而其發生並不
違背其本意。行為人雖非故意，但按其情節應注意並能注意而不注意，
或對於構成侵權行為的事實，雖預見其能發生而確信其不發生者為過
失。

(二)須有侵害行為

　　侵權行為的構成，一定要有「行為」存在。若無侵權行為，即不成立侵權行為。所謂「行為」，在法律上包括「作為」（可見行動的動靜）和「不作為」（不可見行動的動靜）。

(三)須有侵害他人之權利和利益

　　侵權行為的構成，必須對他人權利或利益加以侵害，遭受侵害的權利或利益就是侵權行為的標的。所謂權利依其內容可分為人身權利和財產權。人身權利又可分為人格權（自然人的人格權包括生命健康、姓名、肖像、名譽、榮譽、信用、隱私等權利）和身分權（身分權專指親屬權，如配偶權、親權、子權、家長權、監督權、繼承權等）。當人格權受侵害時，得請求法院除其侵害；有受侵害之虞時，得請求防止之；當身分權受侵害時，被害人得請求損害賠償，但以請求財產上的損害賠償為限。至於財產權，包含「物權」（指所有權、地上權、抵押權、留置權等）、「準物權」（指耕作權、礦產權、漁業權、水權等）、「無體財產」（如專利權、商標專用權、著作權、電話使用權等，具有排他性之準物權性質）及債權。而所謂「利益」係指規律社會生活之公序良俗及保護個人法益之法規所包括的一切法益而言。

(四)侵害行為須為不法

　　所謂不法或非法係指侵害行為違反法律強制或禁止規定之謂。通常加害行為都具有不法性，但在例外情況，具有阻卻違法事由，而使加害行為成為合法行為（如正當防衛、緊急避難等）。

(五)須被害人受有損害

所謂損害係指對他人的身體、權利、名譽或所有物之損害。以航空客運而言,損害包括死亡、受傷、遲延、遺失及其他與運送有關,或航空公司提供之服務項目所引起的損害。侵權行為成立的客觀條件必須有損害的發生。蓋民事賠償責任,以填補被害人所受損害為目的,故倘無損害,則行為雖違法,亦不發生損害賠償責任,亦不構成侵權行為。

(六)侵害行為與損害間須有因果關係

被害人遭受損害而請求加害人賠償,必須證明其所受之損害,確係由加害人之行為所致。若加害人之行為與被害人之損害之間,並無因果關係存在,則被害人縱受有損害,亦不得請求賠償。

(七)侵害人須有責任能力

《刑法》第18條:「未滿十四歲人之行為,不罰。」,又第19條:「行為時因精神障礙或其他心智缺陷,致不能辨識其行為違法或欠缺依其辨識而行為之能力者,不罰。」;《社會秩序維護法》第8條亦針對「未滿十四歲人」及「心神喪失人」之「無責任能力人」的行為,不罰。而《社會秩序維護法》第9條對於「十四歲以上未滿十八歲人」、「滿七十歲人」、「精神耗弱或瘖啞人」等「限制責任能力人」,得減輕處罰。然而,《刑法》第18條則針對「滿八十歲人」之行為列為減輕其刑之「限制責任能力人」的範圍。至於年滿十八歲以上未滿八十歲且精神正常、無瘖啞者,均屬「完全責任能力人」,須負完全責任。從而得知,違法行為是否應當承擔法律的責難或制裁,係以「責任能力」為前提。所謂「責任能力」是指負擔刑事責任的能力。行為人須有責任能力,始負侵權行為損害賠償責任,若無責任能力,自不負損害賠償責任。

二、賠償主義

依民事賠償法則，運送人賠償責任之構成，歷來不外乎三種賠償主義，分述如下：

(一)領受主義

亦可稱為絕對責任主義。無論客運或貨運，一經接受以後，如果有傷亡毀損，無論其原因為何，均應負責賠償者稱之。

(二)通常事變責任主義

除了因為不可抗力，或運送物之性質，或旅客之過失所致者，才不需負責。我國的民法採取這種主義。

(三)過失責任主義

損害之發生，由於運送人之過失者，運送人始負責任，各國法例對於民用航空運輸業責任的構成，大多採此主義。1929年《華沙公約》第20條：「(1)承運人如果證明自己和他的代理人為了避免損失的發生，已經採取一切必要的措施，或不可能採取這種措施時，就不負責任。(2)在運輸貨物和行李時，如果承運人證明損失的發生是由於駕駛上、航空器的操作上或領航上的過失，而在其他一切方面承運人和他的代理人已經採取一切必要的措施以避免損失時，就不負責任。」因此國際空運採用過失責任主義可以得知。

三、責任範圍

對於航空運送人而言，其所肩負的旅客運送之責任範圍為何？我國

《民法》第622條規定：「稱運送人者，謂以運送物品或旅客為營業，而受運費之人。」旅客運送人即為收受運費、經營旅客運送業人，如民用航空運輸業、台灣鐵路、汽車客運公司等均是。以航空客運為例，眾所皆知，機票本身即為證明運送人為何人及旅客為何人之運送契約，若機票上英文抬頭ISSUED（開票人）是標明為某航空公司，ISSUED之中文意義為「發行、核發」之意，故本件機票業已白紙黑字地載明機票發行人為某航空公司，亦即該公司是運送契約之運送人，依《民法》654條前段規定，旅客運送人對於旅客因運送所受之傷害及運送之遲延應負責任。此外，若被侵權者欲主張其賠償請求權，按侵權行為之成立，須有不法侵害行為存在，以及請求人權利受侵害，且侵害行為與損害結果間具有因果關係。

在民法上所謂「旅客運送」是指依約定之方法與時間，以運送旅客及其行李為營業。旅客即指其人之身體而言，行李指附隨旅客共為運送之物品。所以，旅客運送人之責任可以分為對旅客身體之責任及對旅客行李之責任兩種。

(一)對旅客身體之責任

首先談「對旅客身體之責任」，依據《民法》第654條規定：「旅客運送人對於旅客因運送所受之傷害及運送之遲到應負責任。但因旅客之過失，或其傷害係因不可抗力所致者，不在此限。運送之遲到係因不可抗力所致者，旅客運送人之責任，除另有交易習慣者外，以旅客因遲到而增加支出之必要費用為限。」因此，依該條之規定，旅客運送人之負責事項，為因運送所受之傷害及運送之遲延兩種。以傷害來說，本法條僅規定旅客運送人應就通常事變負責，至於賠償範圍並無特別規定。旅客運送人責任，性質上為「通常事變之無過失責任」。所謂「無過失責任」係指運送人之責任並不以其有過失為要件，旅客因運送所受之傷害，無庸證明「傷害係因運送人的過失所造成」，只須證明係運送中所

受的傷害，便可請求運送人負損害賠償責任。例如因高空亂流而遭致之傷害，可請求運送人賠償之。旅客運送人之無過失責任，僅限於通常事變範圍內所形成的傷害或遲延責任。除此之外，前述所謂因「運送所受之傷害」，係以因運送所受者爲限，若與運送無關之傷害，當然不包含在內。亦即，運送人不需賠償「間接損害」（indirect damages）或「後果損害」（consequential damages）。例如：若航空運輸過程中因可歸責於航空公司之導致旅客身體之傷害，航空公司必須就其身體傷害部分給予賠償，至於該名旅客因受傷而導致的後續損失（如喪失一場重要商務會議或延誤聯考）則不需賠償。

(二)對旅客行李之責任

接下來，我們來探討旅客運送人對「旅客行李之責任」。一般而言，旅客隨身行李可細分爲「無託運行李」（unchecked baggage）和「託運行李」（checked baggage）。無託運行李所指爲旅客自行攜帶上機且自行保管的行李，包含「免費攜帶物品」（free carry on item）及「座艙行李」（cabin baggage）。在民法上對於行李是否有交託予運送人，法律的責任不一。對於航空公司的託運行李來說，不管是在行李免費額度之內，抑或因超重額外收費的行李，《民法》第657條明文規定：「運送人對於旅客所交託之行李，縱不另收運費，其權利義務，除本款另有規定外，適用關於物品運送之規定。」因而可發現民法對於託運行李於運送人的責任採取「通常事變責任主義」。此外，旅客自行攜帶上機的「無託運行李」，依據《民法》第658條：「運送人對於旅客所未交託之行李，如因自己或其受僱人之過失，致有喪失或毀損者，仍負責任。」對於無託運行李，若在航行過程中損毀，則旅客必須自行舉證損毀原因可歸責於航空公司者方有機會獲得賠償，若無法舉證或確認航空公司無過失，則無賠償之義務，因此，《民法》對於無託運行李於運送人的責任採取「過失責任主義」。

55

(三)航空器失事責任

　　繼而,值得一提的是,如果航空器失事致人死傷,或毀損他人財物時,不論故意或過失,航空器所有人應負損害賠償責任;其因不可抗力所生之損害,亦應負責。自航空器上落下或投下物品,致生損害時,亦同。《民用航空法》第89條(航空器所有人之無過失責任):「航空器失事致人死傷,或毀損他人財物時,不論故意或過失,航空器所有人應負損害賠償責任;其因不可抗力所生之損害,亦應負責。自航空器上落下或投下物品,致生損害時,亦同。」即表示僅於航空器失事並造成傷亡或毀損財物之結果時,航空器所有人始對該傷亡之人(或其繼承人)或受損財物之所有權人負損害賠償責任,即該條之請求權人僅限於直接受害之人,未及於間接受害人。又債權乃無形之權利,並非有形之財物,前開法條明定賠償範圍限於「致人死傷或毀損他人財物」而非「侵害他人權利」,前者所保護之客體範圍顯較後者為窄,足見立法者有意將債權排除於該條保護之外。

(四)非航空器失事責任

　　此外,對於非航空器失事所致之財物損害,依據《民用航空法》第93條規定:「乘客或航空器上工作人員之損害賠償額,有特別契約者,依其契約;特別契約中有不利於中華民國國民之差別待遇者,依特別契約中最有利之規定。無特別契約者,由交通部依照本法有關規定並參照國際間賠償額之標準訂定辦法,報請行政院核定之。前項特別契約,應以書面為之。第一項所定損害賠償標準,不影響被害人以訴訟請求之權利。」而有關賠償請求權的時效問題,依《民法》第623條規定:「關於物品之運送,因喪失、毀損或遲到而生之賠償請求權,自運送終了,或應終了之時起,一年間不行使而消滅。關於旅客之運送,因傷害或遲到而生之賠償請求權,自運送終了,或應終了之時起,二年間不行使而

消滅。」因此，如果兩年間旅客不主張損害賠償請求權，即超過旅客運送人責任之短期消滅時效，旅客應注意此類權利行使期間的限制。

四、賠償標準

(一)國際航線（包括接駁的國內班機）的賠償標準

◆《華沙公約》、《海牙議定書》及《蒙特利爾公約》

我們將前述有關《民法》上對「旅客運送」之旅客人身及行李的賠償標準依國際航線、國內航線分別說明如後。就國際航線（包括接駁的國內班機）的賠償標準而言，《華沙公約》、《海牙議定書》〔The Hague Protocol，係爲1955年針對1929年《華沙公約》的修訂公約，故又稱爲《修訂華沙公約》（The Amended Warsaw Convention）〕及《蒙特利爾公約》等三個重要的國際公約對旅客及行李的賠償標準列表整理如**表2-1**。

◆1966年的《蒙特利爾協議》

補充一提的是，美國基於保護消費者利益，對於國外空難賠償一向採用「長臂法律」（long-arm statutes），實行「長臂管轄」（long-arm jurisdiction），亦即涉外民事案件中，只要有任何因素與美國有關，美國法院就有管轄權。如旅客之行程係來自或前往美國，或該行程中有約定停留地係在美國境內者，若旅客所搭乘的航空公司爲1966年的《蒙特利爾協議》（1966 Montreal Agreement）之會員且仍保留《華沙公約》之責任制度者，可適用於「特別運送契約」，亦即運送行程之起程地、目的地或約定停經地是在美國境內，則承運人可以引用《華沙公約》制定的責任上限。在此特別契約的前提下，對於旅客死亡或身體受傷之賠償上限包括訴訟費爲美金七萬五千元。如其訴訟在美國地區而費用得以另計，則賠償上限爲美金五萬八千元（不包含訴訟費在內）。這項「特別運送契約」的由來爲何呢？

表2-1　國際航線賠償標準的比較表

	《華沙公約》	《海牙議定書》	《蒙特利爾公約》
法源依據	第22條：(1)運送旅客時，承運人對每一旅客的責任以十二萬五千普安卡雷法郎為限。如果根據受理法院當地的法律，得以定期金方式支付，付款的總值不得超過這個限額，但是旅客可以根據其與承運人的特別協議，訂立一個較高的責任限額。(2)對於已登記的行李或貨物，承運人的責任是以每公斤二百五十普安卡雷法郎為限。除非託運人在交運時，曾特別聲明行李或貨物運到後的價值，並照章加付運費者，不在此限。在這種情況下，承運人所負的責任應不超過所報明的價值，除非經承運人證明，託運人所聲明的金額高於行李或貨物運到後的實際價值。(3)關於乘客自己保管的隨身行李，承運人的責任限額係以每人五千普安卡雷法郎為限。(4)前揭普安卡雷法郎係指含有千分之九百成色的	第11條：(1)載運旅客時，承運人對每一旅客所負的責任以二十五萬普安卡雷法郎為限。如根據受訴法院法律可用分期付款方式賠償損失時，則付款的本金總值不得超過二十五萬普安卡雷法郎。但旅客得與承運人以特別契約約定一較高的責任限度。(2)1.在載運登記的行李和載運貨物時，承運人的責任以每公斤二百五十普安卡雷法郎為限，除非旅客或託運人在交運包件時，曾特別聲明在目的地交付時的利益並繳付必要的附加費。在後一種情況下，除非承運人證明旅客或託運人聲明的金額是高於旅客或託運人在目的地交付時的實際利益，承運人應在不超過聲明金額的範圍內負賠償責任。2.如登記的行李或貨物的一部分或行李、貨物中的任何物件發生遺失、損壞或延誤，用以決定承運人責任限額的重量，僅為該一包件或該數包件的總重量。但如因登記的行李或貨物的一部分或行李、貨物中的物件發生遺失、損壞或延誤以致影響同一份行李票或用一份航空貨運單所列另一包件或別數包件的價值時，則在確定責任限額時，另一包件或另數包件的總重量也應考慮在內。3.關於旅客自行保管的手提行李，承運人的責任對每一旅客以五千普安卡雷法郎為限。4.本條規定的限額並不妨礙法院按其法律另外加判全部或一部分法院費用及對起訴人所產生的其他訴訟費用。如判給的賠償金額，不包括訴訟費及其他費用，不超過承運人於造成損失的事故發生後六個月內或已過六個月而在起訴以前以書面向起訴人提出允予承擔的金額，則不適用前述規定。5.本條所	第17條：(1)對於因旅客死亡或者身體傷害而產生的損失，只要造成死亡或者傷害的事故是在航空器上或者在上、下航空器的任何操作過程中發生的，承運人就應當承擔責任。（賠償標準根據第21條第1款：每名旅客不超過100,000特別提款權的損害賠償，承運人不得免除或者限制其責任。） 第22條：(2)在行李運輸中造成毀滅、遺失、損壞或者延誤的，承運人的責任以每名旅客1,000特別提款權為限。（但是，非國際貨幣基金組織成員並且其法律不允許適用本條文之國家，則根據第23條第2款：承運人對每名旅客的責任以1,500,000貨幣單位為限。） 第23條：(1)本公約中以特別提款權表示的各項金額，係指國際貨幣基金組織確定的特別提款權。在進行司法程序時，各項金額與各國貨幣的換算，應當按照判決當日用特別提款權表示的該項貨幣的價值計算。當事國是國際貨幣基金組織的成員，用特別提款權表示的其國家貨幣的價值，應當按照判決當日有效的國際貨幣基金組織在其業務

（續）表2-1　國際航線賠償標準的比較表

	《華沙公約》	《海牙議定書》	《蒙特利爾公約》
法源依據	六五點五毫克黃金之法郎，此金額得折合任何國家取其整數之貨幣。	述普安卡雷法郎係指含有千分之九百成色的六十五點五毫克黃金的貨幣單位。此項金額可折合為任何國家貨幣，取其整數。發生訴訟時，此項金額與非金本位的貨幣的折合，應以判決當日該項貨幣的黃金價值為准。	和交易中採用的計算方法進行計算。當事國的價值，應當按照該國所確定的辦法計算。
客運賠償標準	《華沙公約》將運送旅客之承運人對每一旅客的責任以十二萬五千普安卡雷法郎為限。	《海牙議定書》將運送旅客之承運人對每一旅客的責任限額較《華沙公約》提高了一倍，以二十五萬普安卡雷法郎為限。	《蒙特利爾公約》將運送旅客之承運人對每一旅客的責任以不超過100,000特別提款權為原則。
行李賠償標準	託運行李：每公斤二百五十普安卡雷法郎為限。 手提行李：每位旅客以五千普安卡雷法郎為限。	託運行李：每公斤二百五十普安卡雷法郎為限。 手提行李：每位旅客以五千普安卡雷法郎為限。	在行李運輸中造成毀滅、遺失、損壞或者延誤的，承運人的責任以每名旅客1,000特別提款權為限。（但是，非國際貨幣基金組織成員並且其法律不允許適用本條文之國家，承運人對每名旅客的責任以1,500,000貨幣單位為限）。

1.IATA制式運送契約賠償標準以《華沙公約》為準，目前多數國家採用之。❶
2.如果「報值行李」（declare excess valuation）已依照規定付清其報值費用，則運送人所承擔的責任範圍將限於其報值之全額。❷
3.特別提款權（Special Drawing Rights; SDR）又稱「紙黃金」，是國際貨幣基金（International Monetary Fund; IMF）1969年創立，用於進行國際支付的特殊手段，市值與若干貨幣掛鉤，目前是以美元、歐元、日圓、英鎊四種貨幣依不同比率計算價值。當IMF會員國發生國際收支逆差時，可用它向基金指定的其他會員國換取外匯，以償付國際收支逆差或償還國際貨幣基金的貸款，還可與黃金、自由兌換貨幣一樣，充作國際儲備。但由於它只是記帳單位，使用前須換成其他貨幣，不能直接用於貿易或非貿易的支付。

資料來源：本書整理。

　　首先，本節必須先說明，擬定「特別運送契約」的1966年的《蒙特利爾協議》與前述**表2-1**內的《蒙特利爾公約》是無關的。就國際航空法的角度來說，它只是美國在1949年的「珍‧蘿絲案」〔Jane Ross et al. v. Pan American Airways, Inc. (1949) U. S. Av. R. 168.〕後，因對《華沙公約》低限額的不滿，而它提出的將限額增加兩倍之提案又在1955年海牙會議上被廣大的第三世界國家以「農夫貼補國王」爲由，反對美國不應以其高經濟水準而試圖把較高的賠償標準放諸四海皆準。美國受挫後，於1966年以退出華沙公約體系爲要脅，迫使各國飛美之航空公司以「特約」（treaty）方式，就所有起、迄或停經美國之國際運送所發生之民航事故提高賠償額至美金七萬五千美元。美國民用航空委員會（Civil Aeronautics Board; CAB）遂於1966年5月13日和各國航空公司完成一項民間協議，其正式名稱是Agreement relating to liability limitations of The Warsaw Convention and The Hague Protocol（Roderick D. van Dam, 1992）。此外，因《蒙特利爾協議》爲美國民用航空委員會與全球各主要飛美航線之民航業者所簽的協議，因此又稱爲《美國民用航空委員會以E2368號令發布的18990號協議》〔Agreement-CAB No. 18900 Approved by Order E-23680, 13th May 1966 (Docket 17325)〕。

　　嚴格來說，該協議並無國際法規則的效力，但它的眞實意義來說，卻在地區範圍（進出、經停美國的國際客運航班）內，對《華沙公約》做出重大的修改。以我國長榮航空公司的客運契約條款中針對起、迄或停經美國之國際運送爲例，做如下之規定：「如乘客之行程係來自或前往美國，或該行程中有約定停留地係在美國境內者，該公約以及適用之運送規章中所含之特別運送契約規定，長榮航空公司及加入該特別契約之其他航空公司對於乘客死亡或身體受傷之賠償責任，在大多數情形下，以經證實之損害爲限，每一乘客不超過美金七萬五千元。此項限額以內之賠償責任，並不以航空公司之過失爲依據。如乘客搭乘之航空公司非加入上述特別契約者，航空公司對於乘客死亡或身體受傷之賠償責任，在大多數情形下每一乘客以大約美金一萬元或二萬元爲限。」

　　若飛美的旅客搭機前想要查詢自己所搭乘之航空公司是否有加入上述特別契約或締約航空公司名冊，各航空公司之售票處均有存置，可向其要求查閱。筆者在此強調的是，從法學嚴謹的角度來思考，《蒙特利爾協議》畢竟不是層級較高的國際公約，其本質上只具有契約的地位，因此其適用法源及合法性引發諸多爭議。而現今因物價飛漲，此金額顯已過低，歐洲工業大國歷年來已相繼提高航空運送人責任限額至十萬特別提款權（SDR）。

　　根據陳承先（2000）彙整各國依相關公約或個別立法制定之賠償限額條列如下：

1929年	華沙公約125,000普安卡雷法郎（約8,300美元）。
1955年	海牙議定書250,000普安卡雷法郎（約16,600美元）。
1966年	蒙特利爾協議75,000美元。
1971年	瓜地馬拉協定（未生效）1,500,000普安卡雷法郎（約100,000美元）。
1975年	第3號附加議定書（未生效）100,000SDRs（約153,000美元）。
1988年	義大利274號法律100,000SDRs（約153,000美元）。
1992年	英國航空法令100,000SDRs（約153,000美元）。
1992年	日本實施無賠償限額。
1994年	澳大利亞法令260,000SDRs（約364,000美元）。
1995年	國際航空運輸協會（IATA）國際航空運送人協定（Intercarrier Agreement; IIA）
1996年	美國國際航線實施「無限制賠償責任」制度，推定過失責任制無賠償責任限額及嚴格責任制100,000SDRs。

(二)我國及中共對國內航線賠償標準

　　而就國內航線來說，我國和中共對旅客及行李的賠償標準，茲列表整理如**表2-2**所示。

表2-2　我國及中共對國內航線賠償標準的比較表

	中華民國（臺灣）	中華人民共和國
法源依據	航空客貨損害賠償辦法	國內航空運輸承運人賠償責任限額規定
客運賠償標準	第3條： 航空器使用人或運送人，依民用航空法第91條第1項前段規定對於每一乘客應負之損害賠償，其賠償額依下列標準。但被害人能證明其受有更大損害者，得就其損害請求賠償：1.死亡者：新台幣三百萬；2.重傷者：新台幣一百五十萬元。前項情形之非死亡或重傷者，其賠償額標準按實際損害計算。但最高不得超過新台幣一百五十萬元。	第2條： 本規定適用於中華人民共和國國內航空運輸中發生的損害賠償。 第3條： 國內航空運輸承運人（以下簡稱承運人）應當在下列規定的賠償責任限額內按照實際損害承擔賠償責任，但是《民用航空法》另有規定的除外： 1.對每名旅客的賠償責任限額為人民幣四十萬元。
行李賠償標準	第4條： 航空器使用人或運送人對於載運貨物或行李之損害賠償，其賠償額依下列標準： 1.貨物及登記行李：按實際損害計算。但每公斤最高不得超過新台幣一千元。 2.隨身行李：按實際損害計算。但每一乘客最高不得超過新台幣二萬元。 第7條： 航空器使用人或運送人對於乘客及載運貨物或行李之損害賠償，自接獲申請賠償之日起三個月內支付之。但因訴訟或有其他正當原因致不能於三個月內支付者，不在此限。	第3條： 2.對每名旅客隨身攜帶物品的賠償責任限額為人民幣三千元。 3.對旅客託運的行李和對運輸的貨物的賠償責任限額，為每公斤人民幣一百元。 第4條： 本規定第3條所確定的賠償責任限額的調整，由國務院民用航空主管部門制定，報國務院批准後公布執行。 第5條： 旅客自行向保險公司投保航空旅客人身意外保險的，此項保險金額的給付，不免除或者減少承運人應當承擔的賠償責任。

資料來源：本書整理。

　　我國的《航空客貨損害賠償辦法》之授權係依據《民用航空法》第
93條規定：「乘客或航空器上工作人員之損害賠償額，有特別契約者，
依其契約；特別契約中有不利於中華民國國民之差別待遇者，依特別契
約中最有利之規定。無特別契約者，由交通部依照本法有關規定並參照
國際間賠償額之標準訂定辦法，報請行政院核定之。」因此，航空客貨
損害賠償辦法在法律位階上屬於授權命令，為行政院發布之命令。該辦
法對於死亡者賠償新台幣300萬，而對重傷者賠償新台幣150萬元。前項
情形之非死亡或重傷者，其賠償額標準按實際損害計算。但最高不得超
過新台幣150萬元。

　　此外，根據中共1993年國務院頒布的《國內航空運輸旅客身體損
害賠償暫行規定》，民用航空運輸旅客傷亡賠償最高限額僅為7萬人民
幣（第6條），旅客的託運行李全部或部分損壞、丟失，賠償金額每公
斤不超過人民幣50元（第51條），且旅客的自理行李和隨身攜帶物品
滅失，承運人承擔的最高賠償金額每位旅客不超過人民幣2,000元。然
而，歷經2004年11月21日的中國東方航空公司包頭空難事件罹難者家屬
的努力，中共民航總局才在2006年1月29日經國務院批准發布《國內航
空運輸承運人賠償責任限額規定》，將責任賠償限額提高到40萬人民
幣，且原於1989年2月20日由國務院發布、1993年11月29日修訂後重新
發布的《國內航空運輸旅客身體損害賠償暫行規定》，在新法施行之日
起同時廢止。

五、運送之遲延

　　而本節另一個議題：運送之遲延是否應負責任？對運輸稍有認識
者皆知，航空公司在營運上所面臨的不確定因素較其他運輸工具多，根
據民航局會計室統計資料，班機延誤的原因，類分為天候因素、機械故
障、來機晚到、班機調度、航管因素及其他因素。而各類延誤事件發生
的次數，乃出各航空站塔台人員記錄，並判斷班機延誤之主要原因。

因此，諸多不確定的因素所產生的班機遲延、取消或班表的臨時更改常會發生，且不一定全然可歸責於航空公司。就客運而言，班機遲延影響行程安排，可能會認為權益受損；就貨運而言，可能會影響貨物的品質或經濟價值。就航空公司而言，班機誤點也非其所樂見，因延誤後不僅要面對消費者可能的抱怨聲浪，還有自身資源的分配問題、班機調度等等，所擔負的成本損失和航空公司的聲譽是一大考驗。然而，任何的賠償問題，首先必須釐清的就是責任的歸屬，才能繼續深入探討賠償的方法範圍、賠償損害計算等等，若責任的歸屬無法確定，其他的議題就無法進行。在航空運輸的過程中，一旦發生旅客的損害事故，理應由旅客按運送契約追究航空公司的賠償責任。但也有一些國家會依據其傳統司法程序，按「侵權行為法」辦理。任何的賠償問題，賠償責任必須先釐清，才能繼續深入探討賠償的方法範圍、賠償損害計算等等，若責任的歸屬無法確定，其他的議題就無法進行。因此在探討航空公司延誤賠償，最先應釐清的，便是賠償責任的歸屬。也就是要釐清延誤發生種種事件中，可歸責於航空公司的部分。

圖2-3　班機延誤的原因很多，並不全然可歸責於航空公司

資料來源：國立高雄餐旅學院航空管理系林慶杰同學攝。

(一)遲延的定義

　　在航空客運領域對所謂的「班機延誤」（delays or cancellations）的法源依據為1929年10月12日在華沙簽訂，1933年2月13日起生效的《統一國際航空運輸某些規則的公約》第19條：「承運人對旅客、行李或貨物在航空運輸過程中因延誤而造成的損失應負責任。」（Article 19: The carrier is liable for damage occasioned by delay in the carriage by air of passengers, luggage or goods.）對於第19條中「遲延」的涵義，學者們從理論上曾提出過三種不同定義，即：(1)限於飛機在空中飛行中的遲延；(2)認應係指第18條第2項的「航空運送期間」；(3)主張應係指整個航空運送未能按約定時間將旅客、行李或貨物運抵目的地之情形而言。一般法院都按第三種定義來處理，同時在必要時兼用第二種的部分論點，以排除在機場外的陸、海、水運引起的遲延因素（楊舜惠等，2001）。實務上，由遲延引起的責任，情況相當複雜，常要依具體案情兼用《華沙公約》第20、21、24條以及第10、7、8條來權衡才能作出判斷。一般說，所謂「延誤」是指在整個航空運送中未能按約定時間將旅客或行李運抵目的地。在第19條意義上的遲延，不是指航班的具體出發或抵達目的地時間上的「誤點」，而是指旅客或託運人選擇空運這種快速運送方式所合理期望的期限又要想對遲延引起的損失提出索賠，通常要證明它是一種不合理的遲延。以長榮航空公司的運送約款為例：「航空公司負責盡力依照旅行日適用之已公布時刻表所列時間履行旅客之載送。因此，航空公司也可能常因不可抗力的原因不得已改變班機起飛時間。因而時刻表所揭示的時間不能保證不會延誤，其所訂時間不能成為契約內之條款。」（高聰明；1999）此外，中共的中國國際航空公司在其運送約款第9條亦聲明：「承運人將盡最大努力以合理的快速承運旅客及行李。在班期時刻表內或其他地方所列的時間是不予保證的，也於構成本合同的一部分。承運人無須事先通知可以改換備用承運人或飛機，在必

要時可以改變或取消客票上所列的經停地點。班期時刻可不事先通知而改變。承運人對航班的銜接不負責任。」乍看之下，航空公司似乎對於班機遲延的法律責任有較彈性的認定，但正常狀況下是沒有航空公司會主觀上地願意遲延，除了因延誤後所造成消費者可能的抱怨聲浪及服務品質的商譽損失，還有自身資源的分配問題及機隊調度等，都將對航空公司的營運帶來負面的衝擊。

　　換言之，航空公司如無重大過失，班機稍有延誤，均不以《統一國際航空運輸某些規則的公約》第19條意義上的延誤論處。一般法院認定的延誤免責理由包含：天候影響、機械故障、必要的機械維修、不適載運等等。而班機若遭遇重大延誤，只要根據《統一國際航空運輸某些規則的公約》第20條規定：「1.承運人如果證明自己和他的代理人為了避免損失的發生，已經採取一切必要的措施，或不可能採取這種措施時，就不負責任（1. The carrier is not liable if he proves that he and his agents have taken all necessary measures to avoid the damage or that it was impossible for him or them to take such measures.）。2.在運輸貨

圖2-4　班機時刻表並無保證，也非契約的一部分
資料來源：楊政樺攝於日本函館國際機場。

物和行李時，如果承運人證明損失的發生是由於駕駛上、航空器的操作上或領航上的過失，而在其他一切方面承運人和他的代理人已經採取一切必要的措施以避免損失時，就不負責任。（2. In the carriage of goods and luggage the carrier is not liable if he proves that the damage was occasioned by negligent pilot age or negligence in the handling of the aircraft or in navigation and that, in all other respects, he and his agents have taken all necessary measures to avoid the damage.）」在前述第20條條文對合理延誤的定義，是涵蓋了航空運務領域若干「班機異常」的規定，包含：

1.班機時刻表或機票上顯示的時刻並無保證，也非契約的一部分。

2.班機時刻可不經通知而逕行更改。

3.旅客如果班機延誤而不能銜接續程班機，航空公司可不承擔責任。

(二)航空公司的規定與處理原則

◆航空公司的規定

以日本航空公司（JAL）的「國際旅客作業手冊」（International Passenger Manual）的規定為例：

JAL may absorb the passengers' expenses incurred during the period of delay at the place where the flight irregularities occurred and at subsequent enroute points where such expenses are a direct consequence of the irregularities, provided that they are limited to essential expenses such as hotel room, suitable meals and beverages, ground transportation, transit taxes, and reasonable communications costs necessarily incurred by the passenger because of the irregularities.

Note 1:

JAL will not pay for the above services when flight irregularities

民航法規

are caused by acts of God (including but not limited to unfavorable weather), force majeure, strikes (other than by JAL personal), riots, civil commotions, government embargoes or regulations, wars, hostilities, disturbances, or unsettles international conditions unless special circumstances warrant the payment of such expenses upon authorization by TYOPPZ.

再看看英國航空公司（BA）的規定：

In the event of cancellation, the following policy should be adopted if passengers have not checked in.
Outside BA Control
If the flight is cancelled due to outside influences such as ATC, political, weather etc, BA will not automatically take responsibility for onward carriage of those passengers affected by this cancellation, the only exception being UM's. However BA will do all possible to assist special passengers such as MEDA, disabled, elderly, mothers with babies travelling alone etc.

由上述JAL和BA的例子，可以看出這些歷史較久的航空公司，一般來說，是比較傾向《華沙公約》的免責條款，而對班機延誤的處理，採取較保守和減少支出的措施。

◆航空公司的處理原則
若以我國經營國際航線的國籍航空公司遭遇班機異常事件的處理原則而言：以中華航空公司對延誤的界定標準而言，係根據國際慣例，以公告班機時間表為準，班機離站時間超過三十分鐘以上者為誤點。而對班機延誤時之補救措施與補償規定來說，根據該公司運送契約第10條「班機離到時間及班機取消」規定：「若非華航所能控制的情勢造成班機取消、遲延，致無法提供已確認的機位或不能降落在旅客的中途停

留點或終點，或導致旅客錯過其所訂妥的轉接班機，華航將利用華航其他有空位的定期班機載運上述旅客；或利用華航定期班機、他航飛機、陸上交通工具將旅客運送至其機票所載之終點。若此安排之機票款、超重行李費及其他費用高於機票退票金額，華航將不收取增加的費用，若是低於退票金額，華航將退還其差額」；或根據第11條中之規定辦理退票。除此之外，華航對班機延誤本身，該公司並不賠償；對因班機延誤所引起的損害，該公司將視個案情況之不同予以適當處理。在第11條中則提到，若航空公司取消班機，不能照表訂時刻正常載運旅客到旅行之終點站，或中途停留點，不能提供已確認的機位或造成旅客無法轉接已訂妥機位的班機，即旅客因非自願之因素而要求退票時，可要求全額退票或扣除已使用服務或折扣後部分退票。

　　而對長榮航空公司於班機延誤之界定來說，是和華航一樣根據國際航空運輸協會（International Air Transport Association; IATA）的延誤定義，但並未說明界定延誤之時間標準。該公司在延誤發生時，將採行四種可能措施來進行補救：

1.以長榮航空其他有機位之班機載運旅客。
2.以長榮航空或其他公司之替代交通工具，將旅客送達目的地，所需之服務費用超過原票價者，不補收差價；不足則退還差額。
3.依據該公司運送條文第11條辦理退票。
4.如運送契約適用《民用航空法》第91條第2項及「民用航空乘客與航空器運送人運送糾紛調處程序」（依《民用航空法》第47條第3項所訂定）之規定時，將依規定履行運送人對於運送遲延之責任。

　　在此值得一提的，無論是國內航線或國際航線的班機延誤，如果延誤的原因是因為天候因素、航管因素、機場因素、警察介入、公司員工以外的罷工事件、民眾暴亂或騷動、政府扣留或取締、軍方演習、戰爭或敵對行為等不可歸責於航空公司者，則航空公司除非基於人道立場

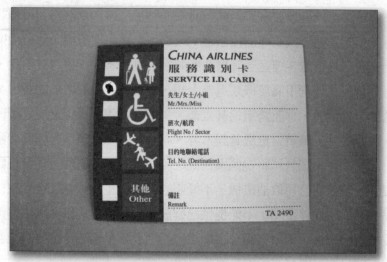

圖2-5 雖延誤原因不可歸責於航空公司,但仍給予弱勢團體及轉機
旅客必要的協助與服務,圖為華航對乘客的服務識別卡
資料來源:國立高雄餐旅學院航空管理系林慶杰同學攝。

給予弱勢團體(如孕婦、傷患、獨行孩童……)等必要的協助及服務之外,原則上並不需要負擔任何責任。

此外,《統一國際航空運輸某些規則的公約》(俗稱《華沙公約》)或其他法律規定並沒有強迫運送人訂定在何時或到何時為止完成運送的契約,所以即便在運送契約中沒有明文規定,運送人只要在合理時間內完成運送的義務,就不算延誤。這種規則在海陸運送中亦屬屢見不鮮。

然而,如果班機的延誤是「合理的延誤」,亦即屬於《華沙公約》的免責條款範疇,受到《華沙公約》的保護,進而使得某些航空公司往往自認理直而擺出較高的姿態,旅客如遇飛機延誤,除徒呼奈何之外,更消極的反應就是讓航空公司頭痛的霸機。近來台灣消費者意識高漲,卻因不熟悉法律或契約規定而要求航空公司賠償損失,造成航空公司機場運務人員的困擾及士氣的低落。而若航空公司的機場運務員若缺乏專業法學知識,面對旅客指責,往往無詞以對,加上特殊的消費文化及媒

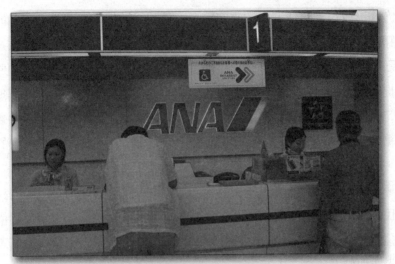

圖2-6　航空公司的運務員必須謹慎處理飛機延誤，以避免滋生霸機事件
資料來源：楊政樺攝於日本函館國際機場全日空航空公司運務櫃檯。

體推波助瀾，乃造成因延誤導致的霸機事件層出不窮。針對此類供需雙方的矛盾及困擾，我國的民航局已於1997年5月26日訂定《民用航空乘客與航空器運送人運送糾紛調處程序》以避免或減低因飛機延誤所導致霸機事件的滋生與擴大。而在實務上，航空公司各外站的主管也被高層授與自由裁量權，決定是否提供必要的服務，或安排旅客續程運送和住宿餐飲問題。（有關《民用航空乘客與航空器運送人運送糾紛調處程序》的詳細處理程序，請參見楊政樺編著之《航空地勤服務管理》第5章〈異常事件處理〉）

(三)定型化契約範本

此外，行政院消費者保護委員會於2007年9月27日討論修正通過之《國內線航空乘客運送定型化契約範本》，明定國內線航空公司於確定航空器無法依表定時間起飛，致遲延十五分鐘以上或變更航線、起降地點、取消該班機，致影響乘客權益者，應立即向乘客詳實說明原因及處

理方式，並視實際情況斟酌乘客需要，適時免費提供必要之通訊、飲食或膳宿、禦寒或醫藥急救物品、轉機或其他交通工具服務。航空公司如受限於當地實際情況，無法提供前項服務時，應即向乘客詳實說明原因並提供合理妥善之照顧。在這份定型化契約範本裡，亦明定乘客辦理退票時，應至原售票單位辦理退票手續。原售票單位得酌收退票手續費，手續費最高不得超過票面價百分之十。但對於優惠票退票手續費的處理，除了若干諸如嬰兒票、兒童票、年滿六十五歲以上之本國人、本國籍身心障礙者及其監護人或必要陪伴者中之一人、設籍離島地區居民依「民用航空法」及「離島地區居民航空票價補貼辦法」享有優待票價者等經過民航主管機關備查之優惠票「以外」的優惠票，手續費最高不得超過票面價百分之二十五。

有鑑於「霸機」事件頻傳，契約範本也明定若發生運送糾紛，雙方得申請調處但不得延遲下機。此外，範本也明定，發生意外事故或死亡時，除能證明乘客受有更大損害，否則死亡以三百萬元、重傷以一百五十萬元為賠償上限；隨身行李損害以二萬元為上限，託運行李之損害以一千元為上限。有關前述賠償額度是依民航局相關法規而來，本書將於稍後章節一一介紹，惟若航空公司和乘客另定有書面契約，則不在此限。本節在末尾截取《國內線航空乘客運送定型化契約範本》有關國內線班機遲延及客貨損害賠償的相關條文以為說明：

第十七條

班機時刻表所列之時間與航線不得任意變更。如有變更時，航空公司應以顯著方式公告。

所稱航班時間係指班機時刻表，班機時刻表訂之離場時間是乘客登機後，飛機艙門關閉準備離場之時間，而非班機實際起飛時間。

第十八條

乘客因航空公司之運送遲到而致損害者，航空公司應負賠償之責。但航空公司能證明其遲到係因不可抗力之事由所致者（如遇天候變化、

機件故障、主管機關命令約束或其他必要情況），除另有交易習慣者外，以乘客因遲到而增加支出之必要費用為限。

　　航空公司於確定航空器無法依表定時間起程，致國內航線遲延十五分鐘以上或變更航線、起降地點、取消該班機，致影響乘客權益者，應立即向乘客詳實說明原因及處理方式，並視實際情況斟酌乘客需要，適時免費提供下列服務：

一、必要之通訊。

二、必要之飲食或膳宿。

三、必要之禦寒或醫藥急救之物品。

四、必要之轉機或其他交通工具。

　　航空公司應合理照顧乘客權益，如受限於當地實際情況，無法提供前項服務時，應即向乘客詳實說明原因並妥善處理。

第十九條

　　航空公司與乘客雙方發生運送糾紛無法立即解決時，雙方得申請航空站公務主管人員協助調處，並由雙方填寫民用航空乘客離機協議見證表，乘客不得延遲下機，以避免影響後續班機乘客之權益。

　　前項調處係依據「民用航空乘客與航空器運送人運送糾紛調處辦法」之相關規定辦理。

第二十條

　　依中華民國「民用航空法」與「航空客貨損害賠償辦法」規定，航空公司就乘客於航空器中或於上下航空器時，因不可抗力或意外事故致死亡或傷害者，航空器使用人或運送人應負賠償之責。但因可歸責於乘客之故意或過失事由而發生者，得免除或減輕賠償。

　　乘客能證明其受有更大損害得就其損害請求賠償外，航空公司對每一乘客應負之損害賠償金額，依下列標準辦理：

一、死亡者：新台幣三百萬元整。

二、重傷者：新台幣一百五十萬元整。（所稱重傷，依刑法第十條
　　第四項規定。）

乘客非死亡或重傷者，其賠償金額依實際損害計算，但最高不得超過新台幣一百五十萬元整。但第一項之法令，或其他法規關於前一項賠償金額之規定有變動時，依該規定之變動比例調整之。

乘客之死亡或傷害賠償額，有特別書面契約者，依其契約，無特別契約者，依前二項之賠償標準。

第二十一條

乘客行李之損害，航空器使用人或運送人應負賠償之責。但因可歸責於乘客之故意或過失事由而發生者，得免除或減輕賠償。

乘客能證明其受有更大損害得就其損害請求賠償外，航空公司對每一乘客行李應負之損害賠償金額，依下列標準辦理：

一、隨身行李：按實際損害計算，但每一乘客最高不超過新台幣二萬元整。

二、託運行李：按實際損害計算，但每公斤最高不得超過新台幣一千元整。

乘客行李損害之賠償額，有特別書面契約者，依其契約，無特別契約者，依前項之賠償標準。

前條第三項但書之規定，於第二項之賠償標準亦適用之。

第二十二條

託運行李中，不得放入錢幣、珠寶、銀器、可轉讓之有價證券、公債、股票、貴重物品、樣品或商業文件等物品。

前項物品如於運送途中遭遺失或毀損，航空公司僅能依第二十一條第二項第二款負賠償責任。但航空公司有故意或重大過失者，不在此限。

第二十三條

託運行李中，如有易碎、易腐等物品，於運送途中致其自身行李損失或毀損，航空公司不負賠償責任。但乘客能證明航空公司有故意或過失者，不在此限。

第二十四條

　　航空公司對運送之行李，僅負交付與持（行李）票人之責任，乘客應憑航空公司發給之行李票提領託運行李。

　　行李票如有遺失，除有急迫情形經乘客提出切結書及確實之證明，航空公司得同意乘客先行提領外，應待【　】日後（不得逾七日）且無其他乘客提出異議，始可請求交付。

　　對於被他人持行李票而領走之任何行李，航空公司不負賠償責任。但乘客能證明航空公司有故意或過失情形者，不在此限。

第二十五條

　　航空公司基於飛航安全考量，非依民航局核備之運務手冊規定，不得限制下列乘客之搭乘：（詳情請洽航空公司）

　　一、身心障礙及傷病旅客。

　　二、需特別照顧之孕婦及高齡者。

　　三、同行嬰兒、獨行小孩。

　　四、被押解之罪犯（含嫌疑犯）。

　　五、酩酊者（含吸食麻藥、藥品所致者）。

　　六、可能影響乘客、機組員及飛航之安全者。

第二十六條

　　乘客不滿意航空公司提供之服務時，可利用航空公司之申訴服務專線反映，航空公司應立即視實際情形迅速妥適處理。

　　航空公司申訴服務專線及網址：【　】

第二十七條

　　本契約如有未盡事宜，依相關法令、習慣及平等互惠與誠實信用原則公平解決之。

 實例個案研討

台南機場關閉，折返旅客一度霸機

遠東航空一架EF1175號班機原定2000年9月5日晚上8點35分要從台北飛往台南，但因為台南當地下雷雨，氣候不佳而機場關閉，於是在嘉義上空盤旋四十分鐘後，原機飛回台北，並要求旅客處理退票，原機擬飛回台北，但機上旅客卻要求機長改降落在高雄或嘉義，並未被接受，所以氣憤的民眾於晚上10點40分抵達台北後，還一度霸機，直到6日凌晨約1點，仍有部分旅客滯留機場，抱怨遠航處理效率太慢，最後就在遠航提出兩點處理方法後，這場霸機糾紛最後以平和收場。（編者按：本案機長因天候因素所作之處置完全符合航務程序，就專業角度來看，並無不當。）

資料來源：民視新聞。

 ## 第四節　侵權行為態樣問題

《民法》第184條前段的侵權行為態樣中，因故意或過失，不法侵害他人之權利者，負損害賠償責任。與民航運輸有關的侵權行為，在實務上大致包含以下幾種情形：(1)發生於航空器內的侵權行為；(2)因航空器碰撞或航空器與其他物件碰撞所導致的侵權行為；(3)因航空器失事致旅客死傷或物品毀損的侵權行為；(4)航空器對地面或水面第三人的侵權行為。我國《民用航空法》對於航空器失事或自航空器上投擲物品，致生命財產有喪失毀損時，其賠償責任係採取「絕對責任主義」，縱因不可抗力之事由所發生，亦需負責。對於非航空器失事所致之乘客

傷亡則採取「相對責任主義」。至於非航空器失事所致之財物損害較爲複雜，需視運送人責任輕重而有不同程度的賠償責任，並依《民法》規定，負「通常事變責任」，亦即對於貨物之毀損、滅失或遲到，除能證明其係因不可抗力或因貨物之性質或因託運人或受貨人之過失所致者外，應負責任。

　　若損害之發生，如由航空人員或第三人故意或過失所致者，依照民法侵權行爲法則，原應由行爲人負其責任。然而，因高速飛行載具在運行時涉及諸多內外在的環境因素與各項干擾變因，難免會在主客觀的情境下潛存風險因子，並無法完全避免事故的發生。尤其，「航空器對第三人造成侵權」與「對航空器的非法干擾事件」所衍生的損害賠償議題更顯重要，茲分述如下：

一、航空器對第三人造成侵權

　　航空器在飛行過程中，因飛航組員執行職務或航空器使用人在管理程序上出現瑕疵，諸如飛機墜毀或從航空器上落下的人或物，所致使在地面、水面上的第三人產生人身及財產損害，承運人需要承擔法律責任。1998年2月16日晚上中華航空公司CI676班機，國籍編號B-1814的A300B4-622R型客機自印尼峇里島返抵台灣桃園國際機場時，在最後進場（final approach）階段，機長發現飛機當時的高度高於預定高度達1,000英尺，於是向塔台要求重飛（go around），在對正05L跑道後，機師解除自動駕駛，改以手動駕駛時發生失誤，導致該班機墜毀於桃園機場旁的國際路二段（台15線）715號到721號之間的民宅，並波及一輛正在行駛的計程車，造成包括機上196名乘客、機組員及地面上6人共202人死亡。另外，1999年4月15日，韓國大韓航空公司一架麥道11型，編號HL7375的寬體運輸機以230噸的飛機重量，滿載4.9萬磅航空燃油和數十噸貨物擬從上海虹橋機場飛往首爾。在機場塔台糾正了該機飛航組員多次報錯的飛行計畫後，飛機隨即起飛。然而，該機爬升至4,500英尺

後，副機長竟將塔台指示的高度誤聽爲1,500呎。爲了回應疏失，促使飛機下降3,000呎，機師不正確的處理程序導致飛機失速墜毀於虹橋機場西南10公里處的一片工業開發區，造成5死42傷。飛機墜地時形成的巨大衝擊波及四處飛濺的飛機殘骸，致使上海市閔行區莘莊鎭莘西南路區域的1,500戶民宅受損、家庭財產及人身受到不同程度的損害。

對於前者，係屬本國籍民用航空器對地面第三人的損害賠償，這種情況適用我國（侵權行爲地）的法律。至於後者，係屬「外國航空器在他國國境內墜毀造成地面人身傷亡」的賠償責任議題，其損害賠償適用受理案件的法院所在地法律。理由是受理案件的法院所屬國一般也是與案件有密切聯繫的國家，加上法院有適用法院地法的便利。其實國際民航組織早在1952年10月7日就於羅馬會議通過了《關於外國航空器對地面（水面）第三者造成損害的公約》（簡稱1952年《羅馬公約》）。締約國爲了確保在地面（水面）上受外國航空器損害者可以獲得適當的賠償，同時合理地限制因此損害而引起的責任範圍，使其不致阻礙國際民用航空運輸的發展，並認爲有必要，通過一種國際公約，在最大可能範圍內統一世界各國適用於此種損害所引起的責任規則。《羅馬公約》在責任限額方面，依據航空器的重量和人身傷亡兩個標準來確定。航空器的重量分爲五個等級，限額由五十萬普安卡雷法郎起計，對人身傷亡的賠償限額爲對每一罹難者或傷者不超過五十萬普安卡雷法郎爲限。《羅馬公約》亦提出以「單一窗口」的方式規定締約國授權並承諾強制執行在一締約國內作出同對地面第三者蒙受損害有關的判決，以避免了同時在數個締約國內提起訴訟並保護了公約規定的責任限額。然而，該公約由於有諸多限制，只有近約四分之一的國際民航組織成員國批准該公約，主要原因在於對該公約的責任體制和賠償責任限額無法達成共識。尤其，美國等經濟發達國家認爲該公約的賠償責任限額太低，未能對被害人提供充分的保障，並藉此當作不願批准該公約的理由。甚至，加拿大於1976年12月29日退出1952年《羅馬公約》，遂使該公約並未被國際社會廣泛接受。

　　爾後，1978年9月23日，國際民航組織在蒙特利爾通過了旨在修訂1952年《羅馬公約》的議定書——《修正該外國航空器對地面（水面）第三者造成損害的公約的議定書》，簡稱《蒙特利爾議定書》。《蒙特利爾議定書》在修訂時，分別將1952年《羅馬公約》的限額提高了四至九倍，人身傷亡的責任，最高可達125,000特別提款權。在管轄權方面，1952年《羅馬公約》規定損害發生地法院為起訴的唯一法院。但是，1978年《蒙特利爾議定書》則修訂為經由索賠人和被告的協商，可以在任何其他締約國法院起訴，也可以訴諸仲裁，但是任何訴訟不得以任何方式損害在損害發生地國起訴的權利。

二、對航空器的非法干擾事件

　　美國911事件的發生，形成全球秩序與衝突的新焦點。西方國家已意識到恐怖主義的安全威脅不再是與任何一個有固定疆界的政治實體發生戰爭關係，而是進行國家與非國家行為者的對抗行為。影響所及，非僅區域安全情勢發生重大變化，更嚴重影響全球經濟復甦與發展。尤其，隨著航空運輸的日漸發達，利用乘坐民用航空器劫機發起攻擊，從而引起廣泛而深遠的國際影響力，已成為恐怖主義分子首選的目標。然而，發生在航空器上的非法干擾行為既可能造成機毀人亡，更可能造成第三方的損害賠償問題。於為，國際民航組織亦體認到有必要將《羅馬公約》所構築的法律框架現代化。

　　首先，國際民航組織理事會在2004年5月31日決定成立「《羅馬公約》現代化特別小組」，該小組的任務是對國際民航組織於2004年3月15日至21日在蒙特利爾召開的第32屆法律委員會所提的決議——《關於航空器對第三方造成損害的賠償的公約》予以進一步的發展和完善。為此，該小組於2005年至2007年先後召開了六次小組會議專門討論該議題，並開始著手起草相關的公約。公約主要係由航空公司、旅客、託運人、第三人和政府等利益關係者共同承擔因恐怖主義等非法干擾在民

用航空器上的侵權行為所造成損害的風險。歷經前述努力，國際民航組織於2009年4月20日至5月2日在加拿大蒙特利爾市召開國際航空法會議（International Conference on Air Law），經討論、修改並通過了《關於航空器對第三方造成損害的賠償的公約》（簡稱《一般風險公約》）（Convention on Compensation for Damage to Third Parties, Resulting from Acts of Unlawful Interference Involving Aircraft）和《關於因涉及航空器的非法干擾行為而導致對第三方造成損害的賠償的公約》（簡稱《非法干擾公約》）（Convention on Compensation for Damage Caused by Aircraft to Third Parties），並向各國開放簽署，同時建構《關於因涉及航空器的非法干擾行為而導致對第三方造成損害的賠償的公約》的國際民用航空賠償基金。

就《一般風險公約》而言，全文共計5章28條，該公約是對1952年《羅馬公約》和1978年《蒙特利爾議定書》的現代化。公約的核心在於承運人的雙梯度責任體制。在第一梯度下，承運人對第三人造成的損害無論是否有過錯，均以航空器最大重量為基礎承擔一定限額內的賠償責任。超出限額的部分（即第二梯度下），對承運人適用「過錯推定責任原則」。亦即損害發生後，推定承運人有過錯並由其承擔責任，除非承運人能證明其對損害的發生無過錯，否則第二梯度的賠償是沒有限額的。

就《非法干擾公約》而言，全文共計8章47條，該公約旨在透過採取各方締約國採取合作行動，統一關於對飛行中航空器的非法干擾事件的後果提供賠償的一些規則，以達到保護第三方受害人利益和維護航空業持續發展的雙重目的。在非法干擾行為造成的航空器事件中，由承運人在一個限額以內承擔賠償責任，限額以上的損害透過公約設立的國際民用航空賠償基金提供賠償。如此一來，承運人可以透過保險分散其限額內的財務風險，而第三方受害人不僅可以在限額內得到承運人的快速賠償，當損害超過限額時，還可以透過國際民用航空賠償基金保障其損害得到充分賠償。

　　前述兩項國際公約均於2009年5月2日於蒙特利爾簽訂，以中文、英文、阿拉伯文、法文、俄文和西班牙文寫成，各種文本同等作準，此種作準在會議主席授權的會議秘書處於簽訂之日後九十天內核查各種文本的案文彼此協調一致後開始生效。本公約應當存放於國際民用航空組織檔案處，由公約保存人將核證無誤的公約副本分送本公約的所有締約國，以及第25條所述的各公約和議定書的所有當事國。

註釋

❶1944年簽訂《芝加哥協定》後，並於翌年成立「國際民航組織」（International Civil Aviation Organization; ICAO），但仍無法有效處理國際各航空公司間之票價、運費等商務事項。為了因應這個需求，國際民航組織之各國代表達成共識，於1945年由各飛航國際航線之航空公司聯合組成「國際航空運輸協會」（International Air Transportation Association; IATA），簡稱「航協」，為民用航空民間公會的國際性組織，其總部設於加拿大魁北克省（Quebec）之蒙特利爾（Montreal）。另外，在瑞士之日內瓦設有辦事處，其職權包括：運輸規則及條件的制訂、運費之訂定、清算等機能。IATA所制式的標準運送契約的賠償標準係以《華沙公約》為準，目前多數國家採用之（作者按：Montreal是加拿大魁北克省最大的城市，人口接近三百萬，是世界上的第二大法語城市。中文普通話翻譯為「蒙特利爾」，廣東話翻譯為「滿地可」，台灣亦有人翻譯為「蒙特婁」）。

❷所謂「報值行李」（declare excess valuation）係指旅客若認為其攜帶之託運行李價值超過航空公司依據現行法規規定所訂之最高賠償金額，為了降低該行李之旅行風險（遺失、損壞等）而向航空公司申請報值，航空公司則於承載責任範圍內提供限定金額內之服務項目。中共的《民用航空旅客、行李國內運輸規則》對「報值行李」亦在第43條有明文規定：「旅客的託運行李，每公斤價值超過人民幣50元時，可辦理行李的聲明價值。」、「承運人應按旅客聲明的價值中超過本條第一款規定限額部分的價值的千分之五收取聲明價值附加費。金額以元為單位。」及「託運行李的聲明價值不能超過行李本身的實際價值。每一旅客的行李聲明價值最高限額為人民幣8,000元。如承運人對聲明價值有異議而旅客又拒絕接受檢查時，承運人有權拒絕收運。」

參考文獻

Roderick D. van Dam, Air Liability: ICAO Policy, *Annals of Air and Space Law*, Vol.XVII-I, 1992, p.85.

王守潛（1990）。《國際航空運送與責任賠償的問題》。水牛圖書出版公司。

高聰明（1999）。《航空客運風險與管理》。長榮航空股份有限公司。

陳承先（2000）。〈國際航空運送人之責任〉，國立台灣海洋大學海洋法律研究所碩士論文。

楊舜惠、尹章華（2001）。〈兩岸民用航空旅客運送適用消費者保護法之比較研究〉，國立台灣海洋大學海洋法律研究所碩士論文。

趙維田（1991）。《國際航空法》。水牛圖書出版公司。

第三章　空中主權

第一節　航權發展簡介

　　自從1783年人類將第一個航空器——輕氣球升入天空以後，人類就不斷地想將生存空間擴展到三度空間。1903年12月17日，美國威爾伯·萊特（1867-1912）和奧維爾·萊特（1871-1948）兩兄弟在北卡羅萊納州小鷹鎮，跟蹌地駕著自製的第一架飛機「飛鳥」（Flyer），半飛半滑行了190呎，儘管這趟航程不到60公尺的距離，但人類自古以來的夢想終於宣告完成。自萊特兄弟發明飛機至今已超過一百年，一個世紀過去了，世界航空製造業和運輸業都得到了前所未有的發展。

　　這一百餘年來，全球航空界都不斷地在尋找載客量更大、耗油更省且更安靜舒適的飛航，用以載運旅客翱翔萬里。法國空中巴士集團以「大批容量接駁各地大型運輸樞紐」爲市場銷售目標而研發的A380客機，打破美國波音公司所生產之波音747統領三十五年的紀錄，成爲目前世界上載客量最大的民用飛機。繼而，波音公司亦以效能更高的發動機（占總體燃料節省的三分之一）、較輕的複合材料（也占總體燃料節省的三分之一），並使用了不少新科技（亦占總體燃料節省的三分之一）研發出以「各地中型機場間中運量直通聯繫」爲市場銷售目標的波音787，朝向速度更快、燃油更省、更具環保的方向發展。

　　然而，我們在讚嘆航空科技發展的一日千里之際，航空法律領域的發展卻相對緩慢。究其原因，主要是對於空間空氣法律地位問題的爭議與人類族群領域的空間價值觀。這正是航空法研究課題的開端。「空間空氣」在本書雖是當作法律用語，但此名詞和地球物理上同一詞彙涵義既有相同因素，又有特殊的涵義。法律上的「空間空氣」可表述如下：「地球表面的任何區域，不論其爲陸地還是水域，凡被認作一國領土的組成部分者，那麼這些地表區域之上的空氣空間亦屬該國領土組成部分。相反地，地球表面不屬任何國家領土組成部分的任何區域，該地

表區域之上的空氣空間則不受任何國家主權控制，所有國家均可自由使
用。」（趙維田；1991）當航空器的浮動或飛行超過一國邊界時起，對
於空間空氣的法律地位就發生爭議，因此我們需要法律制度來規範。然
而，國家領土是立體而非絕對的平面，對於領土的廣泛定義及標準在實
際應用的時候常遭遇許多認定上的困難。

一、領空主權相關學說

　　相對於人類悠久的歷史，航空器的發明也僅是近一個世紀的事了，
而空運與海運有很多特質是很類似的，因此領空（territorial airspace）
的觀念事實上是延續對領海的觀念而加以修正。以領海為例，國際法對
其領海的定義通常是由土地延伸出去的3至12海里，而其經濟海域是由
土地延伸出去的200海里。因此，離海岸線12海里但卻不超過200海里之
內的海域是國際法規定的經濟專屬區，在該地區從事的活動應該尊重享
有領海區的國家之權利和義務。例如，應該遵守海洋資源的有關權利。
但實務上對於領海的範圍，爭議性仍然很大，因此目前仍有認定上的困
難。然而，領陸領水之外，是否有所謂的「領空」？目前雖然很多國家
認為領空是隸屬於國家主權的領陸和領水的上空，但範圍可以延伸到什
麼程度，甚至國與國之間在主觀認定上的重疊問題又該如何有公允的區
隔？隨著國際航空運輸的快速發展，在領陸領水之外，有關各國對其領
土之上的空氣空間具有完全和排他的「主權」（sovereignty of airspace）
問題也逐漸浮出檯面。各國對其領土上空之航空器，究竟應該如何管
理，國際上並無相關法例與習慣可循，在第一次世界大戰以前，學者意
見頗為分歧，各式學說紛陳，莫衷一是。當時主要有五種學說：

(一)絕對自由說

　　此說引「公海自由論」為依據，闡言空氣、流水與海洋為人類共同

使用之物。任何人均可以絕對自由使用。換言之，航空器在其本國法規許可範圍內，在他國上空無論任何行為均可為之，縱使對於其空中危害行為，如間諜、散布毒氣等，領域國亦無干涉之權利。

(二)有限自由說

此說原則上承認空中自由，惟其自由不得超過領域國自衛上必要之各種權利。即國家為自衛計，有控制其領土及領水上空之權利。

(三)分層自由說

此說以空中自由為原則，承認領土國主權可達到一定之高度，並依照領海理論，將空中分為領空和「公空」（public air）；於離領域之一定高度之空域內為領空，領域國有禁止飛行之權利，而在較高之公空則飛行完全自由。

(四)無害通過說

此說主張各國領域上面之空間屬於領域國所有，但除了軍、警航空器及稅捐專機以外，應准許他國航空器無害通過之權，此說也係源於海洋法無害通過之理論。

(五)空中主權說

此說主張各國對其領域上面之空間享有完全主權，不得受任何限制，即一國不能對他國領域上空主張任何主權，一國對他國之公私航空器得依自己意思，關閉或開放其領域之上空，縱然一國允許他國飛航，亦將制訂管制之規章，予以約束。

對於上述五種學說，經過國際法學會曾於1910年、1911年及1913年先後集議討論，始終沒有一套放諸四海皆準的共識。而在1914年第一

次世界大戰爆發後，交戰國立即要求全部領空權，以爲自衛，如英國在1911年立法制定和1913年修正的《航空法》便是。同時，鄰近之中立國家爲維護中立起見，禁止交戰國之飛機通過其領土上空，於是空間之使用漸與陸地規則相同，不適用於領海與國際海峽之原則。

二、領空與空中主權的界定

第一次世界大戰結束以後，1919年10月13日，各國代表在巴黎舉行會議，會中決議成立「國際飛航委員會」（International Commission for Air Navigation），並起草制定「國際飛航規範」（Air Navigation Code），後稱爲《巴黎空中航行管理公約》（Paris Convention for the Regulation of Aerial Navigation）或簡稱《巴黎公約》，這是國際上首次有關空中立法的公約。於此約，有下列數點原則：

1. 每個國家對於其領土及領海上空，擁有絕對及充分之自主權，同時有權利驅除或管轄任何侵入領土或領海的外國航空器。
2. 國際飛航自由必須是在國家主權與國家安全所能接受的範圍內。
3. 對於缺乏國籍識別的航空器准許各國自行處理。
4. 每一國家的航空器必須是具備國籍證明並且進入他國時需向主權國註冊。

自《巴黎公約》以後，國家對領空的主權才得到確認。該約第1條規定：「國家對其領陸及領水上的空氣空間具有完全的和排他的主權（complete and exclusive sovereignty）」（1944年在芝加哥締結的《國際航空運輸協定》亦原文照抄此一原則），同時，在第2條明文賦予締約國承允對民用航空器在和平常時期相互給予無害通過的自由。前述公約內有關「完全的和排他」一詞被理解爲「無限高度」，因此當時各國代表對領空主權能到多高並無限制。不過，隨著航太科技發展的突飛猛進，在領空之外對「外空」（outer space）的法律制度也逐步形成，其

他國家不得對其主張主權。有關「完全的和排他」的主張也見於《聯合國海洋法公約》和一般國際法的規定。以這些規定的意涵而言，外國航空器在沿岸國專屬經濟區上覆空域原則上享有航行自由、飛越自由以及鋪設海底電纜和管道的自由，但在行使這些權利時，應該顧及沿岸國的權利和義務並遵守其制定的有關法律規章和制度。外國航空器在沿岸國專屬經濟區範圍內的海域上空飛行，不得從事危害沿岸國主權、安全和國家利益的活動。

(一)領空的界定

　　有關領空的界定，1944年《國際民用航空公約》第1條即開宗明義的宣示：「締約各國承認每一國家對其領土之上的空氣空間享有完全的和排他的主權。」（Article 1- Sovereignty: The contracting States recognize that every State has complete and exclusive sovereignty over the airspace above its territory.），並在第2條解釋所謂「領土」的範圍：「本公約所指一國的領土，應認為是在該國主權、宗主權、保護或委任統治下的陸地區域及與其鄰接的領水。」（Article 2- Territory: For the purposes of this Convention the territory of a State shall be deemed to be the land areas and territorial waters adjacent thereto under the sovereignty, suzerainty, protection or mandate of such State.）以我國的《民航法》第78條（外籍航空器之飛越或降落）也明確規定：「外籍航空器，非經交通部許可，不得在中華民國領域飛越或降落。但條約或協定另有規定者，從其規定。前項外籍航空器之飛入、飛出與飛越中華民國境內及其他應遵行事項之規則，由交通部定之。」，中共的《民航法》第2條亦明文規定：「中華人民共和國的領陸和領水之上的空域為中華人民共和國領空。中華人民共和國對領空享有完全的、排他的主權。」而中共1992年制定的《中華人民共和國領海及毗鄰區法》第12條更指出：「外國航空器只有根據該國政府與中華人民共和國政府簽訂的協定、協議，或著經

中華人民共和國政府或者其授權的機關批准或者接受，方可進入中華人民共和國領海上空。」顯見各國對於其領陸及領水上的空氣空間完全及排他的主權堅持。

(二)空中主權的界定

而對於空中主權的界定，《巴黎空中航行管理公約》將國際航空運輸分為兩類，其一是公約第15條所指的「定期國際航空企業」（regular international air navigation line），亦即當代所稱之定期國際航空公司（scheduled international airlines或air services）的航空器；其次是不屬於定期國際航空公司的航空器。對後者，依第2條規定：「凡締約國平時對於各締約國之航空器，若其飛越時不生妨害，而又恪遵本約所定之規條，當准其自由飛越本國領土。」、「凡締約國所規定關於准許各締約國之航空器，飛越其領土之一切規章，應不分國籍一體適用。」以及第15條的規定：「凡一締約國之航空器，皆有飛越其他締約國不必降落之權，但須遵循飛越國所劃定之航線，若該國為公安起見，用附款所規定之信號，令其降落時仍須遵令降落。」很清楚地知道，在這個時期，空中主權問題雖然傾向「空中主權說」，但值得注意的是「無害通過」（innocent passage）他國領域僅僅是條約上所給予之「權利」，而不是可自由主張的，並且強調雖在締約國之間可享有在其他締約國上空的無害通過自由，但需遵守公約規定的條件。至於定期國際航空企業的航空器則沒有這種自由，必須事先得到航空器要飛經的國家的同意。當初美國等美洲國家並未加入這個公約，1923年5月，在美國號召之下有二十個泛美聯盟國於華盛頓舉行的第5屆「泛美會議」（Pan-American Conference）。會中，美國商業飛航委員會（Inter-American Commercial Aviation Commission）通過起草制定條文，草約中對商業飛航、飛航路線決定、飛航規範建立及推薦適合設立飛機起降設備的場地有了適當的規範。爾後，並於1928年2月20日於古巴（Cuba）的首都哈

瓦那（Havana）所舉行的第6屆泛美會議訂立《哈瓦那商業航空公約》（Havana Convention on Commercial Aviation），其內容大致與《巴黎公約》相似，但並無《巴黎公約》所附技術性條款。

三、國際航空運輸的發展

第一次世界大戰結束後，各交戰國紛紛中止敵對狀態，而有下列因素促成了國際航空運輸的迅速發展：

1. 飛機製造商開始尋找戰爭以外的新市場。
2. 許多企業家體認到國際快速運輸及溝通的重要性。
3. 退役的空軍飛行員需要持續應用其飛行技術。
4. 各國政府認為發展航空運輸可以提升國家聲望及促進經濟繁榮。

1925年在法國政府倡議下，在巴黎召開了第一次航空私法國際會議，在會中提出成立專屬會議的需求，遂於1926年5月17日至21日籌組了「航空法專家國際委員會」（Comité International Technique d'Experts Juridiques Aériens; CITEJA），並共同期望議定一部國際統一的航空民事責任法典。1929年終於在華沙所召開之第二次航空私法國際會議上通過訂定《統一國際航空運輸某些規則的公約》（通稱1929年《華沙公約》），我國當時雖有簽約，但中共取得政權後，至今我國仍無法被批准加入。在這份公約裡，定義了何謂國際飛航運輸，並統一規定在運輸過程中有關下列事項之處理準則：

1. 承運人對乘客發生死傷之規定。
2. 貨物商品或行李損壞、遺失之規定。
3. 由於延誤抵達，造成乘客或貨主之權益等相關損失賠償責任及條文。
4. 機票、貨運單及其他航空旅行文件的標準格式。

　　西元1955年9月28日，於荷蘭的海牙（Hague）所召開的會議中，修正了《華沙公約》的部分條文，僅針對有關賠償問題做進一步的修訂，並未取而代之。其內容就是後來所稱的《海牙議定書》。《華沙公約》的骨幹在於「公約的適用範圍與定義」、「運送文書」及「運送人責任與責任限額」；而《海牙議定書》主要在簡化運送文書，刪除運送人之部分免責條款，提高責任限額，如將原來規定每人死亡之最高賠償金額由8,300美元調高到16,600美元，並修訂「故意」等定義。爾後，西元1971年制定的《瓜地馬拉協定》（Guatemala City Protocol），更針對賠償責任做了大幅修訂，其中最主要的是確認承載運送人具有「絕對」的賠償責任。換言之，不管是否為人為疏失所造成的損害，若無法證明自己或受僱人或代理人已採取一切必要之措施或無法採取該措施防範時，承載運送人必須負擔完全責任。此外，並將個人死亡的賠償上限訂為100,000美元。爾後，1975年9月25日在蒙特利爾簽署的第1號、第2號、第3號、第4號《關於修改〈統一國際航空運輸某些規則的公約〉的追加議定書》等之修正，使得具國際私法性質之華沙公約得以延用至今，進而形成所謂之《華沙公約》體系。

　　當航空事業發展的腳步以日行千里的高速前進時，前述諸多國際公約或規章已不符合航空事業的要求。因此，美國在1944年12月7日，在芝加哥召開國際民用航空會議，在會議中簽訂了三項國際航空公約，形成戰後的「國際航空大憲章」，並對現代國際民航運輸事業產生重大影響。這三項公約分別是：(1)被當代簡稱為《芝加哥協定》或《芝加哥國際民用航空公約》（Chicago Convention on International Civil Aviation）的憲章性文件──《國際民用航空公約》；(2)《國際航空過境協定》（International Air Service Transit Agreement）；(3)《國際航空運輸協定》（International Air Transport Agreement）。茲探討如下：

(一)《芝加哥協定》

　　《芝加哥協定》旨在「使國際航空得循安穩與有秩序之方式從事發展,而國際空運事業亦得建立於機會均等之基礎上健全與經濟地經營」,共分為空中航行、國際民航組織、國際空中運輸及最後條款等4篇共22章,其目錄略為:

第一篇　空中航行
　　第一章　公約之總則與適用:主權、領域、民用及國家航空器、民用航空器之不當使用。
　　第二章　飛越締約國之領域:不定期飛航權、定期航空業務、境內營運權、無人駕駛之航空器、禁航區、降落於海關航空站、空中規章之適用、空中規則、入境或通關規章、疾病散播之防止、航空站及類似之收費、航空器之搜查。
　　第三章　航空器之國籍:航空器之國籍、雙重登記、登記之國內法、標誌之顯示、登記之報告。
　　第四章　便利航空之措施:手續之便利、海關及移民程序、關稅、遇難之航空器、失事調查、專利主張扣押之豁免、航空設施及標準系統。
　　第五章　關於航空器所應履行之條件:航空器備帶之文件、航空器無線電裝備、適航證書、人員證照、證照之認可、航程日誌、貨物之限制、攝影機。
　　第六章　國際標準及建議措施:國際標準及程序之採用、異於國際標準與程序、證照之備註、備註證照之效力、現行適航標準之認可、人員能力現行標準之認可。
第二篇　國際民航組織
　　第七章　組織:名稱與組成、目的、永久地址、大會之第一次會議、行為能力。

第八章　大會：大會會議及投票、大會之職權。

第九章　理事會：理事會之組成及選舉、理事會之理事長、理事會之投票、列席而無投票權、理事會強制性之職掌、理事會非強制性之職掌。

第十章　空中航行委員會：委員之薦舉及任命、委員會之職掌。

第十一章　人事：人員之任命、人員之國際性、人員之豁免與優例。

第十二章　財務：預算及開支之分攤、投票權之終止、代表團及其他代表之費用。

第十三章　其他國際安排：安全之安排、與其他國際機構之安排、關於其他協定之任務。

第三篇　國際空中運輸

第十四章　情報與報告：向理事會提出報告。

第十五章　航空站及其他航空設施：航路及航空站之指定、航空設施之改善、航空設施之財務負擔、理事會對設施之提供及維護、土地之取得與使用、基金之支出及分攤、技術協助及收入之運用、自理事會接收設施、基金退還。

第十六章　聯合經營組織與合辦業務：聯合經營組織之許可、理事會之職掌、經營組織之參加。

第四篇　最後條款

第十七章　其他航空協定之安排：巴黎及哈瓦那二公約、現有協定之登記、相牴觸安排之廢止、新安排之登記。

第十八章　爭端與不履行：爭端之解決、仲裁程序、上訴、航空業不遵照之處罰、國家不遵照之處罰。

第十九章　戰爭：戰爭及緊急狀態。

第二十章　附約：附約之採用及修正。

第二十一章　批准、加入、修正及退出：公約之批准、公約之加入、其他國家之接納、公約之修正、退約。

第二十二章　定義。

　　《芝加哥協定》代替了原先的《巴黎公約》，對國際民航活動制定了一系列原則和規定，並根據《芝加哥協定》設立了日後影響全球航空界甚鉅的「國際民航組織」。「國際民航組織」依公約設大會與理事會，理事會依業務需要設置若干委員會：空中航行委員會、空中運輸委員會、法律委員會、空中航行服務聯合支援委員會、財務委員會、非法干擾委員會，另設秘書長及秘書處負責該組織之行政業務。該組織除了召開會議制定相關附約、標準程序、作業手冊外，亦協助開發中國家民航人員之訓練，同時也編印相關出版品（包括附約、空中航行服務程序、訓練手冊、區域空中航行計畫、航空器失事摘要、國際民航術語彙編、統計資料及法律委員會之會議紀錄與文件等），其宗旨與目的，在發展國際航空之原則及技術，並促成國際空中運輸之規劃及發展，俾達成：

　　1.確保全球國際民用航空安全及有序之成長。

　　2.為和平之目的鼓勵航空器之設計與操作技術。

　　3.鼓勵國際民用航空之航路、航空站及航空設施之發展。

　　4.滿足全球公民對安全、正常、有效及經濟之空運需求。

　　5.避免因不合理競爭所造成之經濟浪費。

　　6.確保完全尊重締約國之權利及確保各締約國享有經營國際航線之公平機會。

　　7.避免締約國間之差別待遇。

　　8.促進國際飛航之安全。

(二)《國際航空過境協定》與《國際航空運輸協定》

　　《芝加哥協定》和《巴黎公約》最大的差異是1919年的《巴黎公約》宣示的是關於領空主權的原則，主要是從國家安全和國防意義上為主要考量的；而1944年芝加哥會議上對於政治意義上的看法並無太大的偏頗，惟本次會議的著眼點在於民用航空領域的航空器，關心的課題

也從國家主權延伸到商業意義。相較於《巴黎公約》，在《芝加哥協定》中，除了重申空中主權外，對於「無害通過」的範圍已不像前者這麼廣泛，飛越締約國之領土，僅以「不定期飛行」之「民用航空器」為限，且主權國尚得保留其權利。至於「國有航空器」（係指用於軍事、關稅及警察勤務之公有航空器），則以不能飛越他國上空為原則。相關法源可見於《芝加哥協定》第3條規定：「凡一締約國之國有航空器，如未與其他締約國締結特別協定，或另以其他方式經其准許，並按其中條件，不得飛越或降落其締約國領土。」；而對於「民用航空器」的規定，在第5條中規定：「締約各國同意，凡不從事定期國際航空業務之其他締約國一切航空器，在遵守本公約之條件下，有權飛入其領土，或不停留而通過其領土，及為非貿易目的而停留，不必事先獲准，但飛越國有權令其降落。為飛行之安全起見，締約各國保留權利，對於航空器之意圖飛入不能進入，或缺乏適當航空便利之區域者，令其遵循規定之路線飛行，或獲其特准後始飛行。」從前述對《芝加哥協定》的敘述中得以顯見：對無須事先獲准而通過他國領域者，僅以不從事定期國際航空業務之航空器及非為商業目的者為限，以使航空較落後的國家得以採保護政策，不致為航空發達之國家所壟斷，而謀真正的機會平等。

　　介紹完「不定期飛行」的規範後，我們接著談談「定期飛行」的飛航是不是也有所規範？在《芝加哥協定》的第6條：「除經締約國之特准或其他許可，並依照其規定，不得在該國領域上空或領域內經營定期國際航空業務」。因此，凡在他國領域內或其上空從事定期國際航空業務者需事先取得領域國許可或特准，目前國際間定期航空業務之運作均以雙邊空運協定為依據。

　　本次會議除了簽訂憲章性文件——《芝加哥協定》以外，還簽訂了後來通稱的「兩項航權協定」（Two Freedoms Agreement）的《國際航空過境協定》及後來稱為「五項航權協定」（Five Freedoms Agreement）的《國際航空運輸協定》。凡是簽署《國際航空過境協定》的每一國家，在「定期國際航空運輸」方面，對於其他締約國應給

予「二項空中自由」，亦即：(1)不降落而飛越其領域之權利（飛越領空權）；(2)為非營利目的而降落之權利（技術降落權）。

此外，在《國際航空運輸協定》裡規定了所謂「五大自由」，亦稱為「五大權利」或「五大航權」。凡是在本會議的與會各國簽署此份協定者，得給予其他締約國家五項空中自由。換句話說，依據該協定第1條第1節規定，對於其他締約國應給予飛越權、技降權、卸載權、裝載權及經營權五項空中航權（The Five Freedoms of the Air）。而世界各國爰本於其經濟、政治與地理因素之需求，復基於平等互惠之原則，互通有無之方式制訂兩國間之雙邊空運協定，載明航權授與，而從事經營國際航空事業。

四、航權

在引介五項空中航權之前，我們先給航權（traffic right）做個定義：「當一國之民航機經營定期之國際航空業務，載運旅客、貨物、郵件等，需降落或進出其他國家，必先取得該國之同意或許可，簡稱為『航權』。」依據現行法律以及1944年《芝加哥協定》，國際航空運輸原則上受制於國家主權及其法定限制，為了消除此類障礙，便利國際空運，乃制定數種「航權」，並載於相關法律亦或一般國際協議中。

對於航權之種類，《芝加哥協定》在附件中的《國際航空過境協定》及《國際航空運輸協定》即有所規範。《國際航空過境協定》包含「飛越領空權」及「技術降落權」，即第一及第二航權；《國際航空運輸協定》則除了前述兩種航權外又規範了另外三種商業性航權，亦即第三至第五航權。關於之後發展出之第六、第七、第八（境內營運權）、停站營運權乃至聯站營運權，並未於《芝加哥協定》中明文規定。至於航權的區別，一般皆以數字列出，依航權大小，由小至大順序排列，分述如下：

(一)第一航權（**First Freedom**）

又稱為「飛越領空權」或「飛越權」。本國籍航空器可飛越外國領空而不著陸的權利。第一航權如**圖3-1**所示：甲國的航空器飛越乙國領空但不著陸（The right to pass over the territory of the signatory States without landing.）。

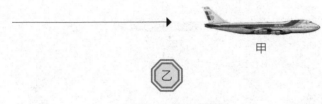

圖3-1　第一航權

(二)第二航權（**Second Freedom**）

又稱為「技術降落權」或「技降權」。本國籍航空器非因商業目的而降落他國的權利，其中所謂「非因商業目的」如以加油或維修等技術性因素為由之目的（The right to land in the territory of the signatory States for non-commercial reasons. For example: for a technical stop-over.）。第二航權如**圖3-2**所示。

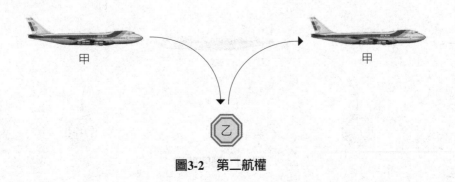

圖3-2　第二航權

(三)第三航權（**Third Freedom**）

又稱為「卸載權」。本國籍航空器將自本國裝載之客、貨、郵件等，載運至他國後卸下之權利（The right to set down passengers, mail and freight taken up in the territory of the State in which the aircraft is registered.）。第三航權如圖**3-3**所示。

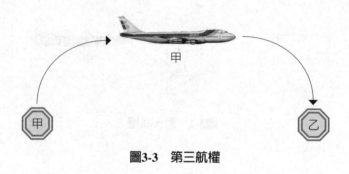

圖3-3　第三航權

(四)第四航權（**Fourth Freedom**）

又稱為「裝載權」。本國籍航空器將自他國裝載之客、貨、郵件等，載運回本國後卸下之權利（The right to take on passengers, mail and freight destined for the territory of the State in which the aircraft is registered.）。第四航權如圖**3-4**所示。

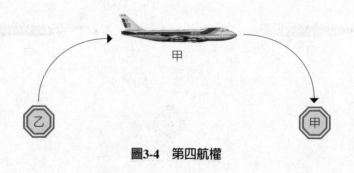

圖3-4　第四航權

(五)第五航權（**Fifth Freedom**）

　　又稱為「第三國經營權」、「中間點權」或「延遠權」。本國籍航空器可以在准許國（航線之中間點）裝載客、貨、郵件等運至第三國（航線之延遠點）卸下後，再繼續裝載客、貨、郵件等回至准許國及航空器所屬國之權利（The right to take on passengers, mail and freight destined for the territory of any other contracting State and the right to set down passengers, mail and freight originating in the territory of any other contracting State.）。第五航權如**圖3-5**所示。

　　例如：長榮航空飛航台北經曼谷至倫敦之班機，可在曼谷（中間點）上下往返英國的客、貨、郵件等，亦可在英國上下曼谷、台北之客、貨、郵件等。

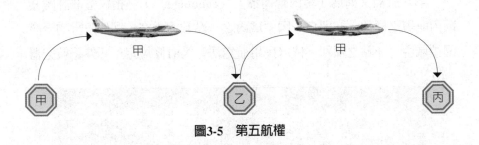

圖3-5　第五航權

　　上述五種商業航權目前為國際法上的雙邊協定（bilateral agreements）所採用，《歐洲共同體法》（European Community Law）亦採認之。此外，本於此五項自由基本運輸型態的靈活運用，國際間復衍生出以下幾種特殊的運輸型態，惟下列這些自由並不為官方所認可。

(六)第六航權（**Sixth Freedom**）

　　實際上為第三航權及第四航權之綜合。本國籍之航空器可自准許國裝載客、貨、郵件等回到本國，再轉運本國籍之不同班號的航機上，

再轉運至另一准許國（The right to provide transport services between two countries other than the country in which the aircraft is registered across the territory of that country.）。

(七)第七航權（Seventh Freedom）

航空公司得在以原航空器國籍領域以外經營航空業務，意即在准許國之領域內裝載或卸下往來於第三國或其他國家之客、貨、郵件等權利（The right to carry passengers on flights that originate in a foreign country, bypass the home country, and deposit them at another international destination.）。

(八)第八航權（Eighth Freedom）

第八航權又稱為「境內營運權」（cabotage），係指經營准許國其國內航線之權利。亦即自一國領域內之一點載運乘客、郵件及貨物至該國領域內另一點之權利。依《民用航空法》第81條規定：「外籍航空器

圖3-6　《芝加哥協定》為便利國際空運，乃制定數種航權
資料來源：楊政樺攝於馬來西亞吉隆坡國際機場。

或外籍民用航空運輸業，不得在中華民國境內兩地之間按有償或無償方式載運客貨、郵件或在中華民國境內經營普通航空業務。」實務上，各國為保護其本國籍的航空公司，均規定非該國籍航空公司不得享有「境內營運權」。亦即，外籍航空器或外籍民用航空運輸業僅可裝卸由國外運入或由本國運往他國之乘客、郵件及貨物，不可在本國境內之兩降落點間載運當地之客貨郵件。因此，外籍民用航空運輸業申請境內飛航時，除運渡、維修、展示、外交或國防考量等得予專案核准外，一般均不予核准。國際社會對於限制他國於其國境從事「境內營運權」的限制，除了前述對其本國籍的航空公司的保護之外，尚考量到航空器的升降飛翔相較於沿海貿易權及內河航行權更為重要，其無遠弗屆的特質，影響國民經濟與國防機密甚鉅。因而，《芝加哥協定》第7條規定：「締約各國有權拒絕准許其他締約國之航空器，或為取償，或為僱用，在其領土內裝載乘客、郵件、貨物，運至領土內另一端。締約各國擔任不訂立任何辦法，特別給予任何他國，或任何他國之一航線，以獨享為基礎之任何此項特權。並亦不自任何他國取得任何此項獨享特權。」因此，凡是外籍航空器試圖從事國境內兩地間之客、貨、郵件運輸者，領空國均有拒絕之權。

(九)停站營運權（**Stopover Traffic Right**）

當航空公司之航線停經他國兩點以上之航點時，由本國出發之旅客得於一點下機停留後，再繼續搭乘原航空公司同一航線之班機前往他國之另一航點。

(十)聯站營運權（**Co-terminal Traffic Right**）

當航空公司之航線停經他國兩點以上之航點時，若因初期市場經營不易，若以兩架飛機飛航兩航點恐將增加營運之成本，可考慮使用此項權利，串聯兩個城市，以提高旅客承載率，增加營收。

　　以1944年在芝加哥會議的簽署國而言，《國際航空過境協定》這個協定參加的國家較多。而原本即以避免因主權而產生之保護主義為目的，並希望達成多邊協定（multilateral agreement）的《國際航空運輸協定》，在參與的國家之中，美國主張達成多邊協定以鼓勵競爭，但英國卻擔心國際空運市場會被美國主宰，而美國所希望的五大航權之自動授與，以及容量（capacity）、班次（frequency）、運價（tariff）由市場機制決定，都因為各國考量不同，市場差異太大，而無法達成，因此當初參加的國家也不多。以美國為例，當時雖是締約國，後來於1946年7月25日自己也退出了《國際航空運輸協定》，而琵琶別抱地與英國簽訂《第一百慕達協定》（Bermuda I Agreement），可以顯示以多邊協定來規範國際定期航線業務是過於理想化的。

　　此外，自1949年10月1日中共取得中國大陸的政權後，在國際社會以「一個中國」的政策向國際民航組織（ICAO）要求審視台灣以中華民國名義提出公約批准的正當性。1971年11月19日國際民航組織第74屆理事會第16次會議通過決議，承認中華人民共和國政府是中國在國際民航組織唯一合法代表。1974年2月15日，中共政府致函國際民航組織承認1944年芝加哥《國際民用航空公約》，並在同年當選為國際民用航空組織的理事國，同時還在平等互利的基礎上與許多國家締結了雙邊協定（鄭斌；1996）。

　　最後，由本節對航權發展的引介，我們可以知道人類在航空活動中對「國際往來」與「領空主權」之間的抵換關係（trade-off）已經歷數十年的協調研討，至今仍無放諸四海皆準而毫無爭議的規則。自人類發明航空器之後，以國家領空為區隔標準所產生的完全性與排他性，是否意味著任何國家基於其認定標準的不同而都有其單方面任意處理的最高權力？而這種權力是否絕對不受任何限制？這樣的權力會不會影響到人類的生命安全？甚至，雖然國家對其領空有主權，但有時某些國家會將其管轄權延伸到領空以外的空間該如何公允論斷是非？如自1950年起，美國就設立了「防空識別區」（Air Defense Identification Zone;

ADIZ），規定外籍航空器要進入美國領空時，必須在幾百英里外就要報告飛行計畫及定期報告位置，此制度是否具有合法性，至今仍有異議。根據IATA統計，在第二次世界大戰後擊落有意或無意進入一國領空的外國民航機的事件共發生六起，其中影響較大，引起國際社會震驚與注意的有四起。在這本節中，我們只列舉兩個例子：

【例一】

1954年7月23日香港國泰航空公司C-54型「銀色之翼（SilverWings）運輸機（註冊編號：VR-HEU，S/N:10310，原始編號：C-54A-10-DC）從印度飛往香港途中，在海南島20英里以外公海上空以9,000英尺高度飛行時，被正在三亞外海為蘇聯油輪護航的中華人民共和國人民解放軍駐海口空29師85團誤以為是蔣介石的國民黨飛機（羅斯福的空軍一號專機、蔣介石的專機，都曾使用C-54型運輸機改裝）而被擊落於三亞外海，機上18人中有10人罹難。

【例二】

1983年8月31日由紐約飛往韓國首爾的大韓航空公司（Korean Air Lines Co. Ltd）波音747-200型客機（編號KE007航班），於停經安科雷奇後，因飛機異常偏離航道，誤入前蘇聯堪察加半島和庫頁島領空（遠東洲際飛彈發射基地的防空識別區），兩架蘇聯防空Su-15戰鬥機奉命緊急升空攔截。五分鐘後蘇軍飛行員向基地請求行動指示，基地司令官作出「擊毀入侵飛機」的命令，飛彈擊中客機中段，機尾首先脫落，乘客和行李自裂口被吸出機外，然後機頭也斷落，全機269人罹難。

儘管KE007事件後，美蘇兩國對於這場悲劇有著「羅生門」般的解釋，令整個事件撲朔迷離。但是，擊落客機畢竟是觸犯眾怒的嚴重輿論事件。為了防止今後再發生軍機對民用飛機使用武力的爭議事件，1984年召開的第25屆國際民航組織（非常）大會上，大多數的會員國多發表「對國際民用航空使用武力是不符合國際行為與基本人道」，並重申「攔截民用飛機不應該對其使用武器」，且「國際民航機師協會聯盟」

（International Federation of Air Line Pilots Associations; IFALPA）也號召停飛蘇聯航線60天以示抗議。當初西方國家尚且停止蘇聯的航空公司客機航班飛抵該國兩週或60天。然而，最後在現實的國際貿易利益與缺乏國際強勢公權力作為制衡機制等複雜因素下不了了之。

第二節　英、美兩國的兩次百慕達協定

一、《第一百慕達協定》

在第一節，我們曾提到美國雖在1944年在芝加哥會議上簽署《國際航空運輸協定》，但後來在1946年7月25日退出了此一協定，而與英國簽訂《第一百慕達協定》。至於美國當年為何要退出《國際航空運輸協定》呢？1945年時，美國許多航空公司要求增加飛往倫敦的航班次數，其中美國的泛美航空公司更表示要大幅度降低飛機票價，但這些要求都受到英國和法國強烈反對，並與美國爭論不休。為消除分歧，不得不於1946年1月15日談判。當時美國與英國在航路及價格上主張及觀點不同，比較如**表3-1**。

英、美在當時是左右世界航空市場的兩個主要國家，兩國航空公司業務量占當時整個國際航空運輸四分之三。兩國雙方在談判立場上的主張不同，英方主張包含「航空程序」或「航空限制」，而美方則堅持透過市場機制，強調航空自由及自由競爭。美、英不僅在航路及第五航權上有立場上的不同，對於運力及價格所抱持的立場更是分歧。他們對峙主要的原因是在1944年芝加哥航空會議未能於國際航空運輸經濟議題達成協議，因此經過激烈談判，雙方都作出了最大讓步達成協議，而於1946年2月11日與英國訂立《雙方領土間的航空運輸協定》（Agreement Relating to Air Services between Their Respective Territories），通稱為《百

表3-1　美國與英國在簽訂《第一百慕達協定》時的比較表

國別	立場觀點	價格主張	航路主張	協商結果
美國	美方主張航空自由及自由競爭，政府不要干預運力及價格，一切聽任市場自由競爭，以需求為導向。美方並認為對航空器的容量、飛航次數、第五航權及航空費率等問題，應採「雙方協商」的方式處理，而不應事先加上任何限制條件。	航空自由自由競爭	1.政府不干預載客量及價格。2.一切任由各指定航空公司在市場自由競爭中，按實際需求，自行決定。	1.放棄價格。2.由市場競爭決定。
英國	英方主張航空程序或航空限制，並由政府實行控制和管理，運力由雙方政府事先議定，價格由IATA統一擬定，並經雙方政府批准。英方並認為美國等國家所主張的自由方式會阻礙航空運輸的發展，應採「限制」的手段來處理。	航空程序航空限制	1.政府實行控制和管理。2.載客量由雙方政府事先議定，價格由IATA統一擬定並經雙方政府批准。	1.放棄載客量和航次。2.由雙方政府事先決定的原則。

慕達協定》（Bermuda Agreement）或《第一百慕達協定》。1946年月9日9日，美國和英國聯合聲明《百慕達協定》為其與第三國間簽訂雙邊航空協定之標準範本。自此，以雙邊協定來規範兩國間的定期航線成為後世簽訂空運協定之航權發展的重要參考模式。一般而言，兩國之間的雙邊協議雖多有差異，但主要涵蓋各國所開放的航線、所授與之航權、容量或機型、班次及決定運價的方法（method for determining tariffs）卻沒有太大的偏頗。雙邊協定的形式可包含三大部分：

1.協定條文（Articles）：規範運價水準及容量、關稅、資金移轉、機場收費等。

2.定期航線表（Schedule of Routes）：詳列航權（freedoms/traffic rights）、航線（routes）、是否包含第五航權及所涵蓋之中間點及延遠點（intermediate and beyond points）。

3.瞭解備忘錄（Memorandum of Understanding）：解釋前述第一部

分各條文，通常具有機密性。

有關1946年英、美兩國所簽訂之《第一百慕達協定》，對各國雙邊民航關係的發展影響如下：

1. 雙邊貿易：《第一百慕達協定》之哲學乃在建立兩國之間的雙邊貿易關係，並在一個管制之航權體系下開放天空，惟仍以自由精神提供兩國空運機會，其信念是：空運體系的自我管制力量將對空運秩序的發展作最大貢獻。

2. 妥協的產物：兩個對全球航空運輸界有重大影響的國家，各自代表的兩種對立的主張而談判。美國放棄價格由市場競爭決定的主張，英國放棄載客量和航次由雙方政府事先決定的原則。在最後兩大強國願意各退一步來達成共識讓《百慕達協定》順利產生。此協定很受他國之重視，且更因此而成為一種新的標準模式。

3. 民航交流：在民航方面，兩國之間欲互相通航，必須由兩國民航當局商議飛航路線、降落場地、飛行班次、使用機種及票價等，訂立協定，方可飛行。另外票價的部分是由國際航運擬定，但須經過雙方之政府同意才可實施，即可藉此促進兩國飛航的交流。

4. 收費標準：此協定不僅說明了許多的飛航路線及交通據點，而且也決定了兩個國家領土間的飛航營運作業收費標準的流程。至於詳細的費率制定及運輸法規則決定交由國際空運協會制定，其制定出來的費率，必須在由個別的政府審核才行。

5. 航空市場狀況：第一次百慕達協定讓美國在航運市場方面獲利甚多，英美兩國競爭更激烈，美國在歐洲享有較多的第五自由，如泛美航空公司的業績遠超過英國航空公司。英國空運實力比美國弱，市場占有率逐漸被美國取代，也因此讓英國更確信要修改法規以保障自己國家航空市場的利益。

6. 空中運輸：《百慕達協定》同時有包含了一些有關兩國之間的空中運輸服務之發展與運作計畫。其中並規定不能任意限制飛行器

之容量、飛航次數、第五航權及應公平對待其他國家的航空公司。《百慕達協定》成功地調合了英、美兩國《芝加哥協定》之後，對國際飛航政策的歧見。無論如何，在兩國聯合聲明中，均贊同《百慕達協定》是提供國際飛航發展之可信賴的基礎，而且，更進一步地肯定了百慕達此種雙邊協定乃多邊協定被接受前之最佳處理問題的模式。

7. 航空事業發展：在於《第一百慕達協定》之後，空運事業的發達，英美兩國競爭更激烈，由於英國空運實力比美國弱，市場占有率逐漸被美國取代，美國在歐洲享有較多的第五自由，如泛美航空公司的業績遠超過英國航空公司，所以英國才要求重新修改條文。

8. 變更機型：《百慕達協定》原則允許航空公司在一航線上之不同航段適用不同載客量之飛機，也允許航空公司在本協定所指定之任一航線上，為因應不同之空運需求而使用特別飛機，以及變更機型。

二、《第二百慕達協定》

然而，在《第一百慕達協定》之後，由於空運事業的發達，英、美兩國競爭更激烈，且英國空運實力比美國落後，市場占有率逐漸被美國取代。比方說美國在歐洲享有較多的第五航權，加上運力自由條款，使得美籍航空公司的營運業績遠超過英國的航空公司。所以促使英國採取保護政策，積極與美洽商，遂於1976年6月22日以《第一百慕達協定》許多條款已不合時宜，而在解釋或執行上遭遇困難為由通知美方，他們決定廢除該協定。因為長期以來美國從該協定中獲得許多的第五航權加上運力自由條款，美國利益早已超過英國。換言之，英國要求談判第二個百慕達協定的主要目的是希望能得到更平衡的利潤。而1976年正值美國醞釀制訂更加自由化的航空解除管制政策（deregulation），如果廢除了《第一百慕達協定》，美方將會喪失其飛歐洲的權益，所以不得不妥

協及讓步。而兩國重新上談判桌時,雙方在立場上的分歧,依然和三十年前第一個百慕達協定一樣:英方主張更多限制,美方則堅持希望能讓市場力量在更大範圍起作用。雙方你來我往,歷經多次的協商與溝通,終於在1977年7月23日有了共識,並正式簽訂了第二個百慕達協定。《第二百慕達協定》特別規定以下幾點:(1)對太平洋某些航線之規定;(2)有關第五自由之規定;(3)有關班次時刻表之制訂與諮商;(4)限制美方的第五種自由或權利;(5)限制飛北大西洋航路的運力;(6)限制各方指定航空公司的數目加強國際航協制訂運費的職能;(7)雙方航點之增減:取消美方公司通航二十二個城市之第五航權。

三、兩次百慕達協定的差異

比較前後兩次百慕達協定可以發現:《第一百慕達協定》在民航發展的里程碑除了加入《芝加哥協定》的標準條款外,還另外規定了兩國的飛航糾紛若不能由雙邊進行會議解決,也可參照ICAO的意見來解決,同時該協定必須依照後來所訂定的多邊航空協定隨時修訂並經由兩國簽署,此次協定不僅說明了許多的飛航路線及交通據點,而且也決定了兩個國家領土間的飛航營運作業收費標準的流程。而《第二百慕達協定》最主要特徵即是新協定之廣泛性,在票價、裝載率標準等,都有制定較嚴謹複雜的作業程序。《第二百慕達協定》亦規定航權與降落權之互換,還包括飛行安全、商業經營、使用費、公平競爭、運費、佣金、航權授與及航空公司之指定事宜。然而,從《第一百慕達協定》到《第二百慕達協定》,雙邊協定中有關行政性、程序性和法律性之條款與內容,大致上都一樣。而針對這兩次協定的差異之處,茲陳述如後:

(一)美國的第五航權受限

在《第二百慕達協定》中,美國向英國開放了西雅圖、達拉斯、休

士頓以及亞特蘭大等通航口岸，並把美國經倫敦飛往歐洲的第五航權限制在德國境內的四個載運地點。

(二)北大西洋航路的運力

運力方面，對跨北大西洋航線增加了若干限制性規定，如：雙方指定的航空公司應將夏季及冬季的班期表交對方備案，凡增加15%運力者，如對方政府不同意則不得實行，再由雙方政府磋商等。

(三)路線通航

英國認為《第一百慕達協定》所規定的「締約一方可指定一家或數家航空企業」對英方十分不利。因此明定大西洋路線中，除紐約、洛杉磯兩地外，雙方不得有一家以上之航空公司營運。換言之，就是限制各方指定航空公司的家數。除上述兩地外，如有下列情況發生，雙方政府方有權再指定第二家航空公司參加通航各該地點之營運：

1.全年兩地旅客之總和如超過六十萬人時。
2.有一家航空公司全年載客已超過四十五萬人。
3.有一家公司停止參與競爭，或僅做象徵性之航運時。

(四)班次時刻表之制訂與諮商

佣金尺度及班機時間表均須先向雙方政府報核，如此一來，才能達到雙方利潤及班機時間分配的均衡。

(五)航空安全

《第二百慕達協定》在第7條中特別對加強航空安全及防止劫機做了明文規定，重申雙方遵守三個反劫機公約和國際民航組織的有關航空安全規則的義務，並在這方面實行合作。

(六)包機發展

因從1960年代開始，包機業務逐漸興起，但受限於《芝加哥協定》第5條：「締約各國同意，凡不從事定期國際航空業務之其他締約國一切航空器，在遵守本公約之條件下，有權飛入其領土，或不停留而通過其領土，及為非貿易目的而停留，不必事先獲准，但飛越國有權令其降落。為飛行之安全起見，締約各國保留權利，對於航空器之意圖飛入不能進入，或缺乏適當航空便利之區域者，令其遵循規定之路線飛行，或獲其特准後始飛行。」包機因傳統歷史格局被排除在外，因此，在雙邊協定之歷史中，《第二百慕達協定》首度將包機空運包括在內。因為北大西洋航線上有三分之一為包機業務，如果對包機載客量無一定之管制措施，則將引起超額包機載客量之問題而將損及定期空運載客量控制之有效性。

(七)票價之規定

《第二百慕達協定》第12條與《第一百慕達協定》附錄二之規定，同樣的均將票價之制定授權給國際空運協會及其運務會議機構決定。但有三項主要差異：

1. 新協定第12條第4項規定運費協定必須在生效前105天，准交兩國航空當局批准；而《第一百慕達協定》則規定只須30天前即可。
2. 新協定第12第2規定「大眾空運」之運費制定必須在合理範圍內，依合理酬載率標準所提供之業務成本為基礎。而《第一百慕達協定》所規定之合理標準則是依據所有相關因素所付之代價為基準。
3. 新協定附錄三中規定運費工作小組之建立。此為《第一百慕達協定》所無。《第二百慕達協定》較鼓勵低票價空運之發展，此尤其適用於北大西洋上之定期空運。從前後兩次百慕達協定在雙邊

協定中有關行政性、程序性和法律性之條款與內容，大致上都一致。載客量之一般原則及運費之批准程序基本上已形成模式，為國際所廣泛採用。

(八)環境的形成

《第二百慕達協定》簽訂後，並不如《第一百慕達協定》一樣可以期望它能成為國際雙邊空運體系之模範。因《第二百慕達協定》僅是英、美兩國所締結的協定，其目的在重建兩國關係並解決一些特殊的問題，有其難以放諸四海的局限性及地區限制性。

(九)理念上的差別

《第一百慕達協定》旨在建立兩國之間的雙邊貿易關係，並在一個管制之航權體系下開放天空，惟仍以自由精神提供兩國空運機會。《第二百慕達協定》尋求現有空運關係之再重整：它連結舊的原則與新的管制方法而較少依賴自我管制力量。它對現今空運關係在雙層次上所作補救更為關心，而非在一個廣泛或全球範圍中建立一個新且長遠的基礎。但應強調的是，《第二百慕達協定》因對原協定沒有在運力與運費條款上做出重大改變，而僅在英、美權益細節上做詳細的限制，適用於英、美間具體情況的附加限制細則和航路圖，使得他國難以仿效，因此在歷史價值上並未產生像《第一百慕達協定》那樣產生對後世如此具有顛覆性、標竿性的指標意義。

 ## 第三節　新闢航線規劃實務

什麼是天空？天空是誰的？居住於法國普羅旺斯的人往往會說：「這裡的天空多麼美麗！」但是，人們真能因此而劃定天空的某一部分

並篤定地說「這一部分的天空是普羅旺斯的天空」嗎？隨著國際航空運輸的發展，有關各國領空的主權問題從二十世紀初談到現在，對於各國領土上的一片蔚藍晴空是否就是它的領空？抑或像公海一樣是屬於整個地球村的公民所共有？由於飛機和船舶不同，前者可以自由地飛行在他國的領空，而各國通常「不喜歡」他國的飛機在本國領土上空自由飛行，因此有所謂的「航權」（自由）（freedom）的限制。在第一節，我們介紹了這麼多有關國際民航組織的發展、航權的演繹和種類。本節，筆者擬由過去於航空公司服務時，實際擔任國際航線拓展的淺薄經驗，拋磚引玉地探討航空公司如何利用取得的航權來從事新闢航線規劃。

由於開闢新的航線不僅是航空公司拓展營運市場及整合航空網路的起點，更是國家外交力量的延伸。本節不再對領空主權問題的演繹作深入探討，而把焦點側重於航空公司如何在我國與另一個國家簽署了航約之後，能夠順利取得航權的分配，並從無到有的在異地開疆拓土，創造自己的一片晴空。

一、民航局對航權的分配

以兩國之間的空運協定簽署模式的雙方簽約層級而言，可以區分為雙方政府、雙方民航局、我官方與對方代表機構、雙方代表機構、雙方機場、我方航空公會與對方航空公司、雙方航空公司對簽。不管對航權的簽署層級為何？是兩國政府的「官方洽談」也好，抑或兩國航空公司的「民間協商」也罷，只要我國有新簽署或修訂的航約，通常，交通部民用航空局會將該航約報請行政院來核定，而核定生效後，民航局會函告各航空公司提出「申請指定營運」申請。當各航空公司接到民航局該項來函後，在內部評估該航線的市場價值及公司經營策略後，若有意願申請指定營運，必須按規定提報適當資料向民航局申請。而民航局受理各航空公司的申請案時，如果可分配的飛行容量出現僧多粥少時，會

依據《國際航權分配及包機審查綱要》（民航局法令規章空運管理03-18A）來審理指定營運分配的「優先順序」。有關《國際航權分配及包機審查綱要》（2009年4月10日交通部交航字第0980085018號令修正）的重點如下：

第四條

　　交通部民用航空局（以下簡稱民航局）應依下列原則辦理國際航線之指定：

　　一、雙邊通航協定中規定一家先飛，或訂有多家指定條款，而每週營運總容量班次在七班以下者，應指定一家業者營運。

　　二、雙邊通航協定中訂有多家指定條款，且規定每週營運總容量班次達八班以上或不限容量班次者，得指定多家業者營運。

　　前項第二款情形，在兩城市間之指定航線以不逾二家業者營運為原則。但經專案申請民航局核轉交通部核准者，不在此限。

第五條

　　新訂或修訂雙邊通航協定簽署後，民航局應以書面通知經核准經營國際航線定期航空運輸業務之業者申請指定營運，並就政策面與技術面因素審查後，核轉交通部核准之。

　　雙邊通航協定須於協定內明訂指定營運之業者，或經雙方同意於簽署雙邊通航協定前須將指定營運之業者告知締約他方時，民航局得於協定簽署前辦理指定營運作業並報請交通部核准。

　　前項經指定營運之業者於雙邊通航協定簽署前，發生第七條不得參與國際航權分配情事者，民航局應報請交通部核准後，變更指定營運之業者。

　　依第一項及第二項申請指定營運之業者，應檢附下列文件向民航局提出申請。

　　一、機隊及機組員能量。

　　二、航線營運計畫：包括擬使用機型、每週容量班次及航線。

三、市場調查及運量估計。

四、收支預估。

五、第六條評估項目之相關資料。

第六條

前條第一項政策面與技術面因素之評估，以政策面為優先考量，其項目如下：

一、政策面：

(一)我國整體長遠航空事業發展之考量。

(二)業者對相關航權爭取之具體貢獻。

(三)民用航空運輸業均衡發展之考量。

(四)市場機制之維持。

(五)國家政策及公共利益之配合。

二、技術面：

(一)飛安作業良窳。（評分方式如國際航權分配技術面飛安考核評分表）

(二)營運計畫可行性。

(三)有無財務糾紛致影響公司正常營運。

第七條

業者有發生航空器失事者，自發生日起一年內不得參與國際航權分配。

但經民航局飛航安全評議會評定其失事顯著不可歸責於業者，不在此限。

依前項規定不得參與國際航權分配之業者，經民航局飛航安全評議會評定無違反民用航空法規之情事時，即恢復參與航權分配，並得於下一次航權分配時，依國際航權分配技術面飛安考核評分表予以加分補償。

第八條

經民航局指定營運之業者，有下列情形之一者，民航局得廢止原指

定：

一、完成指定程序後，一個月內未提出航線申請者。

二、獲民航局核發航線證書後，四個月內未開航者。

三、開航後，停止營運達六個月或僅得指定一家營運之業者，其停止客運業務達三個月。

原指定營運之業者，對前項各款情形有正當理由時，得於各款期限屆滿前以書面向民航局申請延展，延展期限不得超過二個月，並以一次為限。但因天災、戰亂等不可抗力因素者，不在此限。

第八條之一

經民航局指定營運之業者，得以自有或租賃之航空器經營指定營運之航線。以租賃航空器經營者，不得藉由出租人開立機票或提單銷售其運送服務，將獲配之航權由該出租人運用。但該出租人為國籍業者且具有經營該指定營運航線之航權者，不在此限。

業者違反前項規定經查證屬實者，民航局得依民用航空法第五十七條規定通知限期改善，屆期未改善完成者，民航局得依民用航空法第一百十二條第十四款規定處罰。

第九條

雙邊通航協定尚有容量班次可供增加指定業者營運，或有廢止原指定而得重新指定業者營運時，經核准經營國際航線定期航空運輸業務之業者得檢附第五條第四項之文件申請民航局核轉交通部核准指定營運。

前項有多家業者同時申請時，民航局應依第六條審查後，核轉交通部核准之。

第十條

民航局應依下列原則辦理容量班次分配：

一、依第四條第一項第一款獲指定營運之業者，享有每週七班之優先營運權。該雙邊通航協定增修容量班次達每週八班以上，或享有優先營運權之業者未充分使用獲配容量班次而喪失優先權時，民航局得指定第二家業者加入營運。第二家業者營運達每

週三班後，續增容量班次由該二家業者依序輪流增班為原則。

二、依第四條第一項第二款指定營運之業者申請營運容量班次數總
　　和未超過該雙邊通航協定容量班次限制時，由業者視市場需求
　　彈性運用；如指定營運之業者申請營運容量班次數總和超過該
　　雙邊通航協定容量班次限制時，由民航局依第六條規定及該航
　　線市場特性分配之。

三、業者依前二款獲分配之容量班次有未充分利用長達六個月者，
　　該容量應由依雙邊協定指定營運之業者，依市場需求彈性運
　　用。

第十一條

　　雙邊通航協定有增修容量班次且未涉及指定營運時，於該修訂之
協定簽署後，經民航局書面通知原營運之業者提出申請分配新增容量班
次。

　　依前項申請分配新增容量班次之業者，應檢附增班計畫向民航局提
出申請，民航局應依第六條規定予以分配，並報請交通部核備。

第十二條

　　業者申請非依雙邊通航協定授予之貨運航權時，應檢附擬飛航國家
主管機關之核准文件，報經民航局核轉交通部核備後，並經民航局發給
航線證書，始得營運。

第十三條

　　業者申請飛航國際包機，應先取得擬飛航之機場起降額度或時間
帶，並經民航局航機務審查合格及依民用航空運輸業管理規則申請核准
後，始得營運。

　　業者申請飛航國際包機之航線已有國籍業者經營定期航線班機時，
應不予核准。但有下列情形之一業經民航局核准者，不在此限：

一、春節、清明節、端午節、中秋節或其他連續三日以上假期及其
　　前後三日之國際客運包機申請。

二、配合國際貿易旺季之臨時性國際貨運包機申請。

第十四條

　　業者申請飛航國際包機之航線暫無國籍業者經營定期航線班機時，其家數及架次不予限制。

　　依前項規定已飛航國際包機之業者，於指定之定期航線業者開航後，三個月內仍得申請繼續飛航。

第十五條

　　本綱要自發布日施行。

二、航空公司新闢航線程序

　　假設某航空公司歷經前述程序提出新闢航線申請，並取得民航局對申請新闢航線的「指定營運」核准後，在正式依據民用航空法規相關規定提報「籌辦」該新航線的申請案之前，通常會由各相關部門選擇適當代表，由該公司的管理高層核准，組成一組「新闢航線先遣小組」（或稱「考察小組」）前往擬經營的新航點從事航點踏勘、洽談地勤代理、航機簽派、燃油供應、空勤侍應品供應暨空廚作業評選、機組員下榻飯店洽談、代理人（General Sales Agent; GSA）的評選等。並必須與該航點及途經飛航情報區（Flight Information Region; FIR）的民航主管機關、機場管理局或其他相關單位表達飛航意願，並協調將來飛航該航點所需的落地許可（Landing Permit）、飛渡許可（Over Flight Permit）及時間帶（Time slot/Slot）的申請。

　　有關這些新闢航線的程序，選擇適當的工作項目簡介於後：

(一)步驟一：航點踏勘

　　一般而言，對擬開闢航線所需調查的踏勘項目，通常分為兩類，分別是「飛航指南」（Aeronautical Information Publication; AIP）及「一般性資訊」。考察小組應蒐集整理這些訊息，將有助於製作專業的「航務性能分析」及「營運開站準備」，茲分述於下：

◆飛航指南相關資訊

1.管理當局：含郵寄地址、電報地址、電話及傳真號碼。

2.標高及幾何方位。

3.氣象資料及參考溫度。

4.醫療設施：含救護車數量、機場內或機場附近醫院性質及數量。

5.交通工具：含旅客交通車、公共汽車、出租汽車、捷運系統等。

6.加油設施和限制。

7.修護設施。

8.道物理特性：跑道方位、號碼、跑道結構、強度等。

9.航管及助導航設施。

10.降落費、噪音防制費、停機費及助導航費用。

除上述AIP相關資料外，航空公司尚且必須事先蒐集下列資料：機場（IFR/VFR）、航路（VFR/IFR/FMS/Hi Route/Low Route）、VOR、NDB、Localizer、Marker Beacon、Terminal Intersection、Enroute Intersection、Holding Pattern、Obstacle、Terminal Airspace、Special Airspace、等高地形，俾便推算載重平衡、燃油計算及航路規劃與分析。

◆一般資訊

1.機場是否有可供興建貴賓室的空間或可租賃之辦公場所、運務櫃檯。

2.可用停機位。

3.可供使用之登機門及空橋數目。

4.現行使用該機場之航空公司及其航線班次狀況。

5.航空貨運站、保稅倉庫的收費標準及管理細節。

6.海關暨移民局檢疫資訊（俾便運務部門規劃地勤服務流程、空服部門規劃客艙簡報詞及空服組員訓練）。

7.關稅規定（俾便運務部門規劃地勤服務流程、空服部門規劃客艙簡報詞及空服組員訓練）。

8.安檢及入出境程序（俾便運務部門規劃地勤服務流程）。

(二)步驟二：地勤代理

　　什麼是「地勤代理」？為何要做地勤代理？在經濟成本及資源使用效率的考量下，航空公司不可能在每個外站都配置地勤作業的人力編制及設備來執行「機坪勤務作業」的工作，因而，在當地委託合格的專業地勤代理公司或航空公司來做這份工作是常態性的規劃。問題是：「如何找到合適的代理公司？」、「如何洽談？」，這兩個問題並不是天馬行空、漫無章法的尋找，也不是無厘頭式的無效率洽談。對這些問題可綜合為底下的程序：

1.查閱*IATA Airport Handling Manual*有關擬經營航點之「matrix of ground handling services by location」，得到該航點之航空公司（地勤公司）暨所提供服務項目的編號。

圖3-7　航空公司因成本考量，不可能在每個航點設站，故委託地勤代理

資料來源：楊政樺攝於義大利羅馬國際機場之法航櫃檯。

119

圖3-8 航空公司開疆拓土的考察人員與未來飛航的機場地
勤代理商正在進行合作的初洽

資料來源：楊政樺攝於馬來西亞吉隆坡國際機場馬航會議室。

2.查閱*IATA Airport Handling Manual*之「Decoding List Of IATA
Ground Handling Council Members」的編號是代表哪一個航空公
司或地勤公司，並透過SITA TELIX航空電報或書函先與該公司進
行接觸。

3.參照*IATA Airport Handling Manual*內的標準地勤代理定型化契約
範例（IATA Ground Handling Agreements），以SGHA（Standard
Ground Handling Agreement）的程序與擬委託代理的公司進行供
需洽談，並訂定代理意願書或草約。

4.航空公司與地勤代理公司雙方評估後進行正式簽署合約。

有關上述程序的參考資料或細節，可以參閱IATA（International Air
Transport Association）製作的*IATA Airport Handling Manual*。

(三)步驟三：空廚代理

空中服務及餐點為旅客登機後最直接可以感受到的服務品質，所以

注重顧客導向的航空業者莫不希望做好品質管理，因而，慎選空廚也是一項重要的任務。

以空服侍應品的供應而言，若考量到由起飛國帶「來回餐」前往另一個航點，若航程稍遠，除考慮載重平衡之外，將產生裝載空間與保

圖3-9　德國漢莎航空公司的空廚子公司正以餐勤車對遠東
航空試飛關島的波音B757-200從事運補工作

資料來源：楊政樺攝於關島國際機場。

圖3-10　機上餐點是旅客可直接感受服務品質的重要指標

資料來源：國立高雄餐旅學院航空管理系林慶杰攝於復興航空國內線班機。

鮮程度的顧慮，如果能由當地空廚上餐是較具高品質的服務方式。對於
航空公司這些開疆拓土先鋒的任務而言，必須到當地的空廚公司對各艙
等的正式餐、特別餐（如嬰兒餐、回教餐等）、非用餐時段糕點（如麵
包、米果、花生等）從事「試吃」並予評選，將廠商報價整理後，帶回
公司由專責單位評估適當的代理商。

(四)步驟四：落地許可及飛渡許可申請

1944年的《芝加哥國際民用航空公約》第5條規定：「締約各國同
意，凡不從事定期國際航空業務之其他締約國一切航空器，在遵守本公
約之條件下，有權飛入其領土，或不停留而通過其領土，及為非貿易目
的而停留，不必事先獲准。為飛行之安全起見，締約各國保留權利。」
（但非締約國者不得飛越或降落其他締約國領土）。以我國而言，基於
保留權利之規定，於《民用航空法》第78條規定：「外籍航空器，非經
交通部許可，不得在中華民國領域飛越或降落。但條約或協定另有規定
者，從其規定。前項外籍航空器之飛入、飛出及飛越中華民國境內等事
項之規則，由交通部定之。」另外，對定期航線而言，《國際民航公
約》第6條規定：「除締約國之核准或其他許可，並依照其規定外，不
得在該國領域上空或領域內經營定期航空業務」。

不論是以定期或不定期的飛航方式，從所屬國境內一地飛越其他國
家領土上空及飛航情報區而到達境外的另一地，在新關航線之初，前者
需要向飛越國申請「飛渡許可」；後者則需向准許降落國申請「落地許
可」。然而，該「如何」去申請？茲分別說明如下：

◆飛渡許可申請步驟

1.參照JEPPESEN飛行航路圖（Jeppesen High/Low and Altitude
　Enroute Charts），在航圖上查詢擬飛航航線起迄點之航路及其途
　經飛航情報區（Jeppesen為美國Boeing子公司，供應全球飛機航

　　路圖與航空訓練教材）。

2.標定飛航航路編號及其途經之各個飛航情報區。

3.以航空固定通信網（AFTN）或其他航空通訊網路、電報向各途
　經之飛航情報區申請。

　　有關飛渡許可申請的文書格式，一般而言，各國的表格項目不外乎
下列所述：(1)班號；(2)航空器註冊號碼及機型；(3)起迄日期及時間；
(4)途經航路；(5)航空器呼號。

◆落地許可申請步驟

　　各國對落地許可的申請方式及格式的要求不盡相同，有的可以由航
空公司自行申請、有的必須委託當地的航空公司或代理人（律師）向當
地的民航主管機關申請。但是對於此類申請案所需提供允准國審閱的資
料不外乎下列項目：

1.申請公司基本資訊。

2.申請公司之代理商基本資訊。

3.擬使用飛機的型式。

4.申請公司的投保資訊。

5.申請落地許可的目的。

6.由出發國起飛的日期及時間。

7.到達允准國的落地日期及時間。

8.由出發國起飛的機場名稱。

9.離開允准國後將前往續程站的機場名稱。

10.背書承諾：由申請公司的負責人（總經理）簽署，承諾該公司
　　航機於允准國必須遵守該國機場規範，並保證將支付在該機場
　　所應支付的相關費用。

三、小結

　　當這些航空公司開疆拓土的工作人員在異地鋪好路後，接下來，通常會由企劃部門或業務相關部門根據《民用航空運輸業管理規則》及航務檢查員手冊、適航檢查員手冊等相關規定，向民航局正式提報對這個航點的「籌辦申請」。民航局在審理航空公司所提的籌辦案後，若技術上認定有驗證試飛的必要的話，那麼，民航局會派遣相關項目的查核官隨著準備接受「考試」（正式名稱為「驗證飛行」）的航機一路由台灣飛到擬經營的這個航點，驗證飛行的項目至少包括但不限於下列各項：

　　1.航空器試飛狀況。

　　2.航路設施狀況。

　　3.駕駛員操作狀況。

　　4.氣象狀況。

　　5.通訊狀況。

　　6.航管程序。

　　7.各站地面客貨運務狀況。

　　如果航空公司能通過這層層嚴格的審查，將由民航局報請交通部核備，核發這條新闢航線的「航線證書」。航空公司取得「航線證書」之後，還必須修訂公司相關手冊及適當規範，以制定相關工作的「標準作業程序」（SOP）的調整，以便提供旅客更安全、舒適、便捷的航空運輸服務。另外，對於一條新航線的「首航」，常由公關部門邀請輿論媒體從事一系列的文宣活動及相關的行銷策略，並由業務或行銷部門結合兩地的旅行社及觀光局共同研擬航線包裝策略，以雙贏的方式，炒熱這條航線，提高乘載率，不僅能為航空公司創造利潤，並提升了國人休閒旅遊品質及選擇性。

第四節　時間帶及額度

一、班機時刻表的重要性

除了票價、機型及空中服務之外，班次間距合理的班機時刻表是航空公司在空中運輸市場上與友航產品區隔及競爭相對優勢的要項，亦是乘客選擇航空公司時相當重視的因素之一。然而，因主觀上班次的起降時間係受制於民航主管機關或機場當局分配的時間帶，因此各航空公司莫不視為珍貴資源而積極爭取。但在資源有限及機場整體運作的考量下，如何透過公正、公開及透明化的超然機制處理各航的時間帶申請，實為民航界重視的課題。

雖時間帶運作機制在國際上已自1947年運行至今，但我國卻於1990年6月才開始起步。有關探討時間帶議題的歷年文獻，多以數學模式模擬時間帶分配（陳永裕；1995、盧華安；1998）或機門指派（汪進財；1992、夏武正；1998）為焦點，對於國際及我國的運作機制之探討較為少見。本節係由業界實務現況予以初探，期能透過合理客觀的時間帶分配機制，將資源分配效率化。

最近十幾年來，全球經貿活動蓬勃發展，各國紛紛解除航空管制，使得許多航線、新航空公司紛紛加入既有的市場中，不管是國際航線或國內航線的需求量都持續成長，使得各機場的軟、硬體設施無法即時配合，因而造成機場擁塞現象，這是世界各主要機場、航管單位及航空公司所共同面臨的問題，為了改善這些問題，使得機場能有效運作，國際航空運輸協會（IATA）於1947年成立「時間表協調程序委員會」（Scheduling Procedures Committee Association），並於當年首次舉行「時間表協調會議」（Schedule Coordination Conference），編定SPG

（Scheduling Procedures Guide）及SSIM（Standard Schedule Information Manual）等作業規範，協調各航每年兩次，討論下一季之計畫在IATA指定的地點參加機場時間帶協調會議，於會場上協調下一季班表的時間帶分配。所有國際性的航空公司，無論係經營定期、低成本、包機、貨機及其他任何混合型態之空運業務，且該航空公司所在國具有資格成為國際民航組織（ICAO）會員者，均得參與該項會議。惟此等航空公司必須由其所在國指定為國際運輸業者。

目前IATA「時間表協調會議」每年舉行兩次，約於每一季班表前四個月舉行。時間表可分為兩季班表：3月最後一個星期的週日到10月最後一個星期的週六這段期間為「夏季班表」，其他期間為「冬季班表」。IATA於每年6月及11月兩次召集IATA會員及非會員航空公司代表、各機場時間帶協調人、民用航空局等相關單位，就各航之下一季時間表於各機場所需離、到時間予以協調並確認，以共同協調這個複雜的問題。以我國來說，自1987年11月及1989年1月分別開放國內航線及國際航線航空公司申請設立。目前航空公司的排班原則係以市場機能為導向，對於旅客較偏好的時段或需求量較大的航線，航空公司通常會安排較多的航班以滿足市場需求，因此造成機場在部分時段的飛航班次過於密集，起降過於頻繁。有鑑於此，民航局自1994年6月下旬起，參考前述國際慣例以時間帶協調制度隔離班機到、離時段，以舒緩尖峰時段的擁塞問題。目前國內航線時間帶協調人（Schedule Coordinator）係由「民航局空運組管理科」依據《國內航線機場時間帶管理辦法》進行協調辦理，並將時間表分為冬季班表與夏季班表兩種。冬季班表期間自每年11月1日至翌年3月31日，夏季班表期間自每年4月1日至同年10月31日。時間帶的時段係以每小時零分至五十九分為單位。民用航空運輸業每季所需時間帶應於每季班表實施日前四十五日向民航局提出申請，如因業務需要需於季中變更所使用之時間帶時，應於新班表實施日前三十日提出申請，經同意後始得使用。有關《國內航線機場時間帶管理辦法》（2002年4月4日民用航空局企法發字第0009號令發布）的重點摘錄

如下：

第六條

各機場時間帶之申請、協調應考量下列限制：

一、跑道容量。

二、停機坪數量及可停放之機型大小。

三、機場作業時間。

四、軍民合用機場每小時起降架次之限制。

五、候機室容量。

六、安全檢查。

前項限制變更時，各航空站應將其變動情形陳報民航局轉知民用航空運輸業。

第七條

民航局應依下列優先順序協調時間帶：

一、因公共利益或政策需要開闢新航線者。

二、整季班表之馬祖、金門及馬公等離島航線。

三、民用航空運輸業前一年所擁有之時間帶於本年同季同時段使用時，得繼續使用，但法令另有規定者不在此限。

四、飛機原廠之技術命令規定需調整地面停留時間，致民用航空運輸業需配合改變班表者。

五、非依行政處分暫停航線申請復航者。

六、班表效期長者。

七、國內線國際線共用之機場，國際航班擁有優先權。

八、開闢新航線者。

九、自民用航空運輸業合併日起一年內之存續者。

經依前項優先順序協調時間帶後仍無法決定時，以抽籤方式決定之。

第八條

　　民用航空運輸業因可歸責本身之因素致整季之時間帶未使用率超過百分之二十以上者，民航局得將其未使用時間帶之一部或全部收回。

　　前項收回之時間帶由民航局收回保留或依第七條之優先順序重新協調民用航空運輸業使用。

第九條

　　民用航空運輸業如有擅自停班、併班、減班，經民航局要求限期改善而未改善者，或有其他違反法令規定情事者，民航局得收回該取消班次之時間帶。

　　至於桃園、高雄兩大國際機場起降所需之時間帶，原自1990年冬季班表起，授權中華航空公司擔任「台灣區國際機場時間帶協調人」。然而，有部分民航業者認為華航自1990年起已經民營化，建議應比照航空公會採取輪替制，由各家公司輪流掌權。由於所有中、外籍航空公司，欲經營往返台灣的國際航線者，在解決航權問題後、獲得民航局正式核定飛航許可前，都必須先獲得時間帶協調人同意，也就是得先向華航提出申請，在開放天空政策下，長榮航空等其他業者陸續投入營運後，這項作業程序自然招致不公平競爭的批評。部分民航業者認為，時間帶屬於國家資源，應成立中立機構來負責此項業務較為合宜。經過多次協商，立法院於2001年11月修訂通過《民用航空法》增修條文第50條：「民用航空運輸業應取得國際航權及時間帶，並持有航線證書後，方得在指定航線上經營國際定期航空運輸業務。民航局應設置國際機場時間帶協調委員會，或委託中立機構，辦理機場時間帶分配；其受委託者之資格、條件、責任及監督等事項之辦法，由民航局定之。」、「民用航空運輸業應取得國內機場航空器起降額度或時間帶，並持有航線證書後，方得在指定航線上經營國內定期航空運輸業務。」，將時間帶協調人法制化，明定民航局應設置國際機場時間帶協調委員會，或委託中立機構辦理機場時間帶分配，並應在六個月內訂定相關辦法。

　　因此，為了消弭航空公司對於時間帶協調人中立性之質疑，並順

應國際間設置時間帶協調中立機構之潮流，民航局曾經於2002年5月6日頒布《民用航空局國際機場時間帶協調委員會設置要點》打破過去全由華航負責的制度，將時間帶協調人以委任方式中立、透明化。設置要點規定，時間帶協調委員會由民航局副局長擔任主任委員，並由民航局空運組組長、桃園及高雄航空站、飛航服務總台、航警局、交通部航政司及華航、長榮、遠東、復興、華信、立榮等六家業者各派代表1人，共計13人組成，負責辦理時間帶協調、研議時間帶協調作業系統汰換更新、規劃時間帶協調人才培訓等事宜。同時，在2002年7月起依據《民航法》第50條第一項成立「國際機場時間帶協調委員會」，授權由委員會下之「協調工作小組」以Airport Coordination Taipei（ACT）名義辦理時間帶協調業務，並設「監督工作小組」予以監督，期能將營運中的飛航班次平均分布於一天中的各個時段，藉此舒緩部分尖峰時段之擁擠情況，以減少班機誤點情形，提升機場整體服務品質，使得機場設施在離峰時段亦能得到充分利用，並發揮機場的適當效能，使旅客轉運的目標函數最大化（Maximizing Connections）。繼而，在逐步正軌化的歷程中，業經政府部門與民航業者多次協調，始自2005年7月1日起，遵循《民航法》第50條的精神，委託中立機構（台北市航空運輸商業同業公會國際機場時間帶協調中心）辦理國際機場時間帶協調業務。自此，我國遂正式成為採行中立時間帶協調人制度的國家。

二、何謂「時間帶」？

所謂「時間帶」就是「某一航班在某機場從降落到起飛使用該航站設施的這段期間」。換言之，一航空器從降落到起飛，使用包括飛航情報區、航空管制以及機場等設施及資源的這一段時間，均涵蓋在時間帶的定義中。對於一個起降需求相當高的機場而言，時間帶的分配對於航空公司的營運績效有相當大的影響。為何會有時間帶的問題？機場設施及資源在固定時間內為有限資源，而空運需求卻成倍數成長，需求

的高速成長永遠遙遙領先微不足道的供給成長，在僧多粥少的狀況下，就會產生擁擠及不經濟。在每個航空公司都希望爭取到較佳時間帶的衝突下，為使機場順利運作，IATA（IATA Standard Schedules Information Manual, 1997）為避免各國機場黑箱作業造成分配不公，乃透過單一窗口，即由時間帶協調人負責調處，並監督有關時間帶協調之爭議與事務。時間帶協調人通常是由各國主要航空公司或其他專責單位來擔任，國際間的協調人委員會定期召開會議互換資訊及心得，以順遂分配的運作。在每年兩次的協調會中，各航代表會向所欲申請機場的協調人查詢相關訊息或當面提出申請。協調會議結束後，時間帶協調人會另以電報信文公布所負責機場之申請時限，有意申請的航空公司必須在規定時限內完成申請。依據協調委員會統一申請格式「SCR」（Schedule Clearance Request）所規範的電報信文格式項目，有意申請機場時間帶的航空公司，必須電傳下列資料給協調人，至少包含：

1.季節。
2.機場名稱。
3.到離的班機編號（flight number）。
4.營運期限（period of operation）。
5.營運週日（day(s) of operation）。
6.座位數。
7.航空器型式。
8.航機起飛及降落時間。
9.飛自（arrival from）及飛抵（departure to）的機場名稱。

在獲得申請同意後，航空公司才能更改下一季的航空班表。若航空公司的申請未被接受，時間帶協調人仍將提供可行的建議航機起降時間給航空公司參考，航空公司將考慮後接受或再行申請。若各航申請的機場時間帶面對同一停駐點在某個時段上供給不足，則援用各航原先在該機場該時段的歷史優先權，亦即各航於前一對等季之所有時間帶均可

完成傳承至下一季使用。已被占據的時間帶，除非原航空公司退出，否則他航無法申請。有關歷史優先權的排除新進競爭者的條款的合理性雖常受到質疑（許暉煜；1998），但各國機場時間帶協調人及民航主管機關考量航空公司所擁有的機場時間帶資源與其機隊發展規模息息相關，若重置歷史優先權，恐將影響航空公司所投注的龐大沉沒成本（sunk cost）產生質與量的負面衝擊、資源閒置，甚至引發連鎖性的社會問題，因而仍然適用這項權利。

除此之外，時間帶的變動與機場容量限制的問題有密切的關聯。一般而言，機場容量限制因素有下列幾種：

1.航空管制。
2.地面作業操作與設施限制。
3.跑道能量及停機位數量。
4.航空站登機門數目。
5.夜駐機坪數量。
6.航廈大樓容量（含旅客報到櫃檯、候機室大小、行李轉盤數等）。
7.證照查驗、海關移民局檢疫及安全檢查的速度。
8.停車場容量面積大小。
9.宵禁及氣候風向。

只要上述一項或數項因素產生瓶頸，則將造成機場運作動線的受滯，將使社會外部成本提升，並造成旅客的負面效用。

另外，國際定期航線的申請則在每年6月及11月於IATA舉辦之「時間表協調程序委員會」從事時間帶的協調工作。於會議期間，世界各主要國際機場的協調人都會在會場擺設攤位（或臨時辦公室），接受各航空公司的諮詢，並處理他們所申請之相關航線下一季時間表的協調及分配工作。有關分配的參考標準係根據IATA（IATA Standard Schedules Information Manual, 1997）訂定的《時間帶優先權協調標準》（Priorities for Schedule Coordination），評比考量至少包含但不限於下列因素：

1. 分割優先權（priorities of segments）：定期航班優於非定期航班或包機。

2. 歷史優先權（Grandfather's Right; historical precedence）：提出申請的航空公司於上一季所獲得的該航線班表使用率在85%以上者於該航線該時段具有相對優先權。

3. 變更時間帶（schedule change）：提出申請的航空公司若更改上一季所提出的該航線班表，則視為放棄優先權。但更改的範圍在原班表時段往前四十分鐘，往後二十分鐘的區間內不在此限。

4. 新進入者（new entrants）：若該機場有新釋出的時間帶、額度，則保留50%優先分給新加入者。但以該新加入者於所申請的機場每天不超過四個額度為限。

5. 效期優先權（year-round service; effective period of movement）：班表的效期較長者具有相對優先權。

三、何謂「額度」？

所謂「機場航空器起降額度」（簡稱「額度」），依據《國內機場航空器起降額度管理辦法》第2條第2項之定義，係指「航空器於同一國內機場之一起一降之額度」。額度和時間帶是相對的觀念。為促進國內航線均衡發展並便利國內機場固定翼航空器及直昇機起降額度公平分配及合理使用，民航局於2002年4月15日訂定發布，歷數次修訂後，以2008年11月13日修正之《國內機場航空器起降額度管理辦法》搭配前述《國內機場航空器起降額度管理辦法》辦理國內機場航空器起降額度之分配。以國內線來說，民航局分配給航空公司的時間帶通常以整點式一小時為單位，而對於調整或新闢某一航線時，必須將所分配到的時間帶及額度做最適排列組合的調配，兩者相輔相成，缺一不可。目前國內

線所使用的機場，有多數為軍方所管轄。為了航空運輸的發展及需求，民航局於每年上半年會與空軍總部協調機場額度的釋放事宜，若有獲得新增額度，民航局將予公告，通知各航空公司前來申請。以松山機場為例，由於國內線航程短，甚少超過一個小時，短則二十五分鐘，且地面勤務作業長約三十分鐘，短則十五至二十分鐘，在正常情況下每小時允許民航機三十五個起降，勉能完成相關運作，若逢連續假期，民航局航管單位增派人手，可增為三十九個起降，但只要遇到天候問題或其他狀況，往往使原本密集的班表出現骨牌效應的延誤，並造成其他機場班表的連鎖變動。因此，對於各航空公司視為營運命脈的「航空器起降額度」，民航局依《國內機場航空器起降額度管理辦法》從事分配及管理，其要點如下：

第三條

　　國內機場航空器起降額度（以下簡稱機場額度）由交通部民用航空局（以下簡稱民航局）依本辦法分配予民用航空運輸業（以下簡稱業者）使用。

　　為公平、合理分配機場額度供業者使用，民航局應於業者申請時，召開國內機場航空器起降額度分配審查會，審查機場額度分配事宜，並應通知申請人列席說明。

第四條

　　經分配機場額度之業者不得認為已取得該機場額度之專營權，並不得將該機場額度移轉或借貸其他業者使用；但因聯營或航線調整需要，業者得報經民航局核准後交換機場額度。

　　業者經交通部核准合併者，其機場額度得依下列規定辦理，不受前項移轉之限制：

　　一、合併之業者得將原分配之機場額度，移歸合併後存續之業者使
　　　　用。

　　二、合併之業者其關係企業之民用航空運輸業者，得將原所分配之

機場額度移歸合併後存續之業者使用。

第五條

業者申請分配機場額度時，應檢附營運計畫，向民航局申請。民航局依機場額度評分表（附件一），視實際需要，公平分配予業者。

前項分配，因機場額度或場站因素，須限制業者家數時，民航局應依評分分數之優先次序公平分配之。

業者開闢台灣本島與連江縣、澎湖縣、金門縣及台東縣之蘭嶼鄉與綠島鄉等離島地區或離島與其離島地區間定期航線所需之機場額度，民航局應優先分配之。

業者具有下列情形之一者，民航局得應政策需要將機場額度優先分配之：

一、經營連江縣、澎湖縣之七美鄉與望安鄉及台東縣之蘭嶼鄉與綠島鄉等離島地區定期航線之業者。

二、自業者合併日起一年內之存續業者。

為應公共利益或軍方戰、演、訓任務需要，需調整或酌減各機場額度時，民航局得調整或收回已分配予業者之機場額度。

民航局計劃恢復前項調整或收回機場額度時，除第六條所列情事外，應優先分配予原使用機場額度之業者。

第六條

業者具有下列情形之一者，不予分配機場額度：

一、財務糾紛致影響公司正常營運。

二、最近一年發生航空器意外事件未據實申報。

三、使用機型不適宜飛航所申請分配機場額度之機場。

四、申請分配機場額度之機場場站設施無法配合。

五、自航空器發生失事事件之日起一年內。但該失事事件明顯不可歸責於業者，並經民航局飛航安全評議會評定者，不在此限。

受前項第五款前段限制不得參與機場額度分配之業者，於失事調查結果公布係不可歸責於業者時，即解除不予分配機場額度之限制；如該

附件一　國內機場航空器起降額度評分表

編號	評分項目	最高分數	評分原則	基準分數
一	飛安事件	80	1.新設立之業者。	48
			2.以加權方式計算扣分如下： 　A.扣分＝（6×一年以前二年以內評定違規之失事事件數 　　　＋6×一年以內評定違規之重大意外事件數＋4×一年以前二年以內評定違規之重大意外事件數＋2×一年內評定非屬失事及重大意外事件之違規件數＋1×一年以前二年以內評定非屬失事及重大意外事件之違規件數）×（該業者飛行架次之權重數）。 　B.（該業者飛行架次之權重數）＝（二年內各業者之中最高飛行架次）÷（二年內該業者飛行架次）。 　C.本項扣分以80分為限。	80
二	飛安管理	80	1.新設立之業者第一年以其他業者之平均分數計算。	-
			2.最近一年內經檢查發函限期改善缺失，每次扣1分，一年以前二年以內發函限期改善缺失，每次扣0.5分。	80
			3.業者對飛安重視程度： 　A.最近一年內業者總經理以上高階主管無故未出席飛安管理重大會議（含策略會議、高階主管研討會等同等級會議）情形，每一次扣1分。 　B.最近一年內業者之航務、機務、飛安主管無故未出席飛安管理重大會議（含策略會議及航務、機務、飛安主管研討會等同等級會議）情形，每一次扣0.5分。	
			4.本項扣分以80分為限。	
總分合計		160		

註：1.機場額度之分配，依上述評分表計算分數，分數愈高得優先分配機場額度。
　　2.如因公共利益或軍方任務需要，必須調整或收回已分配給業者之機場額度時，除最近一年內發生航空器失事事件之業者，優先收回其機場額度外，係以飛航該機場之各業者進行評分，評分分數愈低者，優先收回該業者之機場額度。
　　3.「新設立之業者」係指取得營運許可未滿二年內之業者。
　　4.評定違規之「失事事件」、「重大意外事件」及「非屬失事及重大意外事件之違規」係指經民航局飛航安全評議會評定或經民航局各業務主管單位簽核後確定適用「民用航空法第十章罰則」之案件（惟符合民用航空法第一百十二條之一由業者主動提報之非屬失事及重大意外飛安事件、第一百十一條及第一百十四條中，有關執行維修廠業務造成之違規案件不列入扣分範圍）。
　　5.「飛安事件」及「飛安管理」評分項目之相關資料係由民航局飛航標準組提報國內機場航空器起降額度分配審查會評定。

資料來源：交通部民用航空局。

限制期間內遇有新增額度分配，該業者因受該限制而喪失資格無法獲得分配者，國內機場航空器起降額度分配審查會得考量於未來額度分配時給予優先分配。

第七條

業者應按所分配之機場額度，申請國內航線定期飛航。如屬分配指定航線之機場額度，不得挪為其他非指定航線使用。

第八條

業者有下列情形之一者，民航局得將其機場額度之一部或全部收回：

一、未依所提營運計畫之審查結果確實執行。

二、擅自停班、併班或減班，經民航局要求限期改善而未改善。

三、違反「附件二」之國內機場使用規定。

附件二　國內機場使用規定

國內機場使用規定包含以下三點：
一、業者應依分配之機場額度使用之，各機場日夜間得有一班額度彈性運用。
二、航空器於各機場起降之時間為每日七時至二十二時，如因機務、天候影響或年節等特殊因素需延後起降時間者，業者應向各該起降航空站提出申請，並經航空站同意後始得實施。
三、航空器因天災、地面交通中斷、天候影響或年節等特殊因素需申請臨時性加班機或空機運渡者，業者應於起飛前向各該航空站提出申請，並經航空站同意後始得飛航。

資料來源：交通部民用航空局。

第九條

民航局因跑道整修或其他緊急需要，得將業者未使用之機場額度，暫時提供其他業者使用。

業者因市場臨時性需求，原分配之機場額度不敷使用時，得向民航局申請核准短期使用未分配之機場額度，但全年使用期間不得逾六個月。

經分配用於具顯著淡、旺季特性航線之機場額度，其連續六個月機場額度平均使用率未達百分之七十時，民航局得收回未使用之額度。

　　除前項航線外，經分配之機場額度，連續六個月平均使用率未達百分之八十時，民航局得收回未使用之額度。因不可歸責於業者之因素，致未使用之機場額度，不列入前二項使用率之計算。

　　第三項所稱具顯著淡、旺季特性航線，係指前一年連續三個月之最大平均月載客量為最小平均月載客量之一點五倍以上之航線。

　　業者終止國內定期航線時，民航局得收回原分配予業者之機場額度，其數量依該航線終止當月之前六個月平均使用機場額度數計。

第十條

　　民航局得定期或不定期公告分配機場額度及申請期限，未經公告之機場額度不接受申請。

　　我國國內航線的運作方式大致如下：時間帶協調人受理各航新申請的定期班表後，會先將其與民航局先前核定的班表拿來對照，如果新申請班表的時間仍維持在該公司原班表的時段內，就具有歷史優先權，並予核准。若該班表有新申請者，則視該時段是否已達航管容量的限制而定。若逢連續假期，各航有加班需求時，亦需視其所擬加班的時段是否已達航管上限。以松山機場而言，每日PM23:00至翌日AM06:00為宵禁時段，非緊急情況航機均不得起降，所以實際作業時間為每日AM06:00至PM23:00。軍方於1995年度釋出六十餘個額度，1996年度釋出二十餘個軍民合用機場的額度，由於飛航班次大量增加，使得松山機場各時段的容量完全飽和，高雄小港機場的AM09:00至PM14:00及PM18:00至PM19:00也將呈飽和狀態。

　　為防止民航業界分配到時間帶及額度而未有效使用，徒浪費寶貴資源，特於《國內機場航空器起降額度管理辦法》第9條規定：「經分配用於具顯著淡、旺季特性航線之機場額度，其連續六個月機場額度平均使用率未達百分之七十時，民航局得收回未使用之額度。除前項航線外，經分配之機場額度，連續六個月平均使用率未達百分之八十時，民航局得收回未使用之額度。」此外，並在第8條規定：「業者如有擅自

停班、併班或減班，經民航局要求限期改善而未改善者，或未依所提營運計畫之審查結果確實執行者，民航局得將其機場額度之一部或全部收回。」

　　台灣地窄人稠，地面運輸的服務水準惡化，旅客基於對時間價值的重視，加上政府致力於亞太空運中心的發展及區域性國際航空網路中心的構想，不管是國內航線、接駁航線或是國際航線，都有需求大幅增長的趨勢。惟因各機場之間的設施容量限制及顯著的供需失衡（戴佐敏，1998），使得平均載客率差距過大（分布範圍在20.67%至76.38%之間），在現有資源有限的不可避免之下，民航主管機關及時間帶協調人無法讓各航空公司都能得到最適班表，只能以較具客觀基礎的分配來達到妥協式的班表。由於時間帶及額度的取得實在非常珍貴，在現實情況下，各航空公司的航線經營策略並非單純以經濟規模為唯一考量，而必須以複合式的相對補貼策略整合通盤運作，因此各航或以增闢新航線，或以現有航線增加班次方式競相爭取這些稀有資源，期能有宏觀性的市場發展及潛力。

參考文獻

IATA（1997），*Standard Schedules Information Manual*, Montreal: International Air Transportation Association.

汪進財（1992）。〈機門指派最佳化〉，《運輸計畫季刊》，第21卷，第2期。

夏武正（1998）。〈航空站停機位需求之估計〉，中華民國運輸學會第十三屆論文研討會。

許暉煜（1998）。〈淺談我國國際機場時間帶協調業務〉，《世界民航雜誌》，第17期，頁84-85。

陳永裕（1995）。〈機場起降時間帶之研究〉，國立成功大學交通管理研究所碩士論文。

楊政樺（1998）。〈淺談航空器起降額度及時間帶〉，《世界民航雜誌》，第14期，頁66-70。

趙維田（1991）。《國際航空法》。水牛圖書出版公司。

鄭斌著，徐克維譯，劉傳民校（1996）。《國際航空運輸法》，頁26。中國民航出版社。

盧華安（1998）。〈機場時間帶配置問題之探討〉，中華民國運輸學會第十三屆論文研討會。

戴佐敏（1998）。〈國內與國際民航網路整合之研究〉，國立成功大學交通管理科學系研究計畫書。

第四章　1929年華沙公約

第一節　《華沙公約》的背景

一、歷史沿革

　　第一次世界大戰（1914-1918）結束後，雖各國從百業蕭條中逐漸站了起來，但剛剛萌芽的國際航空運輸業卻仍相當脆弱，一方面，各種不同的客票、行李票、提單等需要有統一整合的必要，再則，對於航空運送人的責任還是要透過跨國的國際力量來加以管制，這正是1919年年10月13日，各國代表在巴黎舉行會議，會中決議成立「國際飛航委員會」，並起草制定「國際飛航規範」，後稱爲《巴黎空中航行管理公約》或簡稱《巴黎公約》的由來。

　　然而，《巴黎公約》著重的觀點在於公法，1923年法國政府向各國提出運送人責任之國際公約草案，1926年5月17日至21日，遂在法國政府倡議下，在巴黎召開了第一次航空私法國際會議，並籌組「航空法專家國際委員會」（CITEJA），並共同期望議定一部國際統一的航空民事責任法典。這正是1929年10月12日在華沙所舉行的第二次航空私法國際會議的背景。《華沙公約》締約國認爲，國際航空運輸的條件在所用文件和承運人的責任方面，有統一規定的必要，爲此目的，各派全權代表，經正式授權，通過訂定《統一國際航空運輸某些規則的公約》（通稱1929年《華沙公約》）。這份1929年的《華沙公約》截至現在，對於數十年來的國際航空運輸發展產生了風行草偃的重大影響，迄今仍不斷地有許多國家簽署。究其原因，是因《華沙公約》解決了航空運輸業四項主要問題，亦即：航空運送責任之原則、責任之範圍、責任之限制及責任之爭議。而其中有關國際航空運送的契約條款，乘客及託運人之權利與運送人之義務等事項，更是現今全球多數國家的航空業馬首是瞻

的奉行經典。其主要內容是統一制訂國際空運有關航空公司職員、代理商、貨運委託人、受託人以及其他有關人員之權力與賠償責任。

二、結構

構成華沙體制的九個法律文件（八個國際條約和一個國際民間協定）：

1. 《華沙公約》：1929年10月12日在華沙簽署的《統一國際航空運輸某些規則的公約》，1933年2月13日起生效。

2. 《海牙議定書》：1955年9月28日在海牙簽署的《修訂1929年10月12日在華沙簽訂的《統一國際航空運輸某些規則的公約》的議定書》。

3. 《瓜達拉哈拉公約》：1961年9月18日在瓜達拉哈拉簽署的《統一非立約承運人所作國際航空運輸的某些規則以補充華沙公約的公約》。

4. 1966年5月13日在蒙特利爾簽訂的《蒙特利爾承運人間協定》，又稱爲《蒙特利爾協議》。這不是國際條約，而是由美國民航委員會與世界各主要航空公司之間訂立的民間協定，因其對國際航空業的重大影響而被歸入華沙體系。

5. 《瓜地馬拉協定》：1971年3日8日簽署於瓜地馬拉的《修訂經海牙議定書修訂的《統一國際航空運輸某些規則的公約》的議定書》。

6. 《蒙特利爾追加議定書》：1975年9月25日在蒙特利爾簽署的第1號、第2號、第3號、第4號《關於修改《統一國際航空運輸某些規則的公約》的追加議定書》。該四份法律文件分別被稱爲1975年蒙特利爾第某號追加議定書。除第4號已在1998年被批准外，其他三者迄今尚未生效。

三、內容

1929年簡稱為《華沙公約》的《統一國際航空運輸某些規則的公約》共計5章41條，各章節標題如**表4-1**：

表4-1　《華沙公約》各章節標題

章	節	條	項	1929年華沙公約（The Warsaw Convention）
一				公約適用範圍與定義
		一	（一）	公約的適用
			（二）	「國際運輸」的定義
			（三）	相繼運送的定義
		二	（一）	國家或公法人運送之適用
二			（二）	不適用於按照國際郵政公約的規定而辦理的運輸
	一			運送文書
				客票
		三	（一）	客票之交付與記載事項
			（二）	客票之效力
	二			行李票
		四	（一）	行李票之交付
			（二）	行李票複本
			（三）	行李票記載事項
			（四）	行李票的效力
		五		提單
			（一）	提單之填製
			（二）	提單的效力
		六	（一）	提單的份數
			（二）	提單的分配
			（三）	運送人的簽收
			（四）	簽名方式
			（五）	提單的代製
		七		提單的按件填製
		八		提單的記載事項
		九	（一）	不製提單或誦列記載事項的後果
		十	（二）	託運人對記載事項的責任
			（一）	託運人對記載事項瑕疵的賠償責任
		十一	（二）	提單的表見證明

（續）表4-1　《華沙公約》各章節標題

章	節	條	項	1929年華沙公約（The Warsaw Convention）
三		十二	（一）	記載事項的證明力
			（二）	託運人的處分權
			（三）	託運人的義務
		十三	（四）	運送人的責任
			（一）	託運人權利的終止與回復
		十四	（二）	受貨人的權利與義務
		十五	（三）	運送人的通知義務
				受貨人的請求權
		十六	（一）	託運人與受貨人權利的行使
			（二）	託運人、受貨人、第三人間的關係
		十七	（一）	提單明示變更的條件
		十八	（二）	託運人對提單資料的責任
				運送人之不負責任
			（一）	運送人對乘客傷亡的責任
		十九	（二）	運送人對行李貨物喪失毀損的責任
		二十	（三）	責任期間
				因履行運送契約水陸運送中的責任
		二一	（一）	運送人對延遲的責任
		二二	（二）	運送人免責的抗辯（已採取必要措置）
				運送人免責的抗辯（第三人的過失）
			（一）	過失相抵
			（二）	運送人對乘客的責任限額
		二三	（三）	運送人對行李及貨物的責任限額
		二四	（四）	運送人對隨身行李的責任限額
				普安卡雷法郎的成色
		二五	（一）	不符合公約的免責條款的無效
			（二）	其他訴訟的條件（行李、貨物、遲延）
		二六	（一）	其他訴訟的條件（乘客）
			（二）	故意行為的後果（運送人）
			（一）	故意行為的後果（受僱人的原因）
		二七	（二）	運送旅行的表見證明
		二八	（三）	請求權的不變期間
			（四）	書面請求的要件
		二九		起訴權利的喪失
四		三十	（一）	債務人的繼承人責任
			（二）	管轄法院的規定
			（一）	程序問題法律的適用
五			（二）	消滅時效

（續）表4-1　《華沙公約》各章節標題

章	節	條	項	1929年華沙公約（The Warsaw Convention）
		三一	（一）	計算方法
			（二）	相繼運送人的責任
			（三）	損害賠償請求的對象（乘客）
				損害賠償請求的對象（行李、貨物）
		三二	（一）	聯合運送條款
		三三	（二）	水陸空聯運公約的適用
		三四		空運條款的記載
		三五		通則及最後條款
		三六		違反公約條款的無效
		三七		運送之拒絕
				非正常運送公約的不適用
		三八	（一）	日的計算
			（二）	公約文字
			（三）	公約的批准與存檔
		三九	（一）	公約的生效
			（二）	公約生效通知
		四十	（三）	公約的加入
			（一）	加入的方式
			（二）	加入的生效
		四一	（一）	公約的退出
			（二）	退出的生效
			（三）	加入時的宣布（公約於領地不適用）
				領地的加入
				領地的退出
				兩年後開會檢討公約

 第二節　《華沙公約》條文解析

Convention for the Unification of Certain Rules Relating to International Carriage by Air, Signed at Warsaw on 12 October 1929（Warsaw Convention）

《統一國際航空運輸某些規則的公約》，1929年10月12日於華沙簽署（華沙公約）

A. Chapter I - Scope–Definitions
第1章　範圍─定義

Article 1

1.This Convention applies to all international carriage of persons, luggage or goods performed by aircraft for reward. It applies equally to gratuitous carriage by aircraft performed by an air transport undertaking.

【中譯】

　　第一條

　　1.本公約適用於所有為取酬而以航空器運載人、行李或貨物的國際運輸，本公約同樣也適用於擔任無償運送的航空事業。

【解析】

　　(1)所謂"reward"，以牛津字典的涵義是"n. something good given or received in return for something done"，在此譯為「取酬」。以我國的《民法》第622條規定：「稱運送人者，謂以運送物品或旅客為營業而受運費之人。」另依據《民航法》第2條，民用航空運輸業是以航空器直接載運客、貨、郵件，取得報酬之事業。航空公司以航空器運載人、行李或貨物，當然是以「取酬」為目的，並得以賴以維生。(2)所謂"gratuitous"，以牛津字典的涵義是"adj. received or given without cost or payment"，是免費的、無償的之意。即便航空公司於某些特定航班或特定人士予以無償搭載〔如航空公司為酬賓、公關或行銷活動的免費票（Free of Charge; FOC）便是〕，但可推得其免費活動係以得到旅客再次消費或廣告招攬為其終極目的，因此就算未向旅客收費，仍適用於《華沙公約》的保護。(3)所謂"persons"亦即在民法上因給付運費而與航空公司在運送契約上存在有債權債務關係的旅客，但不包含偷乘者及沒有持有機票之正在執勤（on duty）的航空公司員工（如前、後艙組員）。

2.For the purposes of this Convention the expression "international carriage" means any carriage in which, according to the contract made by the parties, the place of departure and the place of destination, whether or not there be a break in the carriage or a transshipment, are situated either within the territories of two High Contracting Parties, or within the territory of a single High Contracting Party, if there is an agreed stopping place within a territory subject to the sovereignty, suzerainty, mandate or authority of another Power, even though that Power is not a party to this Convention. A carriage without such an agreed stopping place between territories subject to the sovereignty, suzerainty, mandate or authority of the same High Contracting Party is not deemed to be international for the purposes of this Convention.

【中譯】

2.本公約所稱之「國際運輸」係指：依據當事人雙方訂定的運送契約，不論運輸過程中是否有間斷或轉運，只要出發地和目的地是在《華沙公約》兩個締約國的領土內，或者是出發地和目的地均在一個締約國的領土內而在另一個國家（不論其是否為《華沙公約》的締約國）之主權、宗主權、委任統治權或管轄權下的領土內有一個約定經停地的運輸。如果在一個締約國的領土內從事兩地之間的運輸，而在另一個國家的領土內沒有約定的經停地點，則不能視為本公約意義上的國際運輸。

【解析】

(1)"High Contracting Parties"在此解為《華沙公約》的締約國。英國貴族院（House of Lords）在Philippson v. Imperial Airways一案中對於締約國之解釋認為公約第36條至第40條所稱締約國亦包含簽署國在內，且IATA之適用運送條款乃參考《華沙公約》而定，應採同樣解釋。亦即尚未完成批准程序之簽約國亦可適用《華沙公約》之規定。但是美國卻有不同的觀點，在1968年Corocraft Ltd. v. Ran American World Airways.

Inc.一案，承審法官認為：「華沙公約係一國際公約，因此僅對批准之國家有國際法之拘束力。」（R. P. Boyl; 1982）；(2)"territory"係為締約國之領域，有關適用《華沙公約》時與締約國領域之問題，依公約第1條第2項所稱之保護國（suzerainty）、委任統治地（mandate）、管轄地（authority）等，可由國際法上實踐作為決定之依據；(3)依照《華沙公約》對「國際運輸」的定義有二：第一，運送契約上的出發地與目的地分別屬於不同的兩個《華沙公約》締約國境內，至於航程中是否在其他國家有間斷或轉運（不管這個國家是不是《華沙公約》締約國），都不妨礙其為國際運輸；其次，如果運送契約上的出發地與目的地是隸屬於同一個《華沙公約》締約國，則該航程途中必須在他國有約定經停地（不管這個國家是不是《華沙公約》締約國），才能算是國際運輸。援舉數例如下：

【例一】洛杉磯→台北→香港

　　　　分析：因美國是《華沙公約》締約國，香港是中華人民共和國的特別行政區，起迄兩地均《華沙公約》締約國，雖然途中在台北轉運（台灣並非《華沙公約》締約國），以《華沙公約》對「國際運輸」的定義而言，本航程為國際運輸。

【例二】台北→紐約→台北

　　　　分析：因起迄兩地均是台北，雖途經美國是《華沙公約》締約國，但因台灣並非《華沙公約》締約國，所以本航程不是國際運輸。

3.A carriage to be performed by several successive air carriers is deemed, for the purposes of this Convention, to be one undivided carriage, if it has been regarded by the parties as a single operation, whether it had been agreed upon under the form of a single contract or of a series of contracts, and it does not lose its international character merely because one contract or a series of contracts is to be performed entirely within a territory subject to the sovereignty, suzerainty, mandate or authority of the same High Contracting Party.

【中譯】

3.本公約中，如果幾個連續的航空承運人把所進行的運輸視為一項連續的作，不論它是以一份契約或是一系列的契約形式來進行，則該運輸需當作是一項不可分割的運輸；並不會因為其中一份契約或一系列契約完全在同一個國家的主權、宗主權、委任統治權或管轄權下的領土內履行而喪失其國際運輸的性質。

【解析】

(1)本條文中所謂"successive air carriers"（連續的航空承運人）的前提是整個航程必須分成幾個航段，分別有幾家不同的航空公司來負責。《華沙公約》第30條針對本條文第3項之連續運送人更進一步地說明：「1.如果符合第1條第3項所規定的由數個連續承運人辦理的運輸，接受旅客、行李或貨物的每一個承運人都應該受本公約規定的約束，並在運輸契約中由其辦理的某一段運輸的範圍內，視為運輸契約的訂約一方；2.如果是連續承運性質的運輸，旅客或其代表只能對發生事故或延誤的那一段運輸的承運人提出訴訟，除非有明文規定第一承運人應該負整個旅遊行程的責任；3.至於行李或貨物，旅客或託運人有向第一承運人提出訴訟的權利，有權提取行李或貨物的旅客或受貨人也有向最後承運人提出訴訟的權利。此外，無論託運人或受貨人亦可以對發生毀滅、遺失、損壞或延誤的那一段運輸的承運人提出訴訟。這些承運人應該對旅客、託運和受貨人負連帶及各自責任。」如果是貨物運送，而涉及數名運送人間負擔運送責任的問題，可再細分為真正聯營運送、非真正聯營運送、共同運送及部分運送四種類型，各有不同法律效果及複雜性，囿於篇幅，本書不深入探討；(2)「連續運送」的判別要件："successive air carriers"有幾種特徵：1.運送人必須是「相繼運送人」；2.運輸的性質必須是一個不可分的運送；3.運輸契約可為一個或

多個；4.其中部分航段雖在同一國境，仍不失其國際運輸的性質。

【引伸】

若航空器遭遇異常事件必須安排他航轉機，有以下幾種情形：(1)他航繼續運送至原訂之經停地或目的地，使用原機票（endorse），旅客無異議登機繼續其行程，仍不妨礙原來對 "undivided carriage" 的定義；(2)他航繼續運送，但其航線與原訂之經停點或目的地略有不同，使用原機票，到達不同目的地後，用陸上交通工具將旅客運送至原訂之目的地，仍不妨礙原來對 "undivided carriage" 的定義；(3)他航繼續運送已原訂之目的地或其附近的新目的地，但不使用原來的機票，而另開自己的機票，亦即重新開票（reissue）。此時，已不符合 "undivided carriage" 的定義，原先的運輸契約等同已告終止。另外，除非是經由事先約定，否則若旅客個人自行轉機，則視同已終止原來的 "undivided carriage"。

Article 2

1.This Convention applies to carriage performed by the State or by legally constituted public bodies provided it falls within the conditions laid down in Article 1.

2.This Convention does not apply to carriage performed under the terms of any international postal Convention.

【中譯】

第二條

1.該條約適用於由國家直接經營或公法人於第1條所定條件之國際運送。

2.本公約不適用於按照《國際郵政公約》的規定而辦理的運輸。

【解析】

(1) "legally constituted public bodies" 為「公法人」之意，亦即依據公法設立而具有公法上權力能力的行政主體，有足夠的資格以自己名

義享受公法上權利、負擔公法義務者。對《華沙公約》有2條第1項有關由國家或其他公法人從事屬第1條所定條件之國際運送聲明保留者，亦即對此提出保留之締約國，其由國家或他公法人所為之國際運送，不適用《華沙公約》的規定。不過，本條文在1999年《蒙特利爾公約》中有所改變，該公約第57條規定：「對本公約不得保留，但是當事國可以在任何時候向存檔人提交通知，聲明本公約不適用於：(一)由當事國就其作為主權國家的職能和責任為非商業目的而直接辦理和營運的國際航空運輸；以及／或者；(二)使用在該當事國登記的或者為該當事國所租賃的、其全部運送已為其軍事當局或者以該當局的名義所保留的航空器，為該當局辦理的人員、貨物和行李運輸。」；(2)因各國均將郵政列為專營業務，獨立於運輸事業之外，故獨立於運輸相關法規或民法而有單獨的郵政法，本條文中所謂"international postal Convention"為各國郵政法馬首是瞻的萬國郵政聯盟（UNIVERSAL POSTAT UNION; UPU）所訂定的《國際郵政公約》。所謂萬國郵政聯盟，是各國政府間商定郵政事務的國際組織，於1874年10月9日由二十二個國家的代表在瑞士首都伯爾尼舉行第一次國際郵政代表大會，會上簽訂了一項郵政公約即《伯爾尼公約》，並決定成立郵政總聯盟。1878年5月，郵政總聯盟舉行第二次代表大會，對《伯爾尼公約》進行了修改，修改後改名為《萬國郵政公約》，並將組織名稱定為「萬國郵政聯盟」。1948年7月，萬國郵聯正式成為聯合國關於國際郵政事務的專門機構，總部設在瑞士的伯爾尼。其宗旨是組織和改善國際郵政業務，例如計費、交換郵件、協調郵路等事情，便利國際合作和發展。中國於1914年加入該聯盟，但1949年中共取得中國政權後，由於台灣仍以中國合法政府地位保留該聯盟席位，中共遂於1953年與該聯盟斷絕往來。1972年4月，萬國郵政聯盟承認中共為該組織的唯一合法代表。萬國郵聯的名稱表明，萬國性或世界性是其基本特性之一，這是郵聯的宗旨所決定的。郵政沒有邊界，國際郵政業務的運行需要世界上所有國家的合作與參與，才能使整個世界形成一個單一的郵政領域，以便相互傳送郵件。有關萬國郵政聯盟或國際

郵政公約的詳細說明，可至萬國郵政聯盟網站"http://www.upu.int/"查詢；(3)另外，《華沙公約》第34條亦強調本公約不適用於航空運輸企業為了開闢正式航線進行試航的國際航空運輸，也不適用於超出正常範圍航空運輸以外的特殊情況下所進行的運輸業務。

【引伸】

　　對於本公約第2條第1款，附加在華沙公約《追加議定書（關於第二條）》提到：「締約國在批准或加入時，得保留提出如下聲明的權利：本公約不適用於該國」的排除但書，目前美國及加拿大已聲明該項保留。然而，在第二次世界大戰期間，美軍經常包租民航機從事軍人、眷屬、勞軍團等活動，雖然美國認為不應該屬於《華沙公約》的管轄範圍，但經法院審理，仍認為應該適用於《華沙公約》，而不得主張其列為保留範圍。

Section I - Passenger Ticket

Article 3

1.For the carriage of passengers the carrier must deliver a passenger ticket which shall contain the following particulars:

(a)the place and date of issue;

(b)the place of departure and of destination;

(c)the agreed stopping places, provided that the carrier may reserve the right to alter the stopping places in case of necessity, and that if he exercises that right, the alteration shall not have the effect of depriving the carriage of its international character;

(d)the name and address of the carrier or carriers;

(e)a statement that the carriage is subject to the rules relating to liability established by this Convention.

【中譯】

第一節　客票

第三條

1.承運人運送旅客時必須出具客票，客票上應該包括以下各項：

(a)開票的地點和日期。

(b)出發地和目的地。

(c)約定的經停點，但承運人可保留在必要時變更約定經停點的權利，如果承運人行使這項權利，不應使運輸由於這種變更而喪失其國際性質。

(d)承運人的名稱和地址。

(e)說明本運送受《華沙公約》就法律責任而訂定的有關規則所規範。

【解析】

本條文第(c)項雖同意承運人可保留在必要時變更約定經停點的權利，但其前提必須建立在"in case of necessity"（必要之時），諸如：因天候因素、技術因素或特殊事件等必要之時。且在本條文第(c)項強調，若在必要時變更約定經停點，承運人仍需注意滿足該運輸行程為《華沙公約》所定義的「國際運輸」性質。以我國的長榮航空公司運送契約第9條為例：「運送人對乘客及行李當盡其所能予以適切迅速承運，時間表或他處所列時間，並非保證時間，亦不屬本契約之一部分，運送人於必要時得不經事先通知，改由其他運送人或飛機代運，並得變更或取消客票所列停留地，時間表之變更無須事先通知，運送人亦不負責換接班機。」；而中共的中國國際航空公司運送契約第9條亦有同樣的規定：「承運人將盡最大努力以合理的快速承運旅客及行李。在班期時刻表內或其他地方所列的時間是不予保證的，也於構成本合同的一部分。承運人無須事先通知可以改換備用承運人或飛機，在必要時可以改變或取消客票上所列的經停地點。班期時刻可不事先通知而改變。承運人對航班的銜接不負責任。」即可窺見一斑。

2.The absence, irregularity or loss of the passenger ticket does not affect the existence or the validity of the contract of carriage, which shall none the less be subject to the rules of this Convention. Nevertheless, if the carrier accepts a passenger without a passenger ticket having been delivered he shall not be entitled to avail himself of those provisions of this Convention which exclude or limit his liability.

【中譯】

　　2.即使沒機票、機票有瑕疵或遺失，都不影響運輸契約的存在及有效性，這項運輸契約仍受《華沙公約》所規範。但是若承運人接受乘客而不交給乘客機票，則該承運人無權引用本公約中免除或限制承運人法律責任的條文。

【解析】

　　1929年《華沙公約》雖未明定客票具運送契約表見證據力，惟其第3條第2項則規範客票對於運送人責任之影響，且其第11條亦規定：「航空託運提單是訂立契約、接受貨物和承運條件的表面證據。」另外，1955年《海牙議定書》雖未對運送憑證下定義，惟其第3條第2項卻明文：「客票為訂定運送契約即約定條款之表見證據」。《蒙特利爾公約》第3條第4款亦規定：「旅客應當獲得書面提示，說明在適用本公約的情形下，本公約調整並可能限制承運人對死亡或者傷害，行李毀滅，遺失或者損壞，以及延誤所承擔的責任。」此外，中共《民用航空法》第111條規定：「客票是航空旅客運輸合同訂立和運輸合同條件的初步證據。」且該國《民用航空法》第110條第1款第3項同時規定：「旅客航程的最終目的地、出發地點或者約定的經停地點之一不在中華人民共和國境內，依照所適用的國際航空運輸公約的規定，應當在客票上聲明此項運輸適用該公約的，客票上應當載有該項聲明。」從而得知，機票（ticket）是搭機乘客與航空公司之間的一種運送契約，亦即機票是當作航空公司與機票署名者間運送條款的「表面證據」（prima facie

evidence），亦為文義證券。按飛機票所附載之「運送契約」是構成附合契約（contract of adhesion）之內容，機票既是表面證據則它表示此物已足以充分並有效地視為客觀之證據價值，而能達到法院據以確認事實而進行裁決的程度。因此，旅客登機之前應有權持有機票，審閱其運輸契約的條件和權益。就國際航空運送實務觀之，由於航空運送有一定程度之風險，為鼓勵航空運送此一行業之發展，是以國際航空運送實務上普遍賦予航空運送人得主張單位責任限制之權利，舉凡《華沙公約》、《海牙議定書》等國際公約甚或我國之《民用航空法》皆以為證。但由於機票是一種附合契約，若承運人確有搭載乘客之行為，便應交付機票予乘客，若無交付機票之事實，而讓乘客登機，則為了保障大多數乘客權益起見，則該承運人將喪失《華沙公約》賦予之「免除或限制責任」的保護，而面臨賠償無上限之窘境。

Section II - Luggage Ticket

Article 4

1.For the carriage of luggage, other than small personal objects of which the passenger takes charge himself, the carrier must deliver a luggage ticket.

2.The luggage ticket shall be made out in duplicate, one part for the passenger and the other part for the carrier.

3. The luggage ticket shall contain the following particulars:

(a)the place and date of issue;

(b)the place of departure and of destination;

(c)the name and address of the carrier or carriers;

(d)the number of the passenger ticket;

(e)a statement that delivery of the luggage will be made to the bearer of the luggage ticket;

(f)the number and weight of the packages;

(g)the amount of the value declared in accordance with Article 22(2);

(h)a statement that the carriage is subject to the rules relating to liability established by this Convention.

4.The absence, irregularity or loss of the luggage ticket does not affect the existence or the validity of the contract of carriage, which shall none the less be subject to the rules of this Convention. Nevertheless, if the carrier accepts luggage without a luggage ticket having been delivered, or if the luggage ticket does not contain the particulars set out at (d), (f) and (h) above, the carrier shall not be entitled to avail himself of those provisions of the Convention which exclude or limit his liability.

【中譯】

第二節　行李票

第四條

1.運送行李時，除由旅客自行保管的小件個人用品外，承運人必須交付行李票。

2.行李票應備一式兩份，一份交旅客，另一份予承運人。

3.行李票上應包括以下各項：(a)出票地點和日期；(b)起程地和目的地；(c)承運人的名稱和地址；(d)客票的號碼；(e)交給行李票持有者的行李運送聲明；(f)行李件數和重量；(g)根據第22條第2項聲明的價值；(h)聲明運輸應受本公約所規定責任制度的約束。

4.如果沒有行李票，或行李票不合規定或行李票遺失，不影響運輸契約的存在和有效，這項運輸契約仍將同樣受本公約的規則的約束。但是如果承運人接受行李而不出具運輸契約，或運輸契約上沒有包括以上(d)、(f)和(h)各項，承運人就無權引用本公約關於免除或限制承運人責任的規定。

【解析】

"takes charge himself" 為付責之意，以牛津字典的意義為

"control, responsibility for a person or groups, etc"；"make out"為填寫之意，其意義為"to write in complete form"。根據IATA 1986年運輸（旅客與行李）共同條件第1條：「所謂行李係指旅客在旅行中為穿戴、使用、舒適或便利所需或相宜而攜帶的物品或其他個人財物。」在公約中將行李分為交運行李（登記行李）與手提行李（自理行李），針對交運行李，《華沙公約》於本條文針對行李票之規範予以明文規定。

圖4-1 無論乘客是否具備行李票，均不影響運輸契約的存在和有效
資料來源：楊政樺攝於馬來西亞，吉隆坡國際機場。

Section II - Luggage Ticket

Article 5

1.Every carrier of goods has the right to require the consignor to make out and hand over to him a document called an "air consignment note"; every consignor has the right to require the carrier to accept this document.

2.The absence, irregularity or loss of this document does not affect the existence or the validity of the contract of carriage which shall, subject

to the provisions of Article 9, be none the less governed by the rules of this Convention.

【中譯】

第二節　託運提單

第五條

1.貨物承運人有權要求託運人填寫一稱爲「航空託運提單」的憑證；託運人有權要求承運人接受這份文件。

2.即使沒有此託運提單、託運提單有瑕疵或遺失，都不影響運輸合約的存在及有效性，除了第9條的條文另有規定外，這份運輸契約仍受《華沙公約》所規範。

【解析】

所謂 "air consignment note"（航空託運提單；空運提單）。我國的《民法》第624條：「託運人因運送人之請求，應填給託運單。」在國際航空公約的用法上似將民法上的「託運單」與「提單」合而爲一（王守潛；1990）。本條文在此應解爲乘客於辦理報到劃位時之託運行李時所填具的客運託運提單。我國《民用航空運輸業管理規則》第28條：「民用航空運輸業對其運輸中使用之下列文件，應自起飛之日起至少保存二年，以備民航局查核：一、乘客機票票根或其電子機票檔。二、乘客艙單。三、貨物提單、託運單、貨物艙單及有關運務文件。四、包機合約。」此外，針對航空貨運承攬業對託運提單的用法較爲複雜，根據張錦源、康蕙芬（1997）的定義，空運提單依簽發人的不同，可分爲主提單（master air waybill; MAWB）與分提單（house air waybill; HAWB，或forwarder's air waybill）。由航空公司或其代理直接簽發者爲主提單，由航空貨運承攬業者或併裝業者（consolidator）簽發者爲分提單。依照規定，後者不得逕行發給託運人主提單。主提單與分提單之區別：(1)發行者不同：航空公司所發行的空運提單稱爲「主提單」航空貨運公司所發行者，稱爲「分提單」；(2)提單號碼編排不同：航空公司

發行的主提單，其提單號碼係由三位數阿拉伯數字起頭，為航空公司的代號或IATA統一編號，例如中華航空公司的代號為297，其後跟著不超過八位數字的流水號碼，為航空公司自編的貨號及帳號。由航空貨運公司發行的分提單則起首為該公司的英文代號，而非阿拉伯數字，其後面為該公司自編的流水號碼，故極易與主提單區別；(3)提單性質不同：由於航空貨運公司本身並非實際運送人，也未必係實際運送人的代理人，故其發行的分提單與海運的forwarder's B/L一樣，只具有貨主與貨運承攬業者間的運送契約性質，一旦發生索賠問題，貨主只能向貨運承攬業者（航空貨運公司）主張權利，而不能直接對航空公司主張任何權利。另外，我國的《航空貨運承攬業管理規則》第16條對提單的規範更是嚴格限制：「航空貨運承攬業應依託運人製作之託運單詳實填發分提單，其各聯內容應完全一致，不得有變造、偽造及重複使用同一號碼情事。每一主提單應將其涵蓋之分提單號碼逐一記載。」

Article 6

1.The air consignment note shall be made out by the consignor in three original parts and be handed over with the goods.

2.The first part shall be marked "for the carrier," and shall be signed by the consignor. The second part shall be marked "for the consignee"; it shall be signed by the consignor and by the carrier and shall accompany the goods. The third part shall be signed by the carrier and handed by him to the consignor after the goods have been accepted.

3.The carrier shall sign on acceptance of the goods.

4.The signature of the carrier may be stamped; that of the consignor may be printed or stamped.

5.If, at the request of the consignor, the carrier makes out the air consignment note, he shall be deemed, subject to proof to the contrary, to have done so on behalf of the consignor.

【中譯】

第六條

1.託運人應填寫航空託運提單正本一式三份，並且和貨物一起交移於承運人。

2.第一份註明「交承運人」，由託運人簽字；第二份註明「交受貨人」，由託運人和承運人簽字，並附在貨物上；第三份由承運人在接受貨物後簽字，交給託運人。

3.承運人應該在接受貨物時簽字。

4.承運人的簽名可以戳印替代，託運人的簽名可以印刷或戳印來代替。

5.如果承運人根據託運人的請求，填寫航空託運提單，在沒有反證時，應認為是代替託運人填寫。

【解析】

1.air consignment note航空託運提單；2.hand over交移；to give（power, responsibility, or control of something）to someone else；3.accompany陪伴、陪同；go with；4.deem認為、視為；to consider；5.to the contrary意思完全相反的；to the opposite effect.

Article 7

The carrier of goods has the right to require the consignor to make out separate consignment notes when there is more than one package.

【中譯】

第七條

如果貨物不只一件時，承運人有權要求託運人分別填寫航空託運提單。

Article 8

The air consignment note shall contain the following particulars:

(a)the place and date of its execution;

(b)the place of departure and of destination;

(c)the agreed stopping places, provided that the carrier may reserve the right to alter the stopping places in case of necessity, and that if he exercises that right the alteration shall not have the effect of depriving the carriage of its international character;

(d)the name and address of the consignor;

(e)the name and address of the first carrier;

(f)the name and address of the consignee, if the case so requires;

(g)the nature of the goods;

(h)the number of the packages, the method of packing and the particular marks or numbers upon them;

(i)the weight, the quantity and the volume or dimensions of the goods;

(j)the apparent condition of the goods and of the packing;

(k)the freight, if it has been agreed upon, the date and place of payment, and the person who is to pay it;

(l)if the goods are sent for payment on delivery, the price of the goods, and, if the case so requires, the amount of the expenses incurred;

(m)the amount of the value declared in accordance with Article 22(2);

(n)the number of parts of the air consignment note;

(o)the documents handed to the carrier to accompany the air consignment note;

(p)the time fixed for the completion of the carriage and a brief note of the route to be followed, if these matters have been agreed upon;

(q)a statement that the carriage is subject to the rules relating to liability established by this Convention.

【中譯】

第八條

航空託運提單應該包括以下各項：

(a)航空託運提單上應填寫地點和日期；

(b)起運地和目的地；

(c)約定經停地點方面，提供了承運人於必要時保留變更停經地點的權利。當承運人行使該權利時，此項變更不應該剝奪該貨運的國際性質；

(d)託運人的名稱和地址；

(e)第一承運人的名稱和地址；

(f)必要時應寫明受貨人的名稱和地址；

(g)貨物的性質；

(h)包裝件數，包裝方式，和在上面的特殊標誌或號數；

(i)貨物的重量、數量、體積或尺寸；

(j)貨物和包裝的外表情況；

(k)如果運費已經議定，應寫明運費金額、付費日期和地點以及付費人；

(l)如果是貨到付款，應寫明貨物的價格，必要時還應寫明應付的費用；

(m)根據第22第2項聲明的價值；

(n)航空託運提單的份數；

(o)隨同航空託運提單交給承運人的憑證；

(p)如果經過協議，應填寫貨運完整的時間安排（貨運完成的確切時間），並概要說明經過的路線；

(q)聲明運輸應受本公約所規定責任制度的約束。

Article 9

If the carrier accepts goods without an air consignment note having been made out, or if the air consignment note does not contain all the particulars set out in Article 8(a) to (i) inclusive and (q), the carrier shall

not be entitled to avail himself of the provisions of this Convention which exclude or limit his liability.

【中譯】

第九條

如果承運人接受貨物時並沒有具備託運單，或是託運單沒有包括第8條(a)至(i)段及(q)段所列的事項，則承運人無權引用本公約關於免除或限制承運人法律責任的條文。

【解析】

inclusive為「含有……」之意。adj. indicates a range within which a series of items is included.

Article 10

1.The consignor is responsible for the correctness of the particulars and statements relating to the goods which he inserts in the air consignment note.

2.The consignor will be liable for all damage suffered by the carrier or any other person by reason of the irregularity, incorrectness or incompleteness of the said particulars and statements.

【中譯】

第十條

1.對於在航空託運提單上所填關於貨物的各項說明和聲明的正確性，託運人應負責任。

2.對於因為這些說明和聲明不合規定、不正確，或不完備而使承運人或任何其他人遭受的一切損失，託運人應負責任。

Article 11

1.The air consignment note is prima facie evidence of the conclusion of the contract, of the receipt of the goods and of the conditions of

carriage.

2.The statements in the air consignment note relating to the weight, dimensions and packing of the goods, as well as those relating to the number of packages, are prima facie evidence of the facts stated; those relating to the quantity, volume and condition of the goods do not constitute evidence against the carrier except so far as they both have been, and are stated in the air consignment note to have been, checked by him in the presence of the consignor, or relate to the apparent condition of the goods.

【中譯】

第十一條

1.航空託運提單是訂立契約、接受貨物和承運條件的「表面證據」（prima facie evidence）。

2.航空託運提單內關於貨物的重量、尺寸、包裝和件數屬於表面證據；除非承運人在託運人在場時查核有關的說明、貨物的外觀並且在該託運提單內說明此項查核，否則對貨物數量、體積和狀況的說明並不構成對承運人不利的證據。

Article 12

1.Subject to his liability to carry out all his obligations under the contract of carriage, the consignor has the right to dispose of the goods by withdrawing them at the aerodrome of departure or destination, or by stopping them in the course of the journey on any landing, or by calling for them to be delivered at the place of destination or in the course of the journey to a person other than the consignee named in the air consignment note, or by requiring them to be returned to the aerodrome of departure. He must not exercise this right of disposition in such a way as to prejudice the carrier or other consignors and he must repay any expenses occasioned by the exercise of this right.

2.If it is impossible to carry out the orders of the consignor the carrier must so inform him forthwith.

3.If the carrier obeys the orders of the consignor for the disposition of the goods without requiring the production of the part of the air consignment note delivered to the latter, he will be liable, without prejudice to his right of recovery from the consignor, for any damage which may be caused thereby to any person who is lawfully in possession of that part of the air consignment note.

4.The right conferred on the consignor ceases at the moment when that of the consignee begins in accordance with Article 13. Nevertheless, if the consignee declines to accept the consignment note or the goods, or if he cannot be communicated with, the consignor resumes his right of disposition.

【中譯】

　第十二條

　1.託運人在履行運輸契約所規定的一切義務的條件下，有權在起運地航空站或目的地航空站將貨物提回，或在途中經停時中止運輸，或在目的地或運輸途中交給非航空託運提單上所指定的受貨人，或要求將貨物退回起運地航空站，但不得因為行使這種權利而使承運人或其他託運人遭受損害，並且應該償付由此產生的一切費用。

　2.不能實行託運人的指示，承運人必須立即通知託運人。

　3.如果承運人按照託運人的指示來處理貨物，而之後沒有要求託運人出示他所執的航空託運提單，因而使該航空託運提單的合法持有人遭受損失時，承運人應負責任，但並不妨礙承運人向託運人要求賠償的權利。

4. 受貨人的權利根據第13條的規定開始時，託運人的權利即告終止，但是如果收貨人拒絕接受航空託運提單或貨物，或是如果無法和受貨人聯絡，託運人可恢復處理貨物的權利。

Article 13

1. Except in the circumstances set out in the preceding Article, the consignee is entitled, on arrival of the goods at the place of destination, to require the carrier to hand over to him the air consignment note and to deliver the goods to him, on payment of the charges due and on complying with the conditions of carriage set out in the air consignment note.

2. Unless it is otherwise agreed, it is the duty of the carrier to give notice to the consignee as soon as the goods arrive.

3. If the carrier admits the loss of the goods, or if the goods have not arrived at the expiration of seven days after the date on which they ought to have arrived, the consignee is entitled to put into force against the carrier the rights which flow from the contract of carriage.

【中譯】

第十三條

1. 除了在以上條文所列的情況外，受貨人的貨物到達目的地時，繳完須付的費用並在遵從託運單上所列的運輸條件後，有權要求承運人交付託運單及貨物給他。

2. 除了契約另有約定之外，承運人有責任在貨物到達後儘快通知受貨人。

3. 如果承運人承認貨物遺失，或貨物在應該到達的日期七天後尚未到達，受貨人有權對承運人行使運輸契約中的權利。

Article 14

The consignor and the consignee can respectively enforce all the rights given them by Articles 12 and 13, each in his own name, whether he is acting in his own interest or in the interest of another, provided that he carries out the obligations imposed by the contract.

【中譯】

第十四條

託運人或收貨人在履行契約所規定義務的條件下，不論為自己或別人的利益，可以各自用自己的名義分別行使第12、13條所賦予的一切權利。

Article 15

1.Articles 12, 13 and 14 do not affect either the relations of the consignor or the consignee with each other or the mutual relations of third parties whose rights are derived either from the consignor or from the consignee.

2.The provisions of Articles 12, 13 and 14 can only be varied by express provision in the air consignment note.

【中譯】

第十五條

1.第12、13、14各條不影響託運人對收貨人或受貨人對託運人的關係，也不影響從託運人或受貨人獲得權利的第三者之間的關係。

2.第12、13及14條的條文只可藉由託運提單內的明定條文予以變更。

Article 16

1.The consignor must furnish such information and attach to the air consignment note such documents as are necessary to meet the

formalities of customs, octroi or police before the goods can be delivered to the consignee. The consignor is liable to the carrier for any damage occasioned by the absence, insufficiency or irregularity of any such information or documents, unless the damage is due to the fault of the carrier or his agents.

2.The carrier is under no obligation to enquire into the correctness or sufficiency of such information or documents.

【中譯】

第十六條

1.託運人應該提供各種必需的資料，以便在貨物交付收貨人以前完成海關、稅捐或警察手續，並且應該將必需的有關證件附在航空託運提單後面。除非由於承運人或其代理人的過失，這種資料或證件的缺乏、不足或不合規定所造成的任何損失，應該由託運人對承運人負責。

2.承運人沒有義務去調查這類資料或證件的正確或完備。

Chapter III - Liability of the Carrier

Article 17

The carrier is liable for damage sustained in the event of the death or wounding of a passenger or any other bodily injury suffered by a passenger, if the accident which caused the damage so sustained took place on board the aircraft or in the course of any of the operations of embarking or disembarking.

【中譯】

第三章 承運人的責任

第十七條

凡旅客因死亡、受傷或受到其他任何人體傷害而蒙受損失時，如果

造成這種損失的事故發生在航空器上，或者登機或下機過程中的任何一階段，承運人應負擔責任。

【解析】

（一）所謂"accident"（事故）一般而言係指未經設計無意而發生之事件（an accident is generally thought of as an occurrence without design），法國《拉魯瑟法文大辭典》及美國*Black Law Dictionary*（with Pronunciations）將「事故」定義為「偶然發生的對身體或物品損害的事件」。在本條文中，"accident"一詞應是關鍵用詞，它能決定訴訟成敗及責任的歸屬，但在《華沙公約》下，卻未對"accident"下定義。根據美國法院在1978年De Marines v. KLM Royal Dutvh Airlines一案中，亦認"accident"係指那些未預期之事件，然而由於劫機及恐怖分子之攻擊行動猖狂，英美法院遂改變原先之立場。此外，1997年Tsevas v. Delta Air Lines, Inc.一案中，原告Stephania Tsevas在德國法蘭克福機場搭乘Delta航空公司班機飛往蓋亞那途中，遭到鄰座男士因酒醉而對原告採取性攻擊行為，原告主張在該男士準備動手之初，原告曾向空服員要求調換座位，但遭到拒絕，隨後即遭到該名男士的性攻擊，伊利諾州地區法院認為該案酒醉乘客的攻擊行為符合《華沙公約》第17條意外事件之定義，而航空公司的處置更是顯有不當。Delta航空公司不得援引責任限額條款。此外，因旅客之本質或身體健康因素，在搭載運送時（含機場地面服務、登機、下機、飛行旅程中及急難時疏散）時常因航空器航行中較難避免的四項特性（氧氣較地面稀薄、艙內氣壓較地面為低、會輕度搖動或振動、病患周圍有其他乘客）而引發若干旅客自身健康狀況及機身正常之內部反應所致之傷害，過去均認為非《華沙公約》所謂之「事故」。例如：1977年Warshaw v. Transworld Airline Inc.一案中，原告因艙壓致內耳受傷。法院認為「事故」須為不幸的事件，並超出正常且外來事件所致者，本案原告之損害雖係外來所致，但是係屬正常之艙壓，故不符事故之意義。1985年在Abramson v. Japan Airlines一案中，原告於飛機起飛不久後，因自身患有多年之疝氣復發而要求躺下按摩胃

部，空服員未准其要求，遂造成舊疾復發，法院認為旅客本身之疾病所致之傷害與空運無關，非為事故。因此，由各國判例可窺見：凡屬航空器上正常狀況下經常發生的事情，並非事故。航空器上發生的事故必須是一種異常的、意外的、少見的事情。凡純屬旅客健康狀況引起的，或者與飛行無關的事情或事件，都不是我們在本公約所稱之事故。

（二）雖然《華沙公約》對於運送人推定過失責任的規定在第17條明文規定了運送人應負擔責任的範圍。但是，《華沙公約》第20條亦規定，運送人如證明已採取一切必要措施則可減免責任。換句話說，第17條指的是作為造成乘客傷亡原因的事故存在了該事故與乘客傷亡事實的因果關係，原告有舉證之責任。更進一步來說，「推定過失責任制」並不能完全免除受害人的舉證責任，因為受害人還必須證明其受損害的範圍、數額等。以美國法院在1978年的「莫里斯訴波音公司」案中，更要求原告確認事故是造成傷害的近因，這是裁定航空公司責任的一個要件。推定過失責任在適用於航空運送事故時，須具備下列條件：(1)締約的雙方當事人地位不平等，亦即被推定有過失之一方常有較優勢的社會經濟地位或者立法者希望賦予一方當事人較重的責任義務；(2)事故的發生通常係由被推定有過失之一方的行為所引起的；(3)被害人不容易知道損害事故發生的詳細原因；(4)被推定有過失之一方得舉證免除。推定過失責任主義在司法實務運作上比過失主義更令人詬病，因為不論被害人或是被推定有過失之一方對於賠償金額都沒有協調的空間，因此在航空客貨理賠案件中，當原告想要獲得更多的賠償或是航空公司想要減輕責任時，原告會在法院上盡其所能主張各項事實以打破責任限額，而被告運送人往往將其他關係人牽扯進入，例如航空公司主張飛機製造商或地勤維修單位未善盡其責要求併列為共同被告以分擔賠償額等，如此徒增訟累（陳承先；2000）。

（三）在本條文所謂「bodily injury」（人身傷害）其範圍為何？對於人身傷亡所蒙受的損失之外，是否包含精神上的損失？這些都是實務上引用本條文的適用性常有爭議的課題。因《華沙公約》於1929年10

月12日訂於波蘭首府華沙，公約的正本是法文，本書或各國常使用的是英文譯本，因此我們就法文原意來解析。該條文所稱之損害，法文原文為 "dommage survenu"，翻譯成英文則為 "damage sustained"，亦即「所蒙受的損失」。然而，在法文中並未有明確的解釋認為 "lesion corporelle" 係指身體上的損害抑或包含精神上的損害，惟航空法學界近來上普遍認為該損害係指 "legally cognizable harm"（法律上所認定的損害）（Faith Pescatore v. PAN AM World Airways; 1995）。至於實務上對於損失的論定及應該引用何種法律常有爭議，端視各國判例及實際狀況而定。

Article 18

1. The carrier is liable for damage sustained in the event of the destruction or loss of, or of damage to, any registered luggage or any goods, if the occurrence which caused the damage so sustained took place during the carriage by air.

2. The carriage by air within the meaning of the preceding paragraph comprises the period during which the luggage or goods are in charge of the carrier, whether in an aerodrome or on board an aircraft, or, in the case of a landing outside an aerodrome, in any place whatsoever.

3. The period of the carriage by air does not extend to any carriage by land, by sea or by river performed outside an aerodrome. If, however, such a carriage takes place in the performance of a contract for carriage by air, for the purpose of loading, delivery or transshipment, any damage is presumed, subject to proof to the contrary, to have been the result of an event which took place during the carriage by air.

【中譯】

　　第十八條

　　1.任何已登記的行李或貨物如果發生毀滅、遺失或損壞遭受到損

害，如果造成損害的事件是在航空運輸期間發生，承運人應負責任。

2.上款所指航空運輸的意義，包含了承運人保管行李或貨物的期間，不論是在航空站內、在航空器上或在航空站外降落的任何地點。

3.航空運輸的期間不包括在航空站以外的任何陸運、海運或河運。但是如果這種運輸是爲了履行航空運輸契約，是爲了裝貨、交貨或轉運，除非有相反的證據，任何損失都應被視爲在航空運輸期間發生事件的結果。

Article 19

The carrier is liable for damage occasioned by delay in the carriage by air of passengers, luggage or goods.

【中譯】

第十九條

對於航空運送中之遲延所引起的對旅客、行李或貨物損失，承運人應負責任。

Article 20

1.The carrier is not liable if he proves that he and his agents have taken all necessary measures to avoid the damage or that it was impossible for him or them to take such measures.

2.In the carriage of goods and luggage the carrier is not liable if he proves that the damage was occasioned by negligent pilot age or negligence in the handling of the aircraft or in navigation and that, in all other respects, he and his agents have taken all necessary measures to avoid the damage.

【中譯】

第二十條

1. 如果承運人能證明他與他的代理人已經盡全力去防止貨品的損壞，或根本無法採取這樣的防備措施時，他們就不必負法律責任。

2. 在運輸貨物和行李時，如果承運人證明損失的發生是由於駕駛上、航空器的操作上或領航上的過失，而在其他一切方面承運人和他的代理人已經採取一切必要措施以避免損失時，就可不負責任。

【解析】

　　雖然《華沙公約》第19條明文規範運送人對於乘客、行李或貨物的運送遲到所造成的損害賠償責任之規定。針對本條文中「遲延」的涵義，學界曾提出過三種定義：(1)限於飛機在空中飛行中的遲延；(2)認應係指第18條第2項的「航空運送期間」；(3)主張應係指整個航空運送未能按約定時間將旅客、行李或貨物運抵目的地之情形而言。一般法院都按第三種定義來處理，同時在必要時兼用第二種的部分論點，以排除在機場外的陸、海、水運引起的遲延因素（楊舜惠，尹章華；2001）。然而，本公約第19條所謂「遲延」的意義，並非指航班的具體出發或抵達目的地時間上的「誤點」，而是指旅客或託運人選擇空運這種快速運送方式所合理期望的期限又要想對遲延引起的損失提出索賠，通常要證明它是一種不合理的遲延。此外，運送人也並非對所有的遲到都應負責，例如：(1)運送人已採取一切措施來避免（《華沙公約》第20條）；(2)由於旅客的過失所引起（《華沙公約》第21條）；(3)貨物的固有瑕疵所引起的（《海牙議定書》）。在航空法學上如何才會構成遲延呢？在無明文契約條款時，運送人只有在合理的時間內完成運送的義務，並應考慮事件的全部情況後始能判斷。

Article 21

If the carrier proves that the damage was caused by or contributed to by the negligence of the injured person the Court may, in accordance with the provisions of its own law, exonerate the carrier wholly or partly from his liability.

【中譯】

第二十一條

如果承運人證明損失的發生是由於受害人的過失所引起或造成，法院可以按照《華沙公約》之法律規定，免除或減輕承運人的責任。

【解析】

本條文是「過失相抵」的條文。以現代各國民法普遍建立於過失歸責一元論之學理基礎，亦即主張行為人須在主觀上有可歸責之過失存在，使對其行為造成之損害負擔損害賠償責任而言，就我國的《民法》第184條第1項前段規定為例：「因故意或過失，不法侵害他人之權利者，負損害賠償責任。」因此，一般侵權行為之賠償責任主體乃有可歸責原因（故意或過失）之侵權行為人，因其不法侵害他人權利需負損害賠償責任，故任何人只要因故意或過失不法侵害他人之權利，即須為自己之行為負責，而其所負責屬於債的一種。亦即損害賠償之債，其成立要件有三：一為損害之發生；二為歸責原因之具備；三為歸責原因之事實與損害間有因果關係。亦即民法有關侵權行為損害賠償規定，計算損害賠償時，應該就所受損失，所失利益，損益相抵，過失相抵四大部分逐一分析。就《華沙公約》第21條的精神即屬「過失相抵」。當侵權行為發生而涉及損害賠償時，應確定損害範圍須先確定肇事者之何方有較多之過失，若雙方均有過失，均造成損害，應先行抵銷，此稱之為過失相抵。

2.對於已登記的行李或貨物，承運人的責任是以每公斤二百五十普安卡雷法郎為限。除非託運人在交運時，曾特別聲明行李或貨物運到後的價值，並照章加付運費者，不在此限。在這種情況下，承運人所負的責任應不超過所報明的價值，除非經承運人證明，託運人所聲明的金額高於行李或貨物運到後的實際價值。

3.關於乘客自己保管的隨身行李，承運人的責任限額係以每人五千普安卡雷法郎為限。

4.前揭普安卡雷法郎係指含有千分之九百成色的六五點五毫克黃金之法郎，此金額得折合任何國家取其整數之貨幣。

【解析】

(1)《華沙公約》第22條規定，對每位旅客的賠償限額為十二萬五千普安卡雷法郎，亦可稱為「法國法郎」或「金法郎」。此外，每件手提行李為五千普安卡雷法郎；每公斤行李、貨物為二百五十普安卡雷法郎；(2)《華沙公約》第22條第2項所稱「託運人在交運時，曾特別聲明行李或貨物運到後的價值，並照章加付運費者」亦即在航空運務所稱之「報值行李」（declare excess valuation或excess valuation charge）。在航空運輸對報值行李的認定中，與傳統保險的意義不同，航空公司對於行李報值費用的收取亦非隸屬保險費用的名目，其意義僅只是旅客認為其攜帶之託運行李價值超過航空公司依據現行法規規定所訂之最高賠償金額，主觀上為了降低其行李之旅行風險（如遺失、損毀等）而向航空公司申請報值，航空公司則於承載責任範圍內提供限定金額內之服務項目。（楊政樺；2001）

Article 23

Any provision tending to relieve the carrier of liability or to fix a lower limit than that which is laid down in this Convention shall be null and void, but the nullity of any such provision does not involve the nullity of the whole contract, which shall remain subject to the provisions of this Convention

【中譯】

第二十三條

任何企圖免除承運人的責任，或定出一個低於本公約所規定責任限額的任何條款，都不生效力，但契約仍受本公約規定的約束，並不因此而失效。

【解析】

承運人為了減輕其對乘客或託運人損害所負之賠償責任，在訂定運送契約時，或有將免除或減輕其運送責任的「免責條款」（exemption clauses）列入的狀況。然而，若承運人利用資訊不對等的情境，迫使乘客、託運人訂立各種免責條款，致使《華沙公約》保護乘客、託運人之規定形同具文。因此，《華沙公約》第23條規定，不得另在契約中「定出一個任何低於本公約規定限額的條款」，其意涵是：「舉凡為免除運送人最低之強制責任或使運送人所負之責任較《華沙公約》規定為輕之任何規定，一概無效」。但此種規定之無效並不致令整個契約亦屬無效，且該公約應受本公約規定之約束。此外，公約第32條前段亦規定：「當事人於損害未發生前於契約中加註任何條款及訂定之所有特別協議，以圖違反本公約之規定者，應屬無效。」因此，限制責任在一定程度上也保障了用戶的索賠權利。亦即就算航空公司在客運機票、行李票、航空託運提單的「契約條款」（conditions of contrast）或班機時刻表、公司內部的運務手冊（Passenger Service Manual）、運送條件手冊（Conditions of Carriage）訂定任何低於本公約所規定責任限額的條款，均屬無效。

Article 24

1. In the cases covered by Articles 18 and 19 any action for damages, however founded, can only be brought subject to the conditions and limits set out in this Convention.

2. In the cases covered by Article 17 the provisions of the preceding

paragraph also apply, without prejudice to the questions as to who are the persons who have the right to bring suit and what are their respective rights.

【中譯】

第二十四條

1.因第18、19兩條之事由起訴者，不論其請求權爲何，一切有關責任的訴訟只能按照本公約所列條件和限額提出。

2.因第17條之事由起訴者，亦適用前項規定。至於何人有起訴之權？以及其個別權利爲何？均非所問。

Article 25

1.The carrier shall not be entitled to avail himself of the provisions of this Convention which exclude or limit his liability, if the damage is caused by his wilful misconduct or by such default on his part as, in accordance with the law of the Court seised of the case, is considered to be equivalent to wilful misconduct.

2.Similarly the carrier shall not be entitled to avail himself of the said provisions, if the damage is caused as aforesaid by any agent of the carrier acting within the scope of his employment.

【中譯】

第二十五條

1.如果損失的發生是由於承運人的有意不良行爲，或由於承運人的過失，而根據受理法院的法律，這種過失被認爲等於有意不良行爲，承運人就無權引用本公約關於免除或限制承運人責任的規定。

2.前項情形，因承運人之代理人於執行其職務範圍內所造成的，承運人也無權引用這種規定。

【解析】

　　本條文之"wilful misconduct"係由法文"dol"所譯，中譯爲「有意不良行爲」。法文"dol"其涵義係指故意造成損害的不合法、不道德、故意不履行契約義務或職責的行爲。以我國的法令規章爲例，依照《刑法》第13條：「行爲人對於構成犯罪之事實，明知並有意使其發生者，爲故意。行爲人對於構成犯罪之事實，預見其發生而其發生並不違背其本意者，以故意論。」而《民法》第184條規定，因故意或過失，不法侵害他人權利者，應負損害賠償責任，依照學者通說與實務見解來看，應指未負「善良管理人之注意義務」。此外，《民法》第227條規定，債務人於債務履行時，因給付有瑕疵致債權人有損害者，稱爲「加害給付」，債務人對於因故意過失致債權人受損時，應負「不完全給付」之債務不履行責任。因此，承運人若因故意或過失怠於執行職務，致特定人之自由或權利遭受損害，承運人就無權引用《華沙公約》有關免除或限制承運人責任的規定。

Article 26

1. Receipt by the person entitled to delivery of luggage or goods without complaint is prima facie evidence that the same have been delivered in good condition and in accordance with the document of carriage.

2. In the case of damage, the person entitled to delivery must complain to the carrier forthwith after the discovery of the damage, and, at the latest, within three days from the date of receipt in the case of luggage and seven days from the date of receipt in the case of goods. In the case of delay the complaint must be made at the latest within fourteen days from the date on which the luggage or goods have been placed at his disposal.

3. Every complaint must be made in writing upon the document of carriage or by separate notice in writing despatched within the times

aforesaid.

4.Failing complaint within the times aforesaid, no action shall lie against
the carrier, save in the case of fraud on his part.

【中譯】

第二十六條

1.除非有相反的證據，如果受貨人在收受行李或貨物時沒有異議，
就被認爲行李或貨物已經完好地交付，並和運輸憑證相符。

2.如有損毀，受貨人應該在發現損壞後，立即向承運人提出異議，
如果是行李，最遲應該在行李收到後三天內提出；如爲貨物，最
遲應該在貨物收到後七天提出。如果有延誤，最遲應該在行李或
貨物交由受貨人支配之日起十四天（二星期）內提出異議。

3.任何異議應該在規定期限內寫在運輸憑證上或另以書面提出。

4.除非承運人方面有欺詐之情形者外，如果請求人在規定期限內沒
有提出異議，就不能向承運人起訴。

Article 27

In the case of the death of the person liable, an action for damages lies
in accordance with the terms of this Convention against those legally
representing his estate.

【中譯】

第二十七條

如果債務人死亡，在《華沙公約》規定範圍內，有關損失賠償的訴
訟可以向債務人之法定財產繼承人提出。

Article 28

1.An action for damages must be brought, at the option of the plaintiff,
in the territory of one of the High Contracting Parties, either before the
Court having jurisdiction where the carrier is ordinarily resident, or has

his principal place of business, or has an establishment by which the contract has been made or before the Court having jurisdiction at the place of destination.

2.Questions of procedure shall be governed by the law of the Court seised of the case.

【中譯】

　　第二十八條

　　1.有關損害責任賠償請求的訴訟，依原告選擇，應於《華沙公約》締約國的領土內，向承運人居住所或其總營業處所在地或簽訂契約的機構所在地法院提出，或向目的地法院提出。

　　2.訴訟程序應依據受理法院當地的法律來辦理。

Article 29

1.The right to damages shall be extinguished if an action is not brought within two years, reckoned from the date of arrival at the destination, or from the date on which the aircraft ought to have arrived, or from the date on which the carriage stopped.

2.The method of calculating the period of limitation shall be determined by the law of the Court seised of the case.

【中譯】

　　第二十九條

　　1.損害賠償請求權，應該從航空器到達目的地之日，或是應到達之日或從運輸停止之日算起的兩年內提出，否則就因不行使而消滅。

　　2.消滅時效期間的計算，根據受理法院當地的法律決定。

Article 30

1.In the case of carriage to be performed by various successive carriers and falling within the definition set out in the third paragraph of Article

1, each carrier who accepts passengers, luggage or goods is subjected to the rules set out in this Convention, and is deemed to be one of the contracting parties to the contract of carriage in so far as the contract deals with that part of the carriage which is performed under his supervision.

2.In the case of carriage of this nature, the passenger or his representative can take action only against the carrier who performed the carriage during which the accident or the delay occurred, save in the case where, by express agreement, the first carrier has assumed liability for the whole journey.

3.As regards luggage or goods, the passenger or consignor will have a right of action against the first carrier, and the passenger or consignee who is entitled to delivery will have a right of action against the last carrier, and further, each may take action against the carrier who performed the carriage during which the destruction, loss, damage or delay took place. These carriers will be jointly and severally liable to the passenger or to the consignor or consignee.

【中譯】

第三十條

1.合於公約第1條第3項所規定的由數個連續承運人辦理的運輸，各承運人運送乘客、行李或貨物都應該受本公約規定的約束。以其承運的某一段運輸的範圍內，視同整個運送契約的當事人之一。

2.如果是連續承運性質的運輸，乘客或其代表只能對發生事故或延誤的那一段運輸的承運人提出訴訟，除非有明文規定第一承運人應該負整個旅遊行程的責任。

3.關於行李或貨物，出發乘客或託運人有向第一承運人提出訴訟的權利：到達乘客或受貨人，也有向最後承運人提出訴訟的權利。

此外，無論託運人或受貨人亦可以對發生毀滅、遺失、損壞或延誤的那一段運輸的承運人提出訴訟。這些承運人應該對旅客、託運人和受貨人負連帶及個別的責任。

Chapter IV - Provisions Relating to Combined Carriage

Article 31

1.In the case of combined carriage performed partly by air and partly by any other mode of carriage, the provisions of this Convention apply only to the carriage by air, provided that the carriage by air falls within the terms of Article 1.

2.Nothing in this Convention shall prevent the parties in the case of combined carriage from inserting in the document of air carriage conditions relating to other modes of carriage, provided that the provisions of this Convention are observed as regards the carriage by air.

【中譯】

第四章　聯合運輸條款

第三十一條

1.一部分用航空運輸，一部分用其他運輸方式聯合辦理的水陸空聯合運輸，本公約的規定只適用於符合第一條條件的航空運輸部分。

2.在聯合運輸中，在航空運輸部分遵守本公約的規定條件下，本公約並不妨礙各方在航空運輸憑證上列入有關其他運輸方式的條件。

Chapter V - General and Final Provisions

Article 32

Any clause contained in the contract and all special agreements entered into before the damage occurred by which the parties purport to infringe the rules laid down by this Convention, whether by deciding the law to

be applied, or by altering the rules as to jurisdiction, shall be null and void. Nevertheless for the carriage of goods arbitration clauses are allowed, subject to this Convention, if the arbitration is to take place within one of the jurisdictions referred to in the first paragraph of Article 28.

【中譯】

　　第五章　一般和最後條款

　　第三十二條

　　損害發生前所訂的運輸契約或任何的特別協議，如果契約各方聲稱違背本公約的規則，無論是選擇所適用的法律或變更管轄權的規定，均屬無效。但在本公約的範圍內，貨物運輸可以有仲裁條款，如於第28條第1項所定的管轄法院爲仲裁者，得加入仲裁條款，仍須依公約之規定。

Article 33

Nothing contained in this Convention shall prevent the carrier either from refusing to enter into any contract of carriage, or from making regulations which do not conflict with the provisions of this Convention.

【中譯】

　　第三十三條

　　本公約並不妨礙承運人拒絕簽訂任何運輸契約或自行制訂不牴觸公約的規章。

Article 34

This Convention does not apply to international carriage by air performed by way of experimental trial by air navigation undertakings with the view to the establishment of a regular line of air navigation, nor does it apply to carriage performed in extraordinary circumstances outside the normal scope of an air carrier's business.

【中譯】

第三十四條

本公約不適用於航空運輸企業為了開闢正式航線進行試航的國際航空運輸，也不適用於超出正常範圍航空運輸以外的特殊情況下所進行的運輸業務。

Article 35

The expression "days" when used in this Convention means current days not working days.

【中譯】

第三十五條

本公約所定義的「日」是指連續日（日曆日），而不是指工作日。

Article 36

The Convention is drawn up in French in a single copy which shall remain deposited in the archives of the Ministry for Foreign Affairs of Poland and of which one duly certified copy shall be sent by the Polish Government to the Government of each of the High Contracting Parties.

【中譯】

第三十六條

《華沙公約》正本以法文書寫一份，存放在波蘭外交部檔案庫，並由波蘭政府將正式認證的副本送交各締約國政府。

Article 37

1.This Convention shall be ratified. The instruments of ratification shall be deposited in the archives of the Ministry for Foreign Affairs of Poland, which will notify the deposit to the Government of each of the High Contracting Parties.

2.As soon as this Convention shall have been ratified by five of the High

Contracting Parties it shall come into force as between them on the ninetieth day after the deposit of the fifth ratification. Thereafter it shall come into force between the High Contracting Parties who shall have ratified and the High Contracting Party who deposits his instrument of ratification on the ninetieth day after the deposit.

3.It shall be the duty of the Government of the Republic of Poland to notify to the Government of each of the High Contracting Parties the date on which this Convention comes into force as well as the date of the deposit of each ratification.

【中譯】

第三十七條

1.本公約應經批准，並將批准書存放在波蘭外交部檔案庫，並由波蘭外交部通知各締約國政府。

2.本公約一經五個締約國批准，在第五個國家交存後第九十天起，就在批准國之間生效。以後於每一批准國交存批准書後的第九十天起在交存國和已批准的各國間生效。

3.波蘭共和國政府應將本公約開始生效日期和每一批准書交存日期通知締約國政府。

Article 38

1.This Convention shall, after it has come into force, remain open for accession by any State.

2.The accession shall be effected by a notification addressed to the Government of the Republic of Poland, which will inform the Government of each of the High Contracting Parties thereof.

3.The accession shall take effect as from the ninetieth day after the notification made to the Government of the Republic of Poland.

【中譯】

第三十八條

1.本公約生效後，任何國家均得以隨時加入。

2.加入本公約時，應將通知書送交波蘭共和國政府，由波蘭共和國政府通知各締約國政府。

3.加入本公約，在通知書送達波蘭共和國政府後第九十天起生效。

Article 39

1.Any one of the High Contracting Parties may denounce this Convention by a notification addressed to the Government of the Republic of Poland, which will at once inform the Government of each of the High Contracting Parties.

2.Denunciation shall take effect six months after the notification of denunciation, and shall operate only as regards the Party who shall have proceeded to denunciation.

【中譯】

第三十九條

1.任何締約國可以書面通知波蘭共和國政府，聲明退出本公約，波蘭共和國政府應立即通知各締約國政府。

2.退出本公約，在通知退出後滿六個月時生效，並只對聲明退出的國家生效。

Article 40

1.Any High Contracting Party may, at the time of signature or of deposit of ratification or of accession declare that the acceptance which he gives to this Convention does not apply to all or any of his colonies, protectorates, territories under mandate, or any other territory subject to his sovereignty or his authority, or any territory under his suzerainty.

2.Accordingly any High Contracting Party may subsequently accede

separately in the name of all or any of his colonies, protectorates, territories under mandate or any other territory subject to his sovereignty or to his authority or any territory under his suzerainty which has been thus excluded by his original declaration.

3.Any High Contracting Party may denounce this Convention, in accordance with its provisions, separately or for all or any of his colonies, protectorates, territories under mandate or any other territory subject to his sovereignty or to his authority, or any other territory under his suzerainty.

【中譯】

第四十條

1.締約國在簽字時,或交存批准書時或通知加入時,可以聲明所接受的本公約不適用於其所屬全部或部分殖民地、保護地、委任統治地或其他在其主權或權力管轄下的任何領土或其他在其宗主權管轄下的任何領土。

2.締約國以後可以用原來聲明除外的所屬全部或部分殖民地、保護地、委任統治地或其他在其主權或權力管轄下的任何領土或其他在其宗主權管轄下的任何領土的名義,分別加入。

3.締約國亦可根據本公約的規定,分別為其所屬全部或部分殖民地、保護地、委任統治地或其他在其主權或權力管轄下的任何領土或其他在其宗主權管轄下的任何領土聲明退出本公約。

Article 41

Any High Contracting Party shall be entitled not earlier than two years after the coming into force of this Convention to call for the assembling of a new international Conference in order to consider any improvements which may be made in this Convention. To this end he will communicate with the Government of the French Republic which will take the

necessary measures to make preparations for such Conference.

【中譯】

第四十一條

各締約國可以在本公約生效兩年後,要求召開一次新的國際會議,以研討本公約之可能改進事項。爲此目的,該國應通知法蘭西共和國政府,由法蘭西共和國政府採取必要措施以籌備該會議。

This Convention done at Warsaw on the 12th October, 1929, shall remain open for signature until the 31st January, 1930.

【中譯】

本公約於1929年10月12日在波蘭首府華沙簽訂。簽署截止期限爲1930年1月31日。

參考文獻

Faith Pescatore v. PAN AM World Airways, Inc. (1995).

R. P. Boyle, The Warsaw Convention-Past, Present and Future, *Eassays in Air Law*, 1982, p.78.

王守潛（1990），《國際航空運送與責任賠償的問題》，頁40，水牛圖書出版公司。

張錦源、康蕙芬（1997），《國際貿易實務新論》，頁336、368-371，三民書局。

陳承先（2000），〈國際航空運送人之責任〉，國立台灣海洋大學海洋法律研究所碩士論文，頁28-30。

楊政樺（2001），《航空地勤服務管理》，頁332，揚智文化。

楊舜惠、尹章華（2001），〈兩岸民用航空旅客運送適用消費者保護法之比較研究〉，國立台灣海洋大學海洋法律研究所碩士論文，頁66-67。

第五章　1955年海牙議定書

第一節 《海牙議定書》的背景

一、歷史沿革

　　第二次世界大戰之後，自由產業經濟和世界自由資本工業在美、歐、亞三大洲普遍而迅速地蓬勃發展，航空運輸業也以驚人的速度迅速蓬勃發展，加入《華沙公約》的國家亦越來越多。隨著時間巨輪的變遷，即便1929年簽訂的《華沙公約》對於促進航空運送之發展厥功至偉，但物換星移後，似乎也在條文或部分內容上出現不合時宜，尤以運送最高賠償額過低之規定出現無法與時俱轉的問題。因此，為防止執法上的困境，保障締約各國合法權益，並兼顧各方立場，自1938年起，修訂《華沙公約》之工作即已展開，期間因逢第二次世界大戰而中斷，直至1946年復由「臨時國際民航組織」（The Provisional International Civil Aviation Organization; PICAO）繼續努力，旋於次年正式成立國際民航組織，其所屬之法律委員會（Legal Committee）於同年9月首次集會並決議《華沙公約》之修正應為該公委員會之工作，經過數次討論認為對公約僅做修正較重新草擬另一新公約更能獲得廣泛之支持，《海牙議定書》遂於為而生。

　　若要探究《海牙議定書》的時空背景，略以首次以多邊條約規範國際航空私法的《華沙公約》自1929年10月12日簽訂，1933年2月13日生效以來，雖參加者眾，但隨著經濟與社會的變遷，使得當時許多締約國，因國民不均生活水準逐漸提高，對《華沙公約》所規定的航空運送人就「國際運送」事故於每位乘客之賠償以十二萬五千普安卡雷法郎（約值八千三百美元）的最高限額認為太低。而當時絕大部分發展中國家尚處於殖民地狀態，戰後這些國家雖在政治上獲得獨立，但經濟很不

發達，人民貧窮。他們普遍覺得這個限額標準太高，不願參加。而另一方面，美國從1934年批准加入《華沙公約》後，經實踐後發覺限額太低了，而使得修正公約的呼聲不斷。而在美國於1949年的「珍‧蘿絲案」（Ross v. Pan American Airways, 299 N.Y. 88, 85 N.E.2d 880, 13 A.L.R.2d 319, 1949）後引爆開來。1943年美國紅極一時的歌星蘿絲（Jane Ross）因參加勞軍團到歐洲各地演出，抵達葡萄牙里斯本機場時，所乘泛美航空飛機失事，造成蘿絲本人受重傷雙腳折斷。她向法院起訴要求賠償一百萬美元，但美國與葡萄牙均為華沙締約國，所乘飛機又是商業航空公司的飛機，所以依照美國承擔的條約義務，只判給她八千三百美元的賠償費，而就實際情況來看，這八千三百美元甚至不夠支付其醫藥費，但美國因承擔條約義務，仍只判賠她八千三百美元，引起當時美國人一片譁然，他們普遍認為，華沙限額低得很不合理。《華沙公約》生效以後，修正的要求逐漸出現，主要之訴求為提高其規定過低之責任限額，以及對於過繁之空運證券記載事項、未發給空運證券或發給記載不健全之空運證券時運送人所負之無限責任之詬病（Rene H. Mankiewicz, 1976）。而在「珍‧蘿絲案」後，更引爆至最高潮。何念儒（2000）統整歸納當時《華沙公約》應修正之理由有：

1. 隨著航空工業科技之快速發展，已由螺旋槳進入超音速噴射機時代，航空事故之損害賠償無論在金額與種類均應增加，運送人責任除財產與肉體傷害外，應擴大至精神賠償與休閒活動期待之損害。

2. 現行《華沙公約》針對運送人設有責任限制系統，受害者無法由航空公司獲得滿意之賠償，轉而向無責任限制保障之飛機製造人與航空管制人員請求，此差別待遇有違公平與個別正義。

3. 《華沙公約》制訂之初，鑑於航空事業之危險性，認為不應由航空運送人負起航空事故之完全責任，而設有責任限制，惟隨著航空運送科技與安全性之提升，責任限制存在之理由已不復存在。

4.複雜的《華沙公約》使付相同費用而於同一事故中受有損害之旅客，因司法問題在請求賠償之權利上有所差異。如此之差別待遇已失其正義性。

5.今日航空運送之損害最後幾由保險金補償，而保險費之最終給付者實為旅客或託運人。

　　除此之外，自1926年起在巴黎舉行第一次航空私法國際會而成立的「航空法專家國際技術委員會」（CITEJA）也於1938年開始負責修約工作，並第二次世界大戰後則由ICAO之法律委員會接手。委員會於1953年在巴西的里約熱內盧（Rio de Janeiro）舉行第九次會議。會中認為作為責任限制例外的《華沙公約》第25條表述得模糊不清，為不滿責任限額的國家法院提供了一個避開責任限制的「逃逸條款」。甚至，許多國家代表認為第25條的後門開得太大，主張在適當提高責任限額的同時，將這扇「後門」關緊，乃在會中捨棄之前《華沙公約》的修正草案，改而尋求全面性修約之可行性，經會議中激烈交鋒，最後決定將數個修正案以附加議定書（additional protocol）之方式，為有限度之修正，亦即後世所稱的「里約熱內盧草案」（Rio de Janeiro draft）。草案送交ICAO理事會討論，定案後於1955年9月6日召開外交會議，並於同年9月28日簽訂了《海牙議定書》，全稱為《修訂1929年10月12日在華沙簽訂的《統一國際航空運輸某些規則的公約》的議定書》（Protocol to Amend the Convention for the Unification of certain Rules Relating to International Carriage by Air, opened for signature September 28, 1955, 478 U.N.T.S 371 ICAO Doc. 7686/LC/140, reprinted in A.F. Lowenfeld, Aviation Law 955.），簡稱《修訂華沙公約》（The Amended Warsaw Convention）或《海牙議定書》。依該會議決議，議定書生效所需之第三十個國家批准後九十日，亦即1963年8月1日，該議定書始正式生效。

二、《華沙公約》修正內容

有關1955年《海牙議定書》對1929年《華沙公約》的主要修正約有下列三點（楊舜惠，尹章華；2001），分述如下：

1. 將運送人對每位旅客的責任限額提高一倍，即從十二萬五千普安卡雷法郎提高到二十五萬普安卡雷法郎（當時約折合一萬六千六百美元）。

2. 修正1929年《華沙公約》第25條規定，其條文規定如下：「在公約第25條中第1、2兩項刪除，而以下列條文代之：『凡經證明，該損害是由承運人，其受僱人或代理人有意造成損害者，或者知道很可能發生損害而不顧後果地做的行為或不行為引起的，則第22條的責任限額不予適用；但是，凡屬受僱人或代理人有該類行為或不行為時，還需證明：是在行使職權範圍內的行為。』亦即將原「有意不良行為」之概念做了明確的界定，明定了有意的不良行為，承運人必須負完全的責任。

3. 簡化了運送憑證的規定。1929年《華沙公約》於第3條規定了飛機客票，第4條規定了行李票，第8、9條規定了航空運貨單應包含的內容。這對初期統一票證規格、方便運送起了積極作用。鑑於這方面的規則在很大程度上已由國際航協（IATA）制定的統一「共同條件」所囊括，而華沙有關條款規定過於繁瑣，有些用詞含糊不清，因此《海牙議定書》針對疑義部分重新作了明確規定。

三、《海牙議定書》與《華沙公約》的差異

除上述觀點之外，《海牙議定書》與《華沙公約》的差異如下：

(一)公約的適用範圍

《華沙公約》與《海牙議定書》在公約的適用範圍的精神是一致的。惟《海牙議定書》對《華沙公約》中若干有爭議的措辭加以修飾，它們都規定公約不僅適用於商業性的國際航空貨物運輸，還適用於包括旅客、行李在內的其他取酬的和免費的國際航空運輸，但郵件和郵包的運輸因為另有《國際郵政公約》管轄，所以不適用。此外，《海牙議定書》對《華沙公約》中所謂的「國際運送」之定義並無更改。此外，因《華沙公約》未就「締約國」一詞詳加界定，《海牙議定書》為免爭議，於第17條規定：「締約國一詞係指國家。在所有情況下，締約國一詞係指一個對於其公約的批准或加入已經生效而對公約的退出尚未生效的國家。此外，在公約的意義上，領土一詞，不但指一個國家的本土，而且也指由該國在對外關係所代表的所有其他領土。」

(二)承運人之責任

《華沙公約》採取不完全的過失責任制，即在損害賠償問題發生時採取推定過失原則，一旦出現貨物損失，首先假定承運人有過失，但如果承運人能夠舉證說明自己並無過失，則不必負責。但當承運人的過失是發生在駕駛中、飛機操作中或者在領航時，則承運人雖有過失，也可要求免責。《海牙議定書》保持了同樣的基本原則，但若造成損害的過失是由承運人、承運人的受僱人或者是代理人在知道會發生損害的情況下還去做而使得旅客的權益受損的話，《海牙議定書》規定承運人仍需付起賠償責任。

(三)索賠和訴訟期效

《華沙公約》對貨物的損壞及遺失規定的索賠期，損害為七天，遺失為十四天。《海牙議定書》將損害的索賠期延至十四天，遺失延長至

二十一天。

　　有關《海牙議定書》的影響層面來說：對旅客而言，賠償金額從十二萬五千普安卡雷法郎提高到二十五萬普安卡雷法郎；對航空公司而言，貨運賠償金額不變，使託運人不得不以報值行李申報價值，加付運費，運送人貨運收入增加，並刪除運送人之部分免責條款，也簡化了運送文書。

　　然而，對於華沙體系諸多文件之簽約國之不一致，造成其適用上發生困難的窘境（如《海牙議定書》與《華沙公約》之併存適用上之問題）該如何辦理？學界認為，對於只有批准《華沙公約》之國家，因為未批准《海牙議定書》，因此不受該議定書之拘束；而同時批准《華沙公約》及《海牙議定書》之國家之相互關係，則僅以根據《海牙議定書》修正後之條約規範之；而僅加入《海牙議定書》之國家不必然成為《華沙公約》之締約國，而視為加入經《海牙議定書》修正之《華沙公約》，而應遵守該議定書修正之《華沙公約》。至於未批准、加入《海牙議定書》之《華沙公約》締約國，則不需受到其約束；至於非《華沙公約》締約國而批准、加入《海牙議定書》的國家，當然沒有遵守《華沙公約》的義務。

　　補充一提的是美國從1949年的「珍‧蘿絲案」開始，一直對《華沙公約》的低限額不滿，而它提出的將限額增加兩倍之提案，又在1955年海牙會議上被廣大的第三世界國家以「農夫貼補國王」為由，反對美國不應以其高經濟水準而試圖把較高的賠償標準放諸四海皆準。儘管當時與會的美國代表勉強的在議定書上簽署，但該議定書仍需經過美國參議院以三分之二的多數同意才能獲得批准。於此同時，又歷經1955年10月美國聯合航空409航班從紐約飛往舊金山，於經停丹佛市後起飛不久就墜毀在洛磯山的航空器失事事件，以及1960年1月哥倫比亞航空公司671航班從美國邁阿密飛往哥倫比亞首都波哥大，於經停蒙特哥灣市降落時失事這兩案所引發同樣對美國人對過低責任限額見解分歧的老問題，美國國內遂激起一陣反對《華沙公約》並反對《海牙議定書》的運動。使

得《海牙議定書》能否被美國參議院批准的問題在此劃上句點。爾後，美國於1966年以退出《華沙公約》體系為要脅，迫使各國飛美之航空公司以「特別運送契約」的方式，就所有起、迄或停經美國之國際運送所發生之民航事故提高賠償額至美金七萬五千美元。美國民用航空委員會（CAB）遂於1966年5月13日和各國航空公司完成一項民間協議，其正式名稱是《美國民用航空委員會以E2368號令發布的18990號協議》，簡稱《蒙特利爾協議》。

除此之外，我國於1946年2月20日加入《華沙公約》，惟於1950年2月20日通知廢棄該公約，復於1953年12月2日再度加入。1971年11月19日退出國際民航組織，即同時廢棄公約，惟對該公約所規定之一般原則，仍宣稱遵守。中華人民共和國在1958年7月20日加入《華沙公約》後，在聲明中謂該公約「當然適用於包括台灣在內的全中國之領域」（shall of course apply to the entire Chinese territory including Taiwan），並於1975年11月18日宣布承認1955年《海牙議定書》於中國生效。然而，由於台灣與中共在兩岸關係上存在著微妙關係、政治框架等各種主客觀因素，使得公約適用性屢受爭議。援舉兩個實例個案研討如下：

 實例個案研討一

達科馬造船公司訴西北航空公司案

1992年美國威斯康辛州達科馬（Tacoma）造船公司委託西北航空公司將減速器由威州密爾瓦基郡運至台北途中受損，於是在1992年3月12日與投保的大西洋相互保險公司聯手控告西北航空，要求損害賠償。西北航空認為台灣是中華人民共和國的一部分，中華人民共和國為規範行李運送事宜的《華沙公約》簽署國。美國威斯康辛聯邦地方法院法官高登（Myron Gordon）接受

西北航空的說法，於1992年8月5日裁決「既然台灣是中華民國的一部分，所以是《華沙公約》的成員，故聯邦法院對本案有管轄權」。高登推定台灣地位時係根據大英百科全書說：「中華民國與中華人民共和國都主張是包括中國大陸與台灣的中國唯一合法政府，且兩邊都不認為他們是兩個國家。」此一判決將台灣判定為中華人民共和國之一部分。美國威斯康辛聯邦地方法院於1993年6月8日對本案作出判決，西北與達科馬均無異議。兩天後台灣的「北美事務協調會」因發現事態嚴重要求介入本案，1993年7月27日被副法官比特勒駁回。北美事務協調會遂上訴法庭尋求救濟。美國聯邦第七巡迴上訴法庭於1994年4月11日為本案召開辯論庭，法官伊斯特布魯克1994年5月18日判決「北協」的上訴不合時宜，而且無權介入本案。因此，本案認為台灣應在《華沙公約》適用範圍。

資料來源：司法院判例彙編。

實例個案研討二

台灣明台產物保險公司訴美商優比速運送公司案

　　原告台灣明台產物保險公司在1995年將一批價值八萬三千美元之電腦晶片委託美商優比速（UPS）運送公司運送，因UPS中途遺失。明台向舊金山一地方法院提出告訴，要求優比速全額賠償八萬三千美元。本案爭執焦點在於台灣地位的歸屬，最後聯邦法院以「找不到足以認定美國政策將台灣視為『中國所簽署任何條約之一部分』的前例判決」以中國作為《華沙公約》簽署國的身分，不得「自動涵蓋台灣」。美國司法部也隨同此案向法院提出另項簡報重申美國立場，指台灣雖不獲美國承認是一個國

家，「但在遇到國際性條約有關問題時，仍可有效作為獨立的實體」。這項判決曾經引起中共強烈的抗議和抨擊，但第九巡迴法院表示：「儘管美國政府有一個中國的政策，但美國當下的政策在面臨國際條約時，已在北京和台北之間做一明確區別。」

資料來源：司法院判例彙編。

 # 第二節　《海牙議定書》條文解析

Protocol to Amend the Convention for the Unification of certain Rules Relating to International Carriage by Air, opened for signature September 28, 1955, 478 U.N.T.S 371 ICAO Doc. 7686/LC/140, reprinted in A.F. Lowenfeld, Aviation Law 955.

修訂1929年10月12日在華沙簽訂的《統一國際航空運輸某些規則的公約》的議定書（《海牙議定書》）

THE GOVERNMENTS UNDERSIGNED

CONSIDERING that it is desirable to amend the Convention for the Unification of Certain Rules Relating to International Carriage by Air signed at Warsaw on 12 October 1929, HAVE AGREED as follows:

參加簽署的各國政府考慮到1929年10月12日在華沙簽訂的《統一國際航空運輸某些規則的公約》需要修改，特協議如下：

CHAPTER I

AMENDMENTS TO THE CONVENTION

Article I

In Article 1 of the Convention –

(a)paragraph 2 shall be deleted and replaced by the following: –

"2. For the purposes of this Convention, the expression international carriage means any carriage in which, according to the agreement between the parties, the place of departure and the place of destination, whether or not there be a break in the carriage or a transshipment, are situated either within the territories of two High Contracting Parties or within the territory of a single High Contracting Party if there is an agreed stopping place within the territory of another State, even if that State is not a High Contracting Party. Carriage between two points within the territory of a single High Contracting Party without an agreed stopping place within the territory of another State is not international carriage for the purposes of this Convention."

(b)paragraph 3 shall be deleted and replaced by the following: –

"3. Carriage to be performed by several successive air carriers is deemed, for the purposes of this Convention, to be one undivided carriage if it has been regarded by the parties as a single operation, whether it had been agreed upon under the form of a single contract or of a series of contracts, and it does not lose its international character merely because one contract or a series of contracts is to be performed entirely within the territory of the same State."

【中譯】

第一章　對公約的修改

第一條

在（華沙）公約第1條內——

(a)刪去第2項，改以下文取代：「2.本公約所稱之國際運輸係指依

契約當事人的約定，無論運輸中有無間斷或有無轉運，其出發地點與目的地點係在兩個締約國的領土內，或在一個締約國領土內而在另一個締約國或甚至非締約國的領土內有一約定的經停地點的任何運輸。在一個締約國領土內兩地間的運輸而在另一個國家的領土內沒有約定的經停地點，非為本公約意義上的國際運輸。」

(b)刪去第3項，改以下文取代：「3.由幾個連續的航空承運人所辦理的運輸如果經由契約當事人認為是一個單一的運輸業務，則無論它是以一個契約抑或一系列契約形式約定的，在本公約的意義上，應視為一個不可分割的運輸，並不因其中一個契約或一系列的契約應完全在同一國家的領土內履行而喪失其國際性質。」

Article II

In Article 2 of the Convention –

paragraph 2 shall be deleted and replaced by the following: –

"2. This Convention shall not apply to carriage of mail and postal packages."

【中譯】

第二條

在（華沙）公約第2條內——刪去第2項，改以下文取代：「2.本公約不適用於郵件和郵包的運輸。」

Article III

In Article 3 of the Convention –

(a)paragraph 1 shall be deleted and replaced by the following: –

"1. In respect of the carriage of passengers a ticket shall be delivered containing:

　a) an indication of the places of departure and destination;

　b) if the places of departure and destination are within the territory of

　　a single High Contracting Party, one or more agreed stopping places

being within the territory of another State, an indication of at least one such stopping place;

   c) a notice to the effect that, if the passenger's journey involves an ultimate destination or stop in a country other than the country of departure, the Warsaw Convention may be applicable and that the Convention governs and in most cases limits the liability of carriers for death or personal injury and in respect of loss of or damage to baggage."

(b)paragraph 2 shall be deleted and replaced by the following: –

"2. The passenger ticket shall constitute prima facie evidence of the conclusion and conditions of the contract of carriage. The absence, irregularity or loss of the passenger ticket does not affect the existence or the validity of the contract of carriage which shall, none the less, be subject to the rules of this Convention. Nevertheless, if, with the consent of the carrier, the passenger embarks without a passenger ticket having been delivered, or if the ticket does not include the notice required by paragraph 1 c) of this Article, the carrier shall not be entitled to avail himself of the provisions of Article 22."

【中譯】

　　第三條

　　在（華沙）公約第3條內——

　　(a)刪去第1項，改以下文取代：「1.承運人運送旅客時必須出具客票，客票上應該包括以下各項：(a)出發地和目的地的註明；(b)倘若出發地和目的地均在同一締約國領土內，而在另一個國家領土內有一個或數個約定的經停地點時，至少註明一個此種經停地點；(c)聲明如乘客航程最終目的地或經停地不在出發地所屬國家內，《華沙公約》可以適用該項運輸，且該公約規定在一般情況下限制承運人對乘客傷亡以及行李

遺失或損壞所負之責。」

(b)刪去第2項，改以下文取代：「2.在無相反的證明時，客票應作為運送契約的締結及載運條件的表面證據。客票的瑕疵，不合規定或遺失，並不影響運送契約的存在或效力，運送契約仍受本公約規定的約束。但是若承運人接受乘客而不交給乘客機票，或如客票上並無本條文第1項第3款規定的聲明，則承運人無權引用第22條的規定。」（作者按：即該承運人無權引用本公約中免除或限制承運人法律責任的條文）。

Article IV

In Article 4 of the Convention –

(a)paragraphs 1, 2 and 3 shall be deleted and replaced by the following: –

"1. In respect of the carriage of registered baggage, a baggage check shall be delivered, which, unless combined with or incorporated in a passenger ticket which complies with the provisions of Article 3, paragraph 1, shall contain:

a) an indication of the places of departure and destination;

b) if the places of departure and destination are within the territory of a single High Contracting Party, one or more agreed stopping places being within the territory of another State, an indication of at least one such stopping place;

c) a notice to the effect that, if the carriage involves an ultimate destination or stop in a country other than the country of departure, the Warsaw Convention may be applicable and that the Convention governs and in most cases limits the liability of carriers in respect of loss of or damage to baggage."

(b)paragraph 4 shall be deleted and replaced by the following: –

"2. The baggage check shall constitute prima facie evidence of the registration of the baggage and of the conditions of the contract of carriage. The absence, irregularity or loss of the baggage check does not

affect the existence or the validity of the contract of carriage which shall, none the less, be subject to the rules of this Convention. Nevertheless, if the carrier takes charge of the baggage without a baggage check having been delivered or if the baggage check (unless combined with or incorporated in the passenger ticket which complies with the provisions of Article 3, paragraph 1 c)) does not include the notice required by paragraph 1 c) of this Article, he shall not be entitled to avail himself of the provisions of Article 22, paragraph 2."

【中譯】

第四條

在（華沙）公約第4條內——

(a)刪去第1、2、3項，改以下文代之：「1.載運登記的行李，應交付行李票，除非行李票已結合或包括在符合於第3條第1項所規定的客票之內。行李票上應載明：(a)起運地和目的地；(b)起運地和目的地均在同一締約國境內，而在另一個國家國境內有一個或數個約定的經停地時，起碼要註明至少一個此種經停地；(c)聲明如果運輸的最終目的地或經停地不在起運地所屬在國家時，《華沙公約》可以適用於該運輸，且該公約規定在一般情況下限制承運人對行李遺失或損壞所負的責任。」

(b)刪去第4項，改以下文代之：「2.行李票應作為行李登記及運送契約條件的表面證據。行李票的瑕疵，不合規定或遺失，並不影響運送契約的存在或效力，運送契約仍受本公約的約束。但如承運人負責照管行李而未交給行李票（除非結合或包括在符合於第3條第1項第3款規定的客票內）無本條文第1項第3款的聲明，則承運人無權引用第22條第2項的規定。」

Article V

In Article 6 of the Convention –

paragraph 3 shall be deleted and replaced by the following: – "3. The carrier shall sign prior to the loading of the cargo on board the aircraft."

【中譯】

第五條

在（華沙）公約第6條內──刪去第3項，改以下文代之：「3.承運人應在貨物裝入航空器以前簽署。」

Article VI

Article 8 of the Convention shall be deleted and replaced by the following:– "The air waybill shall contain:

a) an indication of the places of departure and destination;

b) if the places of departure and destination are within the territory of a single High Contracting Party, one or more agreed stopping places being within the territory of another State, an indication of at least one such stopping place;

c) a notice to the consignor to the effect that, if the carriage involves an ultimate destination or stop in a country other than the country of departure, the Warsaw Convention may be applicable and that the Convention governs and in most cases limits the liability of carriers in respect of loss of or damage to cargo."

【中譯】

第六條

刪去（華沙）公約第8條，改以下文代之：「航空託運提單上應載明：(a)起運地和目的地；(b)如起運地和目的地均在同一締約國國境內，而在另一個國家有一個或數個約定的經停地時，至少載明其中一個此類經停地點；(c)一項對託運人聲明：如運輸的最終目的地或經停地不在起運地所屬國家內時，《華沙公約》可以適用於該項運輸，且該公約規定在一般情況下限制承運人對貨物遺失或損壞所負之責。」

Article VII

Article 9 of the Convention shall be deleted and replaced by the following:–

"If, with the consent of the carrier, cargo is loaded on board the aircraft without an air waybill having been made out, or if the air waybill does not include the notice required by Article 8, paragraph c), the carrier shall not be entitled to avail himself of the provisions of Article 22, paragraph 2."

【中譯】

第七條

刪去（華沙）公約第9條，改以下文代之：「倘若承運人同意貨物未經填具航空託運提單而裝入航空器，或者航空託運提單上並未載明第8條第3款的聲明，則承運人無權引用第22條第2項的規定。」

Article VIII

In Article 10 of the Convention –

paragraph 2 shall be deleted and replaced by the following: –

"2. The consignor shall indemnify the carrier against all damage suffered by him, or by any other person to whom the carrier is liable, by reason of the irregularity, incorrectness or incompleteness of the particulars and statements furnished by the consignor."

【中譯】

第八條

刪去（華沙）公約第10條第2項，改以下文代之：「2.對於因託運人所提供的說明及聲明不合規定、不正確或不完全而導致承運人或承運人應對之負責的其他人遭受損害者，應由託運人負擔賠償責任。」

Article IX

To Article 15 of the Convention –

the following paragraph shall be added: – "3. Nothing in this Convention prevents the issue of a negotiable air waybill."

【中譯】

第九條

在（華沙）公約第15條內增加下項：「3.本公約不限制填發可以流通的航空託運提單。」

Article X

Paragraph 2 of Article 20 of the Convention shall be deleted.

【中譯】

第十條

刪去（華沙）公約第20條第2項。

Article XI

Article 22 of the Convention shall be deleted and replaced by the following:–

"Article 22

1.In the carriage of persons the liability of the carrier for each passenger is limited to the sum of two hundred and fifty thousand francs. Where, in accordance with the law of the court seised of the case, damages may be awarded in the form of periodical payments, the equivalent capital value of the said payments shall not exceed two hundred and fifty thousand francs. Nevertheless, by special contract, the carrier and the passenger may agree to a higher limit of liability.

2. a) In the carriage of registered baggage and of cargo, the liability of the carrier is limited to a sum of two hundred and fifty francs per

kilogramme, unless the passenger or consignor has made, at the time when the package was handed over to the carrier, a special declaration of interest in delivery at destination and has paid a supplementary sum if the case so requires. In that case the carrier will be liable to pay a sum not exceeding the declared sum, unless he proves that that sum is greater than the passenger's or consignor's actual interest in delivery at destination.

b) In the case of loss, damage or delay of part of registered baggage or cargo, or of any object contained therein, the weight to be taken into consideration in determining the amount to which the carrier's liability is limited shall be only the total weight of the package or packages concerned. Nevertheless, when the loss, damage or delay of a part of the registered baggage or cargo, or of an object contained therein, affects the value of other packages covered by the same baggage check or the same air waybill, the total weight of such package or packages shall also be taken into consideration in determining the limit of liability.

3.As regards objects of which the passenger takes charge himself the liability of the carrier is limited to five thousand francs per passenger.

4.The limits prescribed in this article shall not prevent the court from awarding, in accordance with its own law, in addition, the whole or part of the court costs and of the other expenses of the litigation incurred by the plaintiff. The foregoing provision shall not apply if the amount of the damages awarded, excluding court costs and other expenses of the litigation, does not exceed the sum which the carrier has offered in writing to the plaintiff within a period of six months from the date of the occurrence causing the damage, or before the commencement of the

action, if that is later.

5. The sums mentioned in francs in this Article shall be deemed to refer to a currency unit consisting of sixty-five and a half milligrammes of gold of millesimal fineness nine hundred. These sums may be converted into national currencies in round figures. Conversion of the sums into national currencies other than gold shall, in case of judicial proceedings, be made according to the gold value of such currencies at the date of the judgment."

【中譯】

第十一條

刪去（華沙）公約第22條，改以下文代之：

「第二十二條

1. 載運乘客時，承運人對每一乘客所負的責任以二十五萬普安卡雷法郎為限。凡依受理法院法律可用分期付款方式賠償損失時，則付款的本金總值不得超過二十五萬普安卡雷法郎。但乘客得與承運人以特別協議約定一個較高的責任限額。

2. (a)對於登記行李及貨物載運時，承運人的責任以每公斤二百五十普安卡雷法郎為限，除非乘客或託運人在交運託運物時，曾特別聲明在目的地交付時的利益並繳付必要的附加費。在該種情況下，除非承運人能證明乘客或託運人所聲明的金額是高於乘客或託運人在目的地交付時的實際利益，承運人應負的責任是給付不超過其聲明金額的數額。

(b)倘若登記行李或貨物的一部分或行李、貨物中的任何物品發生遺失、損壞或延誤，用以決定承運人限制責任的數額所應計算的重量，只限於有關包件或數個包件的總重量。但如，凡登記行李或貨物的一部分或行李、貨物中的物品發生遺失、損壞或延誤以致影響同一份行李票或用一份航空託運提所列另一包件

　　或別數包件的價值時，則在確定責任限額時，應將另一包件或另數包件的總重量計算在內。

3.對於旅客自行攜帶上機看管的物品，承運人的責任對每一旅客以五千普安卡雷法郎爲限。

4.本條規定的限額並不妨礙法院按其本國法律另行判給原告所用去的全部或部分法院費用及對起訴人所產生的其他訴訟費用。但是，凡所判賠償金額減去訴訟費用及其他費用後，不超過承運人於造成損失事故發生後六個月內，或遲於六個月而在起訴以前，以書面向起訴人提出允予承擔的金額，則不適用前述規定。

5.本條文所述普安卡雷法郎係指含有千分之九百成色的六五點五毫克黃金的貨幣單位。此項法郎金額可折合爲任何國家貨幣，取其整數。凡遇有司法訴訟時，再將此項金額折算成非金本位制的本國貨幣時，應以判決當日該項貨幣的黃金價值爲準。」

Article XII

In Article 23 of the Convention, the existing provision shall be renumbered as paragraph 1 and another paragraph shall be added as follows: –

"2. Paragraph 1 of this Article shall not apply to provisions governing loss or damage resulting from the inherent defect, quality or vice of the cargo carried."

【中譯】

　　第十二條

　　將（華沙）公約第23條原文改爲該條第1項，並且增補以下內容爲另一項：「2.對於規定由所運貨物的屬性或本身固有缺陷、品質、瑕疵所引起的遺失或損毀的條款，本條文第1項不予適用。」

Article XIII

In Article 25 of the Convention –

paragraphs 1 and 2 shall be deleted and replaced by the following: –

"The limits of liability specified in Article 22 shall not apply if it is proved that the damage resulted from an act or omission of the carrier, his servants or agents, done with intent to cause damage or recklessly and with knowledge that damage would probably result; provided that, in the case of such act or omission of a servant or agent, it is also proved that he was acting within the scope of his employment."

【中譯】

第十三條

將（華沙）公約第25條內刪去第1、2項，改以下文取代：「如經證明造成損失係由於承運人、受僱人或代理人有意造成損失，或者明知可能造成損失而不顧後果所從事之行為或不行為，則不適用第22條規定的責任限額；但是，凡屬受僱人或代理人有上述該類行為或不行為時，還必須證明他是在行使其受僱職務範圍內的行為。」

Article XIV

After Article 25 of the Convention, the following article shall be inserted: – "Article 25 A

1. If an action is brought against a servant or agent of the carrier arising out of damage to which this Convention relates, such servant or agent, if he proves that he acted within the scope of his employment, shall be entitled to avail himself of the limits of liability which that carrier himself is entitled to invoke under Article 22.

2. The aggregate of the amounts recoverable from the carrier, his servants and agents, in that case, shall not exceed the said limits.

3. The provisions of paragraphs 1 and 2 of this article shall not apply if

it is proved that the damage resulted from an act or omission of the servant or agent done with intent to cause damage or recklessly and with knowledge that damage would probably result."

【中譯】

第十四條

在（華沙）公約第25條之後，插入底下條文：「第25條A

1.如因本公約所指的損失而對承運人的受僱人或代理人提起訴訟，而該受僱人或代理人能證明其是在行使其職權範圍內的行為，他就有權引用承運人根據第22條規定有權引用的責任限額。

2.在此種情況下，承運人及其受僱人和代理人的賠償累計總額不得超過上述限度。

3.如經證明造成損失係由受僱人或代理人有意造成損害，或明知可能造成損失而不顧後果地從事行為或不行為，則不適用本條文第1、2兩項的規定。」

Article XV

In Article 26 of the Convention – paragraph 2 shall be deleted and replaced by the following: –

"2. In the case of damage, the person entitled to delivery must complain to the carrier forthwith after the discovery of the damage, and, at the latest, within seven days from the date of receipt in the case of baggage and fourteen days from the date of receipt in the case of cargo. In the case of delay the complaint must be made at the latest within twenty-one days from the date on which the baggage or cargo have been placed at his disposal."

【中譯】

第十五條

在（華沙）公約第26條內刪去第2項，改以下文取代：「2.遇有損

壞,受貨人應於發現損壞後,立即向承運人提出異議,凡屬行李最遲應在收到行李後七天內提出,如係貨物,最遲應在收到貨物後十四天內提出。凡屬延誤,最遲應在行李或貨物交付受貨人自由支配之日起二十一天內提出異議。」

Article XVI

Article 34 of the Convention shall be deleted and replaced by the following:–

"The provisions of Articles 3 to 9 inclusive relating to documents of carriage shall not apply in the case of carriage performed in extraordinary circumstances outside the normal scope of an air carrier's business."

【中譯】

第十六條

刪去(華沙)公約第34條,改以下文代之:「第3條至第9條所包括之關於運輸憑證的規定,不適用於超出正常航空運輸業務的特殊情況下進行的運輸。」

Article XVII

After Article 40 of the Convention, the following Article shall be inserted:
– "Article 40 A

1.In Article 37, paragraph 2 and Article 40, paragraph 1, the expression High Contracting Party shall mean State. In all other cases, the expression High Contracting Party shall mean a State whose ratification of or adherence to the Convention has become effective and whose denunciation thereof has not become effective.

2.For the purposes of the Convention the word territory means not only the metropolitan territory of a State but also all other territories for the foreign relations of which that State is responsible."

【中譯】

第十七條

在（華沙）公約第40條之後，增補以下條文：「第40條A

1.第37條第2項和第40條第1項內所稱之「締約國」一詞係指「國家」。在所有情況下，「締約國」一詞係指一個對於其公約的批准或加入已經生效而對公約的退出尚未生效的國家。

2.在本公約的意義上，「領土」一詞，不但指一個國家的本土，而且也指由該國在對外關係所代表的所有其他領土。」

CHAPTER II

SCOPE OF APPLICATION OF THE CONVENTION AS AMENDED

Article XVIII

The Convention as amended by this Protocol shall apply to international carriage as defined in Article 1 of the Convention, provided that the places of departure and destination referred to in that Article are situated either in the territories of two parties to this Protocol or within the territory of a single party to this Protocol with an agreed stopping place within the territory of another State.

【中譯】

第二章　公約經修改後的適用範圍

第十八條

經本議定書修訂後的公約，適用於公約第1條所界定的國際運輸，但以出發地和目的地須在本議定書的兩個締約國的領土內，或在本議定書的一個締約國領土內，而另一國家領土內有一約定的經停地者爲限。

CHAPTER III

FINAL CLAUSES

Article XIX

As between the Parties to this Protocol, the Convention and the Protocol shall be read and interpreted together as one single instrument and shall be known as the Warsaw Convention as amended at The Hague, 1955.

【中譯】

　　第三章　最後條款

　　第十九條

　　在本議定書各締約國之間，公約與議定書應被視為並解釋為一個單一的文件，並定名為「經1955年於海牙修訂的華沙公約」。

Article XX

Until the date on which this Protocol comes into force in accordance with the provisions of Article XXII, paragraph 1, it shall remain open for signature on behalf of any State which up to that date has ratified or adhered to the Convention or which has participated in the Conference at which this Protocol was adopted.

【中譯】

　　第二十條

　　在本議定書依據第22條第1項規定生效之日以前，繼續對到該日為止已批准或加入公約的國家或者任何出席參加制定本議定書會議的國家，均可在本議定書上簽署。

Article XXI

1.This Protocol shall be subject to ratification by the signatory States.

2.Ratification of this Protocol by any State which is not a Party to the Convention shall have the effect of adherence to the Convention as amended by this Protocol.

3.The instruments of ratification shall be deposited with the Government of the People's Republic of Poland.

【中譯】

第二十一條

1.本議定書須經各簽署國批准。

2.凡非公約締約國對本議定書的批准，具有加入經本議定書修訂的公約之效力。

3.批准書應交存波蘭人民共和國政府。

Article XXII

1.As soon as thirty signatory States have deposited their instruments of ratification of this Protocol, it shall come into force between them on the ninetieth day after the deposit of the thirtieth instrument of ratification. It shall come into force for each State ratifying thereafter on the ninetieth day after the deposit of its instrument of ratification.

2.As soon as this Protocol comes into force it shall be registered with the United Nations by the Government of the People's Republic of Poland.

【中譯】

第二十二條

1.本議定書一經三十個簽約國交存他們的批准文書，亦即在第三十份批准文書交存的第九十天開始在各國產生效力。此後的批准國，在交存批准文書的九十天後才開始生效。

2.本議定書一經生效，應由波蘭人民共和國政府向聯合國登記。

Article XXIII

1.This Protocol shall, after it has come into force, be open for adherence by any non-signatory State.

2.Adherence to this Protocol by any State which is not a Party to the Convention shall have the effect of adherence to the Convention as amended by this Protocol.

3.Adherence shall be effected by the deposit of an instrument of adherence with the Government of the People's Republic of Poland and shall take effect on the ninetieth day after the deposit.

【中譯】

　第二十三條

　1.本議定書生效後，對任何未簽定國家開放，任其加入。

　2.凡非公約締約國對本議定書的加入，具有加入經本議定書修訂的公約之效力。

　3.加入本議定書，須將加入書交存波蘭人民共和國政府，於交存後第九十天生效。

Article XXIV

1.Any Party to this Protocol may denounce the Protocol by notification addressed to the Government of the People's Republic of Poland.

2.Denunciation shall take effect six months after the date of receipt by the Government of the People's Republic of Poland of the notification of denunciation.

3.As between the Parties to this Protocol, denunciation by any of them of he Convention in accordance with Article 39 thereof shall not be construed in any way as a denunciation of the Convention as amended by this Protocol.

【中譯】

　第二十四條

　1.本議定書的任何締約國得以通知書送交波蘭人民共和國政府而退出本議定書。

　2.退出本議定書在波蘭人民共和國政府收到退出通知書之日後六個月生效。

3.在本議定書的締約各國之間，其中任何一國如依公約第39條退出公約，均得以任何方式解釋爲退出經本議定書修訂的公約。

Article XXV

1.This Protocol shall apply to all territories for the foreign relations of which a State Party to this Protocol is responsible, with the exception of territories in respect of which a declaration has been made in accordance with paragraph 2 of this Article.

2.Any State may, at the time of deposit of its instrument of ratification or adherence, declare that its acceptance of this Protocol does not apply to any one or more of the territories for the foreign relations of which such State is responsible.

3.Any State may subsequently, by notification to the Government of the People's Republic of Poland, extend the application of this Protocol to any or all of the territories regarding which it has made a declaration in accordance with paragraph 2 of this Article. The notification shall take effect on the ninetieth day after its receipt by that Government.

4.Any State Party to this Protocol may denounce it, in accordance with the provisions of Article XXIV, paragraph 1, separately for any or all of the territories for the foreign relations of which such State is responsible.

【中譯】

第二十五條

1.本議定書適用於其對外關係由本議定書締約國所代表的所有區域，除非經由依本條文第2項聲明者除外。

2.任何國家在交存批准書或加入書時，得聲明其對本議定書的接受並不適用於其在對外關係上所代表的一個或數個領土。

3.其後任何國家得通知波蘭人民共和國政府，將本議定書的適用擴

展到該國按本條第2項所聲明的任何或所有領土，此項通知於波
蘭政府收到之日以後九十天生效。

4.本議定書的任何締約國得按照第24條第1項的規定，分別為其對
外關係上所代表的任何或所有領土，通知退出本議定書。

Article XXVI

No reservation may be made to this Protocol except that a State may at
any time declare by a notification addressed to the Government of the
People's Republic of Poland that the Convention as amended by this
Protocol shall not apply to the carriage of persons, cargo and baggage
for its military authorities on aircraft, registered in that State, the whole
capacity of which has been reserved by or on behalf of such authorities.

【中譯】

第二十六條

對本議定書不得作任何保留，但是一個國家可以隨時通知波蘭人民
共和國政府，聲明在該國登記的航空器為該國軍事當局載運人員、貨物
及行李，且該機的全部載運量經該當局或為該當局所包用時，不適用經
本議定書修改的公約。

Article XXVII

The Government of People's Republic of Poland shall give immediate
notice to the Governments of all States signatories to the Convention or
this Protocol, all States Parties to the Convention or this Protocol, and
all States Members of the International Civil Aviation Organization or of
the United Nations and to the International Civil Aviation Organization:

a) of any signature of this Protocol and the date thereof;

b) of the deposit of any instrument of ratification or adherence in
respect of this Protocol and the date thereof;

c) of the date on which this Protocol comes into force in accordance

with Article XXII, paragraph 1;

d) of the receipt of any notification of denunciation and the date thereof;

e) of the receipt of any declaration or notification made under Article XXV and the date thereof; and

f) of the receipt of any notification made under Article XXVI and the date thereof.

IN WITNESS WHEREOF the undersigned Plenipotentiaries, having been duly authorized, have signed this Protocol.

DONE at The Hague on the twenty-eighth day of the month of September of the year One Thousand Nine Hundred and Fifty-five, in three authentic texts in the English, French and Spanish languages. In the case of any inconsistency, the text in the French language, in which language the Convention was drawn up, shall prevail.

This Protocol shall be deposited with the Government of the People's Republic of Poland with which, in accordance with Article XX, it shall remain open for signature, and that Government shall send certified copies thereof to the Governments of all States signatories to the Convention or this Protocol, all States Parties to the Convention or this Protocol, and all States Members of the International Civil Aviation Organization or of the United Nations, and to the International Civil Aviation Organization.

【中譯】

第二十七條

波蘭人民共和國政府應將以下事項立即通知公約或本議定書的所有簽署國政府，公約或本議定書的所有締約國政府，國際民航組織或聯合國的所有成員國政府以及國際民航組織：

(a)任何對本議定書的簽署及其簽署日期；

(b)任何對本議定書的批准書或加入書的交存及其日期；

(c)本議定書按照第22條第1項生效的日期；

(d)收到的任何退出通知書及其日期；

(e)按照第25條所作每一聲明或通知及其日期；

(f)按照第26條所作每一聲明或通知及其日期。

下列簽署的全權代表經正式授權在本議定書上簽署，以資證明。本議定書於1955年9月28日在海牙訂立，以法文、英文及西班牙文繕成三種正本。如有分歧，應以公約原起草文本，即法文本爲準。本議定書應交存波蘭人民共和國政府保管，並按照第20條規定，聽任簽署。波蘭人民共和國政府應將本議定書經證明無誤的副本分送公約或本議定書的所有簽署國政府，公約或本議定書的所有締約國政府，國際民航組織或聯合國的所有成員國政府，以及國際民航組織。

參考文獻

Rene H. Mankiewicz, Hague Protocol to Amend the Warsaw Convention, *Journal of Air Law and Commerce, Vol.42*, 1976, p.79.

Ross v. Pan Am.參閱CCH avi vol.2. p.l4, 556 (1948), 14, 911 (1949). Ross v. Pan Am. CCH avi vol.2. p.l4, 556 (1948), 14, 911 (1949)。

何念儒（2000），〈國際航空運送人責任之統一：一九九九年蒙特利爾公約〉，輔仁大學法律學研究所，頁11-13。

楊舜惠，尹章華（2001），〈兩岸民用航空旅客運送適用消費者保護法之比較研究〉，國立台灣海洋大學海洋法律研究所碩士論文，頁16。

第六章　1999年蒙特利爾公約

第一節　《蒙特利爾公約》的由來

　　歷經1914年到1918年風起雲湧的第一次世界大戰後，1925年在法國政府倡議下，在巴黎召開了第一次航空私法國際會議，在會中提出成立專屬會議的需求，遂於1926年5月17日至21日籌組了「航空法專家國際委員會」（CITEJA），該委員會對早期國際航空私法的發展做出了重要的貢獻及里程碑：1929年終於在華沙所召開之第二次航空私法國際會議上通過訂定《統一國際航空運輸某些規則的公約》（後世簡稱1929年《華沙公約》）。後來，隨著時代變遷的需求，《華沙公約》先後歷經1955年《海牙議定書》、1961年《瓜達拉哈拉公約》（The Guadalajara Convention）、1966年的《蒙特利爾協議》、1971年《瓜地馬拉協定》和1975年《蒙特利爾第一至第四號追加議定書》等八次增修補充，至1999年6月30日已有一百四十七個國家加入（林淑娟；1995）。有關《瓜達拉哈拉公約》、《瓜地馬拉協定》、《蒙特利爾第一至第四號追加議定書》等深入說明如後：

一、《瓜達拉哈拉公約》

　　首先，我們先談談1961年9月18日簽訂的《瓜達拉哈拉公約》之性質。國際民航組織（ICAO）在墨西哥所簽訂的1961年《瓜達拉哈拉公約》全稱是《統一非立約運送人所作國際航空運送的某些規則以補充《華沙公約》的公約》（Supplementary to the Warsaw Convention for the Unification of Certain Rules Relating to International Carriage by Air Performed by a person other than the contracting Carriage），這份公約不像1955年《海牙議定書》只是修訂《華沙公約》部分條文，而是以補足《華沙公約》爲其主要性質。因《華沙公約》與《海牙議定書》都沒有

針對「運送人」從事詳細的界定，在《瓜達拉哈拉公約》內，除了區分了實際運送人（actual carrier）與締約運送人（contracting carrier）的法律責任，並追溯既往地規定《華沙公約》和《海牙議定書》同樣亦適用於此運送人之區分。

二、《瓜地馬拉協定》及《蒙特利爾協議》

1971年的《瓜地馬拉協定》本質上是修訂1929年《華沙公約》與1955年《海牙議定書》中有關旅客與行李運送規則。這個文件的正式名稱是：《修訂經一九五五年九月二十八日在海牙簽訂之議定書修正之一九二九年十月十二日在華沙簽訂之統一國際航空運送某些規則公約之議定書》（Protocol to Amend the Convention for the Unification of Certain Rules Relating to International Carriage by Air Signed at Warsaw on 12 October 1929 as Amended by the Protocol Done at The Hague on 28 September 1955）。其修訂原因係長期以來，國民生活水準較高的美國一直不滿《華沙公約》之有限責任，美國雖簽署了《海牙議定書》，但在幾次空難事件後，國內民眾因不滿意賠償額度與其期望有大幅的落差，遂頻頻要求美國退出《華沙公約》及反對批准《海牙議定書》。在民情壓力下，美國於1965年11月15日以旅客責任限額過低爲由，拒絕批准《海牙議定書》，並在國際會議中屢次以退出《華沙公約》爲要脅，要求依其主張修訂公約，雖然後來的發展，有了本書第二章第三節已經介紹過之正式名稱爲 "Agreement relating to liability limitations of The Warsaw Convention and The Hague Protocol" 的1966年5月13日的《蒙特利爾協議》誕生（Roderick D. van Dam; 1992）。此外，因《蒙特利爾協議》爲美國民用航空委員會（CAB）與各國航空公司完成一項民間協議，又被稱爲《美國民用航空委員會以E2368號令發布的18990號協議》。

由於美國的強勢（從另一角度思考，其強勢的成因何嘗不是來自於

其國內民眾的輿情壓力），迫使各國飛美之航空公司不得不以「特約」的方式，讓這些國家（包含現在的台灣）為美國開了一個小門，亦即將進出、經停美國的國際客運航班的旅客傷亡責任限額提高到七萬五千美元（含訴訟費用）或五萬八千美元（不含訴訟費用），且《蒙特利爾協議》亦規定了運送人必須接受絕對責任制度。但是，畢竟《蒙特利爾協議》不是層級較高的國際公約，只因美國是世界的強權國家，且許多飛美航線的國家參與簽署者眾多，因此即便該協議本質上只具有特別契約或協議的地位，但一般均認其應納入華沙體系之範疇。只是，從嚴謹的航空法學領域來探討，其適法性及公平正義的正當性還是引起國際社會的一些微詞及諸多爭議。既然「責任限額」的爭議一直無法擺平，因此，國際民航組織（ICAO）於1966年責成一個專家小組專案研究此議題，並由ICAO之法律委員會開會研討，直到1970年才由紐西蘭代表所提出之建議（New Zealand Package）有了較完整的共識，此共識後來擬具的草案就是1971年《瓜地馬拉協定》的雛型。此議定書將責任限額提高到一百五十萬普安卡雷法郎（時值約十萬美元），並確立了絕對責任制度，同意生活水準較高的國家（如美國）建立賠償金補償制度，且擴張管轄法院，使運送人於受害人住所或永久居所地設有營業所者，該地亦可為法庭地。歷經案牘勞形的熱烈討論與適法性研究以及少數與會代表的妥協，這份議定書終於在1971年3月18日簽訂了。但是，除了美國之外，目前只有十一個國家交存對該議定書之批准、加入書，而且耐人尋味的是擁有全球國際定期航線運量約40%的美國至今亦遲未批准，所以《瓜地馬拉協定》至今仍未生效。

三、《蒙特利爾第一至第四號追加議定書》

1975年《蒙特利爾第一至第四號追加議定書》之正名分別為以下所列：

(一)第一號追加議定書

ADDITIONAL PROTOCOL No. 1 to Amend the Convention for the Unification of Certain Rules Relating to International Carriage by Air Signed at Warsaw on 12 October 1929（ICAO Doc.9145）.

(二)第二號追加議定書

ADDITIONAL PROTOCOL No. 2 to Amend the Convention for the Unification of Certain Rules Relating to International Carriage by Air Signed at Warsaw on 12 October 1929 as Amended by the Protocol Done at The Hague on 28 September 1955（ICAO Doc.9146）.

(三)第三號追加議定書

ADDITIONAL PROTOCOL No. 3 to Amend the Convention for the Unification of Certain Rules Relating to International Carriage by Air Signed at Warsaw on 12 October 1929 as Amended by the Protocol Done at The Hague on 28 September 1955 and at Guatemala City on 8 March 1971（ICAO Doc.9147）.

(四)第四號追加議定書

MONTREAL PROTOCOL No. 4 to Amend the Convention for the Unification of Certain Rules Relating to International Carriage by Air Signed at Warsaw on 12 October 1929 as Amended by the Protocol Done at The Hague on 28 September 1955（ICAO Doc.9148）.

為何1975年會有這四個蒙特利爾追加議定書？究其原因不外乎包含《華沙公約》等諸多國際公約關於責任限額的「折算」標準產生了問題。以《華沙公約》為例，第22條第4項明文規定：「前揭普安卡

雷法郎係指含有千分之九百成色的六五點五毫克黃金之法郎，此金額得折合任何國家取其整數之貨幣。」（The sums mentioned above shall be deemed to refer to the French franc consisting of 65 milligrams gold of millesimal fineness 900. These sums may be converted into any national currency in round figures.）其所定義的「普安卡雷法郎」並不是公約要以法國貨幣作為標準的意思，而是當時《華沙公約》係以法文撰寫，為順遂行文之便而用之，並沒有要求各締約國要以法國馬首是瞻的隱諭。為澄清這一點，1955年《海牙議定書》將之改為「貨幣單位」。所以選擇以黃金作計算單位，是為了保證責任限額的穩定性，不受一國貨幣升降的影響，並能夠使各國法院判給的賠償額在某種意義上具備一致性，從而杜絕將來有投機分子從中權衡各國匯率標準而挑選法院的弊端。

四、附加議定書

從人類的歷史來看，黃金作為交易的媒介已有三千多年歷史。歷經一段漫長時期，「金本位制度」逐漸確立，在1717年成為英國貨幣制度的基礎，至十九世紀末期，歐洲國家已廣泛實行金本位制度，美國亦於1900年實行該制度。金本位制度成為當時國際貨幣制度趨勢的標準，從而每個國家的貨幣單位均有法定的含金量支持，並占了各國中央銀行儲備的一大部分。第二次世界大戰結束後，十九個主要西方國家創立「布雷頓森林」（Bretton Woods）制度，將每盎司黃金價值固定在三十五美元水準，但該制度最終在1971年全面崩潰。1968年期間，由於國際貨幣市場呈現不穩及美元因美國陷入越戰而備受壓力，帶動全球黃金投機活動不斷增加。在此情況下，各國的中央銀行暫停黃金總庫的運作，而倫敦金市小停市兩星期。倫敦金市停業期間，瑞士信貸銀行、瑞士銀行及瑞士聯合銀行在蘇黎世成立金庫，進行黃金買賣。南非開始透過蘇黎世金庫定期沽售黃金。黃金雙價制（Two-tier System）開始推行，將私人及官方黃金買賣分在兩個不同的市場進行。從1971年開始，歐美各國

紛紛允許本國貨幣與黃金比價自由浮動，美國政府亦宣布停止履行其按「官價」（每盎司三十五美元）自由兌換黃金的國際承諾。當時所出現的黃金雙價制使得市價（free-market rate）竟與官價（official rate）相差約十倍左右，使得國際民航公約的賠償限額究竟應該根據哪種價格為計算？為免爭議，國際民用航空組織於1975年9月25日在蒙特利爾召開蒙特利爾外交大會，在其中的國際航空法學會議（International Conference on Aviation Law）簽訂了四個議定書，當時的與會者共計有六十六個國家代表及八個國際組織之觀察員參加。會議中通過了四個附加議定書，各附加議定書之主要內容分述如下：

(一)第一號附加議定書

係修訂1929年《華沙公約》，主要為修定《華沙公約》中第22條，即以「特別提款權」（SDRs）代替普安卡雷法郎（金法郎）作為貨幣單位。其中有關旅客傷亡部分之限額改為8,300 SDRs或125,000 貨幣單位（Monetary units）。

(二)第二號附加議定書

係修正1955年《海牙議定書》，主要係修改1955年《海牙議定書》第11條（此條文係修正1929年《華沙公約》第22條有關責任限額規定），即以特別提款權代替普安卡雷法郎（金法郎），其中有關乘客傷亡部分之限額改為16,600 SDRs或250,000 貨幣單位。

(三)第三號附加議定書

係修正1971年《瓜地馬拉協定》，主要係修正第8條（此條文亦係修正1929年《華沙公約》第22條有關責任限額規定），即以特別提款權代替普安卡雷法郎（金法郎），其中有關乘客傷亡部分之限額改為100,000SDRs，或1,500,000貨幣單位；航空公司對旅客遲延之賠償為

4,150 SDRs或62,500貨幣單位；旅客個人隨身物品賠償改爲1,000 SDRs
或15,000貨幣單位。此外，第三號附加議定書考慮到它所要附加的《瓜
地馬拉協定》尚未生效，而其生效程序規則上有若干缺點，因此在這
個附加議定書的程序規則上作出了調整。亦即：凡批准或加入第三號
附加議定書的國家，具有批准或加入《瓜地馬拉協定》的效力。第三
號附加議定書第8條規定：「凡是經過三十個締約國交存他們對本議定
書的批准書，於第三十份批准書交存後第九十日，本議定書就在它們
之間生效。」（As soon as this thirty signatory States have deposited their
instruments of ratification of this Protocol, it shall comes into force between
them on the ninetieth day after the deposit of the thirtieth instrument of
ratification. It shall come into force for each State ratifying thereafter on the
ninetieth day after the deposit of its instrument of ratification.），因此本號
附加議定書就具有廢止《瓜地馬拉協定》第20條有關三十個批准國中必
須有五國其定期國際航空載運量必須占國際民航組織1970年統計的該
年定期國際航空運送總量40%，才能開始生效的不合理規定。（Article
XX: 1. This Protocol shall enter into force on the ninetieth day after the
deposit of the thirtieth instrument of ratification on the condition, however,
that the total international scheduled air traffic, expressed in passenger-
kilometers, according to the statistics for the year 1970 published by the
International Civil Aviation Organization, of the airlines of five States which
have ratified this Protocol, represents at least 40% of the total international
scheduled air traffic of the airlines of the member States of the International
Civil Aviation Organization in that year. If, at the time of deposit of the
thirtieth instrument of ratification, this condition has not been fulfilled, the
Protocol shall not come into force until the ninetieth day after this condition
shall have been satisfied. This Protocol shall come into force for each State
ratifying after the deposit of the last instrument of ratification necessary for
entry into force of this Protocol on the ninetieth day after the deposit of its

instrument of ratification.）

(四)第四號附加議定書

　　雖然蒙特利爾第一、二、三號號附加議定書迄今仍未生效，但第四號附加議定書已在1998年6月14日生效。第四號附加議定書主要在重訂有關貨運條款及與貨運有關的其他條款。它對於《華沙公約》及《海牙議定書》中有關貨物運送的相關文件及責任範圍亦給予更新的規定，首先對於電子文件的航空託運提單空運便利性的考量下肯定其文件效力，並且規定若欠缺航空託運提單的相關形式並不會影響其提單之效力。其次，對於責任限額改採嚴格責任制，貨幣計算單位也改用特別提款權（SDR）表示，另外對於《華沙公約》第18條增列了運送人的免責事由，如貨物的固有瑕疵、戰爭或武裝衝突等。第20條對於運送人得主張以採取一切必要措施以減免責任的抗辯權部分，僅適用於貨物的運送延遲，對於貨物的毀損則不適用。

五、1999《蒙特利爾公約》

(一)歷史沿革

　　在1975年蒙特利爾外交大會簽訂四個議定書的同時，與會代表通過一項決議，有鑑於如前面各章節所述《國際民航公約》在航空運送責任之規則並不統一，造成執行上的偌大困擾。因此，會中有共識將《華沙公約》體系的九項文件彙整成單一的公約，並由國際民航組織執行這一決議，制訂了一個《華沙公約》合併文件（《華沙公約》體系的九項文件包括：《華沙公約》、《海牙議定書》、《瓜達拉哈拉公約》、《蒙特利爾協議》、《瓜地馬拉協定》及四個蒙特利爾追加議定書，共九項）。但由於1971年《瓜地馬拉協定》和1975年蒙特利爾四個議定書

長期不能生效（僅第四號議定書至1998年才生效），導致這些合併文件
「決而不行」，沒有能得到應有的作用。

　　國際民航組織大會於1995年5月召集了一百二十一個會員國代表，
在加拿大蒙特利爾舉行理事會，並決定起草一部合併現有文件為一體，
以照顧和平衡經濟發展水準懸殊的各國利益，並適應科學技術現代化的
新公約。同年9月至10月召開的國際民航組織大會第31屆會議決定要求
理事會繼續加快華沙體系現代化的進程。該理事會在1995年11月15日舉
行第146次會議，決定將法律委員會工作總計畫中之第二項修改為「華
沙體系之現代化暨國際航空法文件之批准問題研究」，從而開始了華沙
體系現代化之工作進程。

　　該次會議中成立了一個由八名專家所組成的「秘書處研究小組」
（Secretariat Study Group; SSG），以協助法律局（Legal Bureau; LB）
在ICAO架構內建立一套加速華沙體系現代化之機制。理事會於1996年3
月14日要求法律局在研究小組之協助下向理事會提交第一份蒙特利爾公
約草案，亦決定指定一名報告人對草案進行檢討及修改，並向法律委員
會報告審改情況。

　　根據理事會的要求，法律局起草了第一份新公約草案並送交秘書處
研究小組第二次會議（1996年10月10至12日召開）。研究小組成員研究
了此草案，並擬就了一份新文本。1997年6月4日，國際民航組織理事會
第151屆第5次會議，審議了法律委員會第30屆會議的報告，決定將新的
公約草案提交各締約國徵求意見，以便最終決定是否召開外交會議審議
這一新的公約草案。

　　經過一年多的努力，研究小組的定稿於1999年5月10日至28日召
開了國際民航組織（ICAO）全體締約國參加的外交大會，審議並通
過新公約。這個1999年5月28日簽訂於蒙特利爾之《統一國際航空運
輸某些規則的公約》（CONVENTION FOR THE UNIFICATION OF
CERTAIN RULES FOR INTERNATIONAL CARRIAGE BY AIR; ICAO
Doc.9740），以和1929年《華沙公約》名稱完全相同的形式正式問世，

並於當日開放簽署。在公約開放簽署的當天，即有包括中國大陸、美國、英國在內的五十二個國家在公約上簽署（中共對《蒙特利爾公約》的正式生效日為自2005年7月31日起）。另外，附帶一提的是中共特別將1999年《蒙特利爾公約》稱為「新華沙條約」或「新《華沙公約》」。

(二)內容

有關1999年《蒙特利爾公約》之內容，該公約共分7章，第一章總則（1-2）、第二章旅客、行李和貨物運輸的有關憑證和當事人的義務（3-16）、第三章運送人的責任和損害賠償範圍（17-37）、第四章聯合運輸（38）、第五章非締約運送人履行的航空運輸（39-48）、第六章其他規定（49-52）、第七章最後條款（53-57）。它雖與1929年《華沙公約》同名稱，且都是原《華沙公約》及其相關文件編纂而成，但其經過全盤縝密的周延性考慮，使之成為嶄新的公約。其簡要介紹如下：

首先，在消費者權益高漲的時代潮流之下，1999年的《蒙特利爾公約》不再是以航空公司為本位思考焦點，而是在提供運輸服務的業者與消費者利益平衡下，著重在公正補償的賠償原則下保護消費者利益之原則。亦即公約明確規定了損害賠償不包括懲罰性或懲戒性賠償，也不包括其他非補償性的賠償。換言之，公約既不偏袒航空公司也不對消費者失之偏頗，一切符合公正原則。

其次，運送證券過於繁雜累贅一直為實務所詬病，運送證券本為規範運輸行為雙方當事人的表面證據，並用以判斷是否構成「國際運送」之適用《華沙公約》體系與否的準則。但是1929年《華沙公約》卻把遵守運送證券內容與否，當成是否有權引用責任限制的前提條件，引出許多爭議。1999年《蒙特利爾公約》為順應業者及消費者之便利考量，進一步簡化了運送證券之要求。另外，因近年來隨著「無紙化」的環保趨勢及電腦網路與通訊技術結合的科技風潮，運輸業者利用網路進

行商業交易活動或從事顧客關係管理已成當下趨勢，爲了俾便網路技術在票務銷售、運務作業及貨運處理之應用，以客運來說，本公約第3條第2項：「任何保存第1項內容的其他方法都可以用來取代出具該項中所稱之運輸憑證。採用此種其他方法的承運人應當提出向旅客出具一份以此種方法保存內容書面的陳述。」及針對貨運之第4條第2項：「任何保存將被執行之運輸的紀錄之任何其他的方法都可以用來取替出具航空託運提單。採用此種其他方法的承運人應當因應託運人之要求，向託運人出具貨物收據，俾便識別貨物並能獲得此種其他方法所保存紀錄中的內容。」均已納入允許使用任何保存運送證券內容之「其他方法」，包括如客運電子機票、電子提單等任何以科技方式保存所作運送的記錄。此外，《蒙特利爾公約》亦將行李票之規定取消，僅要求承運人就每一件託運行李向旅客出具行李識別籤條。

　　第三，自從1929年《華沙公約》開始，爲航空公司的責任設定限額，實施賠償責任限制制度數十年以來一直受到諸多爭議。1999年《蒙

圖6-1　《蒙特利爾公約》已考量電腦科技風潮的電子化票證問題，
圖為德國漢莎航空的E-check in自動報到機

資料來源：楊政樺攝於法國戴高樂國際機場。

特利爾公約》擺脫以往責任絕對限額的窠臼，採取實際損害賠償原則。在客運方面，公約對於運送人責任係採取兩階段不同之責任原則，在100,000SDRs的責任限額範圍內，採取嚴格的過失責任限定制度。在超過100,000SDRs的損害賠償部分，則仍採取原《華沙公約》的推定責任制度，但運送人如能證明自己並無過失即可免責。在貨運方面，基本上採取了1975年《蒙特利爾第四號議定書》的原則，在貨物運輸中造成毀滅、遺失、損壞或者延誤的，運送人的責任以每公斤17SDRs為限，除非託運人在向運送人交運託運物時，特別聲明在目的地點交付時的利益，並在必要時支付附加費。在此種情況下，除運送人證明託運人聲明的金額高於在目的地點交付時託運人的實際利益外，運送人在聲明金額範圍內承擔責任。此外，對行李以及延誤等仍保持了「有意之不良行為」（willful misconduct）作為例外的規定。

　　第四，增加了所謂「第五種管轄權」：1929年《華沙公約》第28條規定了四種有管轄權的法院，即(1)承運人的住所地法院；(2)承運人的主營業地法院；(3)訂立運輸契約的承運人機構所在地法院；(4)目的地法院。而1971年《瓜地馬拉協定》增加了一個有管轄權的法院，亦即：「或者向一個締約國境內以下法院起訴：運送人在該法院管轄區設有營業機構而該旅客的住所或永久居留地」。1999年《蒙特利爾公約》第33條則亦依據此原則作為管轄權之規定。根據這些規定，在空難事故所引發的訴訟中，有管轄權的法院可能為承運人住所地；承運人的主要營業地；訂立運送契約的承運人營業地；航程目的地以及特殊情況下的旅客住所地與慣常居所地等。這些地點如果不一致，可由當事人選擇一個法院進行訴訟，這就排除了航空公司全球被訴的窘境。在責任限額方面，1999年《蒙特利爾公約》採取平衡航空公司與消費者利益的做法，在發達國家和發展中國家之間作出妥協，即將責任限額限制於100,000SDRs。

　　最後，從航空私法的發展看來，雖1999年《蒙特利爾公約》試圖解決過去若干規範中的缺憾，亦有期望將公約放諸四海皆準之統一企圖，

但畢竟過往華沙體系中具有爭議之概念尚因各國生活水準及價值觀差異甚大，想要求得一致且爲各國所接受之限額，或關於損害賠償之絕對標準，現實上並不可能達成共識。雖然截至2001年6月30日已有六十七個國家及一地區性經濟一體化組織（歐洲共同體）簽署1999年《蒙特利爾公約》，且有十一個國家批准、接受、核准或加入而成爲締約國，然而，因現今仍有許多爭議及思考的瓶頸尚待克服與協調，因此何時能夠真正生效尚是未知數。

第二節　《蒙特利爾公約》條文解析

CONVENTION FOR THE UNIFICATION OF CERTAIN RULES
FOR INTERNATIONAL CARRIAGE BY AIR

《統一國際航空運輸某些規則的公約》（又稱1999年《蒙特利爾公約》或《新華沙公約》）

THE STATES PARTIES TO THIS CONVENTION

RECOGNIZING the significant contribution of the Convention for the Unification of Certain Rules Relating to International Carriage by Air signed in Warsaw on 12 October 1929, hereinafter referred to as the "Warsaw Convention", and other related instruments to the harmonization of private international air law;

RECOGNIZING the need to modernize and consolidate the Warsaw Convention and related instruments;

RECOGNIZING the importance of ensuring protection of the interests of consumers in international carriage by air and the need for equitable compensation based on the principle of restitution;

REAFFIRMING the desirability of an orderly development of

international air transport operations and the smooth flow of passengers, baggage and cargo in accordance with the principles and objectives of the Convention on International Civil Aviation, done at Chicago on 7 December 1944;

CONVINCED that collective State action for further harmonization and codification of certain rules governing international carriage by air through a new Convention is the most adequate means of achieving an equitable balance of interests;

HAVE AGREED AS FOLLOWS:

【中譯】

　　本公約的締約當事國；認識到1929年10月12日於波蘭華沙簽訂的《統一國際航空運輸某些規則的公約》（以下稱為《華沙公約》），和其他有關文件在統一國際航空私法方面作出的重要貢獻；認識到使《華沙公約》及相關文件現代化和一體化的必要性；認識到確保國際航空運輸消費者利益的重要性，以及在恢復性賠償原則的基礎上提供公平賠償的必要性；重申依據1944年12月7日訂於芝加哥的《國際民用航空公約》的原則與宗旨對國際航空運輸營運的有序發展，以及旅客、行李和貨物順暢流通之願望；確信國家間採取集體行動，通過制定一項新公約來增進對國際航空運輸某些規則的一致化和法典化是獲得公平的利益平衡的最適途徑；達成協議如下：

Chapter I　General Provisions

Article 1　Scope of Application

1.This Convention applies to all international carriage of persons, baggage or cargo performed by aircraft for reward. It applies equally to gratuitous carriage by aircraft performed by an air transport undertaking.

2.For the purposes of this Convention, the expression international carriage means any carriage in which, according to the agreement between the parties, the place of departure and the place of destination, whether or not there be a break in the carriage or a transshipment, are situated either within the territories of two States Parties, or within the territory of a single State Party, if there is an agreed stopping place within the territory of another State, even if that State is not a State Party. Carriage between two points within the territory of a single State Party without an agreed stopping place within the territory of another State is not international carriage for the purposes of this Convention.

3.Carriage to be performed by several successive carriers is deemed, for the purposes of this Convention, to be one undivided carriage, if it has been regarded by the parties as a single operation, whether it had been agreed upon under the form of a single contract or of a series of contracts, and it does not lose its international character merely because one contract or a series of contracts is to be performed entirely within the territory of the same State.

4.This Convention applies also to carriage as set out in Chapter V, subject to the terms contained therein.

【中譯】

第一章　總則

第一條　適用範圍

1.本公約適用於所有爲取酬而以航空器運載人、行李或貨物的國際運輸，本公約同樣也適用於擔任無償運送的航空事業。

2.本公約所稱之「國際運輸」係指：依據當事人雙方訂定的運送契約，不論運輸過程中是否有間斷或轉運，只要出發地和目的地是在本公約兩個締約國的領土內，或者是出發地和目的地均在一個

締約國的領土內而在另一個國家（不論其是否為《華沙公約》的締約國）之主權、宗主權、委任統治權或管轄權下的領土內有一個約定經停地的運輸。如果在一個締約國的領土內從事兩地之間的運輸，而在另一個國家的領土內沒有約定的經停地點，則不能視為本公約意義上的國際運輸。

3.本公約中，如果幾個連續的航空承運人把所進行的運輸視為一項連續的作業，不論它是以一份契約或是一系列的契約形式來進行，則該運輸需當作是一項不可分割的運輸；並不會因為其中一份契約或一系列契約完全在同一個國家的主權、宗主權、委任統治權或管轄權下的領土內履行而喪失其國際運輸的性質。

4.本公約同樣適用於第五章規定的運輸，除非該章另有規定。

Article 2　Carriage Performed by State and Carriage of Postal Items

1.This Convention applies to carriage performed by the State or by legally constituted public bodies provided it falls within the conditions laid down in Article 1.

2.In the carriage of postal items, the carrier shall be liable only to the relevant postal administration in accordance with the rules applicable to the relationship between the carriers and the postal administrations.

3.Except as provided in paragraph 2 of this Article, the provisions of this Convention shall not apply to the carriage of postal items.

【中譯】

　　第二條　國家履行的運輸和郵件運輸

　　1.該條約適用於由國家或公法人於第1條所定條件之國際運送。

　　2.在郵件運輸中，承運人僅根據適用於承運人和郵政當局之間關係的規則，對有關的郵政當局承擔責任。

　　3.除本條第2項規則之外，本公約的規定不適用於郵政運輸。

Chapter II　Documentation and Duties of the Parties Relating to the Carriage of Passengers, Baggage and Cargo

Article 3　Passengers and Baggage

1.In respect of the carriage of passengers, an individual or collective document of carriage shall be delivered containing: (a) an indication of the places of departure and destination; (b) if the places of departure and destination are within the territory of a single State Party, one or more agreed stopping places being within the territory of another State, an indication of at least one such stopping place.

2.Any other means which preserves the information indicated in paragraph 1 may be substituted for the delivery of the document referred to in that paragraph. If any such other means is used, the carrier shall offer to deliver to the passenger a written statement of the information so preserved.

3.The carrier shall deliver to the passenger a baggage identification tag for each piece of checked baggage.

4.The passenger shall be given written notice to the effect that, where this Convention is applicable it governs and may limit the liability of carriers in respect of death or injury and for destruction or loss of, or damage to, baggage, and for delay.

5.Non-compliance with the provisions of the foregoing paragraphs shall not affect the existence or the validity of the contract of carriage, which shall, nonetheless, be subject to the rules of this Convention including those relating to limitation of liability.

【中譯】

　　第二章　旅客、行李和貨物的有關憑證和當事人的義務

　　第三條　旅客和行李

1.對旅客的運載來說，應當出具個人的或團體的運輸憑證，該項憑證應載明：(a)對出發地點和目的地的標示；(b)若出發地點和目的地點是在同一個締約國境內，而在另一國的國境內有一個或者數個約定的經停地點的，至少對其中一個此種經停地點的標示。

2.任何保存第1項內容的其他方法都可以用來取代出具該項中所稱之運輸憑證。採用此種其他方法的承運人應當提出向旅客出具一份以此種方法保存內容書面的陳述。

3.承運人應當就每件託運行李向旅客出具行李識別標籤。

4.旅客應當獲得書面提示，說明在適用本公約的情形下，本公約調整並可能限制承運人對死亡或者傷害，行李毀滅，遺失或者損壞，以及延誤所承擔的責任。

5.未遵守前幾項的規定，不影響運輸契約的存在或者有效性，該運輸契約仍應當受本公約條文之約束，包括有關責任限制規則的約束。

Article 4　Cargo

1.In respect of the carriage of cargo, an air waybill shall be delivered.

2.Any other means which preserves a record of the carriage to be performed may be substituted for the delivery of an air waybill. If such other means are used, the carrier shall, if so requested by the consignor, deliver to the consignor a cargo receipt permitting identification of the consignment and access to the information contained in the record preserved by such other means.

【中譯】

第四條　貨物

1.就貨物運輸而言，應當出具航空託運提單。

2.任何保存將被執行之運輸的紀錄之任何其他的方法都可以用來取替出具航空託運提單。採用此種其他方法的承運人應當因應託運

人之要求，向託運人出具貨物收據，俾便識別貨物並能獲得此種其他方法所保存紀錄中的內容。

Article 5　Contents of Airwaybill or Cargo Receipt

The air waybill or the cargo receipt shall include: (a) an indication of the places of departure and destination; (b) if the places of departure and destination are within the territory of a single State Party, one or more agreed stopping places being within the territory of another State, an indication of at least one such stopping place; and (c) an indication of the weight of the consignment.

【中譯】

第五條　航空託運提單或者貨物收據的內容

航空託運提單或貨物收據應包括下列內容：(a)對出發地及和目的地的標示；(b)出發地和目的地是在一個締約國境內，而在另一國的領土內有一個或者數個約定的經停地，至少對其中一個此種經停地的標示；以及(c)對貨物重量的標示。

Article 6　Document Relating to the Nature of the Cargo

The consignor may be required, if necessary to meet the formalities of customs, police and similar public authorities, to deliver a document indicating the nature of the cargo. This provision creates for the carrier no duty, obligation or liability resulting therefrom.

【中譯】

第六條　關於貨物性質的憑證

託運人在經過海關、警察和類似公務機關時之必要手續時，可以被要求出具標明貨物性質的憑證。此項規定對承運人不造成任何職責、義務或由此所產生的責任。

Article 7　Description of Air Waybill

1.The air waybill shall be made out by the consignor in three original parts.

2.The first part shall be marked "for the carrier"; it shall be signed by the consignor. The second part shall be marked "for the consignee"; it shall be signed by the consignor and by the carrier. The third part shall be signed by the carrier who shall hand it to the consignor after the cargo has been accepted.

3.The signature of the carrier and that of the consignor may be printed or stamped.

4.If, at the request of the consignor, the carrier makes out the air waybill, the carrier shall be deemed, subject to proof to the contrary, to have done so on behalf of the consignor.

【中譯】

第七條　航空託運提單的說明

1.託運人應當填寫航空託運提單乙式三份。

2.第一份應當註明「交託運人」，由託運人簽署。第二份應當註明「交收貨人」，由託運人和承運人簽署。第三份由承運人簽署，承運人在接受貨物後應將其交給託運人。

3.承運人和託運人的簽署可使用印刷或用戳記。

4.如果承運人應託運人之請求而填寫航空貨運單，在沒有相反證明的情形下，應當視為代託運人填寫。

Article 8　Documentation for Multiple Packages

When there is more than one package: (a) the carrier of cargo has the right to require the consignor to make out separate air waybills; (b) the consignor has the right to require the carrier to deliver separate cargo receipts when the other means referred to in paragraph 2 of Article 4 are used.

【中譯】

第八條　多包件貨物的憑證

在貨物不只一個包裹時：(a)貨物承運人有權要求託運人分別填寫航空託運提單；(b)採用第4條第2項所稱「其他方法」的託運人，有權要求承運人分別出具貨物收據。

Article 9　Non-compliance with Documentary Requirements

Non-compliance with the provisions of Articles 4 to 8 shall not affect the existence or the validity of the contract of carriage, which shall, nonetheless, be subject to the rules of this Convention including those relating to limitation of liability.

【中譯】

第九條　未遵守憑證的規定

未遵守第4條至第8條的規定，不影響運輸契約的存在或者有效，該運輸契約仍應當受本公約條文的約束，包括有關責任限制規則的約束。

Article 10　Responsibility for Particulars of Documentation

1.The consignor is responsible for the correctness of the particulars and statements relating to the cargo inserted by it or on its behalf in the air waybill or furnished by it or on its behalf to the carrier for insertion in the cargo receipt or for insertion in the record preserved by the other means referred to in paragraph 2 of Article 4. The foregoing shall also apply where the person acting on behalf of the consignor is also the agent of the carrier.

2.The consignor shall indemnify the carrier against all damage suffered by it, or by any other person to whom the carrier is liable, by reason of the irregularity, incorrectness or incompleteness of the particulars and statements furnished by the consignor or on its behalf.

3.Subject to the provisions of paragraphs 1 and 2 of this Article, the

carrier shall indemnify the consignor against all damage suffered by it, or by any other person to whom the consignor is liable, by reason of the irregularity, incorrectness or incompleteness of the particulars and statements inserted by the carrier or on its behalf in the cargo receipt or in the record preserved by the other means referred to in paragraph 2 of Article 4.

【中譯】

第十條 對憑證說明的責任

1.對託運人或以其名義在航空託運提單上記載關於貨物之各項說明及陳述的正確性，抑或對託運人或以其名義提供給承運人記載貨物之收據或記載第4條第2項所稱之其他方法所保存記錄之有關貨物的各項說明及陳述的正確性，託運人應負其責任。以託運人名義行事者同時亦是承運人的代理人，同樣適用於上述規定。

2.對於因託運人或以其名義所提供之各項說明及陳述不符規定、不正確或者不完整，而讓承運人或託運人對之負責的任何其他人所造成的一切損失，託運人應對承運人負擔賠償責任。

3.除本條第1項和第2項規定之外，對因承運人或者以其名義在貨物收據或者在第4條第2項所稱之其他方法所保存的記錄上所記載的各項說明及陳述不符規定、不正確或者不完整，而讓託運人或者託運人對之負責任的任何其他人造成之一切損失，承運人應對託運人負擔賠償責任。

Article 11　Evidentiary Value of Documentation

1.The air waybill or the cargo receipt is prima facie evidence of the conclusion of the contract, of the acceptance of the cargo and of the conditions of carriage mentioned therein.

2.Any statements in the air waybill or the cargo receipt relating to the weight, dimensions and packing of the cargo, as well as those relating

to the number of packages, are prima facie evidence of the facts stated; those relating to the quantity, volume and condition of the cargo do not constitute evidence against the carrier except so far as they both have been, and are stated in the air waybill or the cargo receipt to have been, checked by it in the presence of the consignor, or relate to the apparent condition of the cargo.

【中譯】

第十一條　憑證的證據價值

1.航空託運提單或貨物收據是訂定契約、接受貨物和所列運輸條件的表面證據。

2.航空託運提單上或貨物收據上有關貨物重量、尺寸和包裝以及包裹件數的任何陳述是所述事實的表面證據；除非經過承運人在託運人在現場核對並在航空託運提單上或收據上有加註其狀況或有關貨物外表狀況的敘述之外，航空託運提單上或貨物收據上有關貨物的數量、體積和狀況的陳述不能構成不利於承運人之證據。

Article 12　Right of Disposition of Cargo

1.Subject to its liability to carry out all its obligations under the contract of carriage, the consignor has the right to dispose of the cargo by withdrawing it at the airport of departure or destination, or by stopping it in the course of the journey on any landing, or by calling for it to be delivered at the place of destination or in the course of the journey to a person other than the consignee originally designated, or by requiring it to be returned to the airport of departure. The consignor must not exercise this right of disposition in such a way as to prejudice the carrier or other consignors and must reimburse any expenses occasioned by the exercise of this right.

2.If it is impossible to carry out the instructions of the consignor, the

carrier must so inform the consignor forthwith.

3.If the carrier carries out the instructions of the consignor for the disposition of the cargo without requiring the production of the part of the air waybill or the cargo receipt delivered to the latter, the carrier will be liable, without prejudice to its right of recovery from the consignor, for any damage which may be caused thereby to any person who is lawfully in possession of that part of the air waybill or the cargo receipt.

4.The right conferred on the consignor ceases at the moment when that of the consignee begins in accordance with Article 13. Nevertheless, if the consignee declines to accept the cargo, or cannot be communicated with, the consignor resumes its right of disposition.

【中譯】

第十二條　處置貨物的權利

1.託運人在履行運輸契約所規定之所有義務的前提下，有權對貨物進行處置，亦即可以在出發地機場或者目的地將貨物取回，或在途中經停時終止運輸，或要求在目的地或途中將貨物交給非原指定的受貨人，或要求將貨物運返至原出發地機場。託運人不得因行使此種處置權而使承運人或者其他託運人遭受損失，並必須償付因行使此種權利而產生之費用。

2.如果託運人的指示不可能執行，承運人必須立即通知託運人。

3.承運人依據託運人的指示處置貨物時，無需出示託運人所收執的那份航空託運提單或貨物收據，若該份航空託運提單或貨物收據的合法持有人遭受損失，承運人應當承擔責任，但是不妨礙承運人對託運人的追償權。

4.受貨人的權利依照第13條規定開始時，託運人的權利即告終止。但是，若受貨人拒絕接受貨物，或無法與受收貨人聯繫時，則託運人恢復其處置權。

Article 13　Delivery of the Cargo

1.Except when the consignor has exercised its right under Article 12, the consignee is entitled, on arrival of the cargo at the place of destination, to require the carrier to deliver the cargo to it, on payment of the charges due and on complying with the conditions of carriage.

2.Unless it is otherwise agreed, it is the duty of the carrier to give notice to the consignee as soon as the cargo arrives.

3.If the carrier admits the loss of the cargo, or if the cargo has not arrived at the expiration of seven days after the date on which it ought to have arrived, the consignee is entitled to enforce against the carrier the rights which flow from the contract of carriage.

【中譯】

第十三條　貨物的交付

1.除託運人已根據本公約第12條行使其權利外，受貨人於貨物抵達目的地，並在繳付應付款項和履行運輸條件後，有權要求承運人對其交付貨物。

2.除另有協議之外，承運人應在貨物抵達目的地後立即通知受貨人。

3.如果承運人承認貨物已經遺失，或貨物在應到達之日起七日後仍未到達者，受貨人有權向承運人行使運輸契約所賦予之權利。

Article 14　Enforcement of the Rights of Consignor and Consignee

The consignor and the consignee can respectively enforce all the rights given to them by Articles 12 and 13, each in its own name, whether it is acting in its own interest or in the interest of another, provided that it carries out the obligations imposed by the contract of carriage.

【中譯】

第十四條　託運人和受貨人權利的行使

託運人和受貨人在履行運輸契約規定的義務條件下，無論是本人或

者他人的利益，可以分別以本人的名義行使第12條和第13條賦予的所有權利。

Article 15　Relations of Consignor and Consignee or Mutual Relations of Third Parties

1.Articles 12, 13 and 14 do not affect either the relations of the consignor and the consignee with each other or the mutual relations of third parties whose rights are derived either from the consignor or from the consignee.

2.The provisions of Articles 12, 13 and 14 can only be varied by express provision in the air waybill or the cargo receipt.

【中譯】

第十五條　託運人和受貨人的關係或者第三者之間的相互關係

1.第12條、第13條和第14條不影響託運人及受貨人之間的相互關係，也不影響可從託運人或受貨人獲得權利之第三者之間的相互關係。

2.第12條、第13條和第14條的規定，僅能藉由航空託運提單或貨物收據上的條文規定予以變更。

Article 16　Formalities of Customs, Police or Other Public Authorities

1.The consignor must furnish such information and such documents as are necessary to meet the formalities of customs, police and any other public authorities before the cargo can be delivered to the consignee. The consignor is liable to the carrier for any damage occasioned by the absence, insufficiency or irregularity of any such information or documents, unless the damage is due to the fault of the carrier, its servants or agents.

2.The carrier is under no obligation to enquire into the correctness or sufficiency of such information or documents.

【中譯】

第十六條　海關、警察或者其他公務機構的手續

1.託運人必須提供必要的資訊及文書，俾便貨物在交付受貨人之前可完成海關、警察或者任何其他公務機構的手續。因沒有此種資訊、文書，或者此種資訊、文書不充足或者不符合規定所引起的損失，除非是承運人或其受僱人或其代理人的過失所致之外，託運人應對承運人承擔責任。

2.承運人無需對此類資訊或文書之正確性或充足性進行查驗的義務。

Chapter III　Liability of the Carrier and Extent of Compensation for Damage

Article 17　Death and Injury of Passengers– Damage to Baggage

1.The carrier is liable for damage sustained in case of death or bodily injury of a passenger upon condition only that the accident which caused the death or injury took place on board the aircraft or in the course of any of the operations of embarking or disembarking.

2.The carrier is liable for damage sustained in case of destruction or loss of, or of damage to, checked baggage upon condition only that the event which caused the destruction, loss or damage took place on board the aircraft or during any period within which the checked baggage was in the charge of the carrier. However, the carrier is not liable if and to the extent that the damage resulted from the inherent defect, quality or vice of the baggage. In the case of unchecked baggage, including personal items, the carrier is liable if the damage resulted from its fault or that of its servants or agents.

3.If the carrier admits the loss of the checked baggage, or if the checked baggage has not arrived at the expiration of twenty-one days after the

date on which it ought to have arrived, the passenger is entitled to enforce against the carrier the rights which flow from the contract of carriage.

4.Unless otherwise specified, in this Convention the term "baggage" means both checked baggage and unchecked baggage.

【中譯】

第三章　承運人的責任和損害賠償範圍

第十七條　旅客死亡和傷害——行李損失

1.對於因旅客死亡或身體傷害所產生的損失，只要造成死亡或者傷害的是事故地點是在航空器上或是在上、下航空器期間的任何操作過程中發生的，承運人就應當承擔責任。

2.對於因託運行李毀滅、遺失或者損壞而產生的損失，只要造成毀滅、遺失或者損壞的事件是在航空器上或者在託運行李處於承運人所處置的任何期間內所發生的，承運人就應當承擔責任。但是，若行李損失是因行李固有缺陷、品質或者瑕疵造成的，在此範圍內承運人不承擔責任。有關非託運行李，包括個人物件，承運人對因其過錯或者其受僱人或者代理人的過錯造成的損失負擔賠償責任。

3.承運人承認託運行李已經遺失，或者託運行李在應當到達之日起二十一日後仍未到達的，旅客有權向承運人行使運輸契約所賦予的權利。

4.除另有規定外，本公約中「行李」一詞係指託運行李和非託運行李。

Article 18　Damage to Cargo

1.The carrier is liable for damage sustained in the event of the destruction or loss of, or damage to, cargo upon condition only that the event which caused the damage so sustained took place during the carriage by air.

2.However, the carrier is not liable if and to the extent it proves that the destruction, or loss of, or damage to, the cargo resulted from one or more of the following: (a) inherent defect, quality or vice of that cargo; (b) defective packing of that cargo performed by a person other than the carrier or its servants or agents; (c) an act of war or an armed conflict; (d) an act of public authority carried out in connection with the entry, exit or transit of the cargo.

3.The carriage by air within the meaning of paragraph 1 of this Article comprises the period during which the cargo is in the charge of the carrier.

4.The period of the carriage by air does not extend to any carriage by land, by sea or by inland waterway performed outside an airport. If, however, such carriage takes place in the performance of a contract for carriage by air, for the purpose of loading, delivery or transshipment, any damage is presumed, subject to proof to the contrary, to have been the result of an event which took place during the carriage by air. If a carrier, without the consent of the consignor, substitutes carriage by another mode of transport for the whole or part of a carriage intended by the agreement between the parties to be carriage by air, such carriage by another mode of transport is deemed to be within the period of carriage by air.

【中譯】

第十八條　貨物損失

1.對於因貨物毀滅、遺失或者損壞而產生的損失，只要造成損失的事件是航空運輸期間發生的，承運人就應當承擔責任。

2.但是，如果承運人能證明貨物的毀滅、遺失或者損壞是由於下述任何一個或幾個原因所造成的，則承運人不需承擔責任：(a)貨物

的固有缺陷、品質或瑕疵；(b)由承運人或者其受僱人、代理人以外的人包裝貨物，而貨物包裝不良；(c)戰爭或武裝衝突；(d)公務機關實施之與貨物入境、出境或者過境有關的行為。

3.本條文第1項所稱的航空運輸期間，係指貨物處於承運人處置之下的期間。

4.前述所稱之航空運輸期間，並不包括機場之外任何陸路、海上或內水運輸的過程。但是，若此種運輸是在履行航空運輸契約時為了裝載、交付或者轉運而辦理的，在沒有相反證明的狀況下，所發生的任何損失推定為在航空運輸期間發生的事件造成的損失。此外，舉凡承運人未經託運人同意，而以其他運輸方式代替當事人各方在契約中約定採用航空運輸方式的全部或者部分運輸的，此項以其他方式履行的運輸仍視為本公約所稱之航空運輸期間。

Article 19　Delay

The carrier is liable for damage occasioned by delay in the carriage by air of passengers, baggage or cargo. Nevertheless, the carrier shall not be liable for damage occasioned by delay if it proves that it and its servants and agents took all measures that could reasonably be required to avoid the damage or that it was impossible for it or them to take such measures.

【中譯】

　　第十九條　延誤

　　旅客、行李或貨物在航空運輸中因延誤而產生的損失，承運人應當負擔責任。但是，承運人證明本人及其受僱人和代理人為了避免損失的發生，已經採取一切必要措施或者不可能採取此種措施的，承運人無需對因延誤而產生的損失負擔責任。

Article 20　Exoneration

If the carrier proves that the damage was caused or contributed to by the negligence or other wrongful act or omission of the person claiming compensation, or the person from whom he or she derives his or her rights, the carrier shall be wholly or partly exonerated from its liability to the claimant to the extent that such negligence or wrongful act or omission caused or contributed to the damage. When by reason of death or injury of a passenger compensation is claimed by a person other than the passenger, the carrier shall likewise be wholly or partly exonerated from its liability to the extent that it proves that the damage was caused or contributed to by the negligence or other wrongful act or omission of that passenger. This Article applies to all the liability provisions in this Convention, including paragraph 1 of Article 21.

【中譯】

　　第二十條　免責

　　經承運人證明，損失是由索賠人或索賠人從其取得權利之人的過失或其他不當作為、不作為造成或促成者，應根據造成或促成此種損失的過失或者其他不當作為、不作為的程度，以全部或部分免除承運人對索賠人的責任。乘客以外的其他人就乘客死亡或傷害提出賠償請求者，經承運人證明，損失是乘客本人的過失或其他不當作為、不作為造成或促成者，同樣應根據造成或促成此種損失的過失或其他不當作為、不作為的程度，以全部或部分免除承運人的責任。本條文適用於本公約中的所有責任條款，包括第21條第1項。

Article 21　Compensation in Case of Death or Injury of Passengers

1. For damages arising under paragraph 1 of Article 17 not exceeding 100,000 Special Drawing Rights for each passenger, the carrier shall not be able to exclude or limit its liability.

2. The carrier shall not be liable for damages arising under paragraph 1 of Article 17 to the extent that they exceed for each passenger 100,000 Special Drawing Rights if the carrier proves that: (a) such damage

was not due to the negligence or other wrongful act or omission of the carrier or its servants or agents; or (b) such damage was solely due to the negligence or other wrongful act or omission of a third party.

【中譯】

第二十一條　旅客死亡或者傷害的賠償

1.對於依據第17條第1項所產生之每名旅客不超過100,000SDRs的損害賠償，承運人不得免除或限制其責任。

2.有關第17條第1項所產生之損害賠償，每名旅客超過100,000SDRs的部分，若承運人能證明有下列情形者，無需承擔責任：(a)所產生之損失並非由承運人或其受僱人、代理人的過失或其他不當作為、不作為所造成的；或者(b)損失完全是由第三者的過失或其他不當作為、不作為所造成的。

Article 22　Limits of Liability in Relation to Delay, Baggage and Cargo

1.In the case of damage caused by delay as specified in Article 19 in the carriage of persons, the liability of the carrier for each passenger is limited to 4,150 Special Drawing Rights.

2.In the carriage of baggage, the liability of the carrier in the case of destruction, loss, damage or delay is limited to 1,000 Special Drawing Rights for each passenger unless the passenger has made, at the time when the checked baggage was handed over to the carrier, a special declaration of interest in delivery at destination and has paid a supplementary sum if the case so requires. In that case the carrier will be liable to pay a sum not exceeding the declared sum, unless it proves that the sum is greater than the passenger's actual interest in delivery at destination.

3.In the carriage of cargo, the liability of the carrier in the case of destruction, loss, damage or delay is limited to a sum of 17 Special

Drawing Rights per kilograms, unless the consignor has made, at the time when the package was handed over to the carrier, a special declaration of interest in delivery at destination and has paid a supplementary sum if the case so requires. In that case the carrier will be liable to pay a sum not exceeding the declared sum, unless it proves that the sum is greater than the consignor's actual interest in delivery at destination.

4. In the case of destruction, loss, damage or delay of part of the cargo, or of any object contained therein, the weight to be taken into consideration in determining the amount to which the carrier's liability is limited shall be only the total weight of the package or packages concerned. Nevertheless, when the destruction, loss, damage or delay of a part of the cargo, or of an object contained therein, affects the value of other packages covered by the same air waybill, or the same receipt or, if they were not issued, by the same record preserved by the other means referred to in paragraph 2 of Article 4, the total weight of such package or packages shall also be taken into consideration in determining the limit of liability.

5. The foregoing provisions of paragraphs 1 and 2 of this Article shall not apply if it is proved that the damage resulted from an act or omission of the carrier, its servants or agents, done with intent to cause damage or recklessly and with knowledge that damage would probably result; provided that, in the case of such act or omission of a servant or agent, it is also proved that such servant or agent was acting within the scope of its employment.

6. The limits prescribed in Article 21 and in this Article shall not prevent the court from awarding, in accordance with its own law, in addition,

the whole or part of the court costs and of the other expenses of the litigation incurred by the plaintiff, including interest. The foregoing provision shall not apply if the amount of the damages awarded, excluding court costs and other expenses of the litigation, does not exceed the sum which the carrier has offered in writing to the plaintiff within a period of six months from the date of the occurrence causing the damage, or before the commencement of the action, if that is later.

【中譯】

　　第二十二條　延誤、行李和貨物的責任限額

　1.在旅客運輸中，若因第19條所指之延誤造成損失者，承運人對每名乘客的責任以4,150SDRs爲限。

　2.在行李運輸中造成毀滅、遺失、損壞或者延誤的，承運人的責任以每名乘客1,000SDRs爲限，除非旅客在向承運人交運託運行李時，有特別聲明在目的地交付時的利益，並在必要時支付附加費。在此情況下，除非承運人能證明乘客所聲明的金額高於在目的地交付時旅客的實際利益者之外，承運人必須在聲明金額範圍內承擔責任。

　3.在貨物運輸中造成毀滅、遺失、損壞或延誤者，承運人的責任以每公斤17SDRs爲限，除非託運人在向承運人交運包裹時，有特別聲明在目的地交付時的利益，並在必要時支付附加費。在此情況下，除非承運人能證明託運人所聲明的金額高於在目的地交付時託運人的實際利益之外，承運人必須在聲明金額範圍內承擔責任。

　4.若貨物的一部分或貨物中有任何損毀、遺失、損壞或延誤的狀況時，用以界定承運人賠償責任限額的重量應爲該包裹或爲該包裹的重量。但是，若因貨物中的一部分或貨物中某一物品的損毀、遺失、損壞或延誤，影響同一份航空託運提單、貨物收據或在未

出具此兩種認證時根據第4條第2項所稱之其他方法保存記錄之所列之其他包裹的價值時，於確定承運人的賠償責任限額之際，該包裹或者包裹的總重量也應考慮在內。

5.經證明，損失是由於承運人或其受僱人或其代理人之故意或明知可能造成損失而輕率地作為或者不作為所造成者，不適用本條文第1項或第2項之規範。對於受僱人、代理人之此種作為或不作為，併應證明該受僱人或代理人是在受僱或代理範圍內行事。

6.第21條和本條文所規定之限額並不妨礙法院依據其法律另外加判全部或一部分法院費用及原告所產生包含利息之其他訴訟費用。所判給之賠償金額，不包含法院費用及其他訴訟費用，不超過承運人在造成損失的事件發生後六個月內或已超過六個月而在起訴以前已書面向原告提出的金額，不適於前述規定。

Article 23　Conversion of Monetary Units

1.The sums mentioned in terms of Special Drawing Right in this Convention shall be deemed to refer to the Special Drawing Right as defined by the International Monetary Fund. Conversion of the sums into national currencies shall, in case of judicial proceedings, be made according to the value of such currencies in terms of the Special Drawing Right at the date of the judgement. The value of a national currency, in terms of the Special Drawing Right, of a State Party which is a Member of the International Monetary Fund, shall be calculated in accordance with the method of valuation applied by the International Monetary Fund, in effect at the date of the judgement, for its operations and transactions. The value of a national currency, in terms of the Special Drawing Right, of a State Party which is not a Member of the International Monetary Fund, shall be calculated in a manner determined by that State.

2.Nevertheless, those States which are not Members of the International Monetary Fund and whose law does not permit the application of the provisions of paragraph 1 of this Article may, at the time of ratification or accession or at any time thereafter, declare that the limit of liability of the carrier prescribed in Article 21 is fixed at the sum of 1,500,000 monetary units per passenger in judicial proceedings in their territories; 62,500 monetary units per passenger with respect to paragraph 1 of Article 22; 15,000 monetary units per passenger with respect to paragraph 2 of Article 22; and 250 monetary units per kilogramme with respect to paragraph 3 of Article 22. This monetary unit corresponds to sixty-five and a half milligrammes of gold of millesimal fineness nine hundred. These sums may be converted into the national currency concerned in round figures. The conversion of these sums into national currency shall be made according to the law of the State concerned.

3.The calculation mentioned in the last sentence of paragraph 1 of this Article and the conversion method mentioned in paragraph 2 of this Article shall be made in such manner as to express in the national currency of the State Party as far as possible the same real value for the amounts in Articles 21 and 22 as would result from the application of the first three sentences of paragraph 1 of this Article. States Parties shall communicate to the depositary the manner of calculation pursuant to paragraph 1 of this Aricle, or the result of the conversion in paragraph 2 of this Article as the case may be, when depositing an instrument of ratification, acceptance, approval of or accession to this Convention and whenever there is a change in either.

【中譯】

第二十三條　貨幣單位的換算

1. 本公約中以特別提款權所表示的各項金額，係指國際貨幣基金組織確定的特別提款權。在進行司法程序時，各項金額與各國家貨幣的換算，應當按照判決當日用特別提款權表示的該項貨幣的價值計算。當事國是國際貨幣基金組織的成員，用特別提款權表示的其國家貨幣的價值，應當按照判決當日有效的國際貨幣基金組織在其業務和交易中採用的計算方法進行計算。當事國的價值，應當按照該國所確定的辦法計算。

2. 但是，非國際貨幣基金組織成員並且其法律不允許適用本條文第1項規定的國家，可以在批准、加入或者其後的任何時候聲明，在其境內進行司法程序時，就第21條而言，承運人對每名旅客的責任以1,500,000貨幣單位為限；就第22條第1項而言，承運人對每位旅客的責任以62,500貨幣單位為限；就第22條第2項而言，承運人對每位旅客的責任以15,000貨幣單位為限；就第22條第3項而言，承運人對每位旅客的責任以每公斤250貨幣單位為限。此種貨幣單位相當於含有千分之九百純度的六五點五毫克的黃金。各項金額可換算為相關國家的法律進行。

3. 本條第1項最後一句所稱之計算，以及本條文第2項所稱之換算方法，應當使以締約國貨幣計算的第21條和第22條的數額之價值與根據本條文第1項前三句計算的真實價值盡可能相同。締約國在交存對本公約的批准書、接受書、核准書或者加入書時，應當將根據本條文第1項進行的計算方法或者根據本條文第2項所得的換算結果通知保存人，該計算方法或者換算結果發生變化時亦同。

Article 24   Review of Limits

1. Without prejudice to the provisions of Article 25 of this Convention and subject to paragraph 2 below, the limits of liability prescribed in Articles 21, 22 and 23 shall be reviewed by the Depositary at five-year intervals, the first such review to take place at the end of the fifth year following

the date of entry into force of this Convention, or if the Convention does not enter into force within five years of the date it is first open for signature, within the first year of its entry into force, by reference to an inflation factor which corresponds to the accumulated rate of inflation since the previous revision or in the first instance since the date of entry into force of the Convention. The measure of the rate of inflation to be used in determining the inflation factor shall be the weighted average of the annual rates of increase or decrease in the Consumer Price Indices of the States whose currencies comprise the Special Drawing Right mentioned in paragraph 1 of Article 23.

2. If the review referred to in the preceding paragraph concludes that the inflation factor has exceeded 10 percent, the Depositary shall notify States Parties of a revision of the limits of liability. Any such revision shall become effective six months after its notification to the States Parties. If within three months after its notification to the States Parties a majority of the States Parties register their disapproval, the revision shall not become effective and the Depositary shall refer the matter to a meeting of the States Parties. The Depositary shall immediately notify all States Parties of the coming into force of any revision.

3. Notwithstanding paragraph 1 of this Article, the procedure referred to in paragraph 2 of this Article shall be applied at any time provided that one-third of the States Parties express a desire to that effect and upon condition that the inflation factor referred to in paragraph 1 has exceeded 30 percent since the previous revision or since the date of entry into force of this Convention if there has been no previous revision. Subsequent reviews using the procedure described in paragraph 1 of this Article will take place at five-year intervals starting

at the end of the fifth year following the date of the reviews under the present paragraph.

【中譯】

第二十四條　限額的複審

1.在不妨礙本公約第25條規定的條件下，並依據本條文第2項的規定，保存人應當對第21條、第22條和第23條規定的責任限額每隔五年進行一次複審，第一次複審應在本公約生效之日起第五年的年終進行，本公約在其開放簽署之日起五年內未生效者，第一次複審應當在本公約生效的第一年內進行，複審時應當參考與上一次修訂以來或者就第一次而言本公約生效之日以來累積的通貨膨脹率相應的通貨膨脹因素。用以確定通貨膨脹因素的通貨膨脹率，應當是構成第23條第1項所指特別提款權的貨幣的發行國消費品價格指數年漲跌比率的加權平均數。

2.如果前項所稱之複審結果表示當通貨膨脹因素已經超過百分之十時，保存人應將責任限額的修訂通知締約國。該項修訂應當在通知締約國六個月後生效。在將該項修訂通知締約國後的三個月內，多數締約國登記其反對意見時，修訂不得生效，保存人應當將此事提交締約國會議。保存人應當將修訂的生效立即通知所有締約國。

3.即便有本條文第1項的規定，當三分之一的締約國表示希望進行本條文第2項所指的程序，並且第1項所指通貨膨脹因素自上一次修訂之日起，或在未曾修訂過的情形下自本公約生效之日起，已經超過百分之三十的，應在任何時候進行該程序。其後依照本條文第1項規定程序的複審每隔五年進行一次，自按照本項進行的複審之日起第五年的年終開始。

Article 25　Stipulation on Limits

A carrier may stipulate that the contract of carriage shall be subject to higher limits of liability than those provided for in this Convention or to no limits of liability whatsoever.

【中譯】

　　第二十五條　關於限額的訂定

　　承運人可以訂定運輸契約之適用高於本公約所規定之責任限額，或無責任限額。

Article 26　Invalidity of Contractual Provisions

Any provision tending to relieve the carrier of liability or to fix a lower limit than that which is laid down in this Convention shall be null and void, but the nullity of any such provision does not involve the nullity of the whole contract, which shall remain subject to the provisions of this Convention.

【中譯】

　　第二十六條　契約條款的無效

　　任何傾向免除本公約規定之承運人責任或降低本公約規定之責任限額條款，均屬無效。但是，此種條款的無效，並不影響整個契約的效力，該契約仍受本公約規定之約束。

Article 27　Freedom to Contract

Nothing contained in this Convention shall prevent the carrier from refusing to enter into any contract of carriage, from waiving any defences available under the Convention, or from laying down conditions which do not conflict with the provisions of this Convention.

【中譯】

　　第二十七條　契約上的自由

　　本公約不妨礙承運人拒絕訂定任何運輸契約，放棄根據本公約能夠

獲得的任何抗辯理由或制定同本公約規定不相牴觸的條件。

Article 28　Advance Payments

In the case of aircraft accidents resulting in death or injury of passengers, the carrier shall, if required by its national law, make advance payments without delay to a natural person or persons who are entitled to claim compensation in order to meet the immediate economic needs of such persons. Such advance payments shall not constitute a recognition of liability and may be offset against any amounts subsequently paid as damages by the carrier.

【中譯】

　　第二十八條　先行付款

　　因航空器事故造成乘客死亡或傷害者，承運人應在其國內法有相對應之要求的狀況下，向有權索賠的自然人不遲延地先行付款，以應其迫切經濟需要。此種先行付款不構成對責任的承認，並可從承運人隨後作為損害賠償金支付的任何數額中抵銷。

Article 29　Basis of Claims

In the carriage of passengers, baggage and cargo, any action for damages, however founded, whether under this Convention or in contract or in tort or otherwise, can only be brought subject to the conditions and such limits of liability as are set out in this Convention without prejudice to the question as to who are the persons who have the right to bring suit and what are their respective rights. In any such action, punitive, exemplary or any other non-compensatory damages shall not be recoverable.

【中譯】

　　第二十九條　索賠的根據

　　在乘客、行李和貨物運輸中，有關損害賠償的訴訟，無論其根據如

何，是根據本公約、根據契約、根據侵權，抑或根據其他任何理由，只能依照本公約規定的條件和責任限額提起，但是不妨礙確定何者有權提起訴訟以其各自的權利。在任何這類的訴訟中，均不得判給懲罰性、懲戒性或者任何其他非補償性的損害賠償。

Article 30　Servants, Agents- Aggregation of Claims

1.If an action is brought against a servant or agent of the carrier arising out of damage to which the Convention relates, such servant or agent, if they prove that they acted within the scope of their employment, shall be entitled to avail themselves of the conditions and limits of liability which the carrier itself is entitled to invoke under this Convention.

2.The aggregate of the amounts recoverable from the carrier, its servants and agents, in that case, shall not exceed the said limits.

3.Save in respect of the carriage of cargo, the provisions of paragraphs 1 and 2 of this Article shall not apply if it is proved that the damage resulted from an act or omission of the servant or agent done with intent to cause damage or recklessly and with knowledge that damage would probably result.

【中譯】

第三十條　受僱人、代理人──索賠的總額

1.如果就本公約中所稱之損失向承運人的受僱人、代理人提起訴訟時，該受僱人、代理人證明其是在受僱、代理範圍內執勤者，有權援用本公約所述之承運人有權援用的條件和責任限額。

2.在此種情況下，承運人及其受僱人和代理人的賠償總額不得超過上述責任限額。

3.若經過證明，損失是由於受僱人、代理人的故意或明知可能造成損失而輕率地作為或不作為所造成的，不適用本條文第1項和第2項的規定，但貨物運輸除外。

Article 31　Timely Notice of Complaints

1. Receipt by the person entitled to delivery of checked baggage or cargo without complaint is prima facie evidence that the same has been delivered in good condition and in accordance with the document of carriage or with the record preserved by the other means referred to in paragraph 2 of Article 3 and paragraph 2 of Article 4.

2. In the case of damage, the person entitled to delivery must complain to the carrier forthwith after the discovery of the damage, and, at the latest, within seven days from the date of receipt in the case of checked baggage and fourteen days from the date of receipt in the case of cargo. In the case of delay, the complaint must be made at the latest within twenty-one days from the date on which the baggage or cargo have been placed at his or her disposal.

3. Every complaint must be made in writing and given or dispatched within the times aforesaid.

4. If no complaint is made within the times aforesaid, no action shall lie against the carrier, save in the case of fraud on its part.

【中譯】

第三十一條　有異議時的及時提出

1. 有權領取託運行李或貨物者若於收受託運行李或貨物時未提出異議，可視為託運行李或貨物已在良好狀況並在與運輸憑證或第3條第2項和第4條第2項所稱之其他方法保存的記錄相符情況下交付的初步證據。

2. 如果發生損失時，有權領取託運行李或貨物者必須在發現損失後立即向承運人提出異議。並且，託運行李發生損失者，最遲必須在收到託運行李之日起七日之內提出，貨物發生損失的，最遲必須在收到貨物之日起十四日內提出。發生延誤時，最遲必須在行

李或貨物交付受貨人處置之日起二十一日內提出異議。

3.若有任何異議，均必須在前述條款所規定的期間內以書面方式提出或者發出。

4.除非承運人有欺詐行為之外，在前述條款規定的期間內未提出異議者，不得向承運人提起訴訟。

Article 32　Death of Person Liable

In the case of the death of the person liable, an action for damages lies in accordance with the terms of this Convention against those legally representing his or her estate.

【中譯】

　　第三十二條　責任人亡故

　　如果責任人亡故，損害賠償訴訟可以根據本公約的規定，對其遺產的合法代表人提出請求權。

Article 33　Jurisdiction

1.An action for damages must be brought, at the option of the plaintiff, in the territory of one of the States Parties, either before the court of the domicile of the carrier or of its principal place of business, or where it has a place of business through which the contract has been made or before the court at the place of destination.

2.In respect of damage resulting from the death or injury of a passenger, an action may be brought before one of the courts mentioned in paragraph 1 of this Article, or in the territory of a State Party in which at the time of the accident the passenger has his or her principal and permanent residence and to or from which the carrier operates services for the carriage of passengers by air, either on its own aircraft, or on another carrier's aircraft pursuant to a commercial agreement, and in which that carrier conducts its business of carriage of passengers by air from premises leased or owned by the carrier itself or by another carrier with which it has a commercial agreement.

3.For the purposes of paragraph 2, (a) "commercial agreement" means an agreement, other than an agency agreement, made between carriers and relating to the provision of their joint services for carriage of passengers by air; (b) "principal and permanent residence" means the one fixed and permanent abode of the passenger at the time of the accident. The nationality of the passenger shall not be the determining factor in this regard.

4.Questions of procedure shall be governed by the law of the court seized of the case.

【中譯】

第三十三條　管轄權

1.損害賠償訴訟必須在本公約締約國境內，由原告選擇，向承運人居住地、主要營業地或訂立契約之營業場所所在地的法院，或向目的地點法院提起。

2.對於因乘客亡故或傷害而產生的損失，可以向本條文第1項所述法院之一提起訴訟，或在發生事故時旅客的主要且永久居住地之締約國境內提起，並且承運人使用自己的航空器或根據商務協定使用另一承運人之航空器經營至該國境內或從該國境內出發之航空客運業務，並在該國境內該承運人藉由其本人或與其有商務協定之另一承運人租賃或自有的處所從事航空客運業務。

3.就第2項的目的而言，(a)「商務協定」係指承運人之間就其提供聯營航空客運業務而訂定的協定稱之，但代理協定除外；(b)「主要且永久居住地」係指事故發生當時的時點，該乘客之固定且永久的居住地。此外，乘客的國籍不得作為決定性的因素。

4.有關訴訟程序之適用係依據案件受理法院之當地法律。

Article 34　Arbitration

1.Subject to the provisions of this Article, the parties to the contract of carriage for cargo may stipulate that any dispute relating to the liability of the carrier under this Convention shall be settled by arbitration. Such agreement shall be in writing.

2.The arbitration proceedings shall, at the option of the claimant, take place within one of the jurisdiction referred to in Article 33.

3.The arbitrator or arbitration tribunal shall apply the provisions of this Convention.

4.The provisions of paragraphs 2 and 3 of this Article shall be deemed to be part of every arbitration clause or agreement, and any term of such clause or agreement which is inconsistent therewith shall be null and void.

【中譯】

第三十四條　仲裁

1.在符合本條文規定的條件下，貨物運輸契約的當事人可以約定，有關本公約中所載之承運人責任於發生任何爭議時應透過仲裁解決。此協議應以書面形式表述。

2.仲裁程序應依據索賠人的選擇，在本公約第33條所指的其中一個管轄區內進行。

3.仲裁者或仲裁法庭應適用本公約條文的規定。

4.本條文第2項和第3項的規定應視為每一仲裁條款或仲裁協議的一部分，凡此種條款或協議與上述規定不一致者均屬無效。

Article 35　Limitation of Actions

1.The right to damages shall be extinguished if an action is not brought within a period of two years, reckoned from the date of arrival at the destination, or from the date on which the aircraft ought to have arrived, or from the date on which the carriage stopped.

2.The method of calculating that period shall be determined by the law of the court seized of the case.

【中譯】

第三十五條　訴訟時效

1.自航空器到達目的地之日、應當到達目的地之日或運輸終止之日起兩年期間內未提起訴訟，喪失對損害賠償的請求權。

2.前述所稱「期間」之計算方法，係根據案件受理法院當地的法律定之。

Article 36　Successive Carriage

1.In the case of carriage to be performed by various successive carriers and falling within the definition set out in paragraph 3 of Article 1, each carrier which accepts passengers, baggage or cargo is subject to the rules set out in this Convention and is deemed to be one of the parties to the contract of carriage in so far as the contract deals with that part of the carriage which is performed under its supervision.

2.In the case of carriage of this nature, the passenger or any person entitled to compensation in respect of him or her can take action only against the carrier which performed the carriage during which the accident or the delay occurred, save in the case where, by express agreement, the first carrier has assumed liability for the whole journey.

3.As regards baggage or cargo, the passenger or consignor will have a right of action against the first carrier, and the passenger or consignee who is entitled to delivery will have a right of action against the last carrier, and further, each may take action against the carrier which performed the carriage during which the destruction, loss, damage or delay took place. These carriers will be jointly and severally liable to

the passenger or to the consignor or consignee.

【中譯】

　　第三十六條　連續運輸

　　1.由幾個連續承運人執行，並屬於本公約第1條第3項所定義之運輸，接受乘客、行李或貨物的每一個承運人應受本公約規則的約束，並就在運輸契約中其監管履行的運輸區段的範圍內，作為運輸契約的訂約一方。

　　2.對於此種性質的運輸，除非明文約定第一承運人對全程運輸承擔責任之外，乘客或任何行使其索賠權利者，只能對發生事故或延誤時履行該運輸的承運人提起訴訟。

　　3.有關行李或貨物，旅客或託運人有權對第一承運人提起訴訟，有權接受交付的旅客或受貨人有權對最後承運人提起訴訟。上述承運人應對旅客、託運人或受貨人負擔連帶責任。

Article 37　Right of Recourse against Third Parties

Nothing in this Convention shall prejudice the question whether a person liable for damage in accordance with its provisions has a right of recourse against any other person.

【中譯】

　　第三十七條　對第三人的追償權

　　本公約不影響依照本公約規定對損失承擔責任者是否有權向他人追償的問題。

Chapter IV　Combined Carriage

Article 38　Combined Carriage

1.In the case of combined carriage performed partly by air and partly by any other mode of carriage, the provisions of this Convention shall, subject to paragraph 4 of Article 18, apply only to the carriage by air, provided that the carriage by air falls within the terms of Article 1.

2.Nothing in this Convention shall prevent the parties in the case of combined carriage from inserting in the document of air carriage conditions relating to other modes of carriage, provided that the provisions of this Convention are observed as regards the carriage by air.

【中譯】

第四章　聯合運輸

第三十八條　聯合運輸

1.部分採取航空運輸，部分採取其他方式進行的聯合運輸，本公約的規定應只適用於符合第1條所規定的航空運輸部分，但是第18條第4項另有規定的除外。

2.在航空運輸部分遵守本公約規定的條件下，本公約不妨礙聯合運輸的各方當事人在航空運輸憑證上列入有關其他運輸方式的條件。

Chapter V　Carriage by Air Performed by a Person other than the Contracting Carrier

Article 39　Contracting Carrier- Actual Carrier

The provisions of this Chapter apply when a person (hereinafter referred to as "the contracting carrier") as a principal makes a contract of carriage governed by this Convention with a passenger or consignor or with a person acting on behalf of the passenger or consignor, and another person (hereinafter referred to as "the actual carrier") performs, by virtue of authority from the contracting carrier, the whole or part of the carriage, but is not with respect to such part a successive carrier within the meaning of this Convention. Such authority shall be presumed in the absence of proof to the contrary.

【中譯】

　　第五章　非締約承運人執行的航空運輸

　　第三十九條　締約承運人——實際承運人

　　一方當事人（以下簡稱「締約承運人」）本人與乘客、託運人或以乘客或託運人名義行事者訂立依本公約調整的運輸契約，而另一當事人（以下簡稱「實際承運人」）根據締約承運人的授權，履行全部或部分運輸，針對該部分運輸而言，該另一當事人並非本公約所指的連續承運人，適用本章的規定。在沒有相反證明時，此種授權應被推定是存在的。

Article 40　Respective Liability of Contracting and Actual Carriers

If an actual carrier performs the whole or part of carnage which, according to the contract referred to in Article 39, is governed by this Convention, both the contracting carrier and the actual carrier shall, except as otherwise provided in this Chapter, be subject to the rules of this Convention, the former for the whole of the carriage contemplated in the contract, the latter solely for the carriage which it performs.

【中譯】

　　第四十條　締約承運人和實際承運人各自的責任

　　除本章另有規定外，實際承運人執行全部或部分運輸，而根據第39條所指的契約，該運輸是受本公約管理支配的，締約承運人和實際承運人都應受本公約條文的約束，締約承運人對契約考慮到的全部運輸負責，實際承運人只對其執行的運輸負責。

Article 41　Mutual Liability

1.The acts and omissions of the actual carrier and of its servants and agents acting within the scope of their employment shall, in relation to the carriage performed by the actual carrier, be deemed to be also those of the contracting carrier.

2.The acts and omissions of the contracting carrier and of its servants and agents acting within the scope of their employment shall, in relation to the carriage performed by the actual carrier, be deemed to be also those of the actual carrier. Nevertheless, no such act or omission shall subject the actual carrier to liability exceeding the amounts referred to in Articles 21, 22, 23 and 24. Any special agreement under which the contracting carrier assumes obligations not imposed by this Convention or any waiver of rights or defenses conferred by this Convention or any special declaration of interest in delivery at destination contemplated in Article 22 shall not affect the actual carrier unless agreed to by it.

【中譯】

第四十一條　相互責任

1.實際承運人之作為和不作為，實際承運人的受僱人、代理人在受僱、代理範圍內之作為和不作為，關係到實際承運人執行運輸者，也應視為締約承運人之作為和不作為。

2.締約承運人之作為和不作為，締約承運人的受僱人、代理人在受僱、代理範圍內之作為和不作為，關係到實際承運人執行運輸者，也應視為實際承運人之作為和不作為。但是，實際承運人承擔的責任不因此種作為或不作為而超過第21條、第22條、第23條和第24條所指之數額。任何有關締約承運人承擔本公約未規定的義務或放棄本公約賦予之權利或抗辯理由的特別協定，或任何有關第22條考慮到的在目的地交付時利益的特別聲明，除非經過實際承運人同意之外，均不得影響實際承運人。

Article 42　Addressee of Complaints and Instructions

Any complaint to be made or instruction to be given under this Convention to the carrier shall have the same effect whether addressed to the contracting carrier or to the actual carrier. Nevertheless, instructions

referred to in Article 12 shall only be effective if addressed to the contracting carrier.

【中譯】

第四十二條　異議和指示的對象

依照本公約規定向承運人提出的異議或者發出的指示，無論是向締約承運人抑或是向實際承運人提出或發出，具有同等效力。但是，第12條所指的指示，只在向締約承運人發出時，方屬有效。

Article 43　Servants and Agents

In relation to the carriage performed by the actual carrier, any servant or agent of that carrier or of the contracting carrier shall, if they prove that they acted within the scope of their employment, be entitled to avail themselves of the conditions and limits of liability which are applicable under this Convention to the carrier whose servant or agent they are, unless it is proved that they acted in a manner that prevents the limits of liability from being invoked in accordance with this Convention.

【中譯】

第四十三條　受僱人和代理人

實際承運人的受僱人、代理人或締約承運人的受僱人、代理人，證明其是在受僱、代理範圍內行事者，就實際承運人執行的運輸而言，有權援用本公約規定的適用於雇用該人的或被代理之承運人的條件和責任限額，但是經證明依照本公約其行為不能援用該責任限額者除外。

Article 44　Aggregation of Damages

In relation to the carriage performed by the actual carrier, the aggregate of the amounts recoverable from that carrier and the contracting carrier, and from their servants and agents acting within the scope of their employment, shall not exceed the highest amount which could be

awarded against either the contracting carrier or the actual carrier under this Convention, but none of the persons mentioned shall be liable for a sum in excess of the limit applicable to that person.

【中譯】

第四十四條　賠償總額

對於實際承運人執行的運輸，實際承運人和締約承運人及其在受僱、代理範圍內行事的受僱人和代理人的賠償總額不得超過依照本公約而得從以締約承運人或實際承運人獲得賠償之最高數額，但是前述任何人都不承擔超過對其適用的責任限額。

Article 45　Addressee of Claims

In relation to the carriage performed by the actual carrier, an action for damages may be brought, at the option of the plaintiff, against that carrier or the contracting carrier, or against both together or separately. If the action is brought against only one of those carriers, that carrier shall have the right to require the other carrier to be joined in the proceedings, the procedure and effects being governed by the law of the court seised of the case.

【中譯】

第四十五條　索賠對象

對實際承運人執行的運輸所提起的損害賠償訴訟，可以由原告選擇對實際承運人或對締約承運人提起訴訟，也可以同時或分別對實際承運人和締約承運人提起訴訟。損害賠償訴訟只對其中一個承運人提起者，該承運人有權要求另一承運人參與訴訟，訴訟程序及其效力適用於案件受理法院的法律。

Article 46　Additional Jurisdiction

Any action for damages contemplated in Article 45 must be brought, at

the option of the plaintiff, in the territory of one of the States Parties, either before a court in which an action may be brought against the contracting carrier, as provided in Article 33, or before the court having jurisdiction at the place where the actual carrier has its domicile or its principal place of business.

【中譯】

第四十六條　附加管轄權

在第45條所考慮到的損害賠償訴訟，必須在一個公約締約國的境內，由原告選擇，依據第33條規定向可以對締約承運人提起訴訟的法院提起訴訟，或向實際承運人居住地或其主要營業地之有管轄權的法院提起訴訟。

Article 47　Invalidity of Contractual Provisions

Any contractual provision tending to relieve the contracting carrier or the actual carrier of liability under this Chapter or to fix a lower limit than that which is applicable according to this Chapter shall be null and void, but the nullity of any such provision does not involve the nullity of the whole contract, which shall remain subject to the provisions of this Chapter.

【中譯】

第四十七條　契約條款的無效

任何旨在免除本章所規定的締約承運人或實際承運人責任或降低適用於本章的責任限額的契約條款，均屬無效，但是，此種條款的無效，不影響整個契約的效力，該契約仍受本章條文的約束。

Article 48　Mutual Relations of Contracting and Actual Carriers

Except as provided in Article 45, nothing in this Chapter shall affect the rights and obligations of the carriers between themselves, including any right of recourse or indemnification.

【中譯】

第四十八條　締約承運人和實際承運人的相互關係

除了第45條的規定之外，本章的規定不影響承運人之間的權利和義務，包括任何追償權或求償權。

Chapter VI　Other Provisions

Article 49　Mandatory Application

Any clause contained in the contract of carriage and all special agreements entered into before the damage occurred by which the parties purport to infringe the rules laid down by this Convention, whether by deciding the law to be applied, or by altering the rules as to jurisdiction, shall be null and void.

【中譯】

第六章　其他規定

第四十九條　強制適用

運輸契約的任何條款以及在損失發生以前所達成的所有特別協議，若其當事人藉以違反本公約規則，無論是選擇所適用的法律還是變更有關管轄權的規則，均屬無效。

Article 50　Insurance

States Parties shall require their carriers to maintain adequate insurance covering their liability under this Convention. A carrier may be required by the State Party into which it operates to furnish evidence that it maintains adequate insurance covering its liability under this Convention.

【中譯】

第五十條　保險

締約國應要求其承運人就其在本公約的責任進行足夠的保險。締約

國可以要求經營航空運輸至該國境內的承運人提供其已就公約中的責任進行充分保險的證據。

Article 51　Carriage Performed in Extraordinary Circumstances
The provisions of Articles 3 to 5, 7 and 8 relating to the documentation of carriage shall not apply in the case of carriage performed in extraordinary circumstances outside the normal scope of a carrier's business.

【中譯】

　　第五十一條　特殊情況下執行的運輸

　　第3條至第5條、第7條和第8條關於運輸憑證的規定，不適用於承運人正常業務範圍以外之特殊情況下執行的運輸。

Article 52　Definition of Days
The expression "days" when used in this Convention means calendar days, not working days.

【中譯】

　　第五十二條　日的定義

　　本公約所稱之「日」，係指日曆日，而非工作日。

Chapter VII　Final Clauses
Article 53　Signature, Ratification and Entry into Force
1.This Convention shall be open for signature in Montreal on 28 May 1999 by States participating in the International Conference on Air Law held at Montreal from 10 to 28 May 1999. After 28 May 1999, the Convention shall be open to all States for signature at the Headquarters of the International Civil Aviation Organization in Montreal until it enters into force in accordance with paragraph 6 of this Article.
2.This Convention shall similarly be open for signature by Regional Economic Integration Organizations. For the purpose of this

Convention, a "Regional Economic Integration Organization" means any organization which is constituted by sovereign States of a given region which has competence in respect of certain matters governed by this Convention and has been duly authorized to sign and to ratify, accept, approve or accede to this Convention. A reference to a "State Party" or "States Parties" in this Convention, otherwise than in paragraph 2 of Article 1, paragraph 1(b) of Article 3, paragraph (b) of Article 5, Articles 23, 33, 46 and paragraph (b) of Article 57, applies equally to a Regional Economic Integration Organization. For the purpose of Article 24, the references to "a majority of the States Parties" and "one-third of the States Parties" shall not apply to a Regional Economic Integration Organization.

3. This Convention shall be subject to ratification by States and by Regional Economic Integration Organizations, which have signed it.

4. Any State or Regional Economic Integration Organization which does not sign this Convention may accept, approve or accede to it at any time.

5. Instruments of ratification, acceptance, approval or accession shall be deposited with the International Civil Aviation Organization, which is hereby designated the Depositary.

6. This Convention shall enter into force on the sixtieth day following the date of deposit of the thirtieth instrument of ratification, acceptance, approval or accession with the Depositary between the States, which have deposited such instrument. An instrument deposited by a Regional Economic Integration Organization shall not be counted for the purpose of this paragraph.

7. For other States and for other Regional Economic Integration

Organizations, this Convention shall take effect sixty days following the date of deposit of the instrument of ratification, acceptance, approval or accession.

8. The Depositary shall promptly notify all signatories and States Parties of: (a) Each signature of this Convention and date thereof; (b) Each deposit of an instrument of ratification, acceptance, approval or accession and date thereof; (c) The date of entry into force of this Convention; (d) The date of the coming into force of any revision of the limits of liability established under this Convention; (e) Any denunciation under Article 54.

【中譯】

　　第七章　最後條款

　　第五十三條　簽署、批准和生效

1. 本公約於1999年5月28日在蒙特利爾開放，聽任1999年5月10日至28日在蒙特利爾召開的國際航空法大會的參與國簽署。1999年5月28日以後，本公約應在蒙特利爾國際民用航空組織總部對所有國家開放簽署，直至其依據本條文第6項生效。

2. 本公約同樣向地區性經濟一體化組織開放簽署。就本公約而言，「地區性經濟一體化組織」係指由某一地區的主權國家組成之對於本公約調整的某些事項有權能的並經正式授權可以簽署及批准、接受、核准或加入本公約的任何組織。本公約中對「締約國」的提述，同樣適用於地區性經濟一體化組織，但是第1條第2項、第3條第1項第2款，第5條第2項、第23條、第33條、第46條和第57條第2款中的除外。就第24條而言，其對「多數締約國」和「三分之一的締約國」的提述不應適用於地區性經濟一體化組織。

3. 本公約應經簽署本公約的國家和地區性經濟一體化組織批准。

4.尚未簽署本公約的國家或地區性經濟一體化組織，可以在任何時候接受、核准或加入本公約。

5.認可書、接受書、核准書或加入書應當交存國際民用航空組織，在此指定其為保存人。

6.本公約應於第三十份認可書、接受書、核准書或加入書交存保存人後的第六十天再交存這些文件的國家之間生效。就本款而言，地區性經濟一體化組織交存的文件不得計算在內。

7.對於其他國家或其他地區性經濟一體化組織，本公約應當於其認可書、接受書、核准書或加入書交存日後六十天對其生效。

8.保存人應當將下列事項迅速通知各簽署方和締約國：(a)對本公約的每一簽署及其日期；(b)每一認可書、接受書、核准書或加入書的交存及其日期；(c)本公約的生效日期；(d)對本公約所設定責任限額的任何修訂的生效日期；(e)第54條所稱之退出。

Article 54   Denunciation

1.Any State Party may denounce this Convention by written notification to the Depositary.

2.Denunciation shall take effect one hundred and eighty days following the date on which notification is received by the Depositary.

【中譯】

第五十四條　退出

1.任何締約國可以向保存人提出書面通知，以退出本公約。

2.退出應自保存人收到通知之日後的第一百八十天起生效。

Article 55   Relationship with Other Warsaw Convention Instruments

This Convention shall prevail over any rules which apply to international carriage by air:

1.between States Parties to this Convention by virtue of those States commonly being Party to (a) the Convention for the Unification

of Certain Rules Relating to International Carriage by Air Signed at Warsaw on 12 October 1929 (hereinafter called the Warsaw Convention); (b) the Protocol to Amend the Convention for the Unification of Certain Rules Relating to International Carriage by Air Signed at Warsaw on 12 October 1929, Done at The Hague on 28 September 1955 (hereinafter called The Hague Protocol); (c) the Convention, Supplementary to the Warsaw Convention, for the Unification of Certain Rules Relating to International Carriage by Air Performed by a Person Other than the Contracting Carrier, signed at Guadalajara on 18 September 1961 (hereinafter called the Guadalajara Convention); (d) the Protocol to Amend the Convention for the Unification of Certain Rules Relating to International Carriage by Air Signed at Warsaw on 12 October 1929 as Amended by the Protocol Done at The Hague on 28 September 1955 Signed at Guatemala City on 8 March 1971 (hereinafter called the Guatemala City Protocol); (e) Additional Protocol Nos. 1 to 3 and Montreal Protocol No. 4 to amend the Warsaw Convention as amended by The Hague Protocol or the Warsaw Convention as amended by both The Hague Protocol and the Guatemala City Protocol Signed at Montreal on 25 September 1975 (hereinafter called the Montreal Protocols); or

2. within the territory of any single State Party to this Convention by virtue of that State being Party to one or more of the instruments referred to in sub-paragraphs (a) to (e) above.

【中譯】

第五十五條　與其他華沙體系文件的關係

在下列情況下，本公約應優先於國際航空運輸所適用的任何規則：

1. 該項國際航空運輸在本公約締約國之間執行，而這些締約國同為

下列條約的當事國：(a)1929年10月12日在華沙簽訂的《統一國際航空運輸某些規則的公約》（以下簡稱《華沙公約》）；(b)1955年9月28日訂於海牙的《修訂1929年10月12日在華沙簽訂的《統一國際航空運輸某些規則的公約》的議定書》（以下簡稱《海牙議定書》）；(c)1961年9月18日在瓜達拉哈拉簽署的《統一非立約承運人所作國際航空運輸的某些規則以補充華沙公約的公約》（以下簡稱《瓜達拉哈拉公約》）；(d)1971年3日8日簽署於瓜地馬拉的《修訂經《海牙議定書》修訂的《統一國際航空運輸某些規則的公約》的議定書》（以下簡稱《瓜地馬拉協定》）；(e)1975年9月25日在蒙特利爾簽訂的修訂經《海牙議定書》或者經《海牙議定書》和《瓜地馬拉協定》修正的《華沙公約》的第一號至第三號附加議定書以及蒙特利爾第四號議定書（以下簡稱各個蒙特利爾議定書）；或者

2.該項國際航空運輸在本公約的一個締約國境內執行，而該締約國是前述第1項至第5項所指之一個或幾個文件的締約國。

Article 56   States with more than one System of Law

1.If a State has two or more territorial units in which different systems of law are applicable in relation to matters dealt with in this Convention, it may at the time of signature, ratification, acceptance, approval or accession declare that this Convention shall extend to all its territorial units or only to one or more of them and may modify this declaration by submitting another declaration at any time.

2.Any such declaration shall be notified to the Depositary and shall state expressly the territorial units to which the Convention applies.

3.In relation to a State Party which has made such a declaration: (a) references in Article 23 to "national currency" shall be construed as referring to the currency of the relevant territorial unit of that State; and

(b) the reference in Article 28 to "national law" shall be construed as referring to the law of the relevant territorial unit of that State.

【中譯】

第五十六條　有多種法律制度的國家

1.如果一個國家有兩個或多個領土，若在各領土內對於本公約處理的事項適用不同的法律制度者，該國可以在簽署、認可、接受、核准或加入時，聲明本公約適用於該國所有領土或只適用於其中一個或多個領土，而該國也可以隨時提交一份聲明以修改此項聲明。

2.作出此項聲明，均應當通知保存人，聲明中應明確指明適用本公約的領土。

3.針對已作出此項聲明的締約國而言：(a)第23條所述的「國家貨幣」應當解釋爲該國有關領土單位的貨幣；並且(b)第28條所述的「國內法」應解釋爲該國相關領土的法律。

Article 57　Reservations

No reservation may be made to this Convention except that a State Party may at any time declare by a notification addressed to the Depositary that this Convention shall not apply to: (a) international carriage by air performed and operated directly by that State Party for non-commercial purposes in respect to its functions and duties as a sovereign State; and/or (b) the carriage of persons, cargo and baggage for its military authorities on aircraft registered in or leased by that State Party, the whole capacity of which has been reserved by or on behalf of such authorities.

【中譯】

第五十七條　保留

對本公約不得保留，但是當事國可以在任何時候向保存人提交通知，聲明本公約不適用於：(a)由締約國就其作爲主權國家的職能和責任

為非商業目的而直接辦理和營運的國際航空運輸；以及／或者(b)使用在該締約國登記或為該締約國租賃、其全部運力已為其軍事當局或以該組織之名義所保留的航空器，為該組織辦理之人員、貨物和行李運輸。

IN WITNESS WHEREOF the undersigned Plenipotentiaries, having been duly authorized, have signed this Convention DONE at Montreal on the 28th day of May of the year one thousand nine hundred and ninety-nine in the English, Arabic, Chinese, French, Russian and Spanish languages, all texts being equally authentic. This Convention shall remain deposited in the archives of the International Civil Aviation Organization, and certified copies thereof shall be transmitted by the Depositary to all States Parties to this Convention, as well as to all States Parties to the Warsaw Convention, The Hague Protocol, the Guadalajara Convention, the Guatemala City Protocol, and the Montreal Protocols.

【中譯】

下列全權代表經正式授權，已在本公約上簽署，以昭信守。本公約於1999年5月28日訂定於蒙特利爾，以中文、英文、阿拉伯文、法文、俄文和西班牙文撰寫成各種文字版本同等作准。本公約應存放於國際民用航空組織檔案處，由保存人將核正無誤的公約副本分送本公約的所有締約國及《華沙公約》、《海牙議定書》、《瓜達拉哈拉公約》、《瓜地馬拉協定》和各個蒙特利爾議定書的所有締約國。

參考文獻

Roderick D. van Dam, Air Liability: ICAO Policy, *Annals of Air and Space Law*, Vol. XVII-I, 1992, p.85.

何國雄（2000）。〈國際航空運送人責任之整合體制研究：一九九九年蒙特婁公約〉，國立中正大學法律學研究所。

林淑娟（1995）。〈國際航空運送人對旅客傷亡之損害賠償責任〉，東吳大學法律研究所碩士論文，頁90。

第七章　民用航空法之航空器、航空人員

第一節　航空器之國籍

一、國籍取得之要件

何謂航空器？依據《民用航空法》第2條第1項：「航空器：指任何藉空氣之反作用力，而非藉空氣對地球表面之反作用力，得以飛航於大氣中之器物。」航空器之性質與船舶相似，具有「人格化」的特性，亦即航空器必須持有國籍。為何要有國籍？可不可以擁有「雙重國籍」？國籍是代表管轄國的象徵，亦代表國家實行外交保護的依據。自然人可以有雙重甚至多重國籍，但船舶及航空器只能有一個國籍。為何只能有一個國籍呢？

國際法中「國籍」（nationality）之功能，在於提供國家對於一受到損害之個人或公司在國際法體系中向造成損害之另一國提起國際索賠要求（international claim），以遂行對該人或該公司之外交保護（diplomatic protection）前，所必須證明存在之「法律上之聯繫」。亦即，國際間必須責成國籍國負有一定義務，而後始能維持國際社會中之法律秩序。通常航空器被視為一國的浮動領土，航空器在任何地方都受到其國籍國法律的支配。1919年《巴黎公約》和1944年《國際民用航空公約》（簡稱《芝加哥協定》）都規定，任何民用航空器在投入使用前，必須取得國籍。

1944年《芝加哥協定》第17條：「航空器具有其登記的國家的國籍。」（Article 17- Nationality of aircraft: Aircraft have the nationality of the State in which they are registered.），並在第18條強調航空器不得有雙重國籍：「航空器在一個以上國家登記不得認為有效，但其登記可以由一國轉移至另一國。」（Article 18- Dual registration: An aircraft cannot be

validly registered in more than one State, but its registration may be changed from one State to another.）。有關航空器國籍的唯一性，我國和中共的民航法亦強調該原則。以我國《民用航空法》第8條即明文規定：「航空器應由所有人或使用人向民航局申請中華民國國籍登記，經審查合格後發給登記證書。已登記之航空器，非經核准註銷其登記，不得另在他國登記。曾在他國登記之航空器，非經撤銷其登記，不得在中華民國申請登記。」另外，中共在其《民用航空法》第2章第9條亦強調：「民用航空器不得具有雙重國籍。未註銷外國國籍的民用航空器不得在中華人民共和國申請國籍登記。」此外，1944年《國際民用航空公約》第19條並說明轉換航空器國籍的規定：「管理登記的國家法律航空器在任何締約國登記或轉移登記，應按該國的法律和規章辦理。」（Article 19- National laws governing registration: The registration or transfer of registration of aircraft in any contracting State shall be made in accordance with its laws and regulations.）

　　民用航空器的國籍是通過登記而取得的。在國籍取得問題上有兩種不同的處理原則：其一是「屬人主義原則」（即航空器的國籍應依該航空器所有權人或使用權人的國籍來決定）；其二是「屬地主義原則」（即以航空器之生產或使用地域作為確定國籍的準則）。在民用航空器的國籍登記中，根據1919年《巴黎公約》和1944年《芝加哥協定》，民用航空器的國籍適用於「屬人主義原則」。海峽兩岸的《民用航空法》對於取得航空器國籍的申辦條件，均是適用屬人主義原則。

　　至於航空器欲登記為我國國籍該如何辦理呢？《民用航空法》第7條規定：「中華民國國民、法人及政府各級機關，均得依本法及其他有關法令享有自備航空器之權利。但如空域或航空站設施不足時，交通部對自備非公共運輸用航空器之權利得限制之。外國人，除依第七章有關規定外，不得在中華民國境內自備航空器。」而同法第10條詳細說明航空器若符合下列規定之一者，得申請登記為中華民國國籍航空器：「一、中華民國國民所有。二、中華民國政府各級機關所有。三、依中

華民國法律設立，在中華民國有主事務所之下列法人所有：(一)無限公司之股東全體為中華民國國民。(二)有限公司之資本總額逾百分之五十為中華民國之國民、法人所有，其代表公司之董事為中華民國國民。(三)兩合公司之無限責任股東全體為中華民國國民。(四)股份有限公司之股份總數逾百分之五十為中華民國之國民、法人所有，其董事長及董事逾半數為中華民國國民，且單一外國人持有之股份總數不得逾百分之二十五。(五)其他法人之代表人全體為中華民國國民。外籍航空器，除本法另有規定外，不得在中華民國申請國籍登記。」

從《民用航空法》第10條的法意來看，在原則上採用專屬主義至為明顯，只有在對公司組織兼採半屬主義。因公司組織型態不同，對各該公司所加之限制亦異。所謂「公司」係指以營利為目的，依照公司法組織登記成立之社團法人。依據我國《公司法》第2條第1項所定義的公司分類，可區分為無限公司、有限公司、兩合公司及股份有限公司等四種。所謂無限公司指兩人以上股東所組織，對公司債務負連帶無限清償責任之公司。析之如下：(1)無限公司其股東必為兩人以上，股東對於公司債務，不問其出資額多寡，與盈虧分配之比例如何，均對公司債務負連帶無限清償責任（《公司法》第60條參照）；(2)所謂「連帶無限清償責任」，乃指各股東不問其出資額或盈虧分派之比例，對公司債權人各負責清償全部債務之責任；而債權人得對股東之一人或數人或其全部，同時或先後請求全部或一部之給付（《民法》第272、273條參照）。無限公司之股東，所以需要全體皆為中華民國國民者，因依《公司法》第45條：「無限公司各股東均有執行業務之權利，而負其義務。」所以如果不是全體均為中華民國國民，則政府沒有辦法完全有效控制。

至於所謂「有限公司」係指五人以上、二十一人以下之股東所組織，就其出資額為限，對公司負其責任之公司。析之如下：(1)有限公司，其股東至少五人以上，最高不得超過二十一人。其公司股東，僅以出資額為限，對公司負其責任。惟股東人數因繼承或遺贈而變更時，不

受上述最高人數之限制；(2)所謂「有限責任」即股東就其出資額爲限，對公司負其責任之謂。此種責任不僅有一定之限度（出資額），與無限責任不同，且股東只對公司負責，而不直接對公司債權人負責，亦與無限責任有異。此種責任，嚴格來說，只是出資之義務。有限公司依《公司法》第108條，公司章程明定專由股東中之一人或數人執行業務時，準用《公司法》第46條：「股東之數人或全體執行業務時，關於業務之執行，取決於過半數之同意。」

「兩合公司」係指一人以上無限責任股東與一人以上有限責任股東所組織，其無限責任股東對公司債務負連帶無限清償責任；有限責任股東就其出資額爲限，對公司負其責任之公司。兩合公司之股東與無限公司同爲兩人以上，惟因有限責任與無限責任不同，其股東中至少有一人負有限責任，亦即至少有一人負無限責任。

「股份有限公司」係指七人以上股東所組織，全部資本分爲股份，股東就其所認股份，對公司負其責任之公司。析之如下：(1)股份有限公司之股東至少爲七人，其最高額則無限制，其資本分爲股份，股東於股款繳足後，對於公司即不負任何責任；(2)所謂「股東就其所認股份對公司負其責任」，就其責任之有限度及不直接對債權人負責兩點來看，與前述之有限責任並無太大的差異，但兩者在計算方法上有所不同，即有限公司無股份之問題，而股份有限公司，其股東之出資額，係依股份而計算。股份有限公司之業務，必須由董事會執行，《公司法》第146條明文規定：「創立會應選任董事」，因此對股份有限公司之資格，規定在資金與董事人數上，均須占有三分之二以上之多數。同理，對於前述之兩合公司之無限責任股東必須限制全體爲中華民國國民，政府方能有效控制與管理。

若申請人順利將其航空器登記爲我國國籍後，依據《航空器登記規則》第5章第22條：「依民用航空法第十二條規定，航空器登記後，應將中華民國國籍標誌及登記號碼（以下簡稱標誌）標明於航空器上顯著之處。中華民國民用航空器之國籍標誌，用羅馬字母「B」，登記號碼

用五位阿拉伯數字正楷，自左至右排列，其次序如下：一、國籍標誌，其後連一橫劃。二、橫劃後為登記號碼。航空器經完成國籍登記後，除經註銷登記並重新申請國籍登記外，不得申請變更標誌。」並在第29條及第30條規定了國籍標誌的大小、顏色等。如第29條規定：「字母及號碼，字之高度應相等，字母之寬度及橫劃之長度應為字高之三分之二，字間間隔應為字寬之四分之一，橫劃作為一字計算，筆劃之寬度應為每字高度之六分之一。」；第30條規定：「字母、號碼及橫劃之筆劃應為實線，其顏色應使標誌與背景明顯反襯。」

另外，海峽對岸的中共，在其中華人民共和國《民用航空法》第2章（民用航空器國籍）第5條清楚地界定了在民航法意義上依航空器用途的區分：「本法所稱民用航空器，是指除用於執行軍事、海關、警察飛行任務外的航空器。」而第6條更進一步說明國籍登記證書的取得程序：「經中華人民共和國國務院民用航空主管部門依法進行國籍登記的民用航空器，具有中華人民共和國國籍，由國務院民用航空主管部門發給國籍登記證書。國務院民用航空主管部門設立中華人民共和國民用航空器國籍登記簿，統一記載民用航空器的國籍登記事項。」

對於航空器欲登記為中共的國籍該如何辦理呢？依據中華人民共和國《民用航空法》第2章第7條規定：「下列民用航空器應當進行中華人民共和國國籍登記：(一)中華人民共和國國家機構的民用航空器；(二)依照中華人民共和國法律設立的企業法人的民用航空器；企業法人的註冊資本中有外商出資的，其機構設置、人員組成和中方投資人的出資比例，應當符合行政法規的規定；(三)國務院民用航空主管部門准予登記的其他民用航空器。自境外租賃的民用航空器，承租人符合前款規定，該民用航空器的機組人員由承租人配備的，可以申請登記中華人民共和國國籍，但是必須先予註銷該民用航空器原國籍登記。」

而中共《民用航空法》第8條亦說明申請登記其航空器為該國國籍者，在依法取得中華人民共和國國籍的民用航空器，應當標明規定的國籍標誌和登記標誌。

二、民航機的註冊編號

　　國際民航組織（ICAO）對全球會員國的民航機均有編號，一般而言，民航機的註冊編號有兩種形式，一種是數字與英文字母的組合，諸如：台灣、日本、俄羅斯、中華人民共和國等。另一種只由英文字母構成，世界較多國家係採用純英文字母構成的註冊編號。雖然依照各國的國情，註冊編號的表示方式會有所不同，但原則上，開頭要先冠上國籍編號是全世界共通的做法。此外，在國籍編號之後是否有破折號「－」？除了日本（JA）和美國（N）的國籍編號並沒有破折號之外，大多數國家的註冊編號都會加上破折號。底下為民航機的註冊編號幾個實例：

【例一】

　　日本全日空航空公司「ANA」Marine Jumbo B747-400機隊之一的註冊編碼為「JA8963」，日本民航噴射機的編號都是在8000至8999之間。

【例二】

　　美國聯合航空公司B747-400機隊之一的註冊編碼為「N172UA」，除數字外，「UA」或「U」是指聯合航空。

【例三】

　　因營運成本太高而於2003年10月31日起停飛的英國航空公司協和號機隊之一的註冊編碼為「G-BOAC」，只由字母構成的形式，在世界也是風行的方式之一。注意以純文字表示的註冊編號一定會有破折號。（同樣有協和號機隊的法國航空，也於台北時間2003年5月30日下午4點30分，從巴黎起飛，結束載客任務後，正式走入歷史）

【例四】

　　編號不一定要為數字，如2000年10月31日於台灣中正機場所發生的

新加坡航空公司編號SQ006班機，機型為波音747-400型的空難事件之飛機編號即為9V-SPK。

對於飛機迷來說，一定都知道美國的國籍標誌代號為N，英國的為G，法國的為F，日本的為JA，而中華民國與中華人民共和國均為B。以台灣民航機的編號方法，在天空開放政策之前主要是以四碼為主，少部分採用三碼或五碼。開放天空之後，航空公司及飛機數量增加，目前新趨勢是大幅採用五碼，而且還可以和以四碼為主的中共民航機編號區隔。國際民航組織（ICAO）在1952年將中國籍的民航機編號由原本的XT開頭改為B開頭。後來，中華民國退出聯合國，而因國際民航組織是聯合國底下的組織，也自然退出。原本無國際民航機標準編號的大陸遂取代台灣原本的地位，造成海峽兩岸的民航機均使用B開頭機尾編號的尷尬場面。在兩岸政治阻隔期間，大致相安無事，但到1980年代末期，由於兩岸的民航事業擴張，航空公司及飛機數量增加，已經開始出現號碼重複的情況。加上考慮到未來直航可能性，因此如同前述，我方逐步將民航機號碼由B開頭的後三碼或四碼統一改為五碼。

以復興航空機隊而言，該公司機隊全是「B-22XXX」，其中「B-2220X」是ATR42機隊、「B-2230X」是空中巴士A320、「B-2260X」是空中巴士A321、「B-227XX」是ATR72-200型機隊、「B-2280X」是ATR72-212A型。

以遠東航空來說，第一碼「2」代表公司，第二碼代表機種，後三碼為流水號。如「B-27005」是遠航B757-200機隊之一的註冊編碼。因此，只要讀者在機場停機坪看到註冊編碼為「B-270XX」者，均是遠航的波音B757-200；「B-280XX」則是MD-82/83的機隊，MD-82和MD-83這兩種美國麥道公司（現已合併為波音公司）製造的民航機，兩者從外觀上不易辨別差異，差別在於MD-83在機身中段多了一個油箱，為MD-82的增程型。

以長榮航空來說，該公司的註冊編號是以「B-16XXX」為起頭，

圖7-1　復興航空公司空中巴士A321編號B-22605客機機翼下方的編號

資料來源：國立高雄餐旅學院航空管理系林慶杰同學攝。

其中「B-161XX」是MD-11機隊、「B-164XX」是波音B747-400型、「B-166XX」是波音B767、原先的「B-169XX」MD-90機隊則已移交其子公司立榮航空公司使用。

至於華航的新五碼編號，其原則可歸納出以下各點：

1. 前兩碼一律為「B-18XXX，與四碼時代的「B-18XX」有接續之意（華航在螺旋槳時代為「B-15XX」）。

2. 第三碼表示機種：1為MD-11，2為747客機，5為A300，6為737，7為747貨機，8為A340。

3. 第四碼代表飛機所有權等方式：0為五碼化後新引進自有飛機，5為四碼時代已存在之自有飛機，7為租賃而來飛機，6與8僅見於已經封存淘汰的A300B4-220，推測為求與繼續服役的A300B4-622R分別而用6與8。

4. 第五碼為機隊流水號：與四碼時代不同的是單雙號並用，但不用4（原本螺旋槳時代用單號，噴射機專用雙號，且不避諱4）。第五碼不但不用4，也不用13。例B737-800就跳過B-18613，B-18612之後的飛機是B-18615及B-18616。

圖7-2　遠東航空B757-200編號B-27013的客機
資料來源：國立高雄餐旅學院航空管理系黃信雄同學攝。

5.早期並不忌諱4，但近期開始避諱，且大量採用8或9。例如：
　N88881、N88887、N8888B、N8888P。

最後，值得一提的是目前掌管民航機編號事宜的是民航局企劃組，
航空公司在引進一架新飛機之前會先挑選一個號碼，行文給民航局請
求同意，因此航空公司對於飛機編號是擁有相當程度的自主權的。因
此，對於重視數字禁忌的中國人來說，也能在民航機編號上看出一些蛛
絲馬跡。以遠東航空來說，新購機或租機有編號需求時，逢9不編（因
B-2009、B-2029事故）、尾數不用03（因過去的B-2603、B-28003事
故）；以復興航空為例，尾數不為4，數字總和不為10的倍數；而華航
的編號禁忌已於前述說明，在此不予贅述。

三、有關國籍之其他規定

我國《民用航空法》第8條規定：「航空器應由所有人或使用人向
民航局申請中華民國國籍登記，經審查合格後發給登記證書。已登記之
航空器，非經核准註銷其登記，不得另在他國登記。曾在他國登記之航

空器，非經撤銷其登記，不得在中華民國申請登記。」在前述我們討論到航空器如非真正屬於國人所有者，不能取得我國國籍，但有兩種例外，亦即航空器之所有權即使還沒有為國人所取得，而國人對航空器已享有全部控制之權利者，亦得申請登記為中華民國國籍，這兩種情況分別是：(1)附條件買賣之航空器；(2)租用之航空器。

(一)附條件買賣之航空器

對於租用非我國國籍的航空器而言，雖然租賃行為之背後意義，原所有權人仍保持該航空器之物權。但是，租賃契約原屬債權債務行為，有「準物權」的性質。因此，租期在六個月以上，能全部管有，並已撤銷他國登記者，亦得申請為國籍登記。我國《航空器登記規則》（2009年5月19日修訂）第6條：「所有人或使用人申請國籍登記時，除依規定繳納費用外，應檢送下列文件（項目略）」，後半段規定：「所有人或使用人依本法第十一條規定申請國籍登記時，除前項規定外，另應檢送附條件買賣契約書或租賃契約書。」對於租用之航空器若欲登記為我國國籍，根據《民航法》第11條規定，「租賃期間必須在六個月以上，且航空器之操作及人員配備均由買受人或承租人負責者，經撤銷他國之登記後，得登記為中華民國國籍。」此外，中共對租用民航機之國籍登記亦為租賃期限為六個月以上的租賃契約，以資證明占有民用航空器的權利，在註銷他國登記後，可申請該國國籍登記（參見中共《民用航空法》第11條第3項）。

(二)租用之航空器

至於「附條件買賣」，亦根據《民用航空法》第11條：「中華民國國民、法人及政府各級機關，以附條件買賣方式自外國購買之非中華民國航空器，於完成約定條件取得所有權前或向外國承租之非中華民國航空器，租賃期間在六個月以上，且航空器之操作及人員配備均由買受人

或承租人負責者，經撤銷他國之登記後，得登記爲中華民國國籍。前項之登記由買受人或承租人向民航局申請。但其登記不得視爲所有權之證明。本法修正施行前所爲之登記符合本條之規定者，無須另爲登記。」何謂「附條件買賣」？例如分期付款，必俟全部價款付清後，方能取得所有權，此種分期付款的方式，縱未取得所有，確已實際管有。故在撤銷他國登記後，亦得申請爲我國國籍之登記。

以普通航空業爲例，爲確保飛安及營運正常化，更於《普通航空業管理規則》（2009年7月15日修正）第8條明文規定：「普通航空業以購買、附條件買賣、租用方式引進民用航空器，應檢附下列文件一式二份申請民航局核准後，始得辦理：一、航空器規範。二、使用計畫。三、維護計畫（含維護組織、人員訓練計畫）。四、財務計畫（含付款方式、資金來源及營運收支預估）。五、駕駛員來源及訓練計畫。前項所購買、附條件買賣或租用之外籍航空器，機齡不得超過十年。但普通航空業已使用同機型航空器滿三年以上，其購買、附條件買賣、租用該機型外籍航空器之機齡不得超過十五年。第二項但書有下列情形之一者，應檢附相關文件，經申請民航局核准後，始得繼續使用：一、續租同架航空器者。二、原核准租用航空器之機齡符合前項規定，原承租人申請將租用變更爲購買或附條件買賣者。三、售後租回同架航空器者。遊覽、救護及商務專機用航空器應爲雙渦輪引擎，並配置雙駕駛員及座艙通話紀錄器。另依規定應具有飛航紀錄器者，亦應配置之。」

若以民用航空運輸業爲例，對於附條件買賣或租用之外籍航空器，基於飛安考量，亦有機齡限制。根據《民用航空運輸業管理規則》（2008年5月2日修正）第11條規定：「民用航空運輸業或以航空器供民用航空運輸業營運者，其購買、附條件買賣或租用民用航空器，應先檢附下列文件一式二份申請民航局核准後，始得辦理．一、航空器規範。二、使用計畫。三、維護計畫（包括維護組織、人員、訓練計畫及維修能力）。四、財務計畫（包括付款方式、資金來源及營運收支預估）。五、駕駛員來源及訓練計畫。前項所購買、附條件買賣或租用之外籍航

空器，客機不得超過六年。但民用航空運輸業已使用同機型航空器三年以上，其購買、附條件買賣或租用該機型外籍航空器，客機不得超過十年。第一項所購買、附條件買賣或租用之外籍航空器，貨機超過十四年者，應另檢送適航評估報告併第一項文件報請民航局辦理。第二項但書有下列情形之一者，應檢附相關文件，經申請民航局核准後，始得繼續使用：一、續租同架航空器者。二、原核准租用航空器之機齡符合前項規定，原承租人申請將租用變更為購買或附條件買賣者。三、售後租回同架航空器者。民用航空運輸業申請經營直昇機運輸業務者，其客運直昇機應為雙渦輪引擎，貨運直昇機應為渦輪引擎。普通航空業申請以直昇機經營民用航空運輸業者，原已備具之雙渦輪引擎客運直昇機及渦輪引擎貨運直昇機於核准籌設後得繼續使用，不受第二項之限制。」

 ## 第二節　航空器之登記

航空器登記之作用有二：一為「國籍登記」，另一為「權利登記」。前者用以證明國際法上之公法關係，後者用以證明國內法之私權關係。兩者如何辦理，各國相關法律並不一致。概括來說，約有下列兩種制度：

一、分別登記制

此制將「國籍登記」與「權利登記」區分為兩件事。有分別簽發國籍證書與權利證書者，亦有統稱為「登記證書」者，惟登記證書不論有無登載權利事項，而以明文限制證書的效力，亦即說明證書僅供國籍證明之用，其權利之得喪變更，概以國籍國之登記冊為憑，是其登記證書在實質上之效力，仍不啻國籍證書的另一形式，縱有權利事項之記載，亦僅供參考之用，不足以構成法律上之效力。

【例一】

　　美國採分別登記制。其《民用航空法》第501條第6項關於登記效力的規定是這麼記載的：「該項證書專供國際間證明國籍之用。不適用於美國法律上之任何程序。任何特定人發生航空器所有權之訴訟時，本登記證書不得視為所有權之證據。」

【例二】

　　中共採分別登記制。其《民用航空法》第6條：「經中華人民共和國國務院民用航空主管部門依法進行國籍登記的民用航空器，具有中華人民共和國國籍，由國務院民用航空主管部門發給國籍登記證書。國務院民用航空主管部門設立中華人民共和國民用航空器國籍登記簿，統一記載民用航空器的國籍登記事項。」另外，第11條：「民用航空器權利人應當就下列權利分別向國務院民用航空主管部門辦理權利登記：(一)民用航空器所有權；(二)通過購買行為取得並占有民用航空器的權利；(三)根據租賃期限為六個月以上的租賃合同占有民用航空器的權利；(四)民用航空器抵押權。」、第12條：「國務院民用航空主管部門設立民用航空器權利登記簿。同一民用航空器的權利登記事項應當記載於同一權利登記簿中。」從而可窺見其國籍與權利登記分開。

二、統一登記制

　　此制下的登記證書，不僅供證明國籍之用，兼供權利證明之用。此制的優點，在一望而知航空器的權利狀態，不僅便於檢查，並可鞏固航空器交易上之信用。

【實例】

　　我國採統一登記制。根據《航空器登記規則》（2009年5月19日修訂）第3條：「航空器關於下列權利之保存、設定、移轉、變更、處分或消滅等事宜，應辦理登記：一、所有權。二、抵押權。三、租賃

權。」第4條之1指明：「交通部民用航空局應設置登記簿，統一記載完成之登記事項。」並於第4條強調：「前條應行登記之事項，非經登記不得對抗第三人。」

此外，我國的航空器登記證書在何種情事下失其效力？根據《民用航空法》第13條規定：「登記證書遇有左列情事之一者，失其效力：一、航空器所有權移轉時。二、航空器滅失或毀壞致不能修復時。三、航空器拆卸或棄置時。四、航空器喪失國籍時。」其中第1項云：「航空器所有權移轉時」、第4項云：「航空器喪失國籍時」。因此，所有權移轉與喪失國籍同為登記證書失效的原因，我國採取「統一登記制」至為顯然。另外，根據同法第15條，「登記證書或適航證書失效時，由民航局公告作廢。持有人並應自失效之日起二十日內，向民航局繳還原證書。」至於以詐術申請檢定或登記因而取得航空器登記證書或適航證書者，依《民用航空法》第106條，「以詐術申請檢定或登記，因而取得航空人員檢定證、體格檢查及格證、航空器登記證書或適航證書者，

圖7-3　遠東航空與豐田汽車異業結盟的波音757-200彩繪機
資料來源：國立高雄餐旅學院航空管理系林慶杰同學攝。

處五年以下有期徒刑、拘役或科或併科新台幣一百萬元以下罰金。前項書、證，由民航局撤銷。」

　　至於目前航空公司常與一般企業以彩繪機身的方式從事商業廣告業務合作或進行異業聯盟，抑或將飛機租賃於其他民航業者而有標漆之需求，則必須依據《航空器登記規則》第32條規定辦理：「航空器使用人自行在航空器上標漆之文字及圖案，應報請民航局核備。」由於飛機經常穿梭於不同的地域，能對具有一定消費能力的乘客產生視覺影響，因此許多企業也會選擇以飛機作為廣告媒介。以遠東航空與豐田汽車的異業結盟來說，藉由航機充作巨大廣告看板詮釋豐田汽車的CAMRY房車，對汽車公司不但達到強而有力的宣傳效果，航空公司也進帳不少，可以說是一種雙贏的商業策略。

第三節　航空器人員之類別

　　我國《民用航空法》第2條第4項對航空人員的界定標準為：「航空人員：指航空器駕駛員、飛航機械員、地面機械員、飛航管制員、維修員及航空器簽派人員。」；而中共《民用航空法》第5章第1節第39條對航空人員的界定標準為：「本法所稱航空人員，是指下列從事民用航空活動的空勤人員和地面人員：(一)空勤人員，包括駕駛員、領航員、飛行機械人員、飛行通信員、乘務員；(二)地面人員，包括民用航空器維修人員、空中交通管制員、飛行簽派員、航空電台通信員。」比較其差異，中共對航空人員定義中的「領航員」及「飛行通信員」，因航空科技發達，相關領航工作已由電腦取代，以我國而言，對此名詞已於1995年3月21日廢止。目前兩岸最大的差異就是中共將乘務員（亦即空服員）併入為法定航空人員，但我國僅將其視為組員，而並不將其視為航空人員。

　　航空人員之類別，事實上尚不止如此。每一類人員，往往又因航空

器的種類、等級及型式而不同。例如日本《民用航空法》第24條列舉各類航空人員之名稱，其次復作下列概括規定：

1. 民用航空局長對於前條運輸航班駕駛員、高級商用駕駛員、自用駕駛員、飛航工程師、一等航空機械員、二等航空機械員及三等航空機械員之合格證明，應依運輸部之規定，就航空器之類別限制之。

2. 民用航空局長為前項之資格證明時，得依運輸部之規定，就航空器之等級或型式限制之。

3. 民用航空局長對於前條航空地面機械員之合格證明，得依運輸部之規定，就其所服勤務之種類（如機架、發動機、螺旋槳、電訊設備等）限制之。

我國《航空人員檢定給證管理規則》（2009年3月19日）亦有類似規定，將航空人員之類別，加以細分。依該規則規定，有下列數種區別：

1. 駕駛員之檢定，航空器駕駛員之檢定分為：航空器駕駛員之檢定類別分為：(1)飛機自用駕駛員檢定；(2)飛機商用駕駛員檢定；(3)多組員飛機駕駛員檢定；(4)飛機民航運輸駕駛員檢定；(5)直昇機自用駕駛員檢定；(6)直昇機商用駕駛員檢定；(7)直昇機民航運輸駕駛員檢定；(8)飛艇自用駕駛員檢定；(9)飛艇商用駕駛員檢定；(10)自由氣球自用駕駛員檢定；(11)自由氣球商用駕駛員檢定；(12)滑翔機自用駕駛員檢定；(13)滑翔機商用駕駛員檢定；(14)飛航教師檢定；(15)儀器飛航檢定；(16)無線電溝通英語專業能力檢定。（參見《航空人員檢定給證管理規則》第12條）

2. 航空器駕駛員檢定證應註明航空器類別，飛機、直昇機駕駛員檢定證並應註明航空器等級、型別，以證明其專業技能。航空器檢定類別分為：(1)飛機；(2)直昇機；(3)飛艇；(4)自由氣球；(5)滑翔機；(6)其他經交通部指定者。（參見《航空人員檢定給證管理

規則》第14條）

3.航空器等級分為：飛機等級分為：(1)陸上單發動機；(2)陸上多發動機；(3)水上單發動機；(4)水上多發動機。航空器型別應為航空器原製造廠商之民航主管機關認證之型別，並經民航局認可。（參見《航空人員檢定給證管理規則》第14條）

一、航空器駕駛員

首先，先介紹航空器駕駛員：根據《航空人員檢定給證管理規則》第2條第2項：「航空器駕駛員：指領有檢定證、體格檢查及格證，執行航空器駕駛任務之人員，包含機長及副駕駛員。機長指由航空器所有人或使用人指派，於飛航時指揮並負航空器作業及安全責任之駕駛員；副駕駛員指機長以外之駕駛人員。」一架飛機上最重要的便是航空器駕駛員（機師），一般商用客機上的機師，依其職等可再細分為許多階級，包括機隊總機師（Chief Pilot）、教師機師（Instructor Pilot; IP）、正駕駛（Captain; Capt.）、巡航正駕駛（Cruise Captain; CC）、副駕駛（First Officer; FO）、見習副駕駛（Second Officer）等。根據鄭永安（2001）的研究，華航至2001年1月止約有897位駕駛員，該公司的航空器駕駛員在組織架構中是隸屬於航務處，依照駕駛員飛行的機型進行分組，每一機型有機隊總機師一名，負責該機型駕駛員的管理，其他依其職位高至低分為教師機師、正駕駛、巡航正駕駛、副駕駛，其中B747-200型還設有飛航工程師（Flight Engineer; FE）（華航已於2003年年底完全汰除B747-200型）。此外，就《航空器飛航作業管理規則》第2條第6至10項的定義，航空器駕駛員可區分為：

1.巡航駕駛員：指符合正駕駛員審查資格並完成巡航駕駛員訓練，而僅能於巡航時擔任接替正駕駛員任務，但不得擔任機長且不得負責執行左座起飛及降落工作者。

2.標準飛航組員：指於航空器飛航時，應包括正駕駛員及副駕駛員
各一員，或正駕駛員、副駕駛員及飛航機械員各一員，或按各機
型之飛航手冊規定之最低飛航組員。

3.加強飛航組員：指於航空器飛航時，應包括正駕駛員、巡航駕駛
員及副駕駛員各一員，或正駕駛員、巡航駕駛員、副駕駛員各一
員及飛航機械員二員，或正駕駛員二員、副駕駛員一員及飛航機
械員二員。

4.雙飛航組員：指於航空器飛航時，應包括正駕駛員及副駕駛員各
二員，或正駕駛員一員、巡航駕駛員一員及副駕駛員二員，或正
駕駛員、副駕駛員及飛航機械員各二員，或正駕駛員一員、巡航
駕駛員一員、副駕駛員及飛航機械員各二員。

5.機長：指由航空器所有人或使用人指派，於飛航時指揮並負航空
器作業及安全責任之駕駛員。

　　每一機型的飛機因其航程的限制，會有固定飛行的數條航線。在
「簽約方式」方面，外籍駕駛主要是簽二到五年的短期合約，大專培訓
與空軍轉業則是簽十年以上的長期合約。但若有不適任狀況，如未能
通過體檢，則可能被開除，或者轉任地勤的職務。航空器駕駛員的工
作，主要可分為飛行與非飛行，其他非飛行的時間主要是接受例行的訓
練（包含基礎教育訓練、緊急訓練、地面學科訓練、飛航訓練、複習訓
練、機型轉換訓練、CRM訓練等）、檢定考試及參加會議等，另外部
分駕駛員會擔任其他非飛行的職務（如CRM訓練課程講師）或管理的
工作（如飛安室主任、航務督導、總機師等）。

二、飛航機械員、地面機械員及航空器維修廠、所維修員

　　接下來，我們來介紹飛航機械員、地面機械員及航空器維修廠、所
維修員。

(一)飛航機械員

根據《航空人員檢定給證管理規則》第2條第3項：「飛航機械員：指領有檢定證、體格檢查及格證，在航空器上擔任機械操作、管理及維護工作之人員。」飛航機械員係指在原製造廠規範規定設有飛航機械員操作位置或儀表之航空器上擔任機械操作管理工作之人員，或由於特殊之需要在航空器上擔任機械操作、管理及維護等工作而有助於飛航安全之人員，此外，飛航機械員之檢定證與駕駛員相同，必須加註航空器型式檢定。

(二)地面機械員

至於地面機械員，依據同法第4項：「地面機械員：指領有檢定證，在地面上擔任航空器機體、發動機及通信電子維護工作之人員。」地面機械員檢定更可分為下列三種：

1. 航空器發動機維護：指發動機、螺旋槳及其附屬機件。
2. 航空器通訊電子維護：指航空器儀器及儀表、通訊、導航及電子裝備。
3. 航空器機體維護：指前兩款以外之航空器結構與系統。

(三)航空器維修廠、所維修員

繼而，航空器維修廠、所維修員係根據同法第5項：「維修員：指領有檢定證，受僱於航空公司或維修廠從事航空器或其零組件之維修、改裝或檢驗工作之人員。」

前述三種人員在航空公司皆隸屬於機務部門（如華航、復興）或專業航空器維修公司（除了提供長榮航空機隊之維修服務外，亦代理其他航空公司各項維修業務的「長榮航太科技公司」與在南台灣從事飛機、

直昇機維修與精密零組件製造已跨越半個世紀的「亞洲航空股份有限公司」等）。

　　機務部門是負責飛機維修相關事務及管理維修人員。飛航機械員、地面機械員及航空器維修廠、所維修員（通稱為機務人員）必須根據航空公司與民航局相關規定，遵循一定的時程與程序監控飛機及發動機性能，確保飛機能正常無誤運作；除此之外，維修人員在必要的時候需要修改航機性能，以符合相關規定或自然環境的變化。在管理人員部分，維修人員的聘用、考核、訓練與升等，以及各部門維修人員的配置也須符合航空公司與民航局的相關規定，確保維修人員的生理與技能素質，對於不同機型間的維修工作的差異，也需要特別注重；另外，管理人員也需負責日常監控維修人員的修護工作，以保障飛機的修護品質（鍾易詩；1999）。

　　在《航務檢查員手冊》、《適航檢查員手冊》將維修工作可分為五大項，分述如下（交通部民用航空局；1997）：

1.定期維護（scheduled maintenance），係指具備有特定執行時距之維護工作群，藉由定期之執行以避免航空器安全性及可靠性之惡化；內容基本上包括：壽限件的拆換、定期翻修或修理之組件之更換、如X光檢驗等特殊檢查、就情況檢測件之檢查與測試、潤滑保養。

2.不定期維護（unscheduled maintenance），係指肇因於定期維護、故障報告或資料分析產生的維護需求所引發之無固定執行時距之維護工作群，其目的在於將裝備的狀態回復至可接受之安全及可靠程度。定期維護與不定期維護間的關聯性，以差異記錄表（不定期表單，no routine coupons）表之。

3.發動機、螺旋槳及裝備之修理／翻修，指有關在工場內對發動機、螺旋槳及裝備所執行之定期及不定期維護工作，有別於直接在航空器上執行之維護工作。

圖7-4　遠東航空公司機務廠棚維修現場

資料來源：國立高雄餐旅學院航空暨運輸服務管理系攝。

　　4.結構檢查／機體翻修。

　　5.特殊維護／安全考量，主要處理兩種特殊狀況，狀況一在處理運
　　　輸用之航空器內失火，狀況二在維護緊急及漂浮裝備。

　　有關機務維修工作流程，如**圖7-5**所示。

三、飛航管制員

　　另外，所謂「飛航管制員」（Air Traffic Specialist），根據《航空
人員檢定給證管理規則》第2條第7項：「飛航管制員：指領有檢定證、
體格檢查及格證，在地面上負責指揮、支配航空器，並協助駕駛員達成
航空器在飛航中一切活動及安全之人員。」如同陸上交通需要透過交通
標誌、號誌、交通控制或警員疏導有序之交通，航空運輸也必須透過
「管制」，依不同的航空器種類、不同的助導航系統、不同的空域（包
含管制空域、機場管制地帶以及非管制空域等）在各種天氣條件下，
透過飛航管制員依據標準程序，利用無線電通訊、雷達以及相關的電腦

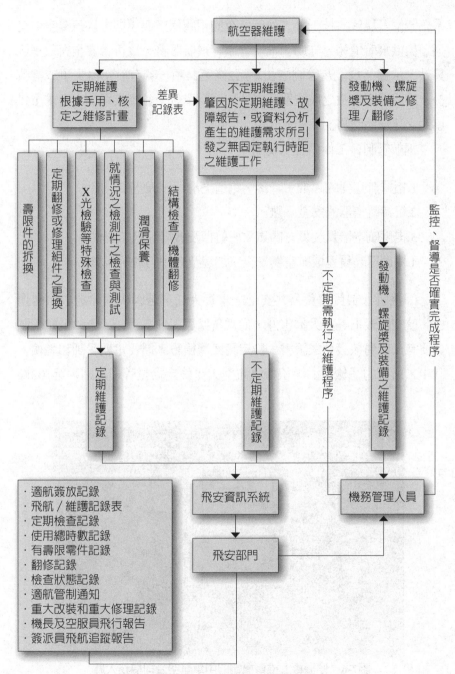

圖7-5　機務維修工作程序圖

資料來源：民用航空局（1997），《航務檢查員手冊》、《適航檢查員手冊》，V2.0。

系統裝備等現代科技工具，執行所有的相關程序與規則，以疏導空中交通，提供飛航情報、守助、飛航管制等飛航服務，以符合安全與效率。另外，依據《飛航及管制辦法》第2條第24項，若有航空器失事或需救援，應將需要搜救之航空器資料通知適當單位，並應該單位之需求予以協助之「守助服務」。

飛航管制員工作內容主要為：

1.指揮航空器的起飛、降落、跑道上滑行、天空中飛航。
2.維持航空器的安全隔離。
3.提供航空器駕駛員有關氣象、航情及機場等飛航資料。
4.協助駕駛員達成航空器安全、加速及有序的飛航作業。

因飛航管制員擔負公共安全之重責大任，若因失誤除造成旅客傷亡、航空器毀損等重大損害外，尚需負擔民、刑事責任，所以飛航管制員要有民航局核發執業證書、檢定證與體檢證，還要定期受訓和體檢。其中，所謂的「檢定」，根據《航空人員檢定給證管理規則》第108條

圖7-6　停機線上檢修機輪的中華航空公司機務人員

資料來源：國立高雄餐旅學院航空管理系林慶杰同學攝。

之規定：「飛航管制員之檢定類別分為機場檢定、近場非雷達檢定、近場檢定、區域非雷達檢定及區域檢定五類。」且第109條載明，請飛航管制員檢定證者，「應檢定下列學科項目：一、民用航空法、飛航規則。二、航空氣象。三、機場管制飛航管理程序。四、機場管制飛航指南。五、近場管制飛航管理程序。六、近場管制飛航指南。七、區域管制飛航管理程序。八、區域管制飛航指南。九、雷達基本原理。」

四、航空器簽派人員

(一)簽派人員的職責

　　「航空器簽派人員」係根據《航空人員檢定給證管理規則》第2條第6項：「航空器簽派員：指領有檢定證，在地面上擔任航情守望、提供飛航資訊及協助機長執行航空器之飛航起始、繼續及終止工作之人員。」《航空器飛航作業管理規則》（2008年12月11日修正）第177條對簽派員的職責規範如下：

　　1.航空器之簽派。
　　2.提供所需資料以協助機長完成飛航準備工作。
　　3.協助機長完成飛航計畫，並依當地規定向航管單位提出。
　　4.提供機長於飛航中安全飛航所必需之資料。

(二)航空器簽派程序

　　航空器簽派程序是飛機起飛前必須執行的程序，目的在確保飛機性能、飛行員、航路、機場氣候等各項條件皆在適航的狀態。由於簽派員責任重大，《航空器飛航作業管理規則》第179條又規定，「簽派員執行職務時應具有民航局發給之檢定證並具備下列各款之經驗及知識：一、於最近十二個月內應至少於其負責簽派之其中一條航路之航空器駕

駛艙內作一次觀察飛航。二、簽派員應經航空器使用人確認其瞭解航務手冊內容及航空器使用之通信及導航裝備。三、簽派員應經航空器使用人確認其瞭解負責簽派飛航區域之季節性氣象情況及氣象資料來源、氣象對航空器無線電接收裝備影響情況、每一導航裝備之使用特性限制及航空器裝載說明。四、航空器使用人對簽派員執行前條職務之能力認為合格者。」除此之外，同法第181條並規定，「簽派員連續停止工作十二個月以上者，非再經航空器使用人訓練不得執行其職務。」

依據鍾易詩（1999）之研究，簽派程序又可分成「主程序」、「重量及平衡程序」、「外部檢視程序」。分述如下：

◆主程序

第一，組員指派。

為確保飛航組員的生、心理狀況確實能執行此項任務，依各航空公司規定，飛航組員應利用「自我檢查表」檢視自身狀況。若自覺無法執行任務，應向航務部門報請另派組員執行；若可，則向簽派員報告。簽派員除了審視飛航組員的自我檢查表是否完成，對自我生、心理狀況是否適航外，應根據航務部門提供的飛航組員基本資料，是否有需特別注意的事項。

第二，擬定飛航計畫。

飛航計畫基本資料共分三個部分：氣象資料、定期維修之簽放以及航路資料。簽派員應使用經認可的天氣報告來源進行預報，而且當航空器在地面延遲過久時，應更新天氣資料。簽派員須向維修部門取得定期維修之文件記錄，並檢查其定期維修日期是否符合標準、項目是否完整。簽派員擬定飛航計畫，並交付飛航組員知悉後，接著進行裝載及平衡、外部檢視以及檢查表檢查三項程序。為了讓飛機作業系統安全無誤運作，飛航組員應依檢查表進行檢查。若合格，則通報簽派員，由簽派員審核檢查表是否確實完成。若有部分系統無效，應由飛航組員及維護人員檢核是否符合最低裝備需求手冊（MEL）或外形差異需求手冊

（CDL）限制的管制，且不須維修。若是，則通報簽派員，由簽派員審核檢查表是否全部完成；若否，應由維修部門進行維修。維修完成後，由機務部門檢驗人員進行檢查是否合格。若合格，則通報簽派員，由簽派員審核檢查表是否全部完成；若否，應再進行維修。當檢查及裝載完成後，由簽派員向飛航組員簡報完整飛航計畫，由飛航組員確認各項程序皆已完成。若確認完成，則完成所有簽放作業，進行起飛程序；所產生之文件記錄應至少保留在航務部門六十日以供查核。若程序內部具維修程序，應將文件複製一份交由機務部門管理單位，以供管理人員分析維護資料，進而改善維修流程。

◆重量及平衡程序

　　重量及平衡程序主要目的在使飛機的載重符合相關技術標準，讓飛機在整個飛行過程中重心保持平穩，不致發生危險，包括：最大可起飛重量限制、重心限制等。首先，重量及平衡負責人員必須與航務部門聯繫取得重量資料，包括旅客與組員平均或實際重量、行李平均或實際重量、貨物實際重量、非標準重量群體重量、航空器重量、所需油料量。航空公司內部應規定何種旅客組成適用標準群體重量，由航務部門對於非標準重量群體、貨物等項目進行稱重。在航務部門確認各項重量資料後，應提交裝載計畫給重量及平衡負責人員，計畫上應註明旅客組成資料，由負責人員作第二次判定是否為非標準重量群體；另外應附上所使用的平均重量資料日期，由負責人員檢驗此資料是否在適用期限內。若否，應要求航務部門提供符合規定期限內的平均重量資料；若是，負責人員利用電腦計算裝載計畫，並依計畫進行裝載程序。裝載計畫分成兩個部分，油料裝載及貨物裝載。當電腦計算出所需油料量及分配區位後，油料裝載負責人依據裝載計畫監控加油作業，並記錄已完成之項目。加油完成後由加油負責人提交加油計畫給重量及平衡負責人，審核其是否完成所有項目；若否，應要求加油負責人補足缺失。當電腦計算出所需貨物分配後，由重量及平衡負責人將貨物裝載計畫交予貨物

裝載負責人。貨物裝載負責人應根據計畫上所列清單，驗證其重量是否有誤差。若有，應促使重量及平衡負責人利用電腦重新計算裝載計畫；若無，由貨物裝載負責人監控裝載作業，並記錄已完成之項目。貨物裝載完成後由貨物裝載負責人提交貨物裝載計畫給重量及平衡負責人，審核其是否完成所有項目；若否，應要求貨物裝載負責人補足缺失。當裝載程序完成後，由重量及平衡負責人員提交裝載艙單給簽派員，內容應包括：旅客人數、航空器載重後總重量、最大可起飛重量限制、重心限制、航空器載重後實際重心等。簽派員最後應檢查重量及平衡負責人員自航務部門所獲得之旅客、貨物等重量資料，與航務部門給予簽派員的資料是否有出入。若有，應向航務部門確認何者正確；若重量及平衡負責人所獲得之資料不正確，應重新進行裝載流程；若重量及平衡負責人所獲得之資料正確且文件記錄的程序皆完成，則完成裝載流程。產生之文件記錄交由航務部門管理單位存檔，至少保留六十日以供查核。

◆外部檢視程序

外部檢視（Outside The Aircraft Check; OTAC）係由飛航組員在每次起飛前執行，目的在檢查機體外部是否有破損需要維護，或沾黏污染物需要清除，亦或在一定的氣候狀況下必須進行除冰／防冰作業，讓機體運作正常。一開始由飛航組員執行外部檢查，執行的方式有三種：目視檢查（visual inspection）、觸摸檢查（tactile check）、儀器檢查等，目前航空公司通常以目視與觸摸兩種方式同時進行；由於儀器檢查不能偵測機體全部，為免遺漏仍須搭配目視檢查。飛航組員在進行外部檢查時應以文件記錄檢查狀況，記錄文件可以勾選方式確保飛航組員完成整套流程，但若發現異常狀況，應要求飛航組員在文件上具體描述狀況。例如：發現有破損情況，應具體描述破損區位、狀況與嚴重程度，以利維護人員在最短的時間內進行維護；若發現有沾黏污染物的情況，也須具體描述沾黏區位與可能的污染物為何，以利地面人員以最適工具進行清除工作。當檢查完畢，飛航組員應通報簽派人員檢查完畢且無異狀，

圖7-7　飛航組員執行儀器檢查

資料來源：國立高雄餐旅學院航空管理系林慶杰同學攝。

並由簽派人員檢查文件記錄，以確認飛航組員是否確實完成整套流程；若是，檢查結束，記錄文件交由航務部門管理單位存檔，至少保留六十日以供查核；若否，應再要求飛航組員重新檢查遺漏程序。

　　假設進行檢查後發現有異常狀況且判斷需延遲起飛，飛航組員應告知航管人員並將檢查的文件記錄告知維護部門檢驗人員。檢驗人員首先應根據文件記錄確認飛航組員是否完成檢查；若是，則依據飛航組員的文件記錄判斷需要進行的工作為維修、清除污染物或除冰作業；若否，應要求飛航組員補檢查不足處。當須進行維修時，維護部門人員應與飛航組員一同檢查是否符合最低裝備需求手冊（MEL）或外形差異需求手冊（CDL）限制的管制。若不符合，應進行維修；若符合，飛航組員必須根據此次飛航計畫特性判斷是否須進行維修，若不用，可直接通報簽派員；不用進行維修程序，損壞部分於任務結束後再行維修；若否，則應進行維修程序。由維護部門派遣機械員或修理員進行修護工作，並在原有文件記錄上註明修護工作；修護完畢後由維護部門之檢驗人員檢查

是否確實完成，若確實完成應通報簽派員，由簽派員檢查文件記錄是否完整；若是，則檢查結束，記錄文件除交由航務部門管理單位存檔外，應複製一份交由機務部門管理單位，以供管理人員分析維護資料，進而改善維修流程。清除污染物流程或除冰流程與維修流程類似，由維護及地面人員處理完畢後，必須通報飛航組員，由飛航組員再執行檢查。若合格則通報給簽派員，若不合格再行清潔。

第四節　航空人員之資格

充任航空人員者，必須符合公法上一定之要件。此項要件，大要可分別為「能力要件」與「資格要件」兩種，茲分別討論如下：

一、能力要件

能力要件以下列六項為首要：

(一)國籍

我國《公務人員任用法》第28條規定：「有下列情事之一者，不得任用為公務人員：一、未具或喪失中華民國國籍者。二、具中華民國國籍兼具外國國籍者。但其他法律另有規定者，不在此限。……」且公務員必須具有本國國籍乃為各國之通例。凡充任航空人員者，無論是否公務員，原則上均須具有我國國籍。《民用航空法》第24條規定：「航空人員應為中華民國國民。但經交通部核准者，不在此限。」民用航空人員檢定給證規則中對於各項人員申請給證者，多明定其資格必須是中華民國國民，非屬國民且無申請資格，當無從執業。雖然該條但書規定：「經交通部核准者，不在此限。」但其特許，亦有嚴格限制。依據《就業服務法》第42條：「為保障國民工作權，聘僱外國人工作，不得妨礙

本國人之就業機會、勞動條件、國民經濟發展及社會安定。」因此，《航空人員檢定給證管理規則》第112條規定：「有以外國人擔任航空人員需要者，應由業者向民航局申請檢定。該外國人應經學、術科檢定合格並轉請交通部核准後，由民航局發給檢定證。」然而，航空公司要如何才能夠順利經過交通部核准其聘僱外國人呢？

　　《就業服務法》第46條第1項強調，雇主聘僱外國人在中華民國境內從事之工作，除本法另有規定外，應以「專門性或技術性之工作」為限。然而，何謂「專門性或技術性之工作」？《外國人從事就業服務法第四十六條第一項第一款至第六款工作資格及審查標準》（2006年5月2日修正）第4條提出解釋，前述條文所稱之「專門性或技術性之工作」，「係指外國人受聘僱從事下列具專門知識或特殊專長、技術之工作：一、營繕工程或建築技術工作。二、交通事業工作。三、財稅金融服務工作。四、不動產經紀工作。五、移民服務工作。六、律師工作。七、技師工作。八、醫療保健工作。九、環境保護工作。十、文化、運動及休閒服務工作。十一、學術研究工作。十二、獸醫師工作。十三、製造業工作。十四、批發業工作。十五、其他經中央主管機關會商中央目的事業主管機關指定之工作。」第2項「交通事業工作」的範疇包含陸運事業、航運事業、郵政事業、電信事業、觀光事業、氣象事業，以及前述六款事業之相關規劃、管理工作。同法第10條載明「航運事業」可以細分為：「(一)港埠、船塢、碼頭之規劃、設計、監造、施工評鑑之工作。(二)商港設施及打撈業經營管理、機具之建造與維修、安裝、技術指導、測試、營運及協助提升港埠作業技術研究發展之工作。(三)船舶、貨櫃、車架之建造維修及協助提升技術研究發展之工作。(四)從事海運事業業務人員之訓練、經營管理及其他有助提升海運事業業務發展之工作。(五)民航場站、助航設施之規劃建設之工作。(六)有助提升航運技術研究發展之航空器維修採購民航設施查驗及技術指導之工作。(七)航空事業之人才訓練、經營管理、航空器運渡、試飛、駕駛員、駕駛員訓練、營運飛航及其他有助提升航空事業業務發展之工作。」

　　政府爲何要設置外籍人士在本國就業的門檻呢？《外國人從事就業服務法第四十六條第一項第一款至第六款工作資格及審查標準》第3條強調：「爲保障國民工作權，並基於國家之平等互惠原則，中央主管機關得會商相關中央目的事業主管機關，就國內就業市場情勢、雇主之業別、規模、用人計畫、營運績效及對國民經濟、社會發展之貢獻，核定其申請聘僱外國人之名額。」就聘僱外籍駕駛員擔任營運飛航的規範條件而言，同法第19條規定，「雇主聘僱外國人，申請計畫應符合下列規定之一：一、單、雙座駕駛員機種，雇主指派任一飛航任務，第一年許可全由外籍駕駛員擔任；第二年起雙座駕駛員機種至少一人，應由本國籍駕駛員擔任。二、單座駕駛員機種，自第二年起該機種飛行總時數二分之一以上，應由本國籍駕駛員擔任飛行操作。但工作性質及技能特殊，經中央主管機關會商中央目的事業主管機關核准者，不在此限。」由此可窺見，政府對外國人擔任我國航空人員管制門檻之嚴格。

(二)年齡

◆航空器駕駛員

　　航空人員因有責任與體力關係，對於非職業性者，多有最低年齡之限制，對於職業性者，並有最高年齡之限制。例如《航空人員檢定給證管理規則》第13條對於航空器駕駛員之年齡有下列各項規定：「一、學習駕駛員應年滿十八歲。未滿二十歲者，應有父母或監護人之書面同意。二、自用駕駛員應年滿二十歲。三、商用駕駛員應年滿二十歲，最高不得逾六十歲。四、多組員飛機駕駛員應年滿二十歲，最高不得逾六十歲。五、民航運輸駕駛員應年滿二十三歲，最高不得逾六十歲。六、飛航教師應年滿二十三歲，最高不得逾六十五歲。商用駕駛員、多組員飛機駕駛員及民航運輸駕駛員年滿六十歲，得由駕駛員或航空器使用人向民航局申請延長執業年限，最高不得逾六十五歲。前項經延長執業年限之駕駛員，於從事民用航空運輸業飛航任務時，其同一航班之其

他執勤駕駛員不得逾六十歲。」

◆**其他人員**

而其他人員之年齡有下列各項規定：

1.飛航機械員申請檢定證者，其年齡應滿二十一歲，且未逾六十五歲。

2.申請地面機械員檢定證者，其年齡應滿十八歲。

3.申請維修員檢定證者，其年齡應滿十八歲，高級中等以上學校畢業或同等學歷，並應爲航空公司或維修廠僱用，從事申請檢定類別實際工作達十八個月以上領有證明文件者。但持有飛機修護技術士證照者，其實際維修工作得減爲六個月。

4.申請航空器簽派員檢定證者，其年齡應滿二十一歲，並爲高級中等以上學校畢業或同等學歷，並具下列資格之一及提出有關文件：(1)申請前二年內，曾在民用航空運輸業之合格航空器簽派員督導下，從事助理航空器簽派員工作一年以上；(2)完成民航局核准之航空器簽派員訓練；(3)申請前三年內曾任「民用航空運輸業飛航組員」或「飛航管制員」或「民用航空運輸業航空氣象工作人員」之職務二年以上或前述三項職務中任何兩項職務各一年以上者。前項航空器簽派員檢定證申請人，於申請前六個月內應在合格航空器簽派員督導下，從事實際簽派工作九十日以上。

(三)學識

此處所謂「學識」係指執業的專業學養，與一般認知之各級民間學校頒發的「學歷」無關。依《民用航空法》第25條（航空人員之檢定及各種證書之發給）：「航空人員經學、術科檢定合格，由民航局發給檢定證後，方得執行業務，並應於執業時隨身攜帶。前項航空人員檢定之分類、檢定證之申請資格、學、術科之檢定項目、重檢、屆期重簽、

檢定加簽、逾期檢定、外國人申請檢定之資格與程序、證照費收取、工作權限及其他應遵行事項之規則，由交通部定之。第一項航空人員學、術科檢定業務，得委託機關、團體或個人辦理之；受委託者之資格、責任、監督及其他應遵行事項之辦法，由民航局定之。」前述所稱之「檢定證」，根據《航空人員檢定給證管理規則》第2條第1項的定義，檢定證係指交通部民用航空局（以下簡稱民航局）發給航空人員，用以證明持有人具有從事該項專業技能之憑證。

《民用航空法》第25條規定，航空人員應該經學、術科檢定合格，由民航局發給檢定證後，方得執行業務，並應於執業時隨身攜帶。同法第104條則對「未領檢定證及體格檢查及格證而從事飛航者」提出罰則，可處五年以下有期徒刑、拘役或新台幣一百萬元以下罰金。是故，學識亦為基本能力之一。

(四)經驗

航空人員中無論是駕駛員、飛航機械員以及簽派人員等，依《航空人員檢定給證管理規則》之規定，各該人員非具有規定年限之經驗，不得聲請檢定。例如：

1. 航空器駕駛員以「飛行時數」核計其飛航經驗。以《航空人員檢定給證管理規則》第16條規定為例，「航空器駕駛員應備有飛航紀錄簿或民航局認可之紀錄，用以登錄並證明其飛航經驗及飛航時數。多組員操作航空器時，應分別登錄飛航時間、工作席位飛航時間及實際操控航空器時間。申請航空器駕駛員檢定所需之飛航總時間依下列時間採計：一、登錄為機長之飛航時間。二、檢定機型為單人操作之航空器，副駕駛員於工作席位上未實際操控航空器之飛航時間，得採計二分之一。三、檢定機型為多組員操作之航空器，副駕駛員於工作席位之飛航時間。」

2. 飛航機械員於最近六個月內，應有擔任該機型飛航機械員之職務

　　至少五十飛行小時以上，或經民航局考驗合格，航空器使用人始
　　得派遣其擔任該機型之飛航機械員。

3.簽派人員縱使領有合格之執業證書及檢定證，在實際從事簽派工
　　作時，尚有種種限制，例如《航空器飛航作業管理規則》第179
　　條即要求簽派人員於最近十二個月內應至少於其負責簽派之其中
　　一條航路之航空器駕駛艙內作一次觀察飛航。若經十二個月未從
　　事於某一航線或某一段之簽派工作時，非經訓練後不得再行執
　　業。其重視經驗可知。

(五)技術

　　航空人員不僅重視學識經驗，尤重實際技術。因之在聲請檢定時，
在學科考試之外，尚有術科考試，其科目亦依各類性質分別訂之。以
《航空人員檢定給證管理規則》第5條爲例，「申請檢定證者，其學科
檢定應於第一次檢定日起一年內完成，並以六次爲限，未完成者應申請
重新檢定，學科檢定合格後始得實施術科檢定；術科檢定應於學科檢定
完成檢定日起二年內完成，並以三次爲限，未完成者學、術科應申請重
新檢定。申請人應於術科合格完成日起三十日內，檢具學術科檢定合格
文件送民航局申請發證。但有正當理由，並申請民航局核准延展者，不
在此限。檢定證申請人之學術科檢定成績有不及格之情形者，就其不及
格部分得於收到民航局成績通知後三十日以後申請複檢。但經所屬機構
加強訓練持有證明文件者，不在此限。其術科檢定不及格部分，應再經
所屬機構加強訓練或獲得更多之該項技術經驗後，並持有證明文件，始
得申請複檢，航空器駕駛員之術科檢定不及格部分應於六十日內完成複
檢，超過期限者，應就術科申請重新檢定。飛航管制員之學、術科檢定
應於第一次檢定日起三個月內完成，其學、術科複檢以一次爲限。」
　　另外，有關航空器駕駛員、飛航機械員、地面機械員、飛航管制
員、航空器維修廠、所維修員、航空器簽派人員或外籍航空人員之術科

檢定規定均可參閱《航空人員檢定給證管理規則》。

(六)體格

　　航空人員之體格標準相較於一般公職考試應考人體格檢驗標準更為嚴格。依《航空人員體格檢查標準》（2007年5月3日修正）第4條對航空人員體格標準的界定標準可區分為甲類及乙類體位。甲類體位係專指民用航空運輸業之駕駛員，而乙類體位包含學習駕駛員、自用駕駛員、普通航空業之駕駛員、飛航機械員、飛航管制員及飛航教師。至於意圖報考飛航管制人員者，依《公務人員特種考試民航人員考試飛航管制人員體格複檢標準》（2007年3月19日修正）第3條規定，「本體格複檢除依航空人員體格檢查標準乙類體位標準檢查外，並應作下列項目之檢查：一、腦電波。二、眼震電圖。三、心電圖。四、視力、辨色力。」其中對於「視力」的規定包含：(1)左右眼裸眼或經戴鏡架眼鏡或隱形眼鏡矯正後之遠距離視力應為20/20以上者為合格；(2)左右眼裸眼或經戴鏡架眼鏡或隱形眼鏡矯正後之近距離視力應為20/40以上者為合格；(3)以非鏡架方式矯正視力者，應於手術六個月後始得申請鑑定，其鑑定項目及程序依航空人員體格檢查手冊之規範辦理；(4)以其他方法矯正視力達本條第一項第四款第一目規定之視力標準者，應經交通部民用航空局鑑定。至於「辨色力」則要求兩眼須正常，色弱及色盲者為不合格。

　　此外，飛航管制員在執勤時須利用雷達、衛星及電腦等工具來瞭解航空器的位置、現況，並利用無線電通訊設備指揮航空器駕駛員或提供其資料與協助。飛航管制員除需具備一定專業素養、熟稔技術、良好英文能力外，尚需具備反應靈敏與手眼協調能力與抗壓性。因此，尚須進行「心理性向測驗」，內容包含：

　　1.動作判斷能力檢查：
　　　(1)雙手協調能力檢查。
　　　(2)雙手靈巧度檢查。

(3)多重選擇反應能力檢查。

2.認知及推理能力檢查：

(1)注意力檢查。

(2)計算力檢查。

(3)抽象推理測驗。

(4)速度預測力檢查。

3.空間能力檢查：

(1)空間關係測驗。

(2)深度知覺檢查。

(3)空間記憶力檢查。

　　此外，《民用航空法》第26條規定，「航空器駕駛員、飛航機械員、飛航管制員之體格，應經民航局定期檢查，並得為臨時檢查；經檢查符合標準者，由民航局核發體格檢查及格證，並應於執業時隨身攜帶；經檢查不合標準者，應停止其執業。前項航空人員體格之分類、檢查期限、檢查項目、檢查不合標準申請覆議之程序與提起複檢條件、期間之規定、檢查與鑑定費用之收取、體格檢查及格證之核發及檢查不合標準時停止執業之基準等事項之檢查標準，由民航局定之。第一項航空人員體格檢查業務，得委託機關、團體辦理之；受委託者之資格、條件、責任及監督等事項之辦法，由民航局定之。」，其重視體格可知。

　　此外，《憲法》第15條規定人民之工作權應予保障，人民從事工作並有選擇職業之自由。惟其工作與公共利益密切相關者，於符合《憲法》第23條比例原則之限度內，對於從事工作之方式及必備之資格或其他要件，得以法律或視工作權限制之性質，以有法律明確授權之命令加以規範。以我國《民用航空法》第26條規定，民用航空局對於航空人員之技能、體格或性行，應為定期檢查，且得為臨時檢查，經檢查不合標準時，應限制、暫停或終止其執業，並授權民用航空局訂定檢查標準，民用航空局據此授權而發布《航空人員體格檢查標準》等標準，其第39

條規定，「體檢受檢人之體檢結果經評定不符合規定之標準者，除依第八條辦理外，受檢人或所屬單位得自收受不合標準通知書之日起三十日內，檢附申請書及相關資料向民用航空局申請缺點免計。如經民航局鑑定後，認為在行使職務時，藉由該項專業技能之實際工作經驗或經完整治療後，不致影響飛航安全者，對其不合標準之部分，准予缺點免計。」

然而，為了保障民航安全，對於准予體格缺點免計者，應予時間及作業之限制。同法第42條規定：「民航局對准予缺點免計者，應於體檢證註記缺點免計項目，並予下列限制：一、缺點免計項目之有效期限。二、航醫保健條件。三、航空職司限制。四、作業環境條件。前項缺點免計之限制，該航空人員不得執行有該項缺點所不能執行之任務。」同時，經准予缺點免計之項目，亦應實施例行體檢。但民航局如認有必要或體檢醫師認為病情有變化時，得對該項目實施鑑定。第44條規定：「民航局得隨時中止已准予之缺點免計或要求該航空人員在接受檢查或鑑定前暫時停止職務。」前述規定均係為維護公眾利益，基於航空人員之工作特性，就職業選擇自由個人應具備條件所為之限制，非涉裁罰性之處分，與首開解釋意旨相符，於憲法保障人民工作權之規定亦無牴觸。

二、資格要件

前述已介紹能力要件，接下來我們來看看何謂「資格要件」？當民航主管當局或航空公司在衡量應徵者或其現職員工是否具有能力，要如何證明其能力適合法令規章或公司需求，則有賴於資格要件。通常交通人員之資格要件，專指「執業證書」一項而言。《交通技術人員執業證書核發規則》第4條規定：「交通技術申請核發執業證書，向交通部或其授權之發證機構為之。其領得執業證書後，始得擔任所列資位及規定可任職務。」惟航空人員之資格要件，除執業證書之外，尚有檢定證及

體格檢查及格證。《民用航空法》第26條規定：「航空器駕駛員、飛航
機械員、飛航管制員之體格，應經民航局定期檢查，並得為臨時檢查；
經檢查符合標準者，由民航局核發體格檢查及格證，並應於執業時隨身
攜帶。」因此，檢定證與體格檢查及格證為完成資格要件所必備。如果
未經具備，或所備不全，都無法從事執業。

參考文獻

鄭永安（2001）。〈民航駕駛員工作壓力模式之研究──以中華航空公司為
　　例〉，國立交通大學運輸科技與管理學系碩士論文，頁26。
鍾易詩（1999）。〈航空公司飛安管理運作模式之研究〉，國立交通大學交
　　通運輸研究所碩士論文，頁20-21、39-41。

第八章 民用航空法之航空站場

第一節 站場之設置

　　由於航空運輸不是戶及戶（door to door）運輸，必須與地面運輸相配合，所以必須仰賴機場的運作，作為兩種運輸方式的介面；其次，國與國間的運輸，機場不是成為出境點就是入境點，所以機場也就扮演著國與國間門戶的角色，因此一個國際機場包含著許多作業項目及作業單位，如財政部的海關部門、衛生署的檢疫單位、內政部的證照查驗單位等。航空站（airport），一般俗稱為機場。航空站是空中運輸的端點（terminal）。根據《民用航空法》第2條第2項的定義：「航空站：指具備供航空器載卸客貨之設施與裝備及用於航空器起降活動之區域。」而所謂的「飛行場」，根據《民用航空法》第2條第5項：「飛行場：指用於航空器起降活動之水陸區域。」

一、航空站的分類與設施

(一)各種分類

　　一般而言，各國航空站的分類標準依所在位置區分，有幹線航空站與支線航空站兩類。依服務對象區分，有民用航空站與軍用航空站兩類。依業務範圍區分，有國際航空站與國內航空站兩類，前者配置有海關、移民局、檢疫等機構，經政府指定供國際航空器起降營運的航空站，後者則為專供國內航線起降營運而未配置海關等機構之航空站。航空站作業係以航機的活動為核心，須滿足航機到離場作業之各項需求。航空站作業主要分為「到場」及「離場」兩類，依其動線流程又分成：

　　1.飛機起降，包括：跑道、滑行道、停機坪等航機勤務作業。

2.旅客活動，包括：出入境、行李提領、旅客動線及其他諮詢服務作業。

3.地面交通，包括：公共及個人運輸系統、上下車及停車場等作業。

4.貨物倉儲，包括：海關檢疫、裝卸倉儲等作業。

5.其他作業相關單位，包括：行政管理單位、駐場政府單位、塔台、貨運站、航空公司、地勤公司，以及其他空邊、陸邊勤務單位。

(二)設施

根據上述，我們可以歸納出航空站的主要設施至少包含但不限於下列各項：

◆空邊設施（airside facilities）

1.跑道（runways）：地面上供飛機起飛與降落之長方形區域。

2.滑行道（taxiways）：供飛機滑行以進入或離開跑道之通道；連接跑道與機坪。

圖8-1　日本民用航空運輸業透過科技服務傳遞從事服務變革已蔚然成風

資料來源：楊政樺攝於日本函館國際機場。

3.等待區（holding bays）：供飛機起飛前進行暖機、最後檢查或等候空域清除之區。

4.停機坪（aprons）：供飛機停放以便客貨上下或飛機加油補給之區域。

◆**陸邊設施（landside facilities）**

1.航站大廈（terminal buildings）：供出入境旅客辦理機位確認、行李託運、通關查驗、候機接送等作業之空間。

2.貨運站（cargo buildings）：供裝卸、處理空運貨物之作業空間。

3.勤務區域（serving areas）：包含飛機例行檢查保養之維修機棚、加油充電等勤務設備。

4.停車場（parking lots）：供接送出入境客貨之車輛一個長期或臨時停車的場地。

5.通路界面系統（access interface system）：連接航空場站與一般陸面運輸系統之設施，包括連絡道路系統、大眾運輸與捷運系統等。

◆**管制塔台（control tower）**

負責機場臨近區域之空中交通管制工作，其位置應能廣視各跑道兩端、滑行道及停機坪等飛機活動之區域。

◆**助航設施（navigation aids）**

指通信、氣象、電子、燈光等引導航空器安全飛航之設備。

◆**其他公用設施（public facilities）**

包含消防急救、空中廚房、污水處理、檢疫隔離、郵件處理等公用設施。

以旅客來台首要進出之最重要的空運門戶──台灣桃園國際機場為例，目前有兩個航站大廈，第一航廈於1979年2月26日啟用，第二航廈於2000年7月29日啟用，共有南、北兩條跑道，北跑道有3,660公尺長，60

公尺寬；南跑道有3,350公尺長，60公尺寬。北滑行道十五條，南滑行道十一條，連絡南、北滑行道二條，共計二十八條。在停機坪方面，停機坪為486,236平方公尺，停機位四十個（含國內線）；貨運停機坪361,643平方公尺，停機位二十五個；遠端停機坪233,585平方公尺，停機位十五個；修護停機坪315,270平方公尺，停機位三十一個。桃園國際機場的地理位置係座落於桃園縣大園鄉，距台北市有40公里，機場土地面積約1,132.8公頃，共有兩座航站大廈，航廈內提供航空公司運務、旅客入出境作業、檢疫、海關作業，以及設有銀行、保險、郵政、電信、購物餐飲、轉機旅館、商務中心、公共藝術展示、美容院、唱片行、祈禱室、廣告刊登等服務設施，提供完善而快捷之服務。另有郵政、電信、航空科學館、海關行政大樓、航空警察局等行政勤務作業設施。

　　此外，2003年3、4月期間，亞洲及部分歐美國家爆發嚴重急性呼吸道症候群（Severe Acute Respiratory Syndrome; SARS）以及2009年墨西哥、美國及加拿大等地區爆發新型流感（H1N1）疫情，由於機場、碼頭與車站等場是防控疫情大流行的重點門戶，舉凡從事國際水、陸、空客運的運輸業者都要配合政府防疫單位進行防疫任務。雖然從航空器運作原理可以得知，當飛機進入高空時，來自「輔助動力單元」（Auxiliary Power Unit; APU）或引擎的壓縮空氣（高溫高壓）經由空調系統（refrigeration pack）調整至適合溫度後進入機艙內，除了提供旅客所需的空氣，同時也是飛機艙壓系統的來源。值得注意的是由引擎所提供的氣源，是經過壓縮器，溫度約425℃左右，可以高溫殺菌，再經過空調系統的急速冷卻（接近0℃），同時分離80%以上的水分，爾後進入機艙內的空氣溼度相當低，已經不適合細菌的滋長，理論上病菌並無法生存而造成傳染，但基於公共衛生安全與顧及民眾恐懼心理，各國政府則於防疫期間對出境旅客、航空公司機組人員一律由疾病管制局派人員於檢疫線強制測量體溫，以保障防疫安全。對於從疫區入境者，若發現有發燒症狀，經檢疫官評估後，亦將委由防疫人員及醫療單位協助治療處理。若旅客於途中出現身體不適，入境機場時亦需填交「傳染病防

制調查表」，並告知機場檢疫人員。對於拒絕配合者，可依《傳染病防治法》及《入出國及移民法》等相關規定處理，情節重大者更可以依違反《刑法》第192條散布傳染病罪進行處理。

接下來，我們要談的是，為俾便設定機場幾何設計基準，國際民航組織（ICAO）與美國聯邦航空總署（FAA）依不同標準將機場予以分類。ICAO按跑道長度將機場分為A、B、C、D、E等五級，其分類標準如**表8-1**及**表8-2**。

表8-1　國際民航組織機場分類等級

機場等級	跑道長度（公尺）
A	≧ 2,100
B	1,500～2,100（不包含2,100）
C	900～1,500（不包含1,500）
D	750～900（不包含900）
E	600～750（不包含750）

圖8-2　防疫期間，出境旅客及機組人員必須於檢疫線測量體溫，圖中左上方即為紅外線體溫量測儀，可精準量測而不影響旅客動線

資料來源：國立高雄餐旅學院航空管理系林慶杰同學攝。

表8-2　美國聯邦航空總署（FAA）之分類

種類		定義	數量
商業服務航空站		提供定期航線客運服務，又可分為以下兩類：	568
	主要航空站	每年乘機人數超過10,000人次者屬之	（396）
	其他航空站	每年乘機人數超過2,500人次者（但少於10,000人次）屬之	（172）
調節性機場		位於主要航空站附近，分擔主要航空站擁塞流量之用。	285
普通航空機場		供普通航空使用；每年乘機人數少於2,500人次者亦屬之。	2,432

註：依每年乘機人數劃分（1982年修訂；1990年資料）
資料來源：http://www.faa.gov/

二、我國的航站組織分類

　　至於我國的航站組織，則依據2003年5月28日總統公布之《交通部民用航空局所屬航空站組織通則》之規定，國內航空站依航線種類、飛機起降架次、客貨運量等之多寡，分為特等航空站、甲等航空站、乙等航空站、丙等航空站與丁等航空站等五級。民航局目前共設有十八個航空站管轄機場業務，包括由民航局直接督導之桃園國際航空站、高雄國際航空站、台北國際航空站、花蓮航空站、馬公航空站、台南航空站、台東航空站、金門航空站、台中航空站及嘉義航空站等十個航空站，以及由台北國際航空站督導之北竿航空站與南竿航空站、高雄國際航空站督導之屏東航空站與恆春航空站、馬公航空站督導之望安航空站與七美航空站、台東航空站督導之綠島航空站與蘭嶼航空站。其設立、等級，由民航局報請交通部核轉行政院核定。前項各航空站冠以所在地地名或紀念性專屬名稱。有關各航空站之等級區分標準如**表8-3**所示。

表8-3　民用航空局所屬航空站等級區分標準表

等級	區分標準
特等航空站	經營國際航線之航站，年出入旅客達1,000萬人次以上或航機起降架次達50,000架次以上者。
甲等航空站	經營國際航線或國內航線之航站，年出入旅客達400萬人次以上，未滿1,000萬人次或航機起降架次達40,000架次以上，未滿50,000架次者。
乙等航空站	經營國內航線或經交通部指定得經營國際航線或國際包機之航站，年出入旅客達150萬人次以上，未滿400萬人次或航機起降架次達30,000架次以上，未滿40,000架次者。
丙等航空站	經營國內航線或經交通部指定得經營國際航線或國際包機之航站，年出入旅客達75萬人次以上，未滿150萬人次或航機起降架次達20,000架次以上，未滿30,000架次者。
丁等航空站	經營國內航線之航站，年出入旅客未滿75萬人次或航機起降架次未滿20,000架次者。

資料來源：www.caa.gov.tw

　　依據表8-3之等級區分標準，茲將民航局所屬的十八個航空站依據航空站名稱、機場名稱、等級區分標準及機場性質區分如表8-4。

表8-4　我國各航空站等級區分一覽表

航空站名稱	機場名稱	等級區分標準	機場性質
桃園國際航空站	桃園國際機場	特等航空站	民用機場
高雄國際航空站	高雄國際機場	甲等航空站	民用機場
台北國際航空站	台北松山機場	甲等航空站	軍民合用機場
台南航空站	台南機場	乙等航空站	軍民合用機場
花蓮航空站	花蓮機場	乙等航空站	軍民合用機場
馬公航空站	馬公機場	乙等航空站	軍民合用機場
台東航空站	台東豐年機場	乙等航空站	民用機場
台中航空站	台中清泉崗機場	丙等航空站	軍民合用機場
嘉義航空站	嘉義水上機場	丙等航空站	軍民合用機場
金門航空站	金門尚義機場	丙等航空站	民用機場
屏東航空站	屏東北機場	丁等航空站	軍民合用機場
北竿航空站	北竿機場	丁等航空站	民用機場
南竿航空站	南竿機場	丁等航空站	民用機場
七美航空站	七美機場	丁等航空站	民用機場
望安航空站	望安機場	丁等航空站	民用機場
蘭嶼航空站	蘭嶼機場	丁等航空站	民用機場
綠島航空站	綠島機場	丁等航空站	民用機場
恆春航空站	恆春機場	丁等航空站	民用機場

資料來源：www.caa.gov.tw

就機場使用性質可區分為民用機場及軍民合用機場：

1. 民用機場十一座：台灣桃園、高雄、金門尚義、台東豐年、七美、蘭嶼、綠島、南竿、北竿、恆春、望安。
2. 軍民合用機場七座：台北松山、台中清泉崗、嘉義水上、台南、花蓮、馬公、屏東北機場。

就目前各機場的營運狀況而言，還能再細分為「國際航線」、「國內航線」及「國內機場飛航國際包機」等三類。說明如下：

1. 國際航線：目前計有桃園及高雄國際航空站經營國際航線，其中桃園國際航空站計有三十八家航空公司經營四十一個航點；高雄國際航空站計有十四家航空公司經營十五個航點。
2. 國內航線：民航局所轄十八個航空站中，僅有桃園國際航空站未提供國內航線服務，其中台北國際航空站經營航線達十二條；高雄國際航空站、馬公航空站及台中航空站次之，各計有六條，共有遠東、復興、華信、立榮及德安五家航空公司經營。
3. 國內機場飛航國際包機：目前除了桃園國際航空站及高雄國際航空站經營國際航線外，花蓮、馬公、金門以及台中等國內機場，亦奉行政院同意開放飛航國際包機業務。

三、航空站及飛行場設立與經營的法津規範

對於我國航空站及飛行場的設立與經營，有何法律規範？根據《憲法》第107條規定：「左列事項，由中央立法並執行之：一、外交。二、國防與國防軍事。三、國籍法及刑事、民事、商事之法律。四、司法制度。五、航空、國道、國有鐵路、航政、郵政及電政。六、中央財政與國稅。七、國稅與省稅、縣稅之劃分。八、國營經濟事業。九、幣制及國家銀行。十、度量衡。十一、國際貿易政策。十二、涉外之財

政經濟事項。十三、其他依本憲法所定關於中央之事項。」從而得知，航空事業應由中央立法並執行之，是民航事業應屬中央主管之範圍。惟航空站與飛行場之設置，能否由地方政府經營，或開放人民經營，則各國法例不一。長久以來，我國民航法對於航空站與飛行場之設置所採取的政策不同。航空站之設置，以國營為原則，省市經營為例外，人民經營，則法所不許。對省市經營者，採「特許主義」，對人民經營，採「禁止主義」。

然而，由於民航局所轄十八個航空站營收逐年減少，民航作業基金已出現虧損赤字，為了開源節流，藉「國有」機場的「法人化」、「民營化」與「委外營運」等概念，提升機場整體運作效能，進而創造中央與地方政府有利的「地方招商」條件，引進民間活力經營，節省政府人事成本，以因應經濟自由化與國際化之趨勢，並回歸亞當‧史密斯（Adam Smith, 1729-1790）在《國富論》（*The Wealth of Nations*）所提，以「一隻看不見的手」的無形力量回歸自由市場機制，主張政府不應經管企業的主張。因此，《民用航空法》亦在第28條為「民營航空站」設下伏筆：「國營航空站之籌設、興建、營運，應由民航局報經交通部核准後，始得為之。直轄市、縣（市）營航空站之籌設、興建、營運，應由直轄市、縣（市）政府申請民航局核轉交通部核准後，始得為之。民營航空站應由符合第十條第一項第三款第四目規定之股份有限公司申請民航局核轉交通部許可籌設，並應在核定籌設期間內興建完成及依法向有關機關辦妥登記後，申請民航局核轉交通部核准，始得營運。前二項航空站之籌設、興建、營運之申請、核准、出租、轉讓、撤銷或廢止之條件、註銷、停止營運或解散、經營投資、作業管理及其他應遵行事項之辦法，由交通部定之。」

2009年6月12日立法院亦三讀通過《國營國際機場園區股份有限公司設置條例》，交通部得設立機場公司。然而，由於軍民合用機場民營化的牽涉範圍廣大，政府初期將以和軍方介面較少的機場為優先，選擇適當機場，研究委外經營的可行性。同時，為了防範不明資本，條文明

定「機場公司由政府獨資經營」，並本企業化精神經營，以提升國家競
爭力為目的。

　　此外，對於飛行場之設置，則開放民營（亦即採取「特許主
義」）。對民營者，只要經過交通部特許，即可設置經營，目前僅就經
營人及管理人之國籍加以限制而已。《民用航空法》第29條規定：「飛
行場得由中華民國各級政府、中華民國國民或具有第十條第一項第三款
規定資格之法人向民航局申請，經交通部會同有關機關核准設立經營；
其出租、轉讓或廢止時，亦同。前項飛行場之經營人及管理人應以中華
民國國民為限。」第29條之1並規定：「民營飛行場之籌設申請、設立
許可、撤銷或廢止之條件、註銷、停止營運或解散、飛航管制、氣象測
報、設計規範、安全作業、臨時性起降場所之申請、營運管理及其他應
遵行事項之規則，由交通部定之。」是以得知在這條規定上，規範了飛
行場之出租轉讓，亦須經過核准，因飛行場的經營人須具法律上的一定
資格，此業務並可開放民營。

第二節　站場之使用

　　航空站在英文及日文中，素有「空港」（airport）之稱。港埠為國
家之門戶，不僅是國家的經濟中心，更是國防基地。因此，一國航空站
場的分布，何者為國際站，何者為國內站？何者為技術降落站？均須以
國防經濟作通盤考量，而後訂有藍圖，一一預為布置。因之在使用上亦
各有分野，民用與軍用、國際與國內均有所劃分。以往來國際之航空器
僅能使用國際站。《民用航空法》第5條規定：「航空器自外國一地進
入中華民國境內第一次降落，及自國境內前往外國一地之起飛，應在指
定之國際航空站起降。但經交通部核准或緊急情況時，不在此限。」

　　在早期通訊科技不發達的時代或飛航至助導航設施不足的地方，
飛機的導航是靠航空器駕駛員憑藉目測及經驗，在飛行途中不斷地尋找

地面的地標,例如鐵路、湖泊,甚至是顯著的地標、建築物等。隨著科技發展,飛行設備的提升,航空器駕駛員可以利用飛機上的導航儀表及地面的導向電台從事飛行。然而,無論是儀器飛行或目視飛行,所有的飛機必須依照各地的飛航圖中所規定的航道來飛行。然而,若因飛航途中遭遇天候因素、機械故障或機內不確定性因素(如組員失能、乘客急需送醫、遭到劫機)而欲駛向備降站或臨時欲停留之地點,駕駛員為了能在正確的航道上飛行,必須參考所欲飛行航點之「飛航指南」(Aeronautical Information Publication; AIP),或是參考專業航圖公司出版的航圖(如美國波音公司旗下的子公司Jeppesen公司為供應全球飛機航路圖與航空訓練教材之著名企業),以便對正確操作程序有進一步的瞭解。因此,若飛航指南或航圖所記載的航空站場因兼作他用或任意興廢,而造成資訊不正確,則恐產生飛安或人員傷亡的疑慮。為此,對於航空站場的使用,有下列限制:

一、不得兼作他用

《民用航空法》第30條規定:「航空站及飛行場,非經民航局許可,不得兼供他用。借用軍用航空站及飛行場,交通部應與國防部協議。」航空站場經公告開放以後,凡從事飛航者,均知某地有何站場、有何設備,假若中途兼作他用,則預期於該地降落者,或將無法降落,預期到達該地上空,利用某項設備者,或亦無法利用,不僅引起飛航上之不便,且將影響飛航之安全。

二、不得任意興廢

航空站場的經營,與一般商業不同。一般商業之興廢,可隨當事人之自由意志為之。航空站場的興廢,不僅關係當事人之個人利害,且影響一般民航事業的便利與安全,故各國均有嚴格管制的規定。

圖8-3　航空站不得兼作他用、不得任意興廢
資料來源：楊政樺攝於法國巴黎戴高樂國際機場。

　　《民用航空法》第28條之1規定：「前條航空站於興建後，其供航空器起飛、降落及地面活動區域之設施及作業，應由航空站經營人申請民航局認證合格。本法中華民國九十六年六月十五日修正之條文施行前已營運之航空站，其供航空器起飛、降落與地面活動區域之設施及作業，由民航局通知航空站經營人限期申請認證。前二項設施與作業之項目、認證、豁免程序、發證、吊扣、註銷及其他應遵行事項之辦法，由交通部定之。民航局應派員檢查航空站內供航空器起飛、降落與地面活動區域之設施及作業，並督導其業務，航空站經營人不得規避、妨礙或拒絕；檢查結果發現有缺失者，應通知其限期改善。」第29條規定：「飛行場得由中華民國各級政府、中華民國國民或具有第十條第一項第三款規定資格之法人向民航局申請，經交通部會同有關機關核准設立經營；其出租、轉讓或廢止時，亦同。」從第29條可以得知航空站之設立經營，須經交通部核准，廢止時亦同。

　　最後，凡使用航空站與飛行場之場地或設備者，必須支付其規定費用；航空站之收費不得有差別待遇。《民用航空法》第37條：「使用航空站、飛行場、助航設備及相關設施，應依規定繳納使用費、服務費或噪音防制費；使用國營航空站、助航設備及相關設施之收費標準，由交

通部定之。非屬國營之航空站、飛行場之收費費率，由經營人擬訂，報請民航局核轉交通部核定；變更時，亦同。前項噪音防制費，應作爲噪音防制之用；該項費用應優先用於民用航空器使用之航空站附近噪音防制設施，其餘得視需要，用於相關居民健康維護、電費、房屋稅、地價稅等。第一項各項費用中，場站降落費應按各航空站徵收之比率，每年提撥百分之八作爲該航空站回饋金，該項費用應用於補助維護居民身心健康、獎助學金、社會福利、文化活動、基層建設經費、公益活動等。前二項之經費分配及使用辦法，國營航空站由交通部定之。非屬國營之航空站之經費分配及使用計畫，由經營人擬訂，報請民航局核轉交通部核定；飛行場之回饋金經費分配及使用計畫，由經營人擬訂，報請民航局核轉交通部核定。」

第九章　民用航空法之飛航安全

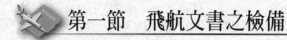

第一節　飛航文書之檢備

　　飛航文書是評價航空器運行是否安全的基本證明，也是決定相關當事人間之權義依據，無論國內與國際飛航，均極為重要。我國《民用航空法》第38條規定：「航空器飛航時，應具備下列文書：一、航空器登記證書。二、航空器適航證書。三、飛航日記簿。四、載客時乘客名單。五、貨物及郵件清單。六、航空器無線電臺執照。機長於起飛前，應確認航空器已具備前項文書。航空器飛航前，經民航局檢查發覺未具備第一項文書或其文書失效者，應制止其飛航。」此外，外籍航空器在我國境內起降時，依據《外籍航空器飛航國境規則》（2008年5月2日修正）第10條所要求之應備文書與《民用航空法》第38條一致，僅在條文上的排序與措辭略有不同：「一、航空器登記證書。二、航空器適航證書。三、飛航日記簿。四、航空器無線電台執照。五、載客時乘客名單。六、載貨物及郵件時，貨物及郵件清單。」同時，該規則第11條並要求「外籍航空器在我國境內起降時，其航空人員應攜帶檢定證及體格檢查及格證，並應遵守境內有關之各項飛航程序。」有關《民用航空法》第38條規定所需的這些文書，茲討論如下：（註：2008年公務人員特種考試民航人員考試試題）

一、航空器登記證書

　　我國的航空器登記證書具有兩種功能，一為國籍證明，一為權利證明。就「國籍證明」而言，各國為維持其領空土權，對於航空器是否具有本國國籍，極為重視。而就「權利證明」而言，《民用航空法》第20條規定：「航空器所有權移轉、抵押權設定及其租賃，非經登記不得對抗第三人。」因此，航空器的權利以登記為對抗第三人之要件，如果沒

有經由權利登記，當遇到權利上產生爭議時，勢將無所依據。

二、航空器適航證書

　　一般而言，飛航標準法規主要是由「作業」（operations）、「檢定給證」（certifications）及「適航標準」（airworthiness standards）等三個面向所構成。所謂「適航檢定」（aircraft airworthiness）就是為了確保民用航空器是否能滿足「適航檢定」所規範的最低安全標準，並從航空器的設計、生產製造、使用維修、接機售出等全方位、全期程的控制與監理所發展的驗證體系。民航局對適航管理可以概分為「初始適航管理」及「持續適航管理」兩部分。前者是在航空器交機使用之前，適航驗證單位依據相關法規標準，對該航空器的設計和製造等進行相關驗證，以確保該航空器的設計、製造符合相關規定並發給適航證書。後者則以航空器持續滿足其型別設計的初始適航要求為基礎，為保持航空器能始終處於「可安全操作狀態」而進行的監理與管理規則。兩者相輔相成，方能構建為一完整之適航體系。

　　《航空產品與其各項裝備及零組件適航檢定管理規則》（2008年8月22日修正）第39條規定：「領有中華民國民用航空器國籍登記證書之航空器，應由所有人或使用人向民航局申請適航檢定，經檢定合格者，依其申請發給航空器適航證書或航空器特種適航證書。航空器適航證書依適航檢定分類區分為通用類、特技類、特種作業類、通勤類及運輸類航空器適航證書。航空器特種適航證書依用途區分為特許飛航類及試驗類特種適航證書。」針對通用類、特技類、特種作業類、通勤類及運輸類航空器的定義，該規則第2條第13至17項亦提供明確的界定：

1.通用類航空器：指經民航局或原設計國之適航主管機關型別檢定
　為通用類之下列航空器；此類航空器不得為特技飛航：(1)載客座
　位數九人以下且最大起飛重量不逾五千七百公斤之飛機；(2)最大

起飛重量或最大重量不逾三千一百八十公斤之直昇機。

2.特技類航空器：指載客座位數九人以下、最大起飛重量不逾五千七百公斤，且經民航局或原設計國之適航主管機關型別檢定為特技類之飛機。

3.特種作業類航空器：指載客座位數九人以下、最大起飛重量不逾五千七百公斤，且經民航局或原設計國之適航主管機關型別檢定為特種作業類之飛機。

4.通勤類航空器：指載客座位數十九人以下、最大起飛重量不逾八千六百四十公斤，具多發動機且由螺旋槳驅動，並經民航局或原設計國之適航主管機關型別檢定為通勤類之飛機；此類航空器不得為特技飛航。

5.運輸類航空器：指具多發動機並經民航局或原設計國之適航主管機關型別檢定為運輸類之航空器；此類航空器不得為特技飛航。

航空器所有人或使用人於民航主管機關完成登記及完成適航檢定後，應把適航證書懸掛於航空器機艙或駕駛艙內顯著之處（《航空產品與其各項裝備及零組件適航檢定管理規則》第41條）。

此外，《民用航空法》第14條規定，「適航證書遇有左列情事之一者，失其效力：一、有效期間屆滿時。二、登記證書失效時。三、航空器不合適航安全條件時。」然而，何種情況下的航空器為不合於適航安全條件呢？根據《航空器適航檢定維修管理規則》（2008年8月14日修正）第19條，「領有適航證書之航空器，其所有人或使用人應對航空器為妥善之維修，並應於飛航前確遵規定施行檢查，保持其適航安全條件。航空器有下列情事之一者，為不合於適航安全條件：一、經民航局或委託之機關、團體檢查認定不符合原檢定時之適航標準者。二、其所有人或使用人不依規定妥善維修，致航空器不能安全飛航者。三、其所有人或使用人逾期執行或未執行民航局或原設計國民航主管機關通告之適航指令。四、其所有人或使用人未經民航局核准，自行改變航空器用

途、性能、特性者。五、航空器連續停用逾九十日者。但因維修者，不在此限。」

《民用航空法》第40條並規定，「領有航空器適航證書之航空器，其所有人或使用人，應對航空器為妥善之維護，並應於飛航前依規定施行檢查，保持其適航安全條件，如不適航，應停止飛航；檢查員或機長認為不適航時，亦同。民航局應派員或委託機關、團體指派合格人員檢查航空器所有人或使用人之機務作業，航空器所有人或使用人不得規避、妨礙或拒絕；如航空器之維護狀況不合於適航安全條件者，應制止其飛航，並廢止其適航證書。」

綜上可知，適航證書係為適合飛航性能之證明。航空器之能否適航，關係飛航安全至鉅，而用以辨別其能否適航，則惟證書是賴。

三、飛航日記簿

飛航日記簿（flight log或log book）又稱為「航空器飛航記錄簿」，其係為記載關於航空器航行經過情形的簿冊，飛機降落後，由航空器駕駛員填寫，報告飛航狀況及飛機異常狀況，此乃用以查考航空器使用時限，及各項機件儀表使用情形的依據。此為決定航空器適航與否的重要文書。此外，尚記載航空器內每日發生的事故，如人之出生、死亡，或犯罪，航空器之救助與碰撞等，俾便發生事故時有所稽考。依據《航空器飛航作業管理規則》第183條，「航空器飛航日記簿應包括下列事項：一、航空器國籍及登記號碼。二、日期。三、飛航組員姓名。四、飛航組員職務。五、離場站。六、抵達站。七、離場時間。八、抵達時間。九、飛航時間。十、飛航性質（如定期、不定期等）。十一、備註。十二、負責人員簽名。」此外，第184條尚且要求航空器飛航日記簿及日常維護紀錄應以不褪色墨汁即時填寫並應至少保存一年以上。

四、載客時乘客名單

　　旅客與航空器有運送契約的關係，旅客為運送契約的當事人，一面負有契約上的義務，一面亦得享有契約上的權利。則航空器上應備有旅客名單，自屬必需。此外，此項名單亦可供沿途各站警察的稽查。從航空運務處理過境旅客的程序來說，經許可過夜住宿之乘客，查驗機關應將其護照或旅行證件收存保管，於乘客離境時發還。前項乘客過夜住宿期間，由航空公司發給識別證，並將乘客名單通知該管警察機關。另外，從風險曝光率的角度而言，雖航空器相對於其他運輸工具已是最安全者，但考慮航空器若遭遇重大事故，而有不忍談及之事，根據《航空器飛航安全相關事件處理規則》（2008年7月25日修正）第7條：「航空器所有人或使用人應比對乘客名單予以查明登記，並於發生航空器失事或航空器重大意外事件之消防、搶救工作時，對於送達各醫療單位之傷亡情形，向現場指揮官報告。」

五、貨物及郵件清單

　　貨物清單不僅關係運送契約，也是決定相關當事人權利和義務的依據，而貨中有無違禁品、應稅物品或禁止進口物品，以及有無捏報情事，尤其是否會在公法上造成影響，為便利目的地及中途站的稽查，自有隨機攜帶的必要。至於郵件運送，各國法律多訂為民航業對國家應盡的義務，是航空器之有無載運郵件，固需隨時提供稽查，而國際間對郵件也有優先運送之規定，尤有隨時提示郵件情形之必要。

六、航空器無線電臺執照

　　所謂航空器無線電台，依《民用航空器無線電臺管理辦法》（2007年7月13日修正）第3條：「本辦法所稱民用航空器無線電台（以下簡稱電台），係指於航空器上裝設無線電收發訊設備，供飛航時通信之無線電台。」航空器上均應裝置無線電臺，電臺應由航空器所有人或使用人向交通部民用航空局申請核轉國家通訊傳播委員會發給執照，始得設置使用。電臺之設置使用，應檢附下列文件向民航局申請核轉本會核准：(1)申請書；(2)電臺登記表。電臺執照有效期間為三年。申請新設電臺或換發電臺執照時，應接受審驗，不合格者不發給執照。同時，航空器所有人或使用人應保持電台機件設備之正常通信功能，民航局得隨時派員查核電台機件設備及查閱相關文件。

　　此外，電台用以通報或通話之頻率應經國家通訊傳播委員會核配指定。航空器於飛航時，電臺操作人應守聽飛航管制單位適當之頻率，並建立雙向通信及能收發超高頻（UHF）二四三點零兆赫或特高頻（VHF）一二一點五兆赫之緊急頻道。電臺操作人對其他航空器之遇險呼叫及通信，應優先接收，迅速答覆，並立即採取必要行動。依我國及日本法令，均有對航空器裝設無線電臺之強行性規定。由日本《航空法》第60條：「凡從事下列飛航之航空器，非依運輸部之規定，裝有無線電設備，不得飛航：一、用於航空運輸者；。二、在飛航管制區域或地帶內作儀器飛航者。三、飛航經過之區域經民用航空局認為難於尋覓或救助者。」即可得知。此外，《航空器飛航作業管理規則》第131條規定，「航空器裝置之通信設備應備有與機場管制單位雙向通信之能力，且能於飛航中隨時接收氣象資料，並能隨時與至少一處航空電台或其他類似電台，使用當地主管機關規定之頻率通話。前項通信設備應能透過緊急頻率一二一點五百萬赫與地面連絡。」

最後，航空器飛航時，除了備有《民用航空法》第38條所規定的文書之外，根據《航空器飛航作業管理規則》第109條明文規定，航空器飛航時，另應備有下列文件：(1)飛航手冊；(2)航務手冊；(3)航行圖表；(4)操作手冊；(5)最低裝備需求手冊；(6)客艙組員手冊；(7)民用航空運輸業許可證英文版；(8)營運規範；(9)噪音證明文件英文版。未派遣客艙組員之飛航，得免備「客艙組員手冊」。因此，飛航文書在航空法規及飛安的重要性，不言而喻。值得一提的是，2003年5月28日我國《民用航空法》第40條增修訂條文中，對民用航空運輸業為避免飛安事故的發生，特別立法規定將航空器機齡、飛航時數、最近一次維修紀錄及航空器駕駛員飛航時數等資料公開，作為乘客選擇之參考。

第二節　飛航行動之管制

如同地面運輸，由於工商業發達，國民所得提高，小汽車持有率不斷增加，無論是高速公路或市區道路都出現了塞車的問題，近年來，我國在開放天空政策實施後，因國內、國際航線及航機大量增加，導致空中塞機，浪費社會成本的問題已迫待解決；如果考慮將來兩岸直航後，單位時間內航機航行的數目將呈倍數成長，使得空中塞車的問題更形嚴重。非僅我國的空域如此，在未來二十年內，全球航機航行量預測將有100%的成長，它不僅意味著全球性的塞機問題日益惡化，並將造成全球航空運輸業者營運成本的增加、成長空間的萎縮，甚至將危及空中及地面的運輸安全。為改善此問題，全球民航界除了積極擴充機場設備之外，更極力推動架設通訊、導航、搜索及航空交通管理系統，冀望以現代的衛星及數位通訊科技，在保持安全水準的前提下，增加航路、縮短航程、減少塞機、降低天氣對飛航的影響，以期能增加全球可容納航機飛航的數量。本節的教學目標是以法規的角度，由航空交通管理及程序介紹所謂的「飛航管制」。目前各國當代的飛航管制制度標準原自《芝

加哥協定》，及後又分爲《國際民航組織第4444號文件》及《美國聯邦航空局（FAA）第7110.65S指示》兩大規則所衍生。

一、飛航管制的定義與航管隔離標準

(一)飛航管制的定義

　　所謂「飛航管制」，根據《民用航空法》第2條第9項，係指飛航管制機構爲防止航空器間、航空器與障礙物間於航空站跑、滑道滑行時之碰撞及加速飛航流量並保持有序飛航所提供之服務。由於空中交通爲一立體之交通，其管制方式除了考慮航空器前後左右的距離之外，尚應注意其上下間隔及爬升、下降、穿越彼此空層等種種變動，若無精確之助航設施與周密確當的管制，則以前述所稱航空器飛航速度之快、空層之高、飛航數量之大，發生危險的風險恐爲顯見。以實務來說，航空器起飛後，便無時不在「管制」之中，所謂「管制」，大致包括航路、高度、次序等方面的管制。管制機構指定航空器飛航不同之航路，以維持航空器間之左右間隔，又指定航空器之飛航高度，以維持航空器之上下間隔，並指示飛航次序，規定在某些情況下，何者有權先飛，何者需予避讓，以確保飛機不致有碰撞之虞。有關航空管制的飛航隔離管制操作係由管制員以VHF、UHF陸空通信頻率〔一般使用的頻道爲「甚高頻」（118.00-136.955Mhz），並明定爲民間禁用頻道，確保不會遭受干擾〕及國際通用之「無線電通話程序」（radio communication procedures）和飛行員通話，通話內容大部分以航管通話術語（phraseology）爲主，其職掌主要是從事航空器間安全隔離服務，保障航機及機上人員生命財產的安全。

(二)航管隔離標準

　　為維護飛航安全，航空器飛航時，航空器應遵照一般飛航、目視飛航及儀器飛航之管制，並接受飛航管制機構之指示。航管隔離標準主要可以分為「目視隔離」（visual separation）、「垂直隔離」（vertical separation）及「水平隔離」（horizontal separation）三種。

◆目視隔離

　　管制員以目視的方式引導航機避免碰撞，此僅限於機場附近的航機，由塔台管制員為之。

◆垂直隔離

　　垂直隔離是最常被使用在同一航路之隔離方式，可增加空層的有效使用及加速飛機的流量。在操作上，高度在29,000呎以下，兩機之間要有1,000呎的高度差，且值得強調的是，高度隔離是採取「南雙北單」，亦即由北往南飛的高度必是雙數，由南往北飛必是單數，高度於29,000呎以上，兩機之間要有2,000呎的高度差。

◆水平隔離

　　可細分為「前後隔離」（longitudinal separation）、「左右隔離」（lateral separation）及「雷達隔離」（radar separation）等三類。

1. 前後隔離：可採取以時間為標準（time separation），限定航機於某時間通過某點，前後航機之隔離基本上為十分鐘，亦可採取以距離為準（DME Separation; Distance Measure Equipment）的隔離，同高度不得少於二十浬。

2. 左右隔離：許可航空器飛航於不同之航路或航線上，但各航路或航線之寬度或保護空域不得重疊。在飛航空層 200（含）呎以下，許可航空器飛向並報告通過由目視或參考助航設施所定出之

不同地理位置，或在該位置等待。許可航空器在不同之等待點等待，且其等待航線之保護空域不彼此或不與其他保護空域重疊。許可離場航空器飛航於至少相差 45 度之指定航向上。值得注意的是，「水平隔離」非僅是航管隔離的標準之一，亦可減緩或避免飛機起降所造成之難以預測的「機尾渦流」（wake vortex），亦稱「機尾亂流」（wake turbulence）的干擾。因為，機尾渦流可以在無風的空氣中停留幾分鐘，向後延伸達12公里，這種暗藏危機的渦漩氣流，將使得後續跟飛的飛機陷入危殆。美國聯邦航空總署亦按照飛機大小而規定了飛機之間的最小安全距離。

3.雷達隔離：當兩機有相同高度時，若兩機位於雷達天線40浬的範圍內，彼此要有3浬以上距離。若兩機位於雷達天線40浬的範圍外，彼此要有5浬以上距離。

　　前述所提之隔離方式，只要有一種存在便有安全隔離，若航機間皆未達上述任一標準，則有「隔離不足」（air miss）或「空中接近」（near miss）的危險之虞。

二、飛航管制法規面

(一)國際民航組織附約

　　接下來，我們從法規面來看「飛航管制」，在國際民航組織（ICAO）的第18項附約所顯示與民航管理相關領域中，與飛航管制服務直接相關的部分如下：

1.第二號附約（ANNEX 2）：ANNEX 2規範了飛行員的飛行規則，包含目視飛行、一般規則、儀器飛行等。

2.第十號附約（ANNEX 10）：ANNEX 10專門規範航空通訊相關

事宜，包含提供地面民航服務的相關單位相互間通訊及地對空通訊之裝備、系統、無線電頻率及國際民航作業之通訊程序。

3.第十一號附約（ANNEX 11）：ANNEX 11為飛航服務（air traffic services）指明提供該項服務的全球標準及作業建議。在飛航管制的部分，也包含教導各芝加哥協定的締約國如何建立航管機構、如何建構航路、管制員又如何在所規定的法條上取得提供航管服務的法源依據，也要求各締約國就自有的航管服務責任空域內，在航管組織、裝備及法規頒布、作業程序上做適度的配合，使得國際民航能在安全、有序、迅速的狀況下持續發展。

(二)我國的《民用航空法》

而我國的《民用航空法》除了配合國際民航組織相關法規之外，第41條並規定：「為維護飛航安全，航空器飛航時，應遵照一般飛航、目視飛航及儀器飛航之管制，並接受飛航管制機構之指示。前項一般飛航、目視飛航、儀器飛航及其他應遵行事項之規則，由民航局定之。」所謂「飛航管制」，依同法第2條第9項：「飛航管制：指飛航管制機構為防止航空器間、航空器與障礙物間於航空站跑、滑道滑行時之碰撞及加速飛航流量並保持有序飛航所提供之服務。」

◆飛航管制之目的

飛航管制之目的至少包含下列三項：

1.防止航空器間之碰撞。
2.防止操作區內航空器與障礙物碰撞。
3.加速並保持有序之空中交通。

此外，為便於執行管制起見，乃將整個空域，劃分為若干區域，各就其本身任務，分別予以管制。《民用航空法》第4條規定：「空域之運用及管制區域、管制地帶、限航區、危險區與禁航區之劃定，由交通

部會同國防部定之。」

◆**區域劃分**

　　有關《民用航空法》第4條所稱的五種劃分，可分為「管制區域」
（control area）、「管制地帶」（control zone）、「禁航區」（prohibited
areas）、「限航區」（restricted areas）及「危險區」（danger area）等。
這些劃分的定義分別如下：

1. 「管制區域」係指自地球表面上某指定高度為基準往上延伸所劃
   定之管制空域〔《飛航規則》（2007年11月26日修正）第2條第
   31項〕。
2. 「管制地帶」係指自地球表面往上延伸至某指定上限高度所劃定
   之管制空域。（《飛航規則》第2條第35項）
3. 「禁航區」係指禁止航空器飛越地帶之上空為禁航區（《要塞堡
   壘地帶法》第3條）。
4. 「限航區」係指在領土及領海上空限制航空器應依特定條件飛航
   之特定空域（《飛航規則》第2條第64項）或限制航空器飛越地
   帶之上空（《要塞堡壘地帶法》第3條）。
5. 「危險區」係指劃定之空域，於特定時間內，該空域內之活動將
   危及航空器之飛航（《飛航規則》第2條第38項）。

◆**名詞介紹**

　　除此之外，下列名詞亦應瞭解：

1. 飛航情報區（Flight Information Region; FIR）：指提供飛航情報
   及守助服務所劃定之空域（《飛航規則》第2條第45項）。
2. 管制空域（controlled airspace）：指依空域分類提供飛航管制服
   務所劃定之空域，包括：A類、B類、C類、D類、E類空域及E類
   地表空域（《飛航規則》第2條第33項）。

3.防空識別區（Air Defense Identification Zone; ADIZ）：指經特別指定範圍之空域，於該空域內之航空器除應遵循飛航服務相關規定外，並應符合特殊識別及（或）報告程序（《飛航規則》第2條第80項）。另根據同法第19條，航空器進入或飛航於防空識別區時，應遵守防空識別規定。

三、飛航管制業務

(一)業務分類

前述所稱之「管制空域」係指設有飛航管制服務以管制航空器飛航之特定區域。而飛航管制業務可以分為三類：

1.區域管制服務：指在管制區域內，對管制下航空器所執行飛航管制之服務。
2.近場管制服務：指對管制下離到場航空器之航管服務。
3.機場管制服務：指執行機場交通管制之服務。

(二)負責單位

有關這些管制服務的責任範圍，分別由下列單位負責：

◆區域管制中心

指負責提供區域管制服務之單位。《交通部民用航空局飛航服務總臺辦事細則》第5條對台北區域管制中心職掌規範包含：

1.台北飛航情報區內中外軍民航空器之區域管制及有關近場管制執行事項。
2.中外軍民航空器出入本區之查核管制事項。

3.本區內目視追蹤及守助事項。

4.協調空軍戰管單位共同維護空中安全事項。

5.與各鄰區管制單位作業聯繫事項。

6.所屬人員之督導考核及在職訓練事項。

7.航管案件之初步調查及相關資料提供事項。

8.航管資料統計事項。

9.其他交辦事項。

◆ **近場管制塔台**

　　指負責對一個或數個機場之管制飛航提供離到場管制服務之單位。《交通部民用航空局飛航服務總臺辦事細則》第16條對近場管制塔台職掌規範如下：

1.軍民儀器飛航航空器之飛航管制作業事項。

2.輕型航空器目視飛航通訊追蹤及守助服務事項。

3.與各相關戰、航管單位協調聯繫事項。

4.機場管制作業事項。

5.航管案件之初步調查及有關資料提供事項。

6.所屬人員之業務督導、考核及在職訓練事項。

7.航管資料統計事項。

8.其他交辦事項。

◆ **機場管制塔台**

　　簡稱塔台，指為機場交通提供飛航管制服務而設置之單位（《飛航規則》第2條第7項）。

　　至於前述三種職司在飛航管制任務上要如何移轉，應經兩單位同意之地點或時間，由區域管制中心將航空器管制責任，移交給近場管制單位。近場管制塔台應將管制進場降落航空器之責任，在規定情況下，移

交給機場管制塔台。如係離場之航空器，則依相反程序，移交接管。

接下來我們談禁航區和限航區。《民用航空法》第42條：「航空器不得飛越禁航區。航空器於飛航限航區及危險區，應遵守飛航規則之規定。」劃分為禁航區域有基於國防上的原因，亦有基於飛航安全上的原因，劃為限航區的理由亦同。例如國防上所設各種要塞堡壘等，其上空自應禁止飛越，以防國防機密之洩漏。其他如因某地區上空的氣候惡劣，或其他原因，足以影響飛安者，亦須禁止飛越，以防不測。《民用航空法》第109條：「違反第四十二條第一項規定者，處二年以下有期徒刑、拘役或新台幣四十萬元以下罰金。」

四、我國飛航管制服務單位

目前我國飛航管制服務單位，計有下列三種：

(一)台北區域管制中心（Taipei Area Control Center; TACC）

區域管制（Center/Control/Radar/Area Control）旨在提供某區域內及航路上的航空器之飛航管制服務，管理進出或者是途經（enroute）飛行情報區的飛機。國際民航組織將全球的空域劃分為一塊一塊若干數量相互銜接的飛航情報區，每一個飛航情報區都提供飛航服務，若干飛航情報區會包含相當廣大且少有航空器飛行的洋面空域，諸如日本的東京飛航情報區、那霸飛航情報區、美國的奧克蘭飛航情報區等。對於飛航於此類空域的航機，有的飛航服務單位僅提供飛航資訊（flight information）及緊急狀況（alerting）等兩項服務。然而大部分的空域都是需要加以管制的，除提供前兩項服務之外，尚且提供飛航管制服務。飛航情報區中的飛航管制服務之空域範圍，係由民航主管當局與共同使用空域的相關單位（大部分是軍方）考量軍事及政治限航的特殊用途之後，將提供民航機使用之相關訊息通告於該飛航情報區的飛航指南。依

據《飛航規則》第2條第45項：「飛航情報區，指提供飛航情報及守助服務所劃定之空域。」目前位處東南亞及西太平洋空運要衝的台北飛航情報區（Taipei Flight Information Region; Taipei FIR）係由台北區域管制中心署理，爲台灣地區唯一區域管制中心。該情報區原名「台灣飛航情報區」，於1952年6月15日成立。隔年，國際民航組織（ICAO）第18屆理事會協議，劃定台灣飛航情報區由我方民航局管轄，並提供飛航管制服務。1953年8月16日起正式更名爲「台北飛航情報區」，其空域範圍東起東經124度連接「那霸飛航情報區」，西至台灣海峽（117度30分）與「香港飛航情報區」交界，北起北緯29度鄰近「大邱飛航情報區」，南至北緯21度與「馬尼拉飛航情報區」交界，空域共約176,000平方浬。並與鄰近區域管制中心保持密切通信聯絡，交換有關之飛航資料及航機之交管（如圖9-1）。

除了航路空域外，爲提供安全及有效率之航管業務，台北飛航情報區內設有台北、台中、高雄、馬公、花蓮、台東、金門、馬祖等8個終端管制區域。軍事單位爲軍事訓練、演習、任務等需要，亦劃訂限航區、靶區等空域，爲有效利用空域資源，促進航空器空中航行安全，由國防部空軍司令部及交通部民用航空局爲協調策劃有關軍、民航空器飛航管制、空域運用事項，特聯合設立空中航行管制委員會，協調軍、民空域使用事宜。其所提供的飛航管制業務包含：(1)飛航管制業務；(2)航空通訊業務；(3)飛航情報業務；(4)航空氣象業務；(5)守助服務。簡述如下：

◆飛航管制業務

本項業務可分爲區域管制、近場管制及機場管制三類，台北飛航情報區除軍事基地之機場管制由軍方塔台負責外，實際飛航管制業務均由民航局所屬飛航服務總台負責執行，總台共十九個一級單位，分別屬技術幕僚、裝備維護、航空氣象、飛航情報、航空通信、飛航管制、技術行政等。

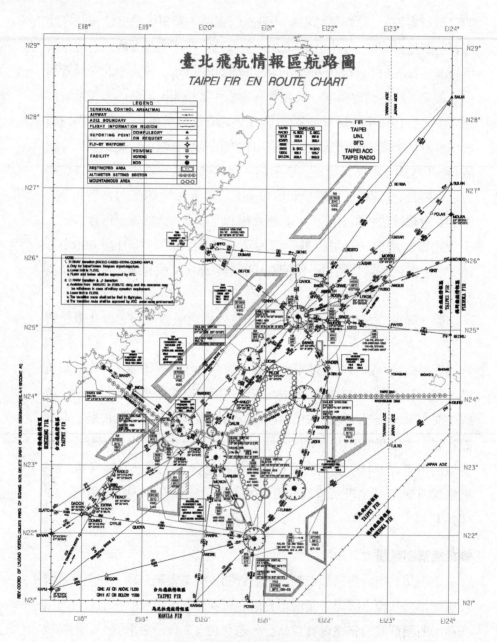

圖9-1　台北飛航情報情報區航路圖

資料來源：交通部民用航空局，《台北飛航情報區飛航指南》。

◆航空通訊業務

　　爲了維護空中交通順遂及安全、有序，國際民航組織建立航空固定通信網路（Aeronautical Fixed Telecommunication Network; AFTN），提供飛航業務部門傳遞航空器之飛航計畫及相關飛航公告。除了平面之通信網路外，爲有效提供飛航管制業務，配備各航管單位及航空通訊單位無線電設施，以供陸空雙向通信使用，我國民航局所屬的飛航服務總台亦設有「台北航空通信中心」，其業務主要是透過「航空固定通信業務」（fixed communication）、「航空行動通信業務」（mobile communication）及軍方摩爾斯電碼航平通信，傳遞國內外相關之飛航計畫書、飛航公告、飛航動態、航空氣象資料交換，及航空公司業務電報。航空固定通信業務爲傳遞飛航公告、航管、航空氣象資料，飛航動態、航空公司機務、運務、業務等電報；航空行動通信業務爲航空器與地面之高頻通信，傳遞航空器動態，提供航空即時氣象資料，航空器飛航所必要之設施修理事宜等通信服務。

◆飛航情報業務

　　本項業務包括由民航局飛航管制組航空情報席負責飛航情報業務之規劃、規章研訂及研究改進事項、飛航指南修正及其補充通知書之編輯發布事項、飛航公告及航空公報之辦理與發布事項、飛航情報人員之訓練標準釐定事項及飛航情報業務之督導，並由飛航服務總台所屬飛航情報中心負責本區飛航情報業務，提供通暢、及時、準確與完整之飛航情報，確保本區空中航行安全、有序、迅速。基於作業需求，設有國際飛航公告室負責發布本區飛航公告、處理國外地區飛航公告、編輯飛航前簡報（PIB）及製作火砲射擊圖、更新飛航指南及其他航情資料、簽審傳遞長期計畫書及處理分送駕駛員地面報告。此外，在台北、桃園、高雄機場設立飛航諮詢台，業務內容包括簽審傳送飛航計畫書、處理轉發飛航公告原始資料至台北飛航情報中心、講解供應飛航前簡報（PIB）及展示火砲射擊圖、講解供應航空氣象資料、更新飛航指南及其他航情

資料及處理駕駛員地面報告。

◆航空氣象業務

　　隸屬於飛航服務總台之台北航空氣象中心係為綜理台北飛航情報區之航空氣象工作，其業務包括：

1. 提供台北飛航情報區內各民航機場之天氣觀測、預（警）報及守視等飛航氣象資訊。
2. 提供飛經台北飛航情報區各航路航空器所需之天氣測報及預報資訊。
3. 與國內、外國際機場或氣象機構交換航空氣象資訊。
4. 規劃、建置航空氣象作業和服務系統。
5. 提供航空氣象簡報及諮詢服務。

　　因此，其服務對象涵蓋航空器使用人、航空公司簽派員和飛行員、飛航管制單位以及航空站航務管理單位等。

◆守助服務

　　根據《飛航規則》第2條第21項：「守助服務：指將需要搜救之航空器資料通知適當單位，並應該單位之需求予以協助之服務。」守助服務之目的，在密切注意航空器之動態，並對遭遇困難或危險之航空器，提供一切可能之協助、搜索與救護，以減少人員財產之損害。台北飛航情報區之守助業務，由民航局所屬航管單位負責協調搜救協調中心，通知適當之搜救單位，由台北區域管制中心總其成；有關實際搜救工作則由國防部及地方警察單位負責。

　　台北飛航區域管制中心（TACC），簡稱「台北區管中心」，目前位於台北市的公館，其業務主要是提供飛航台北飛航情報區（Taipei FIR）航機之飛航管制服務。除了對國際線過境、入出境及兩岸直航航機提供儀器飛航服務外，並兼負馬祖（南竿、北竿）離島航線，台灣島內航線飛航空層200呎以上的儀器飛航管制服務，及台灣島外空域相關

的目視飛航守望服務。TACC之管制空域責任區分配安排共分為四席，分別是：

1.北部席（分席管制時為北東席及海峽席）：配置雷達管制席、資料管制席及協調席，負責APU以北空域B576、A1、M750、R583、R595、W2、W8航路及兩岸直航航路（B591、R596）的飛航管制服務。
2.西部席：配置雷達管制席、資料管制席及協調席，負責APU以南、MKG/TNN連線以北空域之A1、M750、W4航路的飛航管制服務。
3.東部席：負責TNN以南、POTIB/KABAM以北、IGURU以西、ELATO/KAPLI東面40浬連線以東、TINHO以南空域之G581、G86、A577、W4、N892、B348、B591航路的飛航管制服務。
4.南部席：負責MKG以南至ELATO/ENVAR以北、ELATO東面40浬與KAPLI東面連線40浬以西空域之A1、M750、G581、G86航路的飛航管制服務。

(二)近場管制塔台

近場管制塔台（Terminal Approach Control）亦可稱為「終端管制台」或「離、到場管制台」，此一單位多位於其所服務的主要機場，其管制空域在機場半徑60浬範圍，高度自1,200呎以上至20,000呎，或24,000呎以內之空域，負責提供航空器的離到場高度及雷達隔離之航管服務。負責提供其責任區內航空器爬升及下降之進場及離到場管制服務。台灣地區共有五個近場台，分別是台北近場管制塔台、台中近場管制塔台、高雄近場管制塔台、花蓮近場管制塔台、台東近場管制塔台。每一近場台又因空域劃分而分許多席位，主要管制方式為雷達（radar）或人工管制（manual control）隔離。

(三)機場管制塔台

機場管制又稱爲「塔台管制」（Tower Control），旨在對機場的空中航線及其附近，以機場參考點爲中心，半徑5至10浬半徑爲平面範圍，再以垂直範圍3,000呎以下空域包含機場上空及地面操作區空域之航空器，管制員運用陸空通信頻率及國際通用之無線電通話程序與空域內的民航機相互聯絡位置及高度，並利用航管指示從事相互間隔或避讓方式實施目視管制服務。目前飛航服務總台所屬機場管制塔台有台北、松山、金門、北竿、南竿、高雄、馬公、恆春、豐年、綠島、蘭嶼等。

機場管制塔台負責執行航空器後推、滑行、起飛、降落、重飛等的飛航管制服務，對離場的航空器，給予從登機或上貨停機坪，到使用跑道、滑行道安排指示，並向航機駕駛員頒發起飛許可；同時並對到場的航空器，亦由塔台管制員提供同樣方式處理，發給航空器准予降落的指示，直到其平安到達指定的停機坪。塔台管制員多以目視航機狀況下，由近場管制台接過管制責任。實務上，塔台（tower）是負責機場內及機場附近空中航線上航機之隔離及順序，其包含三個主要席位（positions）：(1)機場管制席（local controller）；(2)地面管制席（ground controller）；(3)飛航資料席（data）。其主要管制方式爲管制員以目視方式從事目視隔離。

案例研究

違規變更航向機師遭處分

【案例一】（新聞整理）

1998年7月3日，一架長榮航空BR-687班機於自中正機場飛往高雄時，在嘉義大林上空要求由22,000呎下降到18,000呎，航管

人員允許下降，但飛機卻未下降，而為了躲避雷雨包擅自變更航向，卻未告知機場塔台，造成另一架長榮航空BR-232班機空中防撞系統啓動鈴聲大作，航管人員認為，長榮BR-687正、副機師有人為疏忽之嫌，經報請飛安評議委員會討論，決定依《民航法》第41條「航空器飛航時，應遵照飛航及管制規則，須接受飛航管制的指示」規定，決定分別處分BR-687班機正、副機師八萬元及六萬元罰款。（資料來源：《中央日報》1998/10/13。）

【案例二】（新聞整理）

　　2000年10月4日長榮航空從中正機場到香港的855班次班機，在塔台管制員許可進入跑道等待但未獲得塔台許可前，即逕行起飛。事後長榮航空的解釋是，當天班機因滑行時間較長，以及防撞系統沒有響起，顯示沒有任何航機降落，所以才未與塔台確認許可即起飛。針對這起疏失，長榮航空為提升組員警覺性及減少人為疏失，已發布通告，並在飛安月會加強宣導。然長榮航空事後作補強措施，但民航局飛安評議會認為，駕駛員未獲許可，逕行起飛，已違反《民用航空法》第41條相關規定，決定議處正、副駕駛八萬元和六萬元罰款。

　　另外，同年9月20日復興航空一架自台北至花蓮007班機，航管許可其爬升至8,000呎，當時有另一架由花蓮飛往松山的復興006班機，高度為9,000呎。兩機交錯時，航管人員發現007班機爬升高度超過8,000呎，兩機最近的高度差只有300呎，左右間隔只有1.54浬，險些釀成空中意外。事後調查發現，此一疏失是因007班機駕駛誤將航管許可的8,000呎飛行高度設定為10,000呎，且未加檢查所致。復興航空已依該公司獎懲辦法處正機師申誡兩次、副機師申誡一次的處分。由於班機未依航管指示高度飛行，違反《民航法》第41條之規定，飛安評議會決定分別處正、副駕駛六萬元和三萬元罰款。

第三節　危險品管理

　　隨著經濟發展，危險品種類與數量日益增多，危險品於運輸作業過程中，稍一不慎，極易引致事故發生，造成嚴重傷亡。對空運來說，隨著危險物品在國際間運送之日漸增加，人們對其潛伏之危險性亦更加關注，故危險貨載之運送人責任與權利義務更較一般貨載來得重要。民用航空器以運送客貨郵件為其經常業務，如夾帶危險品，每足引起生命財產的損失，基於航機飛航安全之考量以符合國際空運業者之承攬規範，故各國立法例，均有嚴格的規定。《民用航空法》第43條規定：「危險物品不得攜帶或託運進入航空器。但符合依第四項所定辦法或民航局核定採用之國際間通用之危險物品處理標準有關分類、識別、空運限制、封裝、標示、申報及託運人責任事項之規定者，不在此限。」、第43條之1規定：「槍砲彈藥刀械管制條例所定槍砲、刀械或其他有影響飛航安全之虞之物品，不得攜帶進入航空器。但因特殊任務需要，經航空警察局核准，並經航空器使用人同意之槍砲，不在此限。」

　　另外，《民用航空法》第112條之2規定：「有下列情事之一者，處新台幣二萬元以上十萬元以下罰鍰：一、違反第四十三條第一項規定，攜帶或託運危險物品進入航空器。二、違反第四十三條之一第一項規定，攜帶槍砲、刀械或有影響飛航安全之虞之物品進入航空器。民用航空運輸業、普通航空業、航空貨運承攬業、航空站地勤業、空廚業或航空貨物集散站經營業違反第四十三條第二項規定，託運、存儲、裝載或運送危險物品者，處新台幣二萬元以上十萬元以下罰鍰。一年內違反前項規定達三次者，處新台幣十萬元以上五十萬元以下罰鍰，並得報請民航局轉報交通部核准後，停止其營業之一部或全部或廢止其許可。託運人違反第四十三條第一項規定，不實申報危險物品於進入航空器前受查獲者，處新台幣二萬元以上十萬元以下罰鍰。前四項規定，由航空警察

局處罰之。」

一、危險品定義

　　然而，什麼叫做「危險品」？所謂危險品係指貨物本身所具性能不甚安全或安定，易受外界冷、熱、電、火、撞擊、化學作用之影響而發生激烈變化，甚至在物品交接、倉儲、裝卸、運輸過程中，都具有一定的危險性且容易引起災害之貨物，均稱之。依據《航空器飛航作業管理規則》第2條第24項的界定是：「危險物品：指民航局依本法第四十三條第三項公告之物品或物質。」其範圍係指行政院勞工委員會訂定之《危險物及有害物通識規則》規定適用之危害物質、行政院環境保護署依據《毒性化學物質管理辦法》公告之毒性化學物質及危險物品。其分類標準可以依據《危險物品空運管理辦法》（2008年2月25日發布）第3條界定為：(1)第一類：爆炸物品；(2)第二類：氣體；(3)第三類：易燃液體；(4)第四類：易燃固體、自燃物質、遇水釋放易燃氣體之物質；(5)第五類：氧化物、有機過氧化物；(6)第六類：毒性物質、傳染性物質；(7)第七類：放射性物質；(8)第八類：腐蝕性物質；(9)第九類：其他危險物品。前項危險物品之分類基準，依技術規範之規定。同法第4條要求託運人應確認所託運危險物品之包裝件上及危險物品申報單所標示之運送專用名稱、聯合國編號或識別編號，符合技術規範之識別規定，並於第6條規範託運人應使用良好品質之包裝封裝危險物品，以避免於空運時，因震動或溫度、濕度、壓力之變化導致滲漏或與危險物品產生化學或其他反應。同時，託運人託運危險物品時，依第10條規定，應正確填寫申報單及簽署其所託運危險物品之運送專用名稱已正確與完整記載，並依技術規範之規定予以分類、封裝及標示，且符合航空運送條件之聲明。繼而，第34條要求託運人、航空器所有人或使用人、航空貨運承攬業、航空站地勤業、航空貨物集散站經營業及空廚業，應採取保安措施，以降低危險物品失竊或被第三人誤用之風險，並避免危害人

員、財產或環境。

二、危險品的分類

一般而言，國際運送所涉及的危險品管理，以海運來說，係採用《國際海運危險品準則》（International Maritime Dangerous Goods; IMDG）。至於空運的危險物品運送係採用國際航空運輸協會（IATA）所制定之《危險物品規則》（Dangerous Goods Regulations; DGR）為主要依據，其種類可分為九大類，茲分述如下：

(一)第一類：爆炸物品

1. 第一項：具有巨量爆炸危害的物質或物體（Articles and substances having a mass explosion hazard），如：火藥。
2. 第二項：具有射出危害的物質或物體（Articles and substances having a projection hazard），如：飛彈。

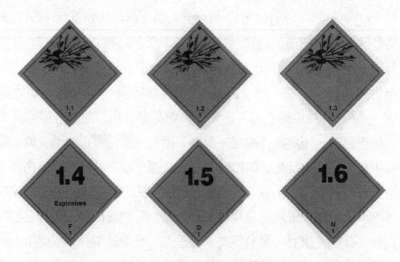

圖9-2　第一類易爆物之標籤

資料來源：Dangerous Goods Regulations; IATA.

3.第三項：具有起火危害以及輕微的爆破危害或輕微的射出危害，或者兩者兼具，但無巨量爆炸危害的物質或物體（Articles and substances having a minor blast or projection hazard），如：燃燒彈。

4.第四項：不致引起重大危害的物質或物體（Articles and substances which present no significant hazard），如：鞭炮。

5.第五項：具有巨量爆炸危害，但敏感度低的物質或物體（Very insensitive substances which have a mass explosion hazard），如：爆破用炸藥。

6.第六項：敏感度極低且不具有巨量爆炸危害的物質或物體（Extremely insensitive article which do not have a mass explosion hazard）。

(二)第二類：氣體

依據國際航空運輸協會（IATA）所制定之《危險物品規則》於氣體（gases）的定義是「物理性質在攝氏50度時的蒸汽壓大於300KPA，或是在攝氏20度及101.3KPA的標準壓力差下是完全氣態的物質」。

◆第一項：易燃氣體（flammable gases）

1.在攝氏20度及標準壓力差101.3KPA時，體積在13%或13%以下與空氣混合所形成的混合物。其物理特性為會起火的氣體。

圖9-3　第二類氣體之標籤

資料來源：Dangerous Goods Regulations; IATA.

2.不論燃燒範圍的低點為何，與空氣的燃燒級距至少為12個百分點的氣體。

◆第二項：**非易燃氣體，無毒性氣體**（**non flammable, non-toxic gases**）

1.在攝氏20度及標準壓力差不低於280KPA時，或是作為冷凍液體時的非易燃氣體、無毒性氣體。

2.此類氣體會稀釋或取代正常的氧氣。

3.此類氣體通常會供應氧氣，相對於其他物料，雖非易燃，但相對於空氣會有較高的可燃性。

◆第三項：**毒性氣體**（**toxic gases**）

已知其毒性或腐蝕性足以導致人體的危害。

(三)第三類：易燃性液體

第三類危險物品是以物質或物品的「閃點」作為歸類的依據。凡是閃點高於攝氏61度的物質或物品均歸屬於（flammable liquids）。第三類危險物品可再細分為：

1.第1項低閃點液體。
2.第2項中閃點液體。
3.第3項高閃點液體。

圖9-4 易燃性液體之標籤

資料來源：Dangerous Goods Regulations; IATA.

(四)第四類：易燃固體、自燃物質、遇水釋放易燃氣體之物質

◆**第一項：易燃固體（flammable solids）**

　　易燃固體在運送過程中很容易因摩擦生熱導致起火或是物品本身具有「即然性」（readily combustible）。

◆**第二項：自燃性固體（spontaneously solids）**

1.「起火物質」（pyrophoric substances）：此類物質即使數量稀少，只要與空氣接觸，常會自行起火。

2.「自熱物質」（self-Heating substances）：此類物質與空氣接觸時，即使是沒有供給能量，也會自行加熱。但此類物質只有在量大，或假以時日的長時間才有被點燃的可能。

◆**第三項：遇濕易燃的固體（dangerous when wet）**

　　此類「遇濕易燃的固體」遇到水則會釋出易燃氣體，而與空氣形成爆炸性混合物。

圖9-5　易燃性固體之標籤

資料來源：Dangerous Goods Regulations; IATA.

(五)第五類：氧化物質、有機過氧化物

◆第一項：氧化物質（oxidizing substances）

此類物質本身未必會自燃，但是因為會釋出氧氣，恐有與其他物質接觸而產生燃燒的危險。

◆第二項：有機過氧化物（organic peroxides）

有機過氧化物為溫度不穩定的物質，會產生放熱性自我加速分解。

圖9-6　氧化物質、有機過氧化物之標籤

資料來源：Dangerous Goods Regulations; IATA.

(六)第六類：毒性物質、傳染性物質

◆第一項：毒性物質（toxic substances）

第一項毒性物質若吞食或吸入肺部，或經由皮膚接觸會造成嚴重傷害或當事人死亡的危險。

◆第二項：傳染性物質（infectious substances）

第二項傳染性物質包含具有生命力的細菌、病原體、病毒等微生有機物，而可能會對人類或動物產生危險。

圖9-7　毒性物質、傳染性物質之標籤

資料來源：Dangerous Goods Regulations; IATA.

(七)第七類：放射性物質

1.第七類第一級分類的標籤顏色：白色。

2.第七類第二級分類的標籤顏色：黃色。

3.第七類第三級分類的標籤顏色：黃色。

4.第七類第四級分類的標籤顏色：黃色且專載運輸。

圖9-8　放射性物質之標籤

資料來源：Dangerous Goods Regulations; IATA.

(八)第八類：腐蝕性物質

第八類腐蝕性物質（corrosives）若接觸活體組織或物質材料時，有腐蝕或毀壞的危險因素存在，如：硫酸、王水等。

圖9-9　腐蝕性物質之標籤

資料來源：Dangerous Goods Regulations; IATA.

(九)第九類：其他危險物品

　　對於第九類DGR分類標準的涵蓋範圍來說，主要是任何危險物品在前述八大分類中均無法被歸類者，則一律隸屬於這個類項，統稱為「其他危險物品」或「雜項類危險物品」（miscellaneous dangerous goods）。例如磁性物質，可能危害到機體結構的物質，及其他因固有

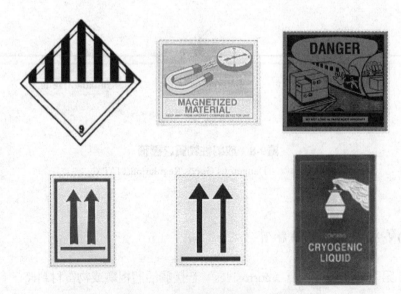

圖9-10　雜項類危險物品之標籤

資料來源：Dangerous Goods Regulations; IATA.

的特性若未經過適當的包裝處理就不適合空運的物品。

除此之外，危險物品除依危害性質分類外，部分有重大危害之物品，國際航空運輸協會也依其個別的危險程度大小從事「包裝群」的區分（Packing Groups; PG）。包裝群的區分如下：

1.第一級包裝群（Packing Groups I）：危險程度最大。

2.第二級包裝群（Packing Groups II）：危險程度中等。

3.第三級包裝群（Packing Groups III）：危險程度最小。

在此附帶一提，航空運務、貨運或勤務人員於存取危險物品時，必須會同危險品庫管理員，依其指示作業，以確保作業安全。

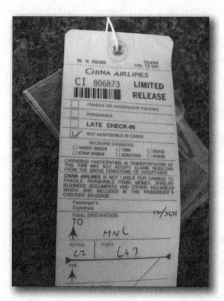

圖9-11　「九一一」過後，機場安檢更趨嚴格，圖為旅客隨身攜帶之刀具，航空公司以「安限袋」方式處理

資料來源：國立高雄餐旅學院航空管理系林慶杰同學攝。

第四節　其他的安全議題

一、航空保安

　　2001年9月11日恐怖分子在台灣時間11日晚間八時許挾持美國數架民航機,攻擊世界貿易大樓、五角大廈、大衛營、國會山莊、國務院等政經要地,造成嚴重傷亡,舉世震驚。一時之間,除了美國對全球戰略造成重大影響,全球舉凡外交、金融、經濟景氣、旅遊等均受到波及。在2001年9月26日起為期十天的國際民航組織大會,來自一百六十九個國家的七百多名代表一致強烈譴責恐怖分子利用客機犯罪的行徑,並呼籲各締約國在航空保安和打擊恐怖主義的立場上保持密切合作。而此時各國的航空保安成了大家檢討的重點,在美國聯邦政府率先加強機場的航空保安工作後,全球各國均在機場加強出入境的安檢,期望能減低民眾對搭乘飛機的恐懼,也避免航空業者因載客率下滑幅度過高而面臨裁員、縮編,甚至是結束營業的窘境。

　　因此,航空保安成為全球關注的議題。除了各國民航主管當局、機場管理當局及航警加強安檢措施,例如嚴格檢查乘客行李,禁止乘客攜帶刀具、尖銳物等,並在各主要機場加裝生化辨識系統,讓國際恐怖分子無法登機之外,美國波音公司更在2001年秋天成立了一個新的部門——「安全和保安服務部」(Safety and Security Services)來專責幫助使用波音產品的航空公司貫徹美國交通部快速反應小組(Transportation Rapid Response Team-RRT)的保安建議。而全球主要飛機製造商並著手研發增強型的駕駛艙門以承受子彈、爆炸和足夠大的鈍力襲擊。

　　而美國前總統布希更於2001年11月19日,簽署涵蓋範圍廣泛的全新航空安全法,希望藉著採取「永久性的積極措施,能夠有效提升美國

的民航安全」。這項全新的航空安全法，規範美國必須在全國國內班機上安排攜帶武器的安全警衛，並容許飛機駕駛員攜帶某種特定類型的槍械，並必須先接受適當的安全訓練，以及取得此種槍械的使用執照。

「九一一」之後，人們對於「安全」（safety）和「保安」（security）這兩個名詞使用頻率更高。有時這兩個詞被看作是同義詞，但是當用於航空旅行時，兩者的意思卻相差甚遠。張文環、戴慶吉（2002）認為「飛航安全」（flight safety）與「航空保安」（aviation security）向來為保障飛行器航行上的兩大重要主題。飛航安全是指處理及防範於飛航作業過程中，因相關作業因素之影響而造成飛航意外事故之工作。航空保安則是指於航機上及機場或機場周邊之犯罪行為並危及飛航安全及正常飛航秩序之行為，如劫機及破壞事件等。換言之，航空保安只是乘客安全影響因素之一，它與飛機本身無關，而與情報蒐集、登機前手續及機場保安人員等有密切的關聯。

根據我國《內政部警政署航空警察局組織條例》第2條，「內政部警政署航空警察局（以下簡稱本局）掌理下列事項：一、民用航空事業設施之防護事項。二、機場民用航空器之安全防護事項。三、機場區域之犯罪偵防、安全秩序維護及管制事項。四、機場涉外治安案件及其他外事處理事項。五、搭乘國內外民用航空器旅客、機員及其攜帶物件之安全檢查事項。六、國內外民用航空器及其載運貨物之安全檢查事項。七、機場區域緊急事故或災害防救之協助事項。八、民用航空法令之其他協助執行事項。九、其他依有關法令應執行事項。本局執行民用航空業務時，受交通部民用航空局之指揮、監督。」因此，我國的航空警察局及治安單位在保障民眾及航機的前提下，嚴格執行通關安檢工作、入出境管制（證照查驗）、機場塔台、油庫、機坪等管制區、管制哨之警衛安全、航機之地面安全維護、危險人物及恐怖分子活動情報資料之蒐集、分析、管制、刑事偵防、犯罪及偷渡防治等工作。

「九一一」之後，國際航空運輸協會（IATA）更針對該事件召集一全球性之航空保安會議，共同討論在機場基本安全方面如何重新加強

地面及機場周邊之安全措施、限制區之管制、人員之識別及管制、識別科技之研發、乘客行李之安全及管制、貨櫃、散裝、快遞、郵件之安全管制及乘客身分之查證等，以保障飛航安全。

　　然而，機場為提高保安水準所提高保安檢查活動的嚴密度與複雜度來降低有不軌意圖之人士或危險品錯誤通過的機會，然此一作法同時也犧牲了服務效率，造成班機延滯、航空業競爭力之降低及旅客便利性之影響，其中該如何取得一個均衡點，值得學者深入探究。實務上，為了進行維持服務效率之保安檢查程序，美國維吉尼亞州的EyeTicket公司所研發的"EYE ticket Jetstream"突破傳統指紋、聲紋等生物辨識系統，而藉由人類眼睛虹膜上複雜精細的輻射狀凹凸圖像轉換成2,000位元的條碼作為移民局護照查驗的身分辨識，讓資料庫內的常客能夠快速通關（Peter Conway, 2000）。而在九一一事件中，恐怖分子攜帶匕首劫持了四架飛機。美國警方至今仍不知道他們是如何將刀子帶上飛機的。安全專家們警告，為防止類似的慘劇重演，機場安全檢查部門必須改進他們的設備與技術。目前全球各主要機場的安檢部門均是利用金屬探測儀及X光透視儀來從事旅客及行李安檢，為了避免金屬探測儀無法偵測的非金屬製品刀具蒙混過關，近日亦有報導宣稱已研發出新的X光透視儀，專門檢查乘客而不是行李包。該儀器能產生一束極窄的X射線，穿透乘客的衣服幾毫米左右，把探測結果再反射給探測儀。而一些較軟的東西，如皮膚、布料反射回的信號也較弱；而較硬的物品，例如槍枝、刀具、硬幣甚至硬塑料製品等，都將反射回強信號。結合新的軟體技術，電腦就可以對反射回來的信號進行處理，把它們轉化為圖像，那麼乘客有無攜帶危險品就歷歷在目了。另外，尚有業者開發出微波攝像機，這種產品與紅外線探測器原理很相似，它能監測到人體發出的不可見能量光線，再依據能量光線分配區的不同，就可以判斷乘客身上有無隱藏物了。但是上述產品到目前為止還未量產使用，仍然必須由航空警察及保安嚴格查核，並提高見警率以嚇阻不法之徒心存僥倖。

二、牲畜及鳥類影響飛安問題

　　牲畜及鳥類所牽涉到的飛安疑慮主要是"FOD"（Foreign Object Damage；外物損害）問題。所謂"FOD"係指航空器於操作運行中遭到地面上的石頭、碎布、紙張、繩子、衣物、垃圾、螺釘／栓、工具或任何生物等物體導致機體、發動機及人員損傷者稱之。對於航機於飛行過程或在地面上從事飛機引擎試車前，應注意進氣口前方是否有可能造成FOD之外來異物。

　　根據2002年3月6日《聯合報》根據相關單位統計，2001年台灣地區共發生五十一起民航機鳥擊事件，軍機則至少發生五十五件鳥擊事件；尤其2001年9月13日晚間，幻象2,000戰機就在一個半小時內連續發生兩件鳥擊事件。台灣地區的鳥擊多以5月至9月最密集，發生時間大都在上午及黃昏後，飛機在起降時最容易遭到鳥擊，引擎是最常被鳥擊的部位，其次是機頭及座艙，各類鳥擊事件中，尤其是賽鴿腿上的金屬腳環，可謂之飛機引擎的殺手。為了避免鳥害，機場管理當局莫不傷透腦筋，除架設驅鳥網、利用遙控機或經訓練的飛鷹來驅鳥，到改變棲地環境，最近還將引進最先進的音爆彈，希望能讓飛鳥與鐵鳥和平共享蔚藍的天空。設置尤以機場附近禁養飛鴿較有著力點，以機場周邊禁止養鴿與訓練，最主要的理由是保障航機安全。

　　為維護航機起降的安全，目前具體驅鳥因應作為包括：要求各機場落實驅鳥計畫，於鳥類出沒時段以密集方式執行驅鳥及不定時巡場，另督導飛管，發現飛鳥影響飛機起降安全時，立即以獵槍驅鳥外，並通知塔台轉知「在空機」緩降，以確保飛安。要求各機場依環境特性及幅員大小，調查機場飛鳥生態及其行經路徑、覓食區域，加強巡邏；並賡續以現有驅鳥設備加強驅鳥作業，確實改變機場環境，以改變鳥類棲息、覓食環境，減少鳥類停留，確保飛安。除了留鳥與候鳥之外，在機場附近由人類飼養的飛鴿，向為影響飛安之重要因素。因鴿腳上繫有金屬

383

環，一旦吸入發動機，不論軍機、民航機都可能造成機毀人亡之重大傷害。目前機場附近禁止飼養飛鴿，僅適用於一般民用機場及軍民合用機場，至於純軍用機場則不受此一法令限制。因此，軍方不斷呼籲相關單位儘速完成立法，禁止在純軍用機場附近飼養飛鴿，以維護整體飛航安全。

在台灣有限的航道下，拆不盡的鴿籠是航機的隱憂。養鴿固然是人民的自由，一旦這種自由侵害到公共安全時，就必須依法取締。然而，台灣特殊的政治型態亦是公權力不彰的主因。由「勸導養鴿戶拆除鴿舍」到以公權力拆除鴿舍時「發補償金」，拆鴿舍時，常見民代關說，但戰機受鳥擊事件發生意外時，又見民代疾言厲色的指責。無論如何，雖然《民用航空法》第34條已限制了機場附近的養鴿限制，但此法令卻不包括純軍方機場的邏輯演繹，令人對於飛鴿是否能「識別」軍、民航機的能力感到懷疑。

有關《民用航空法》第34條規定如下：「占有人應防止其牲畜、飛鴿及鳥類侵入航空站、飛行場或助航設備區域。對已侵入之牲畜、飛鴿及鳥類，顯有危害飛航安全者，航空站、飛行場或助航設備之經營人、管理人予以捕殺或驅離之。其有侵入之虞者，並得在航空站或飛行場四周之一定距離範圍內，採取適當措施。航空站或飛行場四周之一定距離範圍內，禁止飼養飛鴿或施放有礙飛航安全之物體。但經民航局核准者，不在此限。」而有關第34條的罰則，《民用航空法》第118條第3、4項規定，有下列情事之一者，處新台幣三十萬元以上一百五十萬元以下罰鍰：「……三、違反第三十四條第一項規定侵入之牲畜，經查為占有人疏縱。四、違反第三十四條第二項規定，飼養飛鴿或施放有礙飛航安全物體。」對於第4項之情形，其已設之鴿舍，由航空站及航空警察局會同有關警察機關通知其所有人限期遷移，並由民航局或飛行場經營人給予補償；屆期不遷移或擅自再設舍飼養者，強制拆除其已設鴿舍，不予補償。對施放之有礙飛航安全物體，由航空站及航空警察局會同有關警察機關取締之。

三、機上吸菸問題

　　依王穎駿（1998）研究機上開始禁菸之緣由，係根據1973年7月11日，巴西VARIG航空波音707客機自巴西里約熱內盧飛往法國巴黎奧里（Orly）機場，飛機在距目的地機場22哩處，飛航組員向進場台報告該架飛機機上有火警問題，要求緊急下降。五分鐘後，情況越來越糟，煙霧已進入駕駛艙及客艙，駕艙組員戴上了氧氣及防煙面罩，但過重的煙霧遮掩了整個駕駛艙儀表板迫使飛行員無法正常目視儀表，飛行員打開駕駛艙逃生滑動窗來參考外界目標。最後決定緊急迫降，飛機帶著起落架以襟翼40度機頭上揚左傾姿態，重落在距跑道頭前5公里一處農田。落地後飛機急遽減速煞車，機身受損並不嚴重，所有緊急出口位置都能夠使用，但全機134名乘員只有10位乘客憑個人力量離開飛機，有4位昏迷者被救護人員抬出，其中僅1人生還，總共有123人罹難。包括所有生還及罹難者都吸入不同程度的濃煙和毒氣。失事的肇因如下：火警起於客艙右後方盥洗室內洗臉盆下之廢紙筒中，火源不確定為何，但據信是菸蒂引起了火災，這次悲劇使得美國聯邦航空總署規定爾後商用客機上之盥洗室不准吸菸。因此本節另一課題是「機上禁止吸菸」的規定。

　　《航空器飛航作業管理規則》（2008年12月11日修正）第50條規定：「航空人員、航空器上工作人員及乘客，不得於航空器內吸菸，如有違反，經勸阻而拒不合作者，機長可報請警察機關依菸害防制法處理之。」《菸害防制法》第2條規定：「一、菸品：指全部或部分以菸草或其代用品作為原料，製成可供吸用、嚼用、含用、聞用或以其他方式使用之紙菸、菸絲、雪茄及其他菸品。二、吸菸：指吸食、咀嚼菸品或攜帶點燃之菸品之行為」。此外，《菸害防制法》第4章第15條對於吸菸場所之限制第5項云「大眾運輸工具、計程車、遊覽車、捷運系統、車站及旅客等候室」、第13項云「其他供公共使用之室內場所及經各級主管機關公告指定之場所及交通工具」。同時該條文亦規定前項所定場

所，應於所有入口處設置明顯禁菸標示，並不得供應與吸菸有關之器物。

　　至於旅客尚未登機，於候機室是否可吸菸？《菸害防制法》第16條規定「下列場所除吸菸區（室）外，不得吸菸」，第4項云「其他經各級主管機關指定公告之場所及交通工具」，至於「吸菸區（室）」的定義為何？《菸害防制法施行細則》第7條做了明確的說明：本法第十四條第二項所稱吸菸區（室）之區隔，指具有通風良好或獨立之排風或空調系統之處所；該區（室）並應明顯標示「吸菸區（室）」或「本吸菸區（室）以外之區域嚴禁吸菸」意旨之文字。若有違反上述吸菸規定者，依《社會秩序維護法》第79條第1項「於禁止吸菸之處所吸菸，不聽勸阻者」處新台幣三千元以下罰鍰或申誡。

案例研究

西北航空公司機上二手菸問題

　　本件上訴人起訴主張其於1998年4月2日搭乘被上訴人西北航空公司班機NW-012、NW-028自台北飛舊金山，指定坐在商務艙的非吸菸區，詎料被上訴人公司竟將上訴人全家安排在商務艙非吸菸區之最後一排，即吸菸區之前面一排，上訴人於飛機起飛後即受後座乘客吸菸所噴二手菸所害，遭受嚴重不適，上訴人等向被上訴人空服人員要求更換座位，然遭拒絕，並遭空服人員以膠帶封住空位防止上訴人等自行換位，上訴人等遭受歧視十六小時內受菸害侵襲，身心受嚴重傷害，飛抵舊金山後均因病臥床無法進行任何旅遊活動，上訴人吳明恕、吳明璇以煎煮中藥治療復發之氣喘及過敏，吳明靜須送醫急診，經診斷為支氣管炎連帶腹瀉與嘔吐，上訴人等全家旅遊十天計畫全部取消，造成上訴人財產上及非財產上之損害，爰本於債務不履行之法律關係，並準用

《民法》第184條、第195條侵權行為之規定及類推適用1998年4月21日修正之《民法》第195條及227條之1、《消費者保護法》第51條等規定，求為判命被上訴人應給付上訴人吳明恕、吳明璇每人各新台幣（以下同）二百八十萬元，給付上訴人吳明靜二百八十一萬一千一百三十六元、給付上訴人吳培民、閻琇文每人各一百六十四萬九千一百六十元及均自起訴狀送達之翌日起至給付日止按年息百分之五計算之利息，並在報紙上刊登道歉啓事等語（原審依《民法》第227條不完全給付之規定，判命被上訴人應給付上訴人吳明恕、吳明璇每人各六百五十九元，給付上訴人吳明靜二千九百六十元，給付上訴人吳培民、閻琇文每人各二萬八千五百五十九元及法定遲延利息，駁回上訴人其餘之請求，上訴人就敗訴部分聲明不服提起上訴，其餘部分未據被上訴人聲明不服，已告確定）。

　　因西北航空不服提出上訴，以1998年4月2日NW-028班機為一准許吸菸之客機（編者按：美國並不像我國採全程機上禁菸），且載客量趨於飽和，當該旅客要求換位時，空服人員已盡其所能安排，並經該旅客接受部分座位，西北航空堅稱空服人員絕對未對上訴人有任何歧視，且該旅客從未向空服人員表示因吸入二手菸以致身體不適，亦無因病臥床致無法進行旅遊活動情事，況該旅客等五人中僅有吳明靜一人於抵美一星期後就醫，醫師診斷內容僅註明診斷結果為支氣管炎，並無任何證據足以證明係與菸害或二手菸有關，其支氣管炎與被上訴人公司提供之服務並無因果關係，而上訴人等五人亦不能證明被上訴人履行運送服務時未全面禁菸，使上訴人之身體、自由、隱私、健康等人格權受有任何損害，其主張準用或類推適用第195條侵權行為之規定及類推適用1998年4月21日修正之《民法》第195條及227條之1、暨《消費者保護法》第51條等規定，請求人格權受侵害之非財產上損害，洵

屬無據等語資為抗辯。

　　經台灣高等法院判決本件被上訴人未依《菸害防制法》第13條之規定在航空器內全面禁菸，致上訴人遭受菸燻，屬《民法》第227條之不完全給付，然因上訴人不能證明其有何財產之損害及其損害與吸取二手菸有何因果關係，故其請求財產上之損害，尚非有理由，不應准許。另其主張其健康人格權遭受非財產上損害部分，因本件運送契約成立時，1998年4月21日修正前之《民法》第227條關於不完全給付及同法654條關於旅客運送等規定，均無非財產上損害之特別規定，且上訴人復不能證明其健康上有何具體之損害及其非財產損害與吸入二手菸有何相當因果關係，故此部分亦不應准許。從而，上訴人本於債務不履行之法律關係，並準用《民法》第184條、第195條侵權行為及類推適用1998年4月21日修正之《民法》第195條及227條之1、《消費者保護法》第51條之規定，請求被上訴人給付如前揭上訴聲明云云，均無理由（原審本於債務不履行之法律關係，依《民法》第227條不完全給付之規定，判命被上訴人應給付上訴人吳明恕、吳明璇每人各六百五十九元，給付上訴人吳明靜二千九百六十元，給付上訴人吳培民、閻琇文每人各二萬八千五百五十九元及法定遲延利息部分，因被上訴人未提起上訴，此部分已告確定，本院不得再行審究），原審就上開部分為上訴人敗訴之判決，所持理由雖屬不當，然結論並無二致，上訴意旨指摘原判決不當，求予廢棄改判，仍屬無理由，應予駁回其上訴。

資料來源：台灣高等法院民事判決88年度重上字第320號，2000/03/21。

案例研究

全國首例：女子搭機躲廁所吸菸遭罰

陳姓女子於2009年1月14日傍晚搭乘華航班機從香港飛往高雄途中在班機廁所吸菸，煙霧偵測器感應警鈴大作，驚動機組人員及乘客，成為《菸害防制法》新制上路，全國首例在班機上吸菸遭舉發案件。

陳姓女子於2009年1月14日傍晚搭乘華航934班機由香港飛高雄途中，於班機廁所內吸菸，機上煙霧偵測器感應後啓動機上警鈴，驚動機上機組人員及乘客，空服員隨後敲廁所門制止，陳女才熄菸。

該班機於抵達高雄國際機場後由座艙長指證舉發交由航警局高雄分局偵辦，警方製作筆錄後予以飭回，並將違反《菸害防制法》部分函送高雄市衛生局裁處。

衛生局表示，飛機上吸菸案例，依據《菸害防制法》第15條規定，大眾運輸工具（含飛機）、計程車、遊覽車、捷運系統、車站及旅客等候室等皆屬全面禁菸範圍，違反者處新台幣二千元以上一萬元以下罰鍰。衛生局說，民眾如發現行為人於禁菸場所吸菸，可蒐證吸菸時間、地點、行為人姓名、地址、照片、錄影等資料，向當地主管機關指證舉發。

資料來源：中央社記者程啓峰高雄，2009/01/15。

四、運輸過程的危險因素

對航空公司營運危機來說，除財務運作的資金融通外，單就「運

輸」過程的危險因素包含下列數項：

(一)航空器失事

依據國際民航組織及東方航空公司協會（Oriental Airline Association; OAA）對於航空器失事之分類，包括飛行失事（accident）、意外事故（incident）、特殊飛安事件三大類。簡單來說，飛行失事的特徵為飛機重損或人員死亡；意外事故則為飛機輕損或人員受傷；而所謂特殊事件則包括：危險事件（hazardous events）、鳥擊（bird strike）、空中接近（air miss）、放棄起飛（abort take off）、空中關車（engine shutdown）、地面受損（ground damage）、爆胎（tire bursts）、遭遇亂流（turbulence）、航管違規（ATC violations）等項。

(二)航機被劫

劫機，英文稱為hijacking，此用語之緣由，初見於美國禁酒時代（Prohibition Era），當時有若干遊手好閒之輩不務正業，專以攔截走私船隻，奪取運載貨物為能事，一般稱為hijackers，其後此語乃轉用以表示空中劫機之不法行為，即對於飛航中之航空器以暴力加以劫持或變更航程，以達種種不法目的之意。因劫機行為不但危及人身及財產之安全，嚴重影響空運業務之營運，並損害世界人民對於民航安全之信心，甚至引起錯綜複雜的國際爭端，乃國際共識的「萬國公罪」，國際間為謀有效制止起見，在國內法上逐漸於其刑法或特別法制定劫機之處罰規定，於國際法上，在國際民航組織的努力促進下締結了三個公約，分別是：

1. 1963年的《關於在航空器內的犯罪和其他某些行為的公約》，簡稱為《東京公約》。
2. 1970年在海牙簽訂的《制止非法劫持航空器公約》（Convention for the Suppression of Unlawful Seizure of Aircraft）。

3.1971年在蒙特利爾簽訂的《制止危害民航安全之非法行爲公約》

　（Convention for the Suppression of Unlawful Acts against the Safety

　of Civil Aviation）。

這些國際公約制訂的主要目的均係建立跨國性的刑事管轄權建制、以國際立法追蹤及嚴懲犯人，以增進飛航安全。

(三)破壞威脅（炸彈威脅）

在某些政局不穩或民族宗教主義偏執的區域，時傳有暴徒以破壞威脅航空器爲手段，而犧牲國際公共運輸安全者。在民主先進國家，有時亦會偶有暴徒利用破壞威脅航空器爲手段來劫持航空器遂行其個人意志的案例。

(四)其他災害

颱風、地震、沙塵風暴等。

五、航空器非法干擾問題

1999年7月23日自東京羽田機場飛往北海道千歲機場的全日空班機第61號航班發生了一個日本前所未聞的劫機事件。五十一歲的機長長島直之被一個名爲西澤的失業男子持刀闖入前艙，要求飛機飛往位於西東京的美國空軍橫田基地。長島機長在企圖制服劫機犯的過程中中刀身亡，幸好旅客制服了這名歹徒，全機在副機長駕駛下安全降落，全機517名旅客倖免於難，這是日本第一次在劫機事件中發生死亡的事件。劫機行爲是航空公司及旅客雙方都視爲毒蛇猛獸的行徑，也是受全球各國譴責的萬國公罪。以我國來說，有關歷年來海峽兩岸的劫機事件頻仍，茲於下簡述相關案例：

　　國際社會對劫持事件的立場一直是深痛惡絕；各國政府、民航業者對若干以劫持手段達成政治上或財物上的勒索目的劫機暴行亦視為洪水猛獸。反制劫機若處置不當，往往會造成無辜第三者生命的傷亡及鉅額財物損失（地面飛機及設施的破壞）。例如1990年10月2日廈門航空公司波音737被劫，在降落廣州白雲機場前，暴徒引爆炸藥。造成131人死亡，飛機全毀三架（包含地面兩架）。海峽兩岸在七〇年代以前，因敏感的政治意識所衍生出來的對峙關係，在統戰策略下，雙方政府皆鼓勵對方空軍飛行員「駕機投奔」，甚至以極為優渥的酬勞及加官晉爵等誘因讓對岸的「義士」前來投奔。但是，1986年台灣解嚴後，兩岸關係和緩，慢慢地演變到和平談判的狀態，對於以前所謂的駕機投奔甚覺棘手，並逐漸將此行為視為犯罪事件，劫機者自然鋃鐺入獄。隨著政治生態的改變，我國自1992年3月起取消了空安員隨機作業。中共方面亦自1993年4月起，決定以「安全第一」終止了反制劫機政策。自1998年11月起，台灣方面開放大陸探親，宣洩了部分情緒性的劫機動機。劫機行為危害旅客生命與財產安全，對劫機犯採取適當之措施，為飛航安全所必要，在1997年3月10日，台灣旅客劉善忠以全身澆淋汽油威脅，將客機劫往大陸地區之遠東航空EF128班機事件。中共方面使航空器、旅客、機組員繼續其航程，劫機犯則留下審查，顯示「人機分離」處理原則，亦已為中共所認同，同為兩岸處理之模式。此外，隨著兩岸政府對直接通航的需求殷切，咸信劫機事件應會逐漸消弭。

　　對於海峽兩岸對於劫機行為在法律上的罰則為何？以我國來說，依《民用航空法》第100條規定：「以強暴、脅迫或其他方法劫持航空器者，處死刑、無期徒刑或七年以上有期徒刑。因而致人於死者，處死刑或無期徒刑；致重傷者，處死刑、無期徒刑或十年以上有期徒刑。第一項之未遂犯罰之。預備犯第一項之罪者，處三年以下有期徒刑。」第101條規定：「以強暴、脅迫或其他方法危害飛航安全或其設施者，處七年以下有期徒刑、拘役或新台幣二十一萬元以下罰金。因而致航空器或其他設施毀損者，處三年以上十年以下有期徒刑。因而致人於死者，

處死刑、無期徒刑或十年以上有期徒刑；致重傷者，處五年以上十二年以下有期徒刑。第一項之未遂犯罰之。」

　　另外，中華人民共和國《民用航空法》第5章第2節第46條規定：「飛行中，對於任何破壞民用航空器、擾亂民用航空器內秩序、危害民用航空器所載人員或者財產安全以及其他危及飛行安全的行為，在保證安全的前提下，機長有權採取必要的適當措施。」而在第15章第191條對本節所討論之行為有如下規定：「以暴力、脅迫或者其他方法劫持航空器的，依照關於懲治劫持航空器犯罪分子的決定追究刑事責任。」第192條規定：「對飛行中的民用航空器上的人員使用暴力，危及飛行安全，尚未造成嚴重後果的，依照刑法第一百零五條的規定追究刑事責任；造成嚴重後果的，依照第一百零六條的規定追究刑事責任。」對於前述刑法的規定，補充說明如下：「第105條：放火、決水、爆炸或者以其他危險方法破壞工廠、礦場、油田、港口、河流、水源、倉庫、住宅、森林、農場、穀場、牧場、重要管道、公共建築物或其他公私財產、危害公共安全，尚未造成嚴重後果的，處三年以上十年以下有期徒刑。」、「第106條：放火、決水、爆炸、投毒或者以其他危險方法致人重傷、死亡或者使公私財產遭受重大損失的，處十年以上有期徒刑、無期徒刑或者死刑。」此外，中共全國人民代表大會常務委員會關於懲治劫持航空器犯罪分子，維護旅客和航空器的安全，特作如下決定：「以暴力、脅迫或者其他方法劫持航空器的，處十年以上有期徒刑或者無期徒刑；致人重傷、死亡或者使用航空器遭受嚴重破壞或者情節特別嚴重的，處死刑；情節較輕的，處五年以上十年以下有期徒刑。」

　　對於國際航空法來說，國際民航組織先後制訂了三個與劫機有關的公約，亦即1963年的《關於在航空器內的犯罪和其他某些行為的公約》（簡稱為《東京公約》）、1970年在海牙簽訂的《制止非法劫持航空器公約》、1971年在蒙特利爾簽訂的《制止危害民航安全之非法行為公約》，給予全球各國對劫機行為的懲治及通緝引渡的法源。根據范振煥（1994）之研究，「劫機」一詞，在國際法上的意義並不確定，狹義來

圖9-12　機場安檢對手提行李中具攻擊性之危禁品過濾甚嚴

資料來源：楊政樺攝於日本札幌國際機場。

說，它僅指在航空器上劫奪飛機的罪行，而廣義來說，它可以包括在航空器內的任何犯罪行為，以及有關航空器的危害民用航空安全的非法行為在內。1963年的《東京公約》對「劫機」下了個定義：「航空器上之人藉武力或威脅，非法犯干涉、劫持或其他不正當控制飛航中之航空器之行為，或正準備犯此項行為者」。1970年的《海牙公約》，是專門處理劫機問題的，其於第1條規定：「任何人在飛行中之航空器上，有下列各項行為者為犯罪：藉武力或威脅，或以任何其他方式之威嚇，對該航空器非法劫持或行使控制，或企圖行使任何此項行為；或為行使或企圖行使此項行為者之同謀。」因此，范振煥（1994）歸納出劫機行為之成立要件有下列幾項：

1.必須是航空器上人員對其所乘坐之航空器實施劫持行為。因此，在地面上或以使用其他航空器之劫持行為，排除在公約適用之外。

2.劫機行為必須發生在飛行中之航空器。航空器一詞指民用航空

器，供軍事、海關或警察勤務使用之航空器並不包括在內。「飛行中」係指「航空器自搭載後關閉其所有外門之時刻起至爲卸載而開啓任何上述之門止」，因此對靜止在機場上之飛機加以劫持者，並不適用公約規定。即使在地面上以駕駛員之親屬爲人質，而以電訊威脅在空中飛行之駕駛員，令其改變航道，因其並非在「航空器上」，未對駕駛人構成實體威脅而危及飛航之安全，故亦不構成公約所稱之劫機罪。

3.劫機行爲必須是非法的。「非法」之涵義，委由締約國之國內法規定，一般是指未得到法律授權，實施劫持行爲且不屬於正當防衛措施，或者缺乏正當理由的情況。

4.必須是以武力或威脅或其他方式之威嚇爲手段所犯之違法行爲。不論利用何種方式，關鍵在於妨礙航空器之行爲是否構成對航空安全之威脅。

5.必須是實施劫持或控制航空器之行爲。劫持或控制行爲，並不僅限於控制航空器之航行或飛行員，只要以控制航空器機員或其他人，要挾改變航行路線、速度、高度以達其控制航行之目的，便屬公約所規律之對象。

　　無論劫持航空器分子的犯罪動機爲何？無論對於乘客或機組員應該都有置身於免受恐懼之客艙安全環境的基本人權，因此劫機長期以來被國際視爲萬國公罪，「九一一事件」雖已事過境遷，但對於恐怖分子劫機隱憂，著實令來往於世界各國的乘客心有餘悸。劫持航空器乃嚴重影響公共安全之惡行，一經犯罪發生，必須予以制裁，使犯罪者經由國際間之合作，無法託足於天地之間，期能還給民眾一個安心的搭機過程。

六、高齡航空器管理與安全監理問題

　　由台灣桃園國際機場飛往香港的CI611班機（民航註冊編號

B-18255）於2002年5月25日下午3點8分起飛，下午3點16分最後一次
與台北區域管制中心聯絡後，於澎湖馬公北北西方23浬位置墜毀失
事，從雷達顯示器消失。失事發生時間約爲下午3點28分。機上機組
員計有19人，乘客206人，全部罹難。該班機爲波音公司所生產的
Boeing747-209，機齡約22年8個月，該機總計飛行時數64,810小時，共
起降21,398次，屬於當時華航機隊中機齡最大者之一。行政院飛航安全
委員會（飛安會）於2003年6月3日所公布的「華航CI611班機飛航事故
調查事實資料報告」確定CI611事件的事故原因爲空中解體，並排除了
外力介入、火燒、煙燻及爆炸、飛航管制、天候、發動機異常等因素。
同時根據殘骸檢測發現，該班機出現多處金屬疲乏裂紋及腐蝕現象。然
而，失事調查報告並未找到直接且足夠的科學根據來證明飛機失事解體
過程及眞正原因。因此，也無法推定飛機失事就是因爲飛機早年的維修
問題。值得注意的是，飛機部分殘骸，尤其是機身後段重要部分未被尋
獲時，調查結論應抱持保留態度。〔華航自CI611事件後，除了力行企
業改造外，並落實機種簡化和汰舊更新，飛安績效已獲得改善，並通
過2005年國際航空運輸協會作業安全查核認證（IATA Operational Safety
Audit; IOSA）〕。

　　從骨牌效應理論與錯誤鏈理論可知，飛安事故乃是一連串普通程
序，錯誤的結合所致，我們沒有直接證據可以推演機齡與飛安事故具有
正向關聯性的假說，飛機能否達到適航要求？維修是否得當？主管機關
是否嚴格把關？才是關鍵。交通部民航局爲了讓民眾安心，透過法規修
改程序在《民用航空法》第40條新增要求民用航空運輸業應將航空器
機齡、飛航時數、最近一次維修紀錄及航空器駕駛員飛航時數等資料公
開，以作爲乘客選擇之參考。同時亦在《民用航空運輸業管理規則》第
11條規範：「民用航空運輸業購買、附條件買賣或租用之外籍航空器，
客機不得超過六年。但民用航空運輸業已使用同機型航空器三年以上，
其購買、附條件買賣或租用該機型外籍航空器，客機不得超過十年。」
《航空產品與其各項裝備及零組件適航檢定管理規則》第43條對於進口

貨機機齡超過十四年者，應檢附結構維修經歷紀錄、結構完整性計畫及補充檢查計畫，向民航局申請檢定。前項貨機進口後，其用途不得變更。

　　然而，對於機齡超過十四年的「高齡航空器」安全問題（Aging Aircraft Safety），民航局曾於2006年10月24日針對「高齡航空器管理」等重點管理項目特舉辦相關訓練課程，邀集各航空公司適航從業人員參加。除了依航空器機齡之漸高，適度地修訂其維修計畫、落實腐蝕預防及管制計畫、實施全機非破壞檢測與建制飛機結構經歷簿，以維持航空器已達到或超過其「經濟使用年限（設計使用目標）」之持續適航，並將高齡航空器結構維修管理納入《航空器飛航作業管理規則》之法條以遵照執行。相關規定詳見該規則第142條及270條：

第142條

航空器使用人應於下列規定日期前報請民航局完成高齡航空器檢查及紀錄審查，於檢查及紀錄審查時，航空器使用人應向民航局證明航空器上年限敏感之零組件已妥當並適時維護，以確保最高之安全性：

一、中華民國九十二年十二月八日機齡超過二十四年之航空器，應於中華民國九十六年十二月五日以前完成首次檢查及紀錄審查，後續每次檢查及紀錄審查不得超過七年。

二、中華民國九十二年十二月八日機齡超過十四年且未超過二十四年之航空器，應於中華民國九十七年十二月四日以前完成首次檢查及紀錄審查，後續每次檢查及紀錄審查不得超過七年。

三、中華民國九十二年十二月八日機齡未超過十四年之航空器，應於機齡滿十四年之次日起五年內完成首次檢查及紀錄審查，後續每次檢查及紀錄審查，不得超過七年。

航空器使用人如無法於前項規定期限內完成檢查及紀錄審查者，得向民航局申請延展，延展期間不得超過九十日。

航空器使用人應依民航局之要求，備妥受檢航空器及紀錄以供檢查；受

檢紀錄應包括下列資訊：

一、航空器機齡。

二、機身總使用時間。

三、機身總起降次數。

四、最近一次完成高齡航空器檢查及紀錄審查之日期。

五、機身年限管制件現況資料。

六、需定期翻修之所有結構組件自上次翻修後之時間。

七、航空器依維護計畫檢查之現況資料，包括自上次檢查後之時間。

八、符合下列事項之現況資料及方法。

　　(一)適航指令。

　　(二)腐蝕預防及控制計畫。

九、第一百四十四條要求之檢查及程序。

十、結構大改裝清單。

十一、結構大修理報告及其檢查之現況資料。

航空器使用人應於預定檢查航空器及紀錄六十日前通知民航局。

第270條

航空器使用人應於下列規定日期前報請民航局完成高齡航空器檢查及紀錄審查，於檢查及紀錄審查時，航空器使用人應向民航局證明航空器上年限敏感之零組件已妥當並適時維護，以確保最高之安全性：

一、中華民國九十二年十二月八日機齡超過二十四年之航空器，應於中華民國九十六年十二月五日以前完成首次檢查及紀錄審查，後續每次檢查及紀錄審查不得超過七年。

二、中華民國九十二年十二月八日機齡超過十四年但未超過二十四年之航空器，應於中華民國九十七年十二月四日以前完成首次檢查及紀錄審查，後續每次檢查及紀錄審查不得超過七年。

三、中華民國九十二年十二月八日機齡未超過十四年之航空器，應於機齡滿十四年後之次日起五年內完成首次檢查及紀錄審查，後續每次

　　檢查及紀錄審查不得超過七年。

航空器使用人如無法於前項規定期限內完成檢查及紀錄審查者，得向民航局申請延展，延展期間不得超過九十日。

航空器使用人應依民航局之要求，備妥受檢航空器及紀錄以供檢查；受檢紀錄應包括下列資訊：

一、航空器機齡。

二、機身總使用時間。

三、機身總起降次數。

四、最近一次完成高齡航空器檢查及紀錄審查之日期。

五、機身年限管制件現況資料。

六、需定期翻修之所有結構組件自上次翻修後之時間。

七、航空器依維護計畫檢查之現況資料，包括自上次檢查後之時間。

八、符合下列事項之現況資料及方法：

　　(一)適航指令。

　　(二)腐蝕預防及控制計畫。

　　(三)第一百四十四條要求之檢查及程序。

九、結構大改裝清單。

十、結構大修理報告及其檢查之現況資料。

航空器使用人應於預定檢查航空器及紀錄六十日前通知民航局。

參考文獻

Peter Conway, "Will check-in get smart," *Airline Business*, August 2000, pp.44-46, 2000.

王穎駿（1998）。〈駕、客、貨艙起火──從瑞航失事事件談起〉，《飛行安全季刊》，第17期，財團法人飛行安全基金會，頁41-47。

台灣高等法院民事判決88年度重上字第320號，中華民國八十九年三月二十一日。

范振煥（1994）。〈國際法上劫機行為之研究〉，中央警察大學行政警察研究所碩士論文。

張文環、戴慶吉（2002）。〈航空保安研究報告〉，行政院飛航安全委員會2002「民航學會／航太會議／燃燒學會」學術聯合會議，頁31-37。

第十章 民用航空法之民用航空運輸業

依據《民用航空法》第2條第11項之規定，民用航空運輸業係指以航空器直接載運客、貨、郵件，取得報酬之事業。而民用航空運輸業之業務，依據《民用航空運輸業管理規則》（2008年5月2日修正）第2條第3、4項規定，如依航空器區分，可分為固定翼航空器與直昇機運輸業務。所謂固定翼航空器運輸業務係指民用航空運輸業以固定翼航空器直接載運客、貨、郵件，取得報酬之業務，而直昇機運輸業務係指民用航空運輸業以直昇機直接載運客、貨、郵件，取得報酬之業務。若依運輸規則性分，可分為定期航空運輸業務、不定期航空運輸業務及包機三種。依據《民用航空運輸業管理規則》第2條第5至7項規定，所謂「定期航空運輸業務」係指以排定規則性日期及時間，沿核定之航線，在兩地間以航空器經營運輸之業務，而「不定期航空運輸業務」係指除定期航空運輸業務以外之加班機、包機運輸之業務。此外，「包機」係指民用航空運輸業以航空器按時間、里程或架次為收費基準，運輸客貨、郵件之不定期航空運輸業務。本章即以前述範圍之業務及法令規章討論之。

第一節　民用航空運輸業之特許

一、民用航空業的種類與定義

依據《民用航空法》第2條第11至16項，民用航空業的種類有：民用航空運輸業、普通航空業、航空貨運承攬業、航空站地勤業、空廚業及航空貨物集散站經營業等六種。有關它們的定義如下：

1. 民用航空運輸業：指以航空器直接載運客、貨、郵件，取得報酬之事業。

2.普通航空業：指以航空器經營民用航空運輸業以外之飛航業務而受報酬之事業，包括空中遊覽、勘察、照測、消防、搜尋、救護、拖吊、噴灑、拖靶勤務、商務專機及其他經核准之飛航業務。

3.航空貨運承攬業：指以自己之名義，為他人之計算，使民用航空運輸業運送航空貨物及非具有通信性質之國際貿易商業文件而受報酬之事業。

4.航空站地勤業：指於機坪內從事航空器拖曳、導引、行李、貨物、餐點裝卸、機艙清潔、空橋操作及其有關勞務之事業。

5.空廚業：指為提供航空器內餐飲或其他相關用品而於機坪內從事運送、裝卸之事業。

6.航空貨物集散站經營業：指提供空運進口、出口、轉運或轉口貨物集散與進出航空站管制區所需之通關、倉儲場所、設備及服務而受報酬之事業。

以上六種業務，均係國家特許事業。

二、特許事業的定義與相關程序

(一)定義

所謂「特許事業」，其經營權原保留於國家，在特定情形下，國家將其經營權之全部或一部分，授予私人經營之事業。依《商業登記法》（2009年1月21日修正）第6條：「商業業務，依法律或法規命令，須經各該目的事業主管機關許可者，於領得許可文件後，方得申請商業登記。前項業務之許可，經目的事業主管機關撤銷或廢止確定者，各該目的事業主管機關應通知商業所在地主管機關撤銷或廢止其商業登記或部分登記事項。」《公司法》第17條規定：「公司業務，依法律或基於

法律授權所定之命令，須經政府許可者，於領得許可文件後，方得申請公司登記。前項業務之許可，經目的事業主管機關撤銷或廢止確定者，應由各該目的事業主管機關，通知中央主管機關，撤銷或廢止其公司登記或部分登記事項。」依照《民用航空法》第6章（民用航空事業之管理）第48條對於「經營民用航空運輸業者，應申請民航局核轉交通部許可籌設，並應在核定籌設期間內，依法向有關機關辦妥登記、自備航空器及具有依相關法規從事安全營運之能力，並經民航局完成營運規範審查合格後，申請民航局核轉交通部核准，如營業項目包括國際運送業務者，並應先向海關辦理登記，取得證明文件，由民航局發給民用航空運輸業許可證，始得營業。民用航空運輸業自民航局發給許可證之日起，逾二十四個月未開業，或開業後停業逾六個月者，由民航局報請交通部廢止其許可後，註銷其許可證，並通知有關機關廢止其登記。但有正當理由，並依規定程序申請核准延展者，不在此限。民用航空運輸業結束營業，應先報請民航局轉報交通部備查，並自結束營業之日起三十日內，將原領民用航空運輸業許可證繳還；屆期未繳還時，由民航局逕行公告註銷。第二項核准延展期限不得逾六個月，並以一次為限。」而《民用航空法》第49條規定：「民用航空運輸業應為公司組織，並應合於下列規定：一、無限公司之股東全體為中華民國國民。二、有限公司之資本總額逾百分之五十為中華民國之國民、法人所有，其代表公司之董事為中華民國國民。三、兩合公司之無限責任股東全體為中華民國國民。四、股份有限公司之股份總數逾百分之五十為中華民國之國民、法人所有，其董事長及董事逾半數為中華民國國民，且單一外國人持有之股份總數不得逾百分之二十五。股份有限公司發行股票者，其股票應記名。」至於規定股東人數或資本額若干比例為申請門檻是為了確保經營決策係屬國人所有，而人事上亦能對公司作有效控制。

(二)申請特許之程序

　　至於申請特許之程序，以及主管官署的審核標準，在《民用航空運輸業管理規則》中有下列相關規定：

第4條

申請經營民用航空運輸業之直昇機運輸業務應具備下列資格之一：

一、經營普通航空業，公司財務及組織健全，最近二年未曾發生財務或股權糾紛影響公司正常營運，飛行時數達五百小時以上，最近飛行時數五百小時內無航空器失事，最近飛行時數二百五十小時，無意外事件、飛航違規紀錄者，得申請經營國內航線直昇機運輸業務。

二、經營飛機運輸業務之民用航空運輸業，公司財務及組織健全，最近二年未曾發生財務或股權糾紛致影響公司正常營運，最近二年飛行時數達一千小時，最近二年內無航空器失事，一年內無意外事件、飛航違規紀錄者，得申請經營國內航線直昇機運輸業務。

第5條

具有第三條第一項第一款、第四款或第五款資格之公司申請經營民用航空運輸業時，應另籌組新公司，並檢附下列文件一式二份，向民用航空局（以下簡稱民航局）申請，核轉交通部許可籌設：

一、申請書。

二、原公司章程。

三、原公司登記證明文件。

四、原公司股東名簿及董事、監察人名冊。

五、原公司業績證明文件。

六、原公司最近三年之營業報告書、財務報表暨會計師查核報告書。

七、新籌組公司之公司章程草案。

八、新籌組公司之發起人名冊及身分證明文件。

九、營業計畫書：記載營運計畫、擬經營航線、機隊情形、運量估計、

　　營運收支預估、資本籌募計畫。

十、航務、機務之設備、組織及訓練計畫。

十一、駕駛員之來源及訓練計畫。

十二、飛安組織及計畫。

依前項籌組之新公司，其原公司股東持有股份比例不得低於新公司股份總數三分之二。

第6條

民用航空運輸業或普通航空業具有第三條第一項第二款、第三款、第六款或第四條資格申請增加航空運輸營業項目者，應檢附下列文件一式二份，向民航局申請，核轉交通部許可籌設：。

一、申請書。

二、公司登記證明文件。

三、公司章程。

四、公司股東名簿及董事、監察人名冊。

五、最近三年公司之營業報告書、財務報表及會計師查核報告書。

六、公司組織表。

七、營業計畫書：記載營運計畫、擬經營航線、機隊情形、運量估計、
　　營運收支預估、資本籌募計畫。

八、航務、機務之設備、組織及訓練計畫。

九、駕駛員之來源及訓練計畫。

十、飛安組織及計畫。

　　如果經由前述程序向民航局申請籌設獲准核定，依據同法第7條，尚且應在核定籌設期間內，依法向有關機關辦妥登記、自備航空器及具有依相關法規從事安全營運之能力，並經民航局完成營運規範審查合格後，檢附下列文件一式二份，申請民航局核轉交通部核准，其營業項目包括國際運送業務者，並應向海關辦理登記，取得證明文件，由民航局核發民用航空運輸業許可證後，始得營業。這些文件包含：(1)公司登記

證明文件；(2)公司章程；(3)股東名簿及董事、監察人名冊；(4)經理人簡歷冊；(5)航空器租賃、購買或附條件買賣合約及航空器一覽表；(6)公司標章；(7)投保責任保險證明；(8)自備修護裝備、機棚及場地設施清單或委託合格廠商代辦之契約書；(9)航務、機務之設備、組織及人員名冊；(10)駕駛員名冊；(11)飛安組織及人員名冊；(12)保安計畫核准函影本。

　　民用航空業經前述規章獲得政府特許後，可以領到許可證，並意味已完成民用航空業的特許程序。不過，這僅是獲准成立航空公司，如果想在某固定航線上經營定期航線者，國內航線必須獲得國內機場航空器起降額度或時間帶，國際航線則必須取得國際航權及時間帶，並持有航線證書後，方得在指定航線上經營定期航空運輸業務。有關請領航線證書的程序，各國立法例，均有此同樣之規定。例如日本《民用航空法》第100條第1項：「任何人欲從事定期航空運輸業務者，每一航線，均須領有運輸部之執照」；美國《民用航空法》第401條第a項前段：「民航運輸業非領有民用航空局發給之航線證書，不得從事該航線之營運」。我國《民用航空法》第50條規定：「民用航空運輸業應取得國際航權及時間帶，並持有航線證書後，方得在指定航線上經營國際定期航空運輸業務。民航局應設置國際機場時間帶協調委員會，或委託中立機構，辦理機場時間帶分配；其受委託者之資格、條件、責任及監督等事項之辦法，由民航局定之。民用航空運輸業應取得國內機場航空器起降額度或時間帶，並持有航線證書後，方得在指定航線上經營國內定期航空運輸業務。前二項指定航線之起迄經停地點、業務性質及期限，均於航線證書上規定之。第一項國際航權分配及包機之審查綱要，由交通部定之。第二項之國內機場航空器起降額度管理辦法及時間帶管理辦法，由民航局定之。」

(三)航線證書的請領程序

至於航線證書的請領程序,根據《民用航空運輸業管理規則》之下列規定:

第12條

民用航空運輸業申請新闢或增加航線,應先取得航權、機場時間帶或起降額度後,檢附下列文件一式二份申請民航局核轉交通部核准籌辦:

一、申請書。

二、該航線之市場調查。

三、航線圖(標示起迄之航空站或飛行場及航路)。

四、擬使用航空器之規範。

五、營運計畫及營運收支預估。

六、擬使用飛行場者,其使用同意書。

前項申請新闢或增加航線,有下列情形之一者,民航局得報請交通部不予核准:

一、自申請日前一年內曾發生航空器失事事件。

二、自申請日前一年內曾發生航空器意外或飛航違規事件,尚未完成改善措施。

三、自申請日前一年內曾有重大違規營業之情事。

四、申請之航線市場供過於求。

五、航空站或飛行場設施無法配合。

前項第一款航空器失事事件及第二款航空器意外或飛航違規之事件,經調查其原因係不可歸責於申請之民用航空運輸業者時,不在此限。

第13條

民用航空運輸業應於核准籌辦期限內備妥航空器,申請民航局完成航務、機務審查及試航合格後,由民航局核發航線證書,始得營業。但經民航局審核無需試航者,得免試航。

民用航空運輸業申請包機飛航，準用前項規定。

　　如果依據前述獲得民航局核發航線證書，有效期間為十年，民用航空運輸業應於期滿一個月前檢附申請書，申請民航局完成航務、機務審查後，核發航線證書。但國際航線，基於互惠原則或條約、協定有特別規定者，不在此限。航線證書以每張登錄一條航線為原則，並應註明起迄經停地點、業務性質、期限及使用之航空器機型。前項註明使用之航空器機型變更時，應申請民航局完成航務、機務審查後，換發航線證書。另外，對於外籍航空公司欲申請飛航我國之航線證書而言，依照《外籍民用航空運輸業管理規則》第5條規定：「外籍民用航空運輸業依條約或協定，申請在我國經營定期航線或增加航線時，應檢附下列文件申請民航局核准發給航線證書，並於營運前檢附保安計畫報請民航局備查後，始得營業：一、申請書。二、航線略圖。三、保險證明文件。四、噪音及最大起飛重量證明文件。前項保安計畫已經民航局備查且未變更者，得免檢附。」

三、包機業務

　　民航業者應該如何申請包機業務呢？所謂「包機」依據《民用航空運輸業管理規則》第2條第5項，係指民用航空運輸業以航空器按時間、里程或架次為收費基準，而運輸客貨、郵件之不定期航空運輸業務。如果民用航空運輸業欲申請國際客貨運包機，應於預計起飛前十工作日檢附申請書及包機合約副本報請民航局核准後，始可飛航。但是，傷患運送及其他緊急事件包機，得不受前項所訂工作日之限制。至於包機申請程序為何呢？依據《民用航空運輸業管理規則》第17條，民用航空運輸業申請國際客、貨運包機，應合於：國際航權分配及包機審查綱要有關包機之規定及不得以貨運包機名義集運貨物等兩項前提，並依「國內包機」、「國際包機以外之不定期飛航及特種飛航」及「國內包機以外之

不定期飛航或特種飛航」等三種不同的飛航模式，分別在預計起飛前十個、三個及五個工作日檢附申請書、包機合約副本報請民航局核准。此外，民用航空運輸業對其運輸中使用之「乘客機票票根或其電子機票檔」、「乘客艙單」、「貨物提單、託運單、貨物艙單及有關運務文件」及「包機合約」等文件，應依據該規則第28條規定，自起飛之日起至少保存二年，以備民航局查核。

 ## 第二節　民航運輸業的負擔

　　無論個人、群體還是社會，權利和義務都是相對的，享有權利的同時也要承擔相應的義務和責任。民用航空運輸業既是政府特許事業，享受特許營運權，就要承擔義務。有關業者應盡之義務及相關法源臚列如下：

1. 如同《航業法》第18條對自中華民國港口裝載客貨發航之中華民國船舶，應依郵政法負責載運郵件的規範，應依郵政法之規定，負責載運郵件。已領有航線證書之民用航空運輸業，或經停中華民國境內之航空器，亦有遵照郵政法規定，負責載運郵件之義務。（《民用航空法》第52條）而且，航空函件及航空郵政包裹運費應低於一般航空貨物運價。（《民用航空法》第53條）

2. 民用航空運輸業對航空函件，應在客貨之前優先運送。（《民用航空法》第54條）

3. 民航局為應公共利益之需要，得報請交通部核准後，通知民用航空運輸業調整或增關指定航線。（《民用航空法》第59條）

4. 政府遇有緊急需要時，民用航空運輸業應接受交通部之指揮，辦理交辦之運輸事項。（《民用航空法》第60條）

5. 民用航空運輸業於國家緊急需要時，應接受交通部指揮，擔任交

辦之運輸事項，其經營之航線，因國防及軍事上需要，亦得予以停航。（《民用航空運輸業管理規則》第26條）

6.民用航空運輸業對其運輸中使用之下列文件，應自起飛之日起至少保存二年，以備民航局查核：(1)乘客機票票根或其電子機票檔；(2)乘客艙單；(3)貨物提單、託運單、貨物艙單及有關運務文件；(4)包機合約。（《民用航空運輸業管理規則》第28條）

7.民用航空運輸業全貨運航空器搭載下列人員時應將搭載人員、姓名、身分或眷屬稱謂，記載於艙單，按規定於離到場時送場站有關單位備查：(1)指定擔任押運押動物、貨物及有關飛航安全之人員；(2)必須搭載全貨運航空器至另一地點執行前款任務之人員；(3)政府核派服勤人員；(4)運輸軍用物資時，軍方之押運員、督導人員及飛航人員；(5)該民用航空運輸業之員工及眷屬。（《民用航空運輸業管理規則》第29條）

8.航空器使用人應於航空器起飛前確使所有乘客知悉下列事項：(1)禁菸告知；(2)電子用品使用限制之告知；(3)座椅安全帶繫緊及鬆開之說明；(4)緊急出口位置；(5)救生背心位置及使用方法；(6)氧氣面罩位置及使用方法；(7)供乘客個別及共同使用之其他緊急裝備。對可能需要協助迅速移至緊急出口之乘客，客艙組員應個別說明遇緊急時，至適當緊急出口之路線與開始前往出口之時機並詢問乘客或其同伴最適當之協助方式。航空器使用人應於航空器內備有印刷之緊急出口圖示及操作方法與其他緊急裝備使用需要之說明資料並置於乘客易於取用處。每一說明資料應僅適用於該型別及配置之航空器。航空器使用人應訂定出口座椅安排計畫，該計畫應包括定義各型別航空器之緊急出口、座位安排程序、機場資訊及出口座位乘客提示卡，以提供相關作業人員使用。航空器使用人應將第一項至第五項規定之作業於相關手冊內載明。（《航空器飛航作業管理規則》第45條）

9.航空器使用人應確保組員於航空器起飛、降落時，告知乘客繫安

411

安全帶或肩帶。飛航中遭遇亂流或緊急情況時，組員並應告知乘客採取適當之行動。航空器使用人應確保航空器起飛後，即使繫安全帶指示燈號已熄滅，組員仍應立即告知乘客於就座時繫妥安全帶。航空器使用人不得准許乘客使用客艙組員座椅。但經民航局核准者，不在此限。（《航空器飛航作業管理規則》第46條）

10.飛航組員座椅應配置安全帶。該安全帶應具備自動抑制軀幹之裝置，於快速減速情況下，能維護其人身安全。年滿二歲以上乘員搭乘航空器時，航空器使用人應為其配備具安全帶之座椅或臥舖。使用兒童安全座椅時，該座椅應經民航局或其他國家之民航主管機關核准。（《航空器飛航作業管理規則》第242條）

11.年滿二歲以上乘員搭乘航空器時，航空器使用人應為其配備具安全帶之座椅或臥舖。使用兒童安全座椅時，該座椅應經民航局或其他國家之民航主管機關核准。（《航空器飛航作業管理規則》第292條）

第三節　航空噪音問題

民航局自1996年1月1日起，針對中正、高雄、台北、台中、台南、嘉義、花蓮、台東、馬公、金門、屏東以及已停航的新竹航空站，共有十二個機場徵收所謂的「噪音管制費」。這項緣自於「民用航空器使用航空站、飛行場及助航設備收費費率表」中的「降落費2」亦即噪音特別降落費。根據陳玟如（2002）的研究，截至2001年8月，各航空站之噪音防制費總收入五年來累計已達四十五億新台幣，不均每年可從十二個航空站收費約九億元，其中以桃園中正機場、台北松山機場和高雄小港機場之噪音防制收費金額最高，占總收入之82.3%（如**表10-1**）。

表10-1　1996年1月至2001年8月台灣徵收噪音防制費總收入

月份\站別	1996/1 – 1996/6	1996/7 – 1997/6	1997/7 – 1998/6	1998/7 – 1999/6	1999/7 – 2000/6	2000/7 – 2001/8	合計（元）
中正	161,865,162	341,517,630	342,333,615	350,362,361	544,335,139	260,870,078	2,001,284,985
台北*	94,662,161	180,929,316	169,899,027	161,713,423	232,508,999	93,029,402	932,742,328
新竹	0	0	1,973,193	409,872	0	0	2,383,065
高雄	82,776,611	158,000,243	150,584,842	133,566,730	184,626,559	75,966,658	785,521,643
屏東*	2,732,802	3,956,876	2,815,353	2,039,836	3,042,712	1,534,692	16,122,271
台中*	10,994,980	22,909,061	22,034,732	14,170,190	18,656,045	8,300,904	97,065,912
嘉義*	7,147,511	13,854,855	15,130,700	13,197,543	18,139,338	5,906,858	73,376,805
台南*	13,219,607	28,341,869	28,331,433	28,257,697	40,387,626	16,398,855	154,937,087
花蓮*	11,929,739	25,044,411	23,392,431	19,666,118	25,793,985	9,810,259	115,636,943
台東	8,726,977	18,639,199	20,000,264	16,240,995	21,220,489	8,015,744	92,843,668
馬公	18,983,787	34,630,549	31,725,191	25,983,148	36,535,638	16,800,381	164,658,694
金門*	7,916,601	18,348,536	16,459,722	12,708,881	18,045,319	9,697,037	83,176,096
合計	420,955,938	846,173,545	824,680,503	778,316,794	1,143,291,849	506,330,868	4,519,749,497

資料來源：陳玟如（2002）。

一、噪音的定義

　　然而，什麼是噪音呢？根據林如蘋（1996）的研究，噪音通常被定義爲不想要的聲音（unwanted sound）。Harris等人（1997）將影響個人的噪音困擾因素分爲三大類：主要聽覺因素、次級聽覺因素、非聽覺因素。主要聽覺因素爲音量、頻率和持續時間，是形容噪音最基本的三個物理性質；次級聽覺因素包括複合聲音分布、音量變動、頻率變動、噪音上升時間、噪音源地點等客觀因素；非聽覺因素則干係到聽者本身主觀的感受，例如適應及過去的經驗、聽者對困擾的感受度、對噪音的預期心理、噪音之必要性、個別差異與人格特質等。噪音的標準單位是分貝。在我國航空噪音法規裡，衡量航空器噪音是用有效察覺音量指標（Effective Perceived Noise Level; EPNL），單位爲EPN分貝（EPNdB）。所謂分貝指被測聲源的聲壓相對於參考聲壓（20μPa）的對數值。這與

測量地震所用的 RICHTER SCALE類似。以能量而言，70分貝為60分貝的10倍，80分貝則為60分貝的100倍；亦即噪音水準為能量的對數值。但人們對噪音反應的察覺度不盡相同，如果聲音高出10分貝通常會覺得為原有吵鬧程度的1倍，高出20分貝則為4倍，以此類推。換言之，吵鬧度為噪音水準的指數函數。這也是荷蘭及其他國家機場，採用航空器噪音值為收費因子，並以指數函數為收費公式的理論依據。

二、航空器的噪音

此外，航空器的噪音水準，可以由航空器的重量來推估。根據《航空器飛航作業管理規則》第130條規定：「航空器之噪音管制應依民用航空器噪音管制辦法及民用航空器噪音管制標準辦理。」《噪音管制法》（2008年12月3日修正）第11條：「機動車輛、民用航空器所發出之聲音，不得超過機動車輛、民用航空器噪音管制標準；其標準，由中央主管機關會同交通部定之。」《航空器飛航作業管理規則》第257條亦規定：「航空器噪音管制應依民用航空器噪音管制辦法及民用航空器噪音管制標準辦理。」由於噪音水準為產生噪音能量的對數值，因此，航空器噪音管制標準的設計乃假設航空器的重量和產生的噪音能量成線性相關。有關各國機場對噪音的界定標準，主要為航空器噪音值、航空器重量和機型分類。茲說明如下（張靖、韓復華、李堯賢；1996）：

(一)航空器噪音值

航空器在申請原型機適航證書時，需要檢定噪音水準。我國在《民用航空器噪音管制標準》中規定，以ICAO Annex 16之測量程序與計算方式，檢測航空器在進場、橫向和起飛三個測點的噪音量；單位為EPNdB。航空器所登記之噪音值，即可以表現航空器的噪音水準。至於三個噪音值中，是選擇一個做代表，或以三者平均，甚至兩者平均，都

有國家採用。而採用起飛噪音值的普遍性最高。

(二)航空器重量

　　有關航空器的重量亦為常用的噪音衡量指標。最常使用的是最大起飛載重（Maximum Take-Off Weight; MTOW），單位是公噸。本指標是假設飛機越重，產生的噪音影響越大。但各機型實際噪音表現與本身機械設計也有關，單以重量收費等於只鼓勵航空公司採用較小的航空器，而不是較安靜的航空器。且以國內航線的飛航時間來說，最多不超過一個鐘頭，短則二十五分鐘左右。基於「載重平衡」及「酬載因素」的考量，航空器起飛時常以「減推力」及「經濟帶油」來運作，若以MTOW為衡量標準，似有高估噪音值的疑慮。

(三)機型分類

　　機型分類是依某些規則，將飛機分類為最安靜到最吵鬧的幾個等級。這些分類的規則，基本上都是用來判斷飛機的噪音表現。最簡單的就是依ICAO Annex 16中各章所規定的飛機來分類；包括比利時、奧地利、德國、義大利、韓國、挪威、瑞典和英國等皆是採用這個模式。比方說，比利時的Brussels機場將航空器依音量做噪音分類，第1類最吵鬧、第5類最安靜。各類的主要機型舉例如下：

第1類：B707、B727、B737-100/200、BAC 1-11。
第2類：Falcon 20、YAK-40。
第3類：A300、B747-100、Falcon 50。
第4類：A310、B747SP、B747-200/300、L1011。
第5類：A320、B737-300/400、B757、B767、MD80系列。

　　Brussels對第5類最安靜的飛機，不僅不額外增收降落費，反而給予降落費10%的折扣。此外，對於噪音衡量標準建議可參照奧地利、比利

時、法國、德國、挪威、英國等國家，將飛航時段那入對噪音的衡量指標，如**表10-2**所示。

表10-2　Brussels 機場降落費調整係數

分類	降落費調整係數	
	0600-2300	2300-0600
1	1.40	1.80
2	1.20	1.40
3	1.10	1.20
4	1.00	1.10
5	0.90	0.90

資料來源：IATA, *Airport and En Route Aviation Charges Manual*, 1996 (updated annually).

三、航空噪音防制區之劃定標準

此外，在機場多少範圍附近的區域才算是有噪音污染之虞的地區呢？依據《機場周圍地區航空噪音防制辦法》（2009年6月8日修正）第4條，航空噪音防制區係指直轄市、縣（市）主管機關依機場周圍地區航空噪音干擾情形所劃定之防制區。同法第4條規定，航空噪音防制區分為三級，其劃定原則如下：

(一)第一級航空噪音防制區

1.具有供噴射飛機及螺旋槳飛機起降之航空站，且航空噪音日夜音量（DNL）60分貝以上與未達65分貝二等噪音線間之區域。

2.具有主要供直昇機起降之航空站，且航空噪音日夜音量52分貝以上與未達57分貝二等噪音線間之區域。

(二)第二級航空噪音防制區

1.具有供噴射飛機及螺旋槳飛機起降之航空站，且航空噪音日夜音

量65分貝以上與未達75分貝二等噪音線間之區域。

2.具有主要供直昇機起降之航空站，且航空噪音日夜音量57分貝以上與未達67分貝二等噪音線間之區域。

(三)第三級航空噪音防制區

1.具有供噴射飛機及螺旋槳飛機起降之航空站，且航空噪音日夜音量75分貝以上之等噪音線內之區域。

2.具有主要供直昇機起降之航空站，且航空噪音日夜音量67分貝以上之等噪音線內之區域。

前項等噪音線及各級航空噪音防制區航空噪音日夜音量之計算，依美國聯邦飛航規則第150號規定。第一項主要供直昇機起降之航空站，指該航空站前二年直昇機起降架次，逾其航空器總起降架次百分之五十。

此外，前述所謂「等噪音線」係將全年飛航資料，輸入美國航空總署發展之航空噪音整合模式（Integrated Noise Model; INM）所繪之封閉曲線。

四、航空噪音防制經費

至於這些航空噪音防制區所需的防制經費來源主要可由以下幾點說明：（陳玟如：2002）

(一)民營航空器降落費、夜航費、停留費之徵收

民營航空器之降落費、夜航費及停留費之徵收依據《使用國營航空站助航設備及相關設施收費標準》（2009年7月20日修正）收取，相關之條文陳列如下：

第3條

本標準所稱場站使用費，指降落費、夜航費、停留費、滯留費、候機室設備服務費、地勤場地設備使用費、空橋或接駁車使用費、擴音設備服務費、航空站地勤業機坪使用費、空廚業機坪使用費、民用航空運輸業因業務需要自辦航空站地勤業務機坪使用費（以下簡稱自辦航空站地勤業務機坪使用費）、輸油設備使用費、安全服務費、飛機供電設備使用費、機艙空調機使用費及自動行李分揀輸送系統使用費；所稱助航設備服務費，指過境航路服務費及航空通信費。

第4條

降落費、夜航費、停留費，依下列規定收取：

一、民用航空器飛航國際航線，按國際航線收費費率收費。

二、民用航空器飛航國內航線，按國內航線收費費率收費。

三、外籍民用航空器飛航國際航線，入境後或出境前在國內一個以上之飛行場、航空站起降時，其在國內之飛航視為國際之延長，仍按國際收費費率收費。

前項各費之收取應按架次及機型計算，各民用航空器自降落至起飛為一架次。

第9條

民用航空器合於下列規定之一者，減半收取降落費：

一、民用航空器經民用航空局核准從事訓練飛行者。

二、民用航空器檢修後經核准從事試飛者。

第10條

民用航空器合於下列規定之一者，免收降落費及夜航費：

一、民用航空器擔任搜尋救護任務飛航者。

二、民用航空器在飛航中遵照民用航空局所轄航空站之命令降落者。

三、民用航空器飛往離島偏遠地區者。

前項第二款之民用航空器於規定期限內並得免收停留費。

第一項第三款之離島偏遠地區包括：

一、台灣省台東縣蘭嶼鄉、綠島鄉。

二、台灣省澎湖縣七美鄉、望安鄉。

三、福建省連江縣北竿鄉、南竿鄉、莒光鄉、東引鄉。

(二)機場回饋金

　　機場回饋金之徵收與使用辦法依《國營航空站回饋金分配及使用辦法》（2007年12月26日修正）之規定辦理，相關之條文陳列如下：

第2條

交通部民用航空局（以下簡稱民航局）所屬徵收場站降落費之國營航空站（以下簡稱航空站），應每年提撥其場站降落費之百分之八作為航空站回饋金（以下簡稱回饋金）。停徵場站降落費之航空站，民航局應每年編列與前項相同計算方式之回饋金預算，辦理回饋事宜。

第3條

回饋金之回饋範圍如下：

一、經直轄市、縣（市）政府公告之各航空站周圍航空噪音防制區（以下簡稱噪音防制區）。

二、特等航空站所在地之鄉（鎮、市、區）。

未公告噪音防制區之航空站，其回饋金之回饋範圍，由航空站與所在地鄉（鎮、市、區）公所會同訂定之。

第4條

回饋金之用途如下：

一、維護居民身心健康之補助：指有關提升生活環境品質及醫療保健事項。

二、獎助學金之補助：指有關獎勵成績優異及補助清寒學生事項。

三、社會福利之補助：指有關補助中低收入戶、身心障礙者及急難救助事項。

四、文化活動之補助：指有關補助地方民俗節慶及提升教育文化水準事

項。

五、基層建設經費之補助：指有關改善村（里）道路、交通、水利、治
安、環境、清潔衛生及宗教文化設施遷、改建事項。

六、公益活動之補助：指與促進公共利益有關活動事項。

七、航空站或鄉（鎮、市、區）公所辦理回饋金業務之行政作業費用。

第5條

航空站依下列規定之一分配回饋金：

一、就每年可分配之回饋金總額，以鄉（鎮、市、區）或村（里）為單
位，依據土地面積、戶口數、人口數、噪音量、上一年度執行情形
或其他因素為權重計算分配之。

二、分配公式：

噪音防制區內村（里）之回饋金＝

$$\text{航空站提撥之回饋金} \times \frac{(\text{該村（里）之權重}) \times (\text{面積比例}) \times (\text{戶口數比例})}{\sum (\text{各村（里）之權重}) \times (\text{面積比例}) \times (\text{戶口數比例})}$$

權重：一級噪音防制區比二級噪音防制區比三級噪音防制區等於五比
二十五比七十。

面積比例：該村（里）之土地面積／各級噪音防制區之土地面積總和。

戶口數比例：該村（里）之戶口數／各級噪音防制區之戶口數總和。

特等航空站於第四條第一項第二款、第四款及第五款用途之分配額度，
其合計所占比例不得低於每年可分配回饋金總額百分之四十。

第四條第一項第七款行政作業費用總額不得超過各航空站回饋金百分之
五，其中鄉（鎮、市、區）公所之費用，不得超過行政作業費用總額百
分之三十。

第6條

航空站每年應擬訂回饋金之分配及工作計畫，報請民航局同意後將回饋
金分配額度通知回饋範圍內之鄉（鎮、市、區）公所。

鄉（鎮、市、區）公所應依第四條之用途研提申請計畫送航空站審核，
並依航空站核定之項目執行；執行時如涉及採購事項，應依政府採購法

辦理。

第二項之申請計畫格式，由民航局另行公告之。

第7條

收受回饋金之鄉（鎮、市、區）公所應依各級地方政府回饋金收支預算處理要點規定辦理。

航空站應查明各核定計畫之實際執行進度及經費支用情形，覈實撥款，並依相關規定辦理核銷。

收受回饋金之鄉（鎮、市、區）公所應於年度結束後一個月內向航空站提報上一年度回饋金支用情形；民航局或航空站並得視需要派員抽查之，如經查核領受回饋金款項之支用有違背法令或未依航空站核定之項目運用者，應促其改正或減少、停止後續年度之補助。

　　此外，根據《民用航空法》第37條：「使用航空站、飛行場、助航設備及相關設施，應依規定繳納使用費、服務費或噪音防制費；使用國營航空站、助航設備及相關設施之收費標準，由交通部定之。非屬國營之航空站、飛行場之收費費率，由經營人擬訂，報請民航局核轉交通部核定；變更時，亦同。」另外，根據ICAO於1981年發布之「對機場及航路助航設備之收費聲明書」之「噪音相關費用的收取僅限於有噪音問題之機場，收費不得超過其緩和噪音與噪音防制所支付之成本」的原則，「專款專用」乃爲國際趨勢。我國民航主管機關對於噪音防制費的徵收，係依據《使用國營航空站助航設備及相關設施收費標準》之規定，對使用國營航空站、助航設備及相關設施者，收取場站使用費、助航設備服務費或噪音防制費。收費的標準係依據直轄市、縣（市）政府公告航空噪音防制區之航空站，按航空器每架次最大起飛重量、起飛音量計收。依據專款專用的原則，所收取之噪音防制費應作爲噪音防制之用，但民用航空局亦得視需要調整部分國營航空站之噪音防制費統籌運用以供其他航空站使用，調整比例不得高於百分之十。

　　至於噪音防制費之用途，《國營航空站噪音防制費分配及使用辦

法》第6條做了如下規定：

1. 補助航空站附近航空噪音防制設施所需之費用，含設置費用及學校、圖書館、托育機構噪音防制設施所需之維護費用。
2. 補助相關居民健康維護、電費、房屋稅及地價稅。
3. 辦理各項航空噪音防制措施所需之航空噪音監測、防制、審查作業及技術研發等相關工作之費用。
4. 辦理第1款至第3款航空噪音防制業務所需之行政作業費用。

此外，為利噪音防制費補助工作之協調與監督，民航局得邀集有關機關代表及學者專家審查各航空站之噪音防制費補助爭議事件、補助計畫、年度工作計畫及執行成果。

雖然實施航空噪音費的重要目的是籌措資金以補貼給受影響的民眾或從事噪音防制工程，並獎勵有效污染防治技術方法的發展與創新，然而，在全球經濟持續萎縮下，航空公司已面臨前所未有的經營壓力。該如何幫助民航業者控制營運成本下，擬定經營策略，使航空業、政府及民眾達到三贏的目標，而能充分維護飛航安全及服務品質，並做好噪音防制，賴產、官、學、研各界集思廣益。

參考文獻

David A. Harris, Walls & Ceilings Magazine, *Noise Control Manual for Residential Buildings*, New York: McGraw-Hill, 1997.

IATA (1996), *Airport and En Route Aviation Charges Manual*.

林如蘋（1996）。〈機場航空噪音費徵收之研究——以中正機場為例〉，國立交通大學交通運輸研究所碩士論文。

張靖、韓復華、李堯賢（1996）。〈機場航空噪音費徵收之研究——以中正機場為例〉，行政院國家科學委員會委託研究報告，NSC 85- 2213- E- 216- 005。

陳玟如（2002）。〈航空噪音防制補助規劃之研究〉，國立交通大學交通運輸研究所碩士論文。

劉英杰（1997）。〈美國機場噪音管理法規之探討：聯邦飛航規則第36、91、150及161號之相關部分〉，國立交通大學交通運輸研究所碩士論文。

第十一章　客艙行政法規

General

The Federal Aviation Administration (FAA) requires all commercial air carriers to abide by specific regulations. The Federal Aviation Regulations (FAR) are designed to protect passengers and crewmembers, thus ensuring safe flight operations. This chapter will refer to FAR, in part or total，which pertain to the performance of Flight Attendant duties and better understanding of subject regulations for students from Department of Airlines Service Management in University.

前言

美國聯邦航空總署為了規範所有商業用航空公司去遵循法令規章，特別設計用以保護乘客及組員的聯邦航空法規（FAR），以確保飛航運作的安全。本章遵循FAR，以全部或摘錄部分條文的方式闡述與空服員有關的客艙行政法規，並有助於大專院校航空管理相關科系學生之學習。

 第一節 Responsibility and Authority of the Pilot in Command

14 CFR- PART 91.3 Responsibility and Authority of the Pilot in Command

(Retrieved on 2009-06-06)

§ 91.3 Responsibility and Authority of the Pilot in Command1

(a)The pilot in command of an aircraft is directly responsible for, and is the final authority as to, the operation of that aircraft.

(b)In an in-flight emergency requiring immediate action, the pilot in command may deviate from any rule of this part to the extent required

to meet that emergency.

(c)Each pilot in command who deviates from a rule under paragraph(b) of this section shall, upon the request of the Administrator, send a written report of that deviation to the Administrator.

Notes:

F/A's are responsible to the pilot in command during the completion of a flight assignment. The ranking crewmember is responsible for command of the entire group. The chain of command is:

PIC（機長）≧Captain（正駕駛）＞First Officer（副駕駛）＞First F/A（一等座艙長／事務長）

【引申解析】

一、國際民用航空組織（ICAO）對「Pilot in Command」的定義

在ICAO Annex 2的「Rules of the Air」之2.3.1「Responsibility of pilot-in-command」對機長之責做了如是規範：「The pilot-in-command of an aircraft shall, whether manipulating the controls or not, be responsible for the operation of the aircraft in accordance with the rules of the air, except that the pilot-in-command may depart from these rules in circumstances that render such departure absolutely necessary in the interests of safety.」，且於2.4「Authority of pilot-in-command of an aircraft」對機長之職權亦做了界定：「The pilot-in-command of an aircraft shall have final authority as to the disposition of the aircraft while in command.」惟這兩項條文的前提皆在航空器運作過程中遭遇有危急航空器或人員安全之緊急或異常狀況，賦予機長得為一切緊急處置的法定權力。

二、機長的法律地位

根據《航空人員檢定給證管理規則》（2009年3月19日修正）第2條第2項對航空器駕駛員的定義係指領有檢定證、體格檢查及格證，執行航空器駕駛任務之人員，包含機長及副駕駛員。機長指由航空器所有

人或使用人指派，於飛航時指揮並負航空器作業及安全責任之駕駛員；副駕駛員指機長以外之駕駛人員。而所謂「機長」（Pilot In Command; PIC），依我國《民用航空法》第2條第10項之規定，係指由航空器所有人或使用人指派，於飛航時指揮並負航空器作業及安全責任之駕駛員，為航空器運行時全機操控之最高行政權責所在。航空器之機長，猶如船舶中之船長，不僅為駕駛部門之技術首長。其職責在私法關係上固應對航空器所有人負責，而在公法上並直接對國家負責。對於機長的職權，《民用航空法》第45條規定：「航空器在飛航中，機長為負責人，並得為一切緊急處置。」此外，國際民航組織的《東京公約》並給予機長在執行職務時，對於防範在民用航空器上違犯刑法的犯罪和擾亂機上秩序、危及飛行安全的行為，有命令與管理在航空器內航空人員及其他人員之權力，必要時並得管理或約束乘客之行為。依該條法意，機長有命令與管理在航空器上航空人員及其他人員之權力，所謂「其他人員」，當然包括旅客在內。機長於必要時，不僅有權管理乘客之行為，並得以約束「干擾民用航空活動」之乘客行為。另外，根據《飛航規則》

圖11-1　中華航空B747-400駕駛艙

資料來源：國立交通大學運輸科技與管理學系服務管理實驗室攝。

（2007年11月26日修正）第5條，機長於執行飛航任務時，不論有無親自操縱均應依本規則之規定負責航空器之安全作業。但為確保航空器之安全，必要時得不受本規則之限制而作斷然處置。

至於中華人民共和國《民用航空法》第5章第2節第44條對機長的職權亦有如前述之規範：「民用航空器的操作由機長負責，機長應當嚴格履行職責，保護民用航空器及其所載人員和財產的安全。機長在其職權範圍內發布的命令，民用航空器所載人員都應當執行。」另在第46條更強調：「飛行中，對於任何破壞民用航空器、擾亂民用航空器內秩序、危害民用航空器所載人員或者財產安全以及其他危及飛行安全的行為，在保證安全的前提下，機長有權採取必要的適當措施。飛行中，遇到特殊情況時，為保證民用航空器及其所載人員的安全，機長有權對民用航空器作出處置。」此外，中共《民用航空法》中，禁止的非法干擾民用航空安全的行為有哪些呢？該法191條至199條共九條，分別將劫持民用航空器、對飛行中的民用航空器上的人員使用暴力、隱匿攜帶炸藥、雷管或者其他危險品上機、違規運輸危險品、向民用航空器上放置危險品或者唆使他人放置危險品、傳遞虛假情報、盜竊或者故意損毀移動使用中的航行設施、聚眾擾亂民用機場秩序、航空人員玩忽職守等九種行為規定為「非法干擾」（unlawful interference）的犯罪行為，並應受到刑事處罰或治安管理處罰。

三、機長權力的法源依據：《東京公約》

為了防止危害或能危害航空器或其所載人員或財產的安全，或危害航空器上的良好秩序和紀律的行為，無論是否構成犯罪行為。國際民航組織於1963年9月14日主持制訂了《關於在航空器內的犯罪和其他某些行為的公約》，簡稱為《東京公約》。《東京公約》係為首次將民用航空器上違犯刑法的犯罪和擾亂機上秩序、危及飛行安全的行為規定為國際法所禁止的行為。該公約適用於在締約國登記的航空器內的犯罪或犯有行為的人，無論該航空器是在飛行中，在公海上，或在不屬於任何國家領土的其他地區上授與機長對於飛行中犯罪或危及航空安全

或正常秩序行為的警察權力。其後所簽定的1960年《制止非法劫持航空器公約》，簡稱《海牙公約》和1971年《制止危害民航安全之非法行為公約》，簡稱《蒙特利爾公約》，已將這些危及民用航空安全、擾亂民用航空活動正常秩序的犯罪和行為，統稱為「非法干擾」。（此處所談的《海牙公約》及《蒙特利爾公約》與本書第二、三章的《海牙議定書》、《海牙議定書》、《蒙特利爾協議》及《蒙特利爾公約》僅是名稱類似或相同，但並非同義詞，切勿張冠李戴）

機長主司航空駕駛及安全，為了從技術上保證航行安全，機長一般應服從空中交通管制部門的指令，但遇有緊急情況時，機長有自主權力，可根據自己的獨立判斷從事最後決定，不一定要聽從指揮。因為機長是身臨其境又熟知所駕駛飛機的具體詳細資料，這是地面航管人員無法取代的。機長是由航空公司任命，在民事責任方面處於「承運人的受僱人或代理人」的地位。1929年《華沙公約》和1952年10月7日在羅馬簽訂的《外國航空器對地面（水面）第三者造成損害的公約》（簡稱《羅馬公約》）中雖未對機長行為作出明文表述，但在履行運輸契約或在侵權行為方面卻具有「代理人」的身分。遇有迫降或降落地點無本航空公司駐地人員時，機長有權作為公司代表決定修理飛機、餐飲補給等事項。飛機一旦升空，或由嚴格法律定義來說「航空器自搭載後關閉其所有外門之時刻起至為卸載而開啟任何上述之門止」，機上人員與財物構成一個臨時單位時起，在這個「封閉空間」裡，機長就成了「無冕之王」。當然，這無冕之王的前提是：一方面機長要行使一定行政乃至司法管理權，另一方面卻無政府公職人員或公共官員資格或身分。對於機長這項管理職能，各國在國內法中一般都有規定，其中以前蘇聯最為具體，即「航空器上的全體人員應毫無例外地絕對服從航空器機長的命令。在飛行中，航空器機長有權對有威脅航行安全行為而不服從機長命令者，採取一切必要措施。」至於《東京公約》的適用性係根據該公約第1條第3款中，「航空器從其開動馬力起飛到著陸衝程完畢這一時間」，都應被認為是在飛行中。惟根據第1條第4款規定「本公約不適用

於供軍事、海關或警察用的航空器」。

　　機長雖只是航空公司的雇員，並非政府的司法人員，亦非法律工作者，航空公司雖可提供其法律常識訓練，但不能要求他們像一般執法者，在1963年東京會議（ICAO Doc 8565-LC/152-1）上，英、美等大多數國家代表認爲，機長不是法律專家，又要在緊急又不可能全面掌握情況的條件下作出判斷和決定，失誤在所難免，爲鼓勵其勇於負責，應在法律上給予保護，免得其於臨大事前畏首畏尾、躊躇不前而無所作爲。因此，國際民航組織在《東京公約》中給予行使職權的航空器機長擁有機內治安的警察權，免除其於行使職權的責任。根據《東京公約》第3章（機長的權力）第5條即清楚的給予機長在安全前提下便宜行事的法源依據：「(1)除航空器前一起飛地點或預定的下一降落地點不在登記國領土上，或航空器繼續飛往非登記國領空，而罪犯仍在航空器內的情況外，本章規定不適用於航空器在登記國領空、公海上空或不屬於任何國家領土的其他地區上空飛行時，在航空器內所發生或行將發生的犯罪和行爲；(2)雖然有第1條第3款的規定，在本章中，航空器從裝載結束、機艙外部各門關閉時開始直至打開任一機艙門以便卸載時爲止的任何時候，應被認爲是在飛行中。航空器強迫降落時，本章規定對在航空器上發生的犯罪和行爲仍繼續適用，直至一國主管當局接管該航空器及其所載人員和財產時爲止。」

　　如同《東京公約》第10條所云：「對於根據本公約所採取的措施，無論航空器機長、機組其他成員、旅客、航空器所有人或經營人，或本次飛行是爲他而進行的人，在因遭受這些措施而提起的訴訟中，概不負責。」該條文的意旨是說，如果機長在行使公約規定的權力中有失誤，使「被採取行動者」（諸如：受到看管者、受令下機者，或者被押送降落國當局者……）受到損害而引起行政、刑事、民事責任，則不應予以追究，而應免除機長的這類責任。有關《東京公約》的重點彙整摘錄如下：

1. 機長在有理由認為某人在航空器上已犯或行將犯公約第1條第1款所指的罪行或行為時，可對此人採取合理的措施，包括必要的管束措施，以便：(1)保證航空器、所載人員或財產的安全；(2)維持機上的良好秩序和紀律；(3)根據本章的規定將此人交付主管當局或使他離開航空器。

2. 機長可以要求或授權機組其他成員給予協助，並可以請求或授權但不能強求旅客給予協助以從事管束。

3. 除非出於航空器及其所載人員或財產的安全需要外，本公約的任何規定均不得被解釋為准許或要求對政治性刑法或對以種族或宗教歧視為基礎的刑法的犯罪，採取某種措施。

4. 機長行使權力的時機開始於航空器裝載完畢，機艙外部各門均已關閉時起，到打開任何一扇艙門卸載時止。

5. 如機長有理由認為，任何人在航空器內犯了他認為按照航空器登記國刑法是嚴重的罪行時，他可將該人移交給航空器降落地任何締約國的主管當局。機長按照上款規定，擬將航空器內的一人移交給締約國時，應儘快，並在可能時，在載有該人的航空器降落於該國領土前，將他要移交此人的意圖和理由通知該國當局。此外，在將嫌疑犯移交當局時，應將其按航空器登記國法律合法地占有的證據和情報提供該當局。

6. 對於根據本公約所採取的措施，無論航空器機長、機組其他成員、旅客、航空器所有人或經營人，或本次飛行是為他而進行的人，在因遭受這些措施而提起的訴訟中，概不負責。

7. 當航空器被迫降時，對機上發生的犯罪與行為，機長仍負有權力，直到國家主管當局接管為止。

接下來，我們假設一個可能，如果今天有一架外籍航空公司之民航機降落我國境內而其中的乘客有犯罪行為，是否我國可以加以管轄？依國際法上領域管轄原則，國家對在其領域內之人、物或發生之事件，除

國際法或條約另有規定外，原則上享有排他的管轄權，亦即就與航空器有關的犯罪來說，依我國已簽署及批准之1963年9月14日《東京公約》第3條第1款規定：「航空器登記國有權對在該航空器內的犯罪和所犯行為行使管轄權。」論之，航空器登記國固有管轄該航空器上所犯罪行及行為之權；然依同條文第3款之規定「本公約不排斥根據本國法行使刑事管轄權」，此一公約並不排除依本國法而行使之刑事管轄權。另其第4條第1、2款「該犯罪行為在該國領土上發生後果」、「犯人或受害人為該國國民或在該國有永久居所」，對犯罪行為係實行於該締約國領域以內，或係對於該締約國之國民所為者，非航空器登記國之締約國，仍得干涉在飛航中之航空器，以行使其對該航空器上所犯罪行之刑事管轄權。因此，外國民用航空器降落於我國機場後，我國法院對其上發生之犯罪行為所享有的刑事管轄權，無庸置疑。

實例個案一

機長權力的實例

具有日本公務員身分的男子金子治矢，1999年1月5日上午搭乘華航班機從日本東京準備至我國旅遊，在飛機上酒後涉嫌連續對五名日籍空服員性騷擾，副機長制止無效，把他銬在最後一排座椅上，降落中正機場後交給我航警局處理。警方調查後認為金子治矢行為不檢，拒絕他入境，傍晚將他遣送回日本。五名受辱的日籍空服員表示返回日本後將集體提出告訴。警方調查，四十二歲的金子治矢坐在「40G」走道位置，於飛機起飛後向空服員索取飲酒。飛行約一個小時後，他開始在座位上自言自語，聲稱自己付了七萬多元日幣，應該坐在頭等艙，華航卻只讓他坐經濟艙。之後金子治矢再三挑剔空服員服務不佳，五名先後前往

處理的日籍空服員，分別被金子治矢撫摸胸部、臀部等性騷擾，座艙長向機長報告，在駕駛艙執勤的副駕駛據報到客艙處理，警告金子治矢若再有不當行為將銬上手銬限制行動。不料金子治矢仍在座位上咆哮，副機長認為此舉已經威脅到其他乘客及空服員的安全，強制將金子治矢帶到經濟艙最後一排座椅用手銬銬住。金子治矢被銬住後，同一班飛機的其他旅客不滿其行徑，一度企圖對金子治矢動粗，經空服員勸阻才作罷。空服員並一直在旁監控，直到當天中午飛機降落中正機場，才把金子治矢交給航警處理。

資料來源：《聯合報》，第9版，1999.01.06。

 實例個案二

機長權力的實例

2000年12月4日上午9點40分從東京搭乘國泰航空CX509班機直飛香港途中，坐在60排的日籍旅客松本庄一（MATSUMOTO SHOICHI）突然把一杯酒潑灑到鄰座日籍女乘客的背部，引發女乘客抗議。座艙長聞訊到場勸解，不料被推向機艙艙壁，空服員上前攔阻，松本庄一涉嫌亂抓女空服員胸部，空服員通知機長處理。機長與六、七名男乘客合力制服松本庄一，用手銬銬在座艙後方空座位上，松本行動雖受限制，卻仍在座位上唱歌。此時，飛機已經進入我國的飛航情報區，機長緊急申請技術降落中正機場，把松本庄一交給國泰地勤人員處理，同機二百八十九名旅客延誤兩個小時後才抵達目的地。

資料來源：《聯合報》，第8版，記者陳嘉寧／中正機場報導，2000.12.05。

 機長有權銬上鬧事乘客嗎？

1. 除了《東京公約》給予機長「危害機上正常秩序與紀律者，機長基於正當理由下，可對此人採取包括看管在內的必要措施」的權利之外，我國的《民用航空法》第45條：「航空器在飛航中，機長爲負責人，並得爲一切緊急處置。」亦給予執勤中的機長消弭危害航空安全，威脅乘員生命財產所需採取之因時置宜的權利。

2. 副機長必須經由機長授權方能從事上述法規之必要處置。

3. 遣返罪犯回其國籍登記國，在航空票務上可以用「DEPO」（Deportee）處理。（有興趣詳研者可以閱讀IATA票務手冊有關處理被遞解離境者填發機票的程序）

 第二節 Prohibition on Interference with Crewmembers

14 CFR- PART 91.11/121.580- Prohibition on Interference with Crewmembers.

[Doc. No. FAA19984954, 64 FR 1080, Jan. 7, 1999]

§ 91.11 Prohibition on Interference with Crewmembers

No person may assault, threaten, intimidate, or interfere with a crewmember in the performance of the crewmember's duties aboard an aircraft being operated.

§ 121.580 Prohibition on interference with Crewmembers

No person may assault, threaten, intimidate, or interfere with a crewmember in the performance of the crewmember's duties aboard an aircraft being operated under this part.

【引申解析】海峽兩岸對「非法干擾」的規範

一、台灣的法律規範

本條文引申至我國的應用，可見於《民用航空法》第10章第101條規定：「以強暴、脅迫或其他方法危害飛航安全或其設施者，處七年以下有期徒刑、拘役或新台幣二十一萬元以下罰金。因而致航空器或其他設施毀損者，處三年以上十年以下有期徒刑。因而致人於死者，處死刑、無期徒刑或十年以上有期徒刑；致重傷者，處五年以上十二年以下有期徒刑。第一項之未遂犯罰之。」另外，若以本土的國內法論之，尚能以中華民國《刑法》第184條第1項之往來危險罪，區別其既遂、未遂之標準，在於是否致生火車、電車或其他供水、陸、空公眾運輸之舟、車、航空機往來之危險，至於因而致舟車等傾覆或破壞者，則屬同條第2項加重結果犯之問題，殊不得資為判斷同條第1項犯罪既遂未遂之標準。中華民國《刑法》第183條之罪，係指現有人所在之火車、電車或其他供水、陸、空公眾運輸之舟、車、航空機被其傾覆或破壞者，始能構成，誠以此種舟車航空機，均係供公眾運輸之交通工具，苟於現有人所在之際傾覆或破壞之，危害公共安全較大，特設其處罰規定，反之，所傾覆或破壞者，非供公眾運輸之交通工具，除另成立其他罪名外，要與本條所定要件不合。除此之外，本國法令規章對本案的相關罰則包含《社會秩序維護法》第72條規定，「有左列各款行為之一者，處新台幣六千元以下罰鍰：一、於公共場所或公眾得出入之場所，酗酒滋事、謾罵喧鬧，不聽禁止者。二、無正當理由，擅吹警笛或擅發其他警號者。三、製造噪音或深夜喧譁，妨害公眾安寧者。」此外，第83條第3項：「以猥褻之言語、舉動或其他方法，調戲異性者，處新台幣六千元以下罰鍰」。另依據《航空器飛航作業管理規則》第50條：「航空人員、航空器上工作人員及乘客，不得於航空器內吸菸，如有違反，經勸阻而拒不合作者，機長可報請警察機關依菸害防治法處理之。」同規則第197條：「機長於不當干擾行為發生並採取處置行為後，應向《民航局及發》生地之相關主管機關提出報告。」綜觀前述法條得知，對於航行中

乘客必須遵守機長指示及禁止以任何形式的作爲或不作爲干擾組員執勤，經組員以勸阻依然不遵守者，機長得使用戒具將其約束之並依《民用航空法》或其他法源之條例處罰之。

二、中華人民共和國的法律規範

中華人民共和國《民用航空法》第5章第46條規定：「飛行中，對於任何破壞民用航空器、擾亂民用航空器內秩序、危害民用航空器所載人員或者財產安全以及其他危及飛行安全的行爲，在保證安全的前提下，機長有權採取必要的適當措施。」而在第15章第191條對本節所討論之行爲有如下規定：「以暴力、脅迫或者其他方法劫持航空器的，依照關於懲治劫持航空器犯罪分子的決定追究刑事責任。」同法第192條規定：「對飛行中的民用航空器上的人員使用暴力，危及飛行安全，尚未造成嚴重後果的，依照刑法第一百零五條的規定追究刑事責任；造成嚴重後果的，依照第一百零六條的規定追究刑事責任。」對於前述刑法的規定，補充說明如下：「第105條：放火、決水、爆炸或者以其他危險方法破壞工廠、礦場、油田、港口、河流、水源、倉庫、住宅、森林、農場、穀場、牧場、重要管道、公共建築物或其他公私財產、危害公共安全，尚未造成嚴重後果的，處三年以上十年以下有期徒刑。」、「第106條：放火、決水、爆炸、投毒或者以其他危險方法致人重傷、死亡或者使公私財產遭受重大損失的，處十年以上有期徒刑、無期徒刑或者死刑。」另外，全國人民代表大會常務委員會關於懲治劫持航空器犯罪分子，維護旅客和航空器的安全，特作如下決定：「以暴力、脅迫或者其他方法劫持航空器的，處十年以上有期徒刑或者無期徒刑；致人重傷、死亡或者使用航空器遭受嚴重破壞或者情節特別嚴重的，處死刑；情節較輕的，處五年以上十年以下有期徒刑。」

三、小結

對於空中暴力事件的肇因者多因其人格特質、菸癮或受酒精性飲料影響、精神狀態、宗教信仰或政治意識形態等，使得暴力事件於各地區的航空公司均多有所聞，並足以構成飛行安全上之潛在危機。雖然，

事後的法律制裁可收部分嚇阻效果，但有鑑於空中暴力事件發生之地點已不限於機艙中，而發生之次數與頻率愈來愈高，且事件傷害亦日趨嚴重，航空公司對潛伏此種暴力傾向乘客之選擇機會日趨縮小與困難（如持用電子機票者），地勤運務櫃台人員是否須應具備足夠且適當技巧去降低此風險？運務及空勤人員是否有足夠的技巧，能於適當時段將意外予以中止，避免更大傷害事件發生？實務上，目前僅能從航空公司本身加強人員訓練著手，其範圍非僅限於第一線服務接觸人員，而是整個服務鏈。此外，除了各國政府加強安檢過濾外，目前亦有航空公司透過研究學者，針對人類心理學及行為學上進行分析及沙盤推演，期能事先化解。

第三節　Alcohol or Drugs

　　所謂「酒」是指含酒精的飲料，遠古以來人類就發現水果經自然酵母菌的作用可產生甘醇的酒。各種不同的糖類來源皆可作為釀酒的原料，包括果汁、蜂蜜、糖蜜、穀類及根莖類。酒大致可分為釀造酒、蒸餾酒及調味酒。從人類文明史的發展來看，酒與人類似乎具有某種程度的高度關聯。究其原因，酒可能在人類的生活文化及生活習俗裡代表著敬意、謝意、祝福及歉意。在宗教信仰上是祭品；在醫療上是藥劑；在社交上是贈品；在休閒或賞物時是舒情劑，因此酒在獨自一人時會喝，在多人聚會時會喝，但喝多了就容易出事。適量飲酒使人產生欣快感、可放鬆情緒、增加食慾、幫助睡眠。而若短時間攝取過多酒精、肝臟代謝不及對體內造成毒性。當血中酒精濃度大於0.01%時，會影響視覺及反應能力，使交通事故發生機會增加。從醫學角度而言，酒精性飲料中的乙醇會經消化器官直接浸透於血液中麻痺神經，導致失去自身行為控制。然而，在空中服務過程常見的「旅客情緒失控」個案比例最高的就是「酒醉之旅客」（intoxicated person）了（楊政樺；2001）。

　　從陸運的角度而言，常在道路交通事故中因使用酒精或藥物而駕駛汽車失控為主因而導致死傷事故的案例層出不窮。我國對駕駛人使用酒精或藥物的法律限制多被記載在《違反道路交通管理事件統一裁罰基準及處理細則》、《道路交通管理處罰條例》及《道路交通安全規則》。

　　2009年6月26日修訂之《違反道路交通管理事件統一裁罰基準及處理細則》第16條對於警方舉發汽車所有人、駕駛人違反道路交通管理事件中當場暫代保管物件之規定中的第3項「當場暫代保管其駕駛執照」第6款：「汽車駕駛人酒精濃度超過規定標準、吸食毒品、迷幻藥、麻醉藥品及其相類似之管制藥品因而肇事致人重傷或死亡。」然而，所謂酒精濃度的規定標準為何？根據《道路交通安全規則》第114條第2項：汽車駕駛人有下列情形之一者，不得駕車：「飲用酒類或其他類似物後其吐氣所含酒精濃度超過每公升〇‧二五毫克或血液中酒精濃度超過百分之〇‧〇五以上。」而第3項亦規定：「吸食毒品、迷幻藥、麻醉藥品或其相類似管制藥品不得駕車。」

　　最後，若觸犯本法條有何罰則？《道路交通管理處罰條例》第35條規定：「汽車駕駛人，駕駛汽車經測試檢定有下列情形之一者，處新台幣一萬五千元以上六萬元以下罰鍰，並當場移置保管該汽車及吊扣其駕駛執照一年；因而肇事致人受傷者，並吊扣其駕駛執照二年；致人重傷或死亡者，吊銷其駕駛執照，並不得再考領：一、酒精濃度超過規定標準。二、吸食毒品、迷幻藥、麻醉藥品及其相類似之管制藥品。汽車駕駛人駕駛營業大客車有前項應受吊扣情形者，吊銷其駕駛執照。汽車駕駛人經依第一項規定吊扣駕駛執照，並於吊扣期間再有第一項情形者，處新台幣六萬元罰鍰，並當場移置保管該汽車及吊銷其駕駛執照；如肇事致人重傷或死亡者，吊銷其駕駛執照，並不得再考領。汽車駕駛人拒絕接受第一項測試之檢定者，處新台幣六萬元罰鍰，並當場移置保管該汽車及吊銷該駕駛執照；如肇事致人重傷或死亡者，吊銷該駕駛執照，並不得再考領。汽車駕駛人肇事拒絕接受或肇事無法實施第一項測試之檢定者，應由交通勤務警察或依法令執行交通稽查任務人員，將其

強制移由受委託醫療或檢驗機構對其實施血液或其他檢體之採樣及測試檢定。汽車所有人，明知汽車駕駛人有第一項各款情形，而不予禁止駕駛者，依第一項規定之罰鍰處罰，並吊扣該汽車牌照三個月。」該條例第61條並規定，「汽車駕駛人，駕駛汽車有下列情形之一者，吊銷其駕駛執照：一、利用汽車犯罪，經判決有期徒刑以上之刑確定。二、抗拒執行交通勤務之警察或依法令執行交通稽查人員之稽查，因而引起傷害或死亡。三、撞傷正執行交通勤務中之警察。四、違反道路交通安全規則、第三十三條之管制規則，因而肇事致人死亡。汽車駕駛人，駕駛汽車有前項第二款、第三款情形之一者，並處新台幣三萬元以上六萬元以下罰鍰。汽車駕駛人，駕駛汽車違反道路交通安全規則、第三十三條之管制規則，因而肇事致人受傷者，記違規點數三點；致人重傷者，吊扣其駕駛執照三個月至六個月。第一項第一款情形，在判決確定前，得視情形暫扣其駕駛執照，禁止其駕駛。」

　　除此之外，中華人民共和國政府香港特別行政區對酒後駕車的認定標準係根據運輸署於2009年2月9日起生效，取代原1999年10月1日布達之《道路交通條例》的《2008年道路交通法例（修訂）條例》規定，授權警方可在任何時間、毋須合理懷疑下要求汽車駕駛人進行隨機呼氣測試（香港當地俗稱為「吹波波」或「吹大機」），取代修訂前「警方必須在有合理懷疑下才可要求汽車駕駛人接受酒精測試」的規定，且駕駛者的法定酒精限度為：每100毫升血液內含50毫克酒精；或每100毫升呼氣內含22微克酒精；或每100毫升尿液內含67毫克。任何駕駛者如被發現體內酒精含量超過法定限度，將會被起訴。其刑罰為：初犯者停牌三個月或以上，屢犯者可被取消駕駛資格。而加拿大安大略省政府甚至規定自2001年12月23日起，強迫被法院判定酒醉開車的人，在車內裝一種呼吸檢測器，酒精含量超過法定量，車子就不能發動。

　　而從空運的角度來說，酒精性飲料常是客艙服務受歡迎的侍應餐飲。然而，隨著飛行高度與旅行時間的增加，飛航時客艙的艙壓約略等於海平面上5,000至8,000呎高度處的氣壓，少數旅客可能會呈現類似

高山症的缺氧現象（hypoxia）。若是搭乘長程航線，長時間蜷縮雙腿加上吸入重新過濾的乾燥空氣，血液會變得濃稠，更容易產生深層靜脈栓塞現象（deep venous thrombosis），也就是俗稱的「經濟艙症候群」（economy class syndrome）。尤其，密閉客艙內的空氣原本就比較乾燥，容易產生輕度脫水現象，屬於中樞神經抑制劑的酒精性飲料會加速體內快速的脫水，讓人感到疲憊與不適，伴隨飛行時的焦慮、狹隘座艙空間的不適、長時間不運動、低溼度等不利因素，常會造成旅客情緒失控，提升客艙滋擾事件的機會讓空勤組員疲於奔命。除了旅客外，負責飛航任務的前、後艙組員也被要求值勤前不得飲酒。我們可以分成對飛航組員及旅客兩方面來探討。

一、飛航組員限制方面

美國聯邦航空法規FAR 91.17規定任何人喝了含有酒精成分的飲料在八個鐘頭以內，或血液中酒精濃度等於或超過0.04%，禁止駕駛民航飛機。（原文參照FAR 91.17，如下）

14 CFR- CHAPTER I - PART 91.17

[Doc. No. 18334, 54 FR 34292, Aug. 18, 1989, as amended by Amdt. 91-291, June 21, 2006]

Title 14: Aeronautics and Space

§ 91.17 Alcohol or Drugs.

(a)No person may act or attempt to act as a crewmember of a civil aircraft—

　(1)Within 8 hours after the consumption of any alcoholic beverage;

　(2)While under the influence of alcohol;

　(3)While using any drug that affects the person's faculties in any way contrary to safety; or

(4)While having an alcohol concentration of 0.04 or greater in a blood or breath specimen. Alcohol concentration means grams of alcohol per deciliter of blood or grams of alcohol per 210 liters of breath.

(b)Except in an emergency, no pilot of a civil aircraft may allow a person who appears to be intoxicated or who demonstrates by manner or physical indications that the individual is under the influence of drugs (except a medical patient under proper care) to be carried in that aircraft.

(c)A crewmember shall do the following:

(1) On request of a law enforcement officer, submit to a test to indicate the alcohol concentration in the blood or breath, when—

(i)The law enforcement officer is authorized under State or local law to conduct the test or to have the test conducted; and

(ii)The law enforcement officer is requesting submission to the test to investigate a suspected violation of State or local law governing the same or substantially similar conduct prohibited by paragraph(a)(1), (a)(2), or(a)(4) of this section.

(2)Whenever the FAA has a reasonable basis to believe that a person may have violated paragraph(a)(1), (a)(2), or(a)(4) of this section, on request of the FAA, that person must furnish to the FAA the results, or authorize any clinic, hospital, or doctor, or other person to release to the FAA, the results of each test taken within 4 hours after acting or attempting to act as a crewmember that indicates an alcohol concentration in the blood or breath specimen.

(d)Whenever the Administrator has a reasonable basis to believe that a person may have violated paragraph(a)(3)of this section, that person shall, upon request by the Administrator, furnish the Administrator, or

authorize any clinic, hospital, doctor, or other person to release to the Administrator, the results of each test taken within 4 hours after acting or attempting to act as a crewmember that indicates the presence of any drugs in the body.

(e) Any test information obtained by the Administrator under paragraph(c) or(d) of this section may be evaluated in determining a person's qualifications for any airman certificate or possible violations of this chapter and may be used as evidence in any legal proceeding under section 602, 609, or 901 of the Federal Aviation Act of 1958.

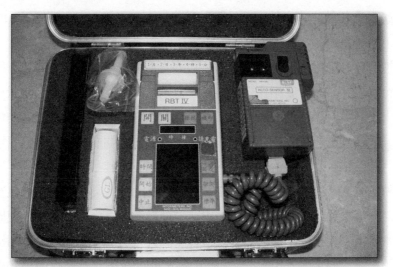

圖11-2　航空公司飛安部門與警方臨檢均使用同一款酒精測試器

資料來源：楊政樺攝。

【引申解析】

　　我國的《航空器飛航作業管理規則》第199條規定：「航空器使用人應訂定相關之麻醉藥物及酒精測試規定，並執行抽檢飛航組員、客艙組員、簽派員及維護人員等相關飛航作業人員，檢測紀錄應存檔備查。

民航局得以定期或不定期方式對前項飛航作業人員實施麻醉藥物及酒精檢測。麻醉藥物及酒精檢測檢查標準如下：一、麻醉藥物檢測：尿液樣本反應呈陰性；二、酒精濃度檢測：血液中酒精濃度不得超過百分之零點零四或吐氣中酒精濃度不得超過每公升零點二毫克。第一項或第二項檢測不合格者，不得從事相關飛航作業，拒絕檢測者，亦同。」

以酒精濃度檢測來說，目前航空公司在衛生及時效考量下，多以吹嘴式微電腦酒精測試吹管從事抽測，而抽測記錄依民航局規定，至少應保存十二個月以備查驗。根據民航局的規定，飛航組員酒精含量呼吸檢測（E.B.T.）超過0.2毫克／公升者，不得擔任當日飛行任務，且根據民航局標準組對航空公司的函令規定，酒精測試紀錄至少應保存十二個月以為備查，飛航組員每年抽測比例為30%之底限，各類人員每年檢測比例底限為各單位總人數：飛航駕駛員30%、空服員10%、簽派員10%、線上維修員10%。是故，雖然美國聯邦航空法規定相關飛航人員飲用酒精性飲料八小時內不得執勤，目前我國若干航空公司在安全考量下從嚴執行，規定公司所屬相關飛航人員（含飛航駕駛員、空服員、簽派員、線上維修員）於任務報到前若干小時以內不得飲酒。目前有業者是規定十二小時，更有業者採二十四小時的高標準，相關規定並納入其組員生活行動須知。此外，對於相關飛航人員有關查核其是否服用毒品，民航局特於1999年7月15日訂定《航空人員尿液採驗作業要點》針對航空人員之尿液檢驗，檢驗以嗎啡類、安非他命類、大麻、古柯鹼及天使塵為基本項目，實施受僱檢驗、懷疑檢驗、意外檢驗、不定期檢驗或隨機檢驗等方式（該要點第4條）。民航局每年應於航空人員進行體格檢查時實施隨機檢驗，其抽檢率每年應達各受檢單位總受檢人數百分之二十五以上。但受檢單位如連續兩年之陽性檢出率均低於百分之一時，該單位抽檢率得降低至百分之十（該要點第5條）。尿液檢驗報告呈陽性者，受檢人應接受進一步之醫學評估。如確有藥物成癮或依藥情事者，民航局得依民航法第二十六條之規定予以限制、暫停或終止其執業（該要點第14條）。

除此之外，中共《民用航空法》第77條亦有類似規定：「民用航空器機組人員受到酒類飲料、麻醉劑或者其他藥物的影響，損及工作能力的，不得執行飛行任務。」此外，若航空器失事時，依據《航空器失事及重大意外事件調查處理規則》第15條，任何國籍之航空器失事或重大意外事件發生於國境內者，或本國籍航空器之失事或重大意外事件發生於公海或不屬於任一國家之領域者，航空器所有人、使用人、民航局及其他相關機關應提供飛安會一切相關之資料，協助各項調查作業。飛安會專案調查小組得有權協調該管檢察機關檢測航空人員之麻醉藥品及酒精濃度、視需要從事驗屍以及研判所有相關之報告，以還原失事原因是否與麻醉藥品或酒精有關，以釐清責任歸屬。

案例研究一

酒醉旅客客艙失控之空中暴力

遵照美國聯邦航空法規第91.17條文的內容，喝了任何含有酒精成分的飲料之八小時內，或血液中酒精濃度等於或超過0.04%，禁止駕駛民航飛機。

某件發生在1990年因違反規定而被懲罰的事例，曾經被聯邦民航總署大肆宣傳，以昭炯戒。當時，某家主要空中運輸公司將三名波音727的飛行組員的執照註銷和解僱，理由是他們在酒吧喝酒後不到七小時即擔任飛行。按該公司立法甚嚴，要求其飛行員喝酒後必須經過十二小時始准放飛。這三名飛行員在安然抵達目的地後，即在機場被拘留，酒精檢查的結果顯示每人皆超過0.04%的安全限制，其中機長的血中酒精濃度竟高達0.13%，足以符合在各州的違規駕車的標準。經聯邦法院起訴，判決的結果為機長須服刑十六個月，副駕駛和飛航工程師亦難逃一年的牢獄

之災。由於酒精攝入後，將會在宿醉的作用下，持續減少飛行的技巧，故有些研究人員爭議從酒瓶到油門必須歷時八個小時的規定，或血中酒精濃度0.04%的限制，並不夠嚴格。有一項實驗似乎確認了此一主張，聲稱酒精的殘餘作用在血中酒精變為0時，仍然持續不去。

資料來源：《飛行安全》，第17期，中華民國飛安基金會。

　　而對於我國國籍航空公司對其職工的酒精檢測作業程序為何？茲於後爰舉某航空公司之實例說明。

 案例研究二

國籍航空公司對其職工的酒精檢測作業程序

　　為了確保飛行安全，防患未然，避免相關飛航人員於任務前飲酒影響飛安，依據民航相關法規訂定公司內部飛航人員酒精檢測作業規定，期能達到預防及警惕效果。

　　有關航空公司對其職工的酒精檢測類別，可分為主基地不定期抽檢、外站不定期抽檢及節慶假日或特殊關鍵時刻抽檢，分述如下：

1.主基地（台北松山機場）不定期抽檢：
　　(1)飛航駕駛員執行任務報到時，由航務部門總機師室飛安官（含）以上主管實施單位自測抽檢。
　　(2)空服員執行任務報到時，由空服部門空服督導（含）以上主管實施單位自測抽檢。
　　(3)簽派員於執行任務時，由航務部門飛安官或督導（含）以上主管實施單位自測抽檢。

(4)線上維修員執行任務時，由機務部門修護長（含）以上主管實施單位自測抽檢。

(5)飛安部門不定期對上述人員實施抽檢，並對各單位自檢紀錄實施抽查。

2.外站不定期抽檢：外站飛航作業相關人員及駐防空勤組員，由飛安部門不定期攜酒精測試器至各外站執行抽檢。

3.節慶假日或特殊關鍵時刻，由各單位或飛安部加強實施不定點抽檢。

依國內某航空公司對發現違規的處理方式如下：(1)如抽檢數值為0.019%BAC（含）以下，除登錄資料參考外，並由各相關單位主管口頭告誡；(2)針對主基地各類受測人員及各外站簽派員與線上維修員，如抽檢數值為0.02%至0.039%BAC，違規人員依員工手冊工作規則大過處理，空勤組員並立即取消當日所有任務；如抽檢數值為0.04%BAC（含）以上，違規人員依員工手冊工作規則解僱處理。至於若外站駐防空勤組員有違規時，如抽檢數值超過0.02%BAC（含），除立即取消當日任務（組員或班次調整由派遣單位負責），並予解僱。如經民航局抽檢單位舉發超過標準者，除民航局處分外，並予解僱處理。此外，各類受測人員如經舉發於任務報到前十二小時內飲酒，經查證屬實者，均依員工手冊工作規則記過處理。如其檢測酒精濃度超過0.02%BAC，則予以解僱。

另外，有時飛航組員執勤前服用有酒精成分的成藥亦有法律上的限制及實際的處罰。我國民航局曾於1998年3月21日以副本行文給我國各國籍航空公司（正本收文單位為長榮航空公司），主旨是「長榮航空駕駛員XXX酒精測試超過法定標準案本局量罰結果復如說明，請查照」，整理詳如**案例研究三**。

長榮航空駕駛員XXX酒精測試超過法定標準案

正本：長榮航空公司

副本：各國籍航空公司、本局飛航標準組

主旨：長榮航空駕駛員XXX酒精測試超過法定標準案本局量罰結
　　果復如說明，請查照

說明：

一、長榮航空駕駛員XXX於民國87年1月11日上午5時50分由本局
　　台北航空站執行酒精測試結果超過法定標準，本局依民用航
　　空法第86條第1款（引用事件發生時之民用航空法）處當事人
　　罰鍰壹萬元（合新台幣參萬元）。

二、本案經檢討及調查疑為當事人於執行飛行任務前食用感冒糖
　　漿因含酒精成分導致抽測酒精濃度超過法定標準嚴重影響飛
　　安，為杜絕類似情事再次發生，請各國籍航空公司加強掌握
　　飛航組員的身心狀況，並宣導飛航組員建立正確飛安觀念，
　　於執行飛行任務前不得亂服成藥及身體若有不適情況不得勉
　　強執行飛行任務。

局長　蔡堆
依分層負責規定授權單位主管決行

二、旅客限制方面

　　雖然根據IATA在 "Limitations" 的 "Dangerous Goods Carried by
Passengers or Crew" 2.3.1.1有規範 "Alcoholic beverages, not exceeding

70% alcohol by volume, carried by passengers or crew as carry-on or checked baggage when packed in receptacles of less than 5 L." 本法條僅在旅客所攜帶的客艙手提行李——酒精性飲料中對酒精濃度及攜帶數量的限制上做了規範卻沒有同意旅客可以在飛行中飲用它們（除非經由載運的航空公司同意，相關規定詳見於FAR 135.121 "Alcoholic Beverages"）。然而，除了基於公共安全對航空公司飛航組員所從事的飲酒限制外，較讓航空公司頭痛的仍是某些酒醉旅客在機上的空中暴力事件。對於此類事件，雖事後法律制裁可收部分嚇阻效果，但有鑑於這些暴力事件發生之地點已不限於座艙中，而發生之次數與頻率愈來愈高，且事件傷害亦日趨嚴重，因此釜底抽薪的做法是在報到劃位時就婉拒這些有潛在危險性的酒醉客人登機，以維公共安全。此外，對於時有所聞之旅客搭機時的干擾飛航或擾人事件，日本國土交通省為防止飛航旅客在機上做出擾人的不當行為，而提出之航空法修正案已於2003年7月11日經該國國會表決通過，從2004年1月起施行。此項修正案頒布後，若旅客在飛機做出擾人的不當行為，經空服員勸阻無效者，機長則可對他發出命令狀，若旅客

案例研究四

酒醉旅客客艙失控之空中暴力（2000/02/18）

2000年2月17日，香港某鄭姓歌手於美國時間16日晚間從洛杉磯搭乘長榮005次班機返台，因為喝酒抽菸、騷擾隔鄰乘客羅勃‧派曼特（Robert Pimentel），經空服員制止無效後，經趙姓副機長前來處理，因鄭某有暴力動作，拉扯之間，鄭某被手電筒擊中，造成左頭部受傷流血，飛機因而改降安克拉治，鄭某被留滯美國接受控告，飛機於2000年2月18日上午9時17分返回中正機場。

仍無視於機長的命令，則待飛機飛抵目的地時，機長可以用無線電和地面的警方連繫，飛機一降落這位擾人旅客便將交由警察單位來處置，將可處以五十萬日圓以下的罰款。被列為妨礙飛航安全行為的主要包括：在機上廁所吸菸、任意操作機門、對空服人員施以暴力或性騷擾、使用行動電話等電子類機器、飛機起降時不繫安全帶或不調直椅背、手提行李不依規定收好或任意放置走道、任意移動機上的救生衣等安全設備、醉酒鬧事等。

除此之外，《美國聯邦航空法》有關客艙酒精性飲料提供注意事項的相關條文還包含精神病患的載運、囚犯押解等，分述如下：

(一)運送精神病患（**Mental Patients**）

有關精神病患的載運規定於 "Advisory Circulars AC 120-34: Air Transportation of Mental Patients" 重要注意事項包含：

1. PURPOSE. There are no regulatory provisions which explicitly regulate the carriage of mental patients in air transportation. This advisory circular is intended to provide guidelines to organizations and persons responsible for transportation of mental patients and outlines the responsibilities of those escorting such persons.

2. BACKGROUND. A recent incident of assault aboard an air carrier aircraft by a person under treatment for mental illness and being transported with two escorts, emphasizes the hazard involved in the transportation by air of mental patients. In this case, the patient was allowed to enter the restroom unescorted where he assaulted a young boy who was still inside.

3. PROCEDURES AND GUIDELINES. To achieve standardization of procedures associated with the air transportation of mental patients and reduce the probabilities of their becoming a threat to the safety of the

flying public, aircraft or crew, the following procedures and guidelines are recommended for use by air carriers and institutions engaged in transfer of escorted mental patients.

a.Mental patients, for whom a competent medical authority has determined the need of an escort, should not be carried unless the following conditions are met:

(1)The air carrier should be furnished the following information at least 24 hours before planned departure unless a different notification requirement is specified by the air carrier. (In an emergency, the air carrier should be notified as soon as practical.)

(a)The identity of the escorted person and the flight on which he will be carried.

(b)Assurance by competent medical authority that a mental patient accompanied by an escort can be transported safely.

(2)The escort has assured the air carrier that:

(a)The escorted person does not have on or about his person or property an article that could be used as a deadly or dangerous weapon during flight. This includes matches and cigarette lighters.

(b)The escorted person will not be permitted to smoke unless that person is under close surveillance while smoking. Particular precautions against smoking will be taken if the mental patient is left unattended in the lavatory.

(c)The escort is equipped with adequate restraining devices to be used in the event that restraint is necessary.

b.The escorted person and escort (as far as practicable) should be:

(1)Boarded before all other passengers and deplaned after all other

passengers have left the aircraft; and

(2)Seated in the rearmost passenger seats that are not located next to or directly across from any aircraft exit.

c.At least one escort should:

(1)Request the ticket or gate agent to advise the captain and senior flight attendant that an escorted mental patient is being transported.

(2)Sit between the escorted person and any aisle (however, no passenger should sit between the escorted person and the window);

(3)At all times accompany the escorted person and keep him/her under surveillance; and

(4)Make a personal inspection of the restroom (lavatory) prior to its being used by the patient and determine from the cabin attendant the best means to unlock the lavatory door from the outside.

d.The air carrier should not serve food or beverages, or provide metal eating utensils, to an escorted person unless authorized by the escort.

e.The air carrier should not serve alcoholic beverages to an escort, or the person being escorted.

f.Persons escorting mental patients are urged to follow the additional procedures below:

(1)Arrive at the airport with the patient in sufficient time before flight departure to assure a smooth process of ticketing, security check and early boarding.

(2)In the event of an interline connection, make certain that the connecting airline is advised in ample time to implement necessary special procedures.

(3)Escorts carrying any article that may trigger the security metal detector or require a search of carry-on baggage should request assistance from security/airline personnel in clearing the passenger screening point.

(4)Escorts should possess ID credentials with full face picture, signature and official seal of the employing agency or authorizing official's signature.

(5)Brief cabin crewmembers regarding the handling of a patient in the event of an occurrence that might affect safety of the occupants.

g.Operators are urged to incorporate in their manuals specific procedures to be followed when transporting mental patients and should book them on low passenger density flights when practical.

(二)囚犯押解

有關《美國聯邦航空法》內與客艙酒精性飲料提供注意事項的另外一個常見的運送對象就是「囚犯押解」。若於服勤班機上有囚犯押解的案例時，應注意依據《美國聯邦航空法》FAR 121.575及FAR 108.11規定，在機上不可對囚犯及執法人員供應酒類飲料，供應膳食侍應品時也必須先請示押解的憲警是否可提供給被押者，即便是獲得憲警同意，亦應避免提供有刀叉的餐具給被押者，以維飛安。

14 CFR- CHAPTER I- PART 121
THIS DATA CURRENT AS OF THE FEDERAL REGISTER DATED
AUGUST 7, 2003
§ 121.575 Alcoholic Beverages.
(a)No person may drink any alcoholic beverage aboard an aircraft unless

the certificate holder operating the aircraft has served that beverage to him.

(b)No certificate holder may serve any alcoholic beverage to any person aboard any of its aircraft who—

(1)Appears to be intoxicated;

(2)Is escorting a person or being escorted in accordance with 49 CFR 1544.221; or

(3)Has a deadly or dangerous weapon accessible to him while aboard the aircraft in accordance with 49 CFR 1544.219, 1544.221, or 1544.223.

(c)No certificate holder may allow any person to board any of its aircraft if that person appears to be intoxicated.

(d)Each certificate holder shall, within five days after the incident, report to the Administrator the refusal of any person to comply with paragraph(a) of this section, or of any disturbance caused by a person who appears to be intoxicated aboard any of its aircraft.

[Doc. No. 6258, 29 FR 19219, Dec. 31, 1964, as amended by Amdt. 121-118, 40 FR 17552, Apr. 21, 1975; Amdt. 121-178, 47 FR 13316, Mar. 29, 1982; Amdt. 121-275, 67 FR 31932, May 10, 2002]

14 CFR 108.11 Carriage Of Weapons
§ 108.11 Carriage of Weapons

(a)No certificate holder required to conduct screening under a security program may permit any person to have, nor may any person have, on or about his or her person or property, a deadly or dangerous weapon, either concealed or unconcealed, accessible to him or her while aboard an airplane for which screening is required unless:

(1) The person having the weapon is—

    (i)An official or employee of the United States, or a State or political subdivision of a State, or of a municipality who is authorized by his or her agency to have the weapon; or

    (ii)Authorized to have the weapon by the certificate holder and the Administrator and has successfully completed a course of training in the use of firearms acceptable to the Administrator.

(2)The person having the weapon needs to have the weapon accessible in connection with the performance of his or her duty from the time he or she would otherwise check it in accordance with paragraph(d) of this section until the time it would be returned after deplaning.

(3)The certificate holder is notified—

    (i)Of the flight on which the armed person intends to have the weapon accessible to him or her at least 1 hour, or in an emergency as soon as practicable, before departure; and

    (ii)When the armed person is other than an employee or official of the United States, that there is a need for the weapon to be accessible to the armed person in connection with the performance of that person's duty from the time he or she would otherwise check it in accordance with paragraph(d) of this section until the time it would be returned to him or her after deplaning.

(4)The armed person identifies himself or herself to the certificate holder by presenting credentials that include his or her clear, full-face picture, his or her signature, and the signature of the authorizing official of his or her service or the official seal of his or her service. A badge, shield, or similar may not be used as the sole means of identification.

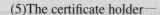

民航法規

(5)The certificate holder—

(i)Ensures that the armed person is familiar with its procedures for carrying a deadly or dangerous weapon aboard its airplane before the time the person boards the airplane;

(ii)Ensures that the identity of the armed person is known to each law enforcement officer and each employee of the certificate holder responsible for security during the boarding of the airplane; and

(iii)Notifies the pilot in command, other appropriate crewmembers, and any other person authorized to have a weapon accessible to him or her aboard the airplane of the location of each authorized armed person aboard the airplane.

(b)No person may, while on board an airplane operated by a certificate holder for which screening is not conducted, carry on or about that person a deadly or dangerous weapon, either concealed or unconcealed. This paragraph does not apply to—

(1)Officials or employees of a municipality or a State, or of the United States, who are authorized to carry arms; or

(2)Crewmembers and other persons authorized by the certificate holder to carry arms.

(c)No certificate holder may knowingly permit any person to transport, nor may any person transport or tender for transport, any explosive, incendiary or a loaded firearm in checked baggage aboard an airplane. For the purpose of this section, a loaded firearm means a firearm which has a live round of ammunition, cartridge, detonator, or powder in the chamber or in a clip, magazine, or cylinder inserted in it.

(d)No certificate holder may knowingly permit any person to transport,

nor may any person transport or tender for transport, any unloaded firearm in checked baggage aboard an airplane unless—

(1)The passenger declares to the certificate holder, either orally or in writing before checking the baggage, that any firearm carried in the baggage is unloaded;

(2)The firearm is carried in a container the certificate holder considers appropriate for air transportation;

(3)When the firearm is other than a shotgun, rifle, or other firearm normally fired from the shoulder position, the baggage in which it is carried is locked, and only the passenger checking the baggage retains the key or combination; and

(4)The baggage containing the firearm is carried in an area, other than the flightcrew compartment, that is inaccessible to passengers.

(e)No certificate holder may serve any alcoholic beverage to a person having a deadly or dangerous weapon accessible to him or her nor may such person drink any alcoholic beverage while aboard an airplane operated by the certificate holder.

(f)Paragraphs(a), (b), and (d) of this section do not apply to the carriage of firearms aboard air carrier flights conducted for the military forces of the Government of the United States when the total cabin load of the airplane is under exclusive use by those military forces if the following conditions are met:

(1)No firearm is loaded and all bolts to such firearms are locked in the open position; and

(2)The certificate holder is notified by the unit commander or officer in charge of the flight before boarding that weapons will be carried aboard the aircraft.

[Doc. No. 108, 46 FR 3786, Jan. 15, 1981, as amended by Amdt. 108-4, 51 FR 1352, Jan. 10, 1986]

第四節　Portable Electronic Devices

4 CFR- CHAPTER I- PART 91

Effective Date Note: At 54 FR 34291, August 18, 1989, Sec. 91.21 was revised effective August 18, 1990, as set out above.

§ 91.21 Portable Electronic Devices

(a)Except as provided in paragraph(b) of this section, no person may operate, nor may any operator or pilot in command of an aircraft allow the operation of, any portable electronic device on any of the following U.S.-registered civil aircraft:

　(1)Aircraft operated by a holder of an air carrier operating certificate or an operating certificate; or

　(2) Any other aircraft while it is operated under IFR.

(b)Paragraph(a) of this section does not apply to

　(1)Portable voice recorders;

　(2)Hearing aids;

　(3)Heart pacemakers;

　(4)Electric shavers; or

　(5)Any other portable electronic device that the operator of the aircraft has determined will not cause interference with the navigation or communication system of the aircraft on which it is to be used.

(c)In the case of an aircraft operated by a holder of an air carrier operating certificate or an operating certificate, the determination required by

paragraph(b)(5)of this section shall be made by that operator of the aircraft on which the particular device is to be used. In the case of other aircraft, the determination may be made by the pilot in command or other operator of the aircraft.

【引申解析】何謂「VFR」與「IFR」？

「目視飛行規則」（Visual Flight Rules; VFR）與「儀器飛行規則」（Instrument Flight Rules; IFR）均是用以指導航空器駕駛員飛行操縱與程序之飛行規則。前者是航空器駕駛員在「目視氣象狀態」（Visual Meteorological Condition; VMC）許可的前提下，依據「看見並避讓」（See and Avoid）原則，與其他航空器保持安全隔離之飛行操縱規則。後者則是在目視氣象狀態（VMC）不良下，需要使用「儀表飛行狀態」（Instrument Meteorological Condition; IMC）並取得航管許可（clearance）所從事的飛行規則，其原則大致包含：(1)起飛前須填具飛航計畫書，並獲得航管許可；(2)在航路上需接受航管指示，定時報告航空器之位置、高度及通過時間以保持各在空機之安全間距（垂直及水平）；(3)無論對飛航計畫書或目前航管指示有任何變更的需求，均應獲得航空管制單位的核准。

第五節　Carriage of Cargo in Passenger Cargo Compartments

14 CFR- CHAPTER I- PART 121
THIS DATA CURRENT AS OF THE FEDERAL REGISTER DATED
AUGUST 7, 2003
§ 121.285 Carriage of Cargo in Passenger Compartments.

(a)Except as provided in paragraph(b), (c), or(d) or this section, no certificate holder may carry cargo in the passenger compartment of an airplane.

(b)Cargo may be carried anywhere in the passenger compartment if it is carried in an approved cargo bin that meets the following requirements:

(1)The bin must withstand the load factors and emergency landing conditions applicable to the passenger seats of the airplane in which the bin is installed, multiplied by a factor of 1.15, using the combined weight of the bin and the maximum weight of cargo that may be carried in the bin.

(2)The maximum weight of cargo that the bin is approved to carry and any instructions necessary to insure proper weight distribution within the bin must be conspicuously marked on the bin.

(3)The bin may not impose any load on the floor or other structure of the airplane that exceeds the load limitations of that structure.

(4)The bin must be attached to the seat tracks or to the floor structure of the airplane, and its attachment must withstand the load factors and emergency landing conditions applicable to the passenger seats of the airplane in which the bin is installed, multiplied by either the factor 1.15 or the seat attachment factor specified for the airplane, whichever is greater, using the combined weight of the bin and the maximum weight of cargo that may be carried in the bin.

(5)The bin may not be installed in a position that restricts access to or use of any required emergency exit, or of the aisle in the passenger compartment.

(6)The bin must be fully enclosed and made of material that is at least flame resistant.

(7)Suitable safeguards must be provided within the bin to prevent the cargo from shifting under emergency landing conditions.

(8)The bin may not be installed in a position that obscures any passenger's view of the "seat belt" sign "no smoking" sign, or any required exit sign, unless an auxiliary sign or other approved means for proper notification of the passenger is provided.

(c)Cargo may be carried aft of a bulkhead or divider in any passenger compartment provided the cargo is restrained to the load factors in § 25.561(b)(3)and is loaded as follows:

(1)It is properly secured by a safety belt or other tie down having enough strength to eliminate the possibility of shifting under all normally anticipated flight and ground conditions.

(2)It is packaged or covered in a manner to avoid possible injury to passengers and passenger compartment occupants.

(3)It does not impose any load on seats or the floor structure that exceeds the load limitation for those components.

(4)Its location does not restrict access to or use of any required emergency or regular exit, or of the aisle in the passenger compartment.

(5)Its location does not obscure any passenger's view of the "seat belt" sign, "no smoking" sign, or required exit sign, unless an auxiliary sign or other approved means for proper notification of the passenger is provided.

(d)Cargo, including carry-on baggage, may be carried anywhere in the passenger compartment of a nontransport category airplane type certificated after December 31, 1964, if it is carried in an approved cargo rack, bin, or compartment installed in or on the airplane, if it is

secured by an approved means, or if it is carried in accordance with each of the following:

(1)For cargo, it is properly secured by a safety belt or other tie-down having enough strength to eliminate the possibility of shifting under all normally anticipated flight and ground conditions, or for carry-on baggage, it is restrained so as to prevent its movement during air turbulence.

(2)It is packaged or covered to avoid possible injury to occupants.

(3)It does not impose any load on seats or in the floor structure that exceeds the load limitation for those components.

(4)It is not located in a position that obstructs the access to, or use of, any required emergency or regular exit, or the use of the aisle between the crew and the passenger compartment, or is located in a position that obscures any passenger's view of the "seat belt" sign, "no smoking" sign or placard, or any required exit sign, unless an auxiliary sign or other approved means for proper notification of the passengers is provided.

(5)It is not carried directly above seated occupants.

(6)It is stowed in compliance with this section for takeoff and landing.

(7)For cargo-only operations, paragraph(d)(4)of this section does not apply if the cargo is loaded so that at least one emergency or regular exit is available to provide all occupants of the airplane a means of unobstructed exit from the airplane if an emergency occurs.

[Doc. No. 6258, 29 FR 19202, Dec. 31, 1964, as amended by Amdt. 121-179, 47 FR 33390, Aug. 2, 1982; Amdt. 121-251, 60 FR 65928, Dec. 20, 1995]

 第六節　Seats and Safety Belts

14 CFR- CHAPTER I- PART 121.311

Seats, Safety Belts, and Shoulder Harnesses.

§ 121.311 Seats, Safety Belts, and Shoulder Harnesses.

(a)No person may operate an airplane unless there are available during the takeoff, en route flight, and landing --

    (1)An approved seat or berth for each person on board the airplane who has reached his second birthday; and

    (2)An approved safety belt for separate use by each person on board the airplane who has reached his second birthday, except that two persons occupying a berth may share one approved safety belt and two persons occupying a multiple lounge or divan seat may share one approved safety belt during en route flight only.

(b)Except as provided in this paragraph, each person on board an airplane operated under this part shall occupy an approved seat or berth with a separate safety belt properly secured about him or her during movement on the surface, takeoff, and landing. A safety belt provided for the occupant of a seat may not be used by more than one person who has reached his or her second birthday. Notwithstanding the preceding requirements, a child may:

    (1)Be held by an adult who is occupying an approved seat or berth, provided the child has not reached his or her second birthday and the child does not occupy or use any restraining device; or

    (2)Notwithstanding any other requirement of this chapter, occupy an approved child restraint system furnished by the certificate holder

or one of the persons described in paragraph(b)(2)(i) of this section, provided:

(i)The child is accompanied by a parent, guardian, or attendant designated by the child's parent or guardian to attend to the safety of the child during the flight;

(ii)Except as provided in paragraph(b)(2)(ii)(D) of this section, the approved child restraint system bears one or more labels as follows:

(A)Seats manufactured to U.S. standards between January 1, 1981, and February 25, 1985, must bear the label: "This child restraint system conforms to all applicable Federal motor vehicle safety standards."

(B)Seats manufactured to U.S. standards on or after February 26, 1985, must bear two labels:

(1) "This child restraint system conforms to all applicable Federal motor vehicle safety standards" ; and

(2) "THIS RESTRAINT IS CERTIFIED FOR USE IN MOTOR VEHICLES AND AIRCRAFT" in red lettering;

(C)Seats that do not qualify under paragraphs(b)(2)(ii)(A) and (b)(2)(ii)(B) of this section must bear either a label showing approval of a foreign government or a label showing that the seat was manufactured under the standards of the United Nations;

(D)Notwithstanding any other provisions of this section, booster-type child restraint systems (as defined in Federal Motor Vehicle Standard No. 213 (49 CFR 571.213)), vest- and harness-type child restraint systems, and lap held child

restraints are not approved for use in aircraft; and

(iii)The certificate holder complies with the following requirements:

  (A)The restraint system must be properly secured to an approved forward-facing seat or berth;

  (B)The child must be properly secured in the restraint system and must not exceed the specified weight limit for the restraint system; and

  (C)The restraint system must bear the appropriate label (s).

(c)Except as provided in paragraph(c)(3) of this section, the following prohibitions apply to certificate holders:

(1)No certificate holder may permit a child, in an aircraft, to occupy a booster-type child restraint system, a vest-type child restraint system, a harness-type child restraint system, or a lap held child restraint system during take off, landing, and movement on the surface.

(2)Except as required in paragraph(c)(1) of this section, no certificate holder may prohibit a child, if requested by the child's parent, guardian, or designated attendant, from occupying a child restraint system furnished by the child's parent, guardian, or designated attendant provided --

(i)The child holds a ticket for an approved seat or berth or such seat or berth is otherwise made available by the certificate holder for the child's use;

(ii)The requirements of paragraph(b)(2)(i) of this section are met;

(iii)The requirements of paragraph(b)(2)(iii) of this section are met; and

(iv)The child restraint system has one or more of the labels described

in paragraphs(b)(2)(ii)(A) through(b)(2)(ii)(C) of this section.

(3)This section does not prohibit the certificate holder from providing child restraint systems authorized by this section or, consistent with safe operating practices, determining the most appropriate passenger seat location for the child restraint system.

(d)Each sideward facing seat must comply with the applicable requirements of § 25.785(c) of this chapter.

(e)Except as provided in paragraphs(e)(1) through (e)(3) of this section, no certificate holder may take off or land an airplane unless each passenger seat back is in the upright position. Each passenger shall comply with instructions given by a crewmember in compliance with this paragraph.

(1)This paragraph does not apply to seat backs placed in other than the upright position in compliance with § 121.310 (f)(3).

(2)This paragraph does not apply to seats on which cargo or persons who are unable to sit erect for a medical reason are carried in accordance with procedures in the certificate holder's manual if the seat back does not obstruct any passenger's access to the aisle or to any emergency exit.

(3)On airplanes with no flight attendant, the certificate holder may take off or land as long as the flight crew instructs each passenger to place his or her seat back in the upright position for takeoff and landing.

(f)No person may operate a transport category airplane that was type certificated after January 1, 1958, or a nontransport category airplane manufactured after March 20, 1997, unless it is equipped at each flight deck station with a combined safety belt and shoulder harness

that meets the applicable requirements specified in § 25.785 of this chapter, effective March 6, 1980, except that --

(1)Shoulder harnesses and combined safety belt and shoulder harnesses that were approved and installed before March 6, 1980, may continue to be used; and

(2)Safety belt and shoulder harness restraint systems may be designed to the inertia load factors established under the certification basis of the airplane.

(g)Each flight attendant must have a seat for takeoff and landing in the passenger compartment that meets the requirements of § 25.785 of this chapter, effective March 6, 1980, except that --

(1)Combined safety belt and shoulder harnesses that were approved and installed before March, 6, 1980, may continue to be used; and

(2)Safety belt and shoulder harness restraint systems may be designed to the inertia load factors established under the certification basis of the airplane.

(3)The requirements of § 25.785(h) do not apply to passenger seats occupied by flight attendants not required by § 121.391.

(h)Each occupant of a seat equipped with a shoulder harness or with a combined safety belt and shoulder harness must have the shoulder harness or combined safety belt and shoulder harness properly secured about that occupant during takeoff and landing, except that a shoulder harness that is not combined with a safety belt may be unfastened if the occupant cannot perform the required duties with the shoulder harness fastened.

(i)At each unoccupied seat, the safety belt and shoulder harness, if installed, must be secured so as not to interfere with crewmembers in

the performance of their duties or with the rapid egress of occupants in an emergency.

[Doc No. 7522, 32 FR 13267, Sept. 20, 1967; as amended by Amdt. 121-41, 33 FR 9067, June 20, 1968; Amdt. 121-75, 36 FR 12512, July 1, 1971; Amdt. 121-133, 42 FR 18394, Apr. 7, 1977; Amdt. 121-155, 45 FR 7756, Feb. 4, 1980; Amdt. 121-170, 46 FR 15482, Mar. 5, 1981; Amdt. 121-177, 47 FR 10516, Mar. 11, 1982; Amdt. 121-230, 57 FR 42673, Sept. 15, 1992; Amdt. 121-251, 60 FR 65930, Dec. 20, 1995; Amdt. 121-255, 61 FR 28421, June 4, 1996]

圖11-3　剛剛至國外購回卸櫃的波音757-200客艙座椅

資料來源：遠東航空公司提供。

圖11-4　復興航空公司A320客機經濟艙座椅配置
資料來源：國立高雄餐旅學院航空管理系林慶杰同學攝。

圖11-5　中華航空公司A300-600R客機經濟艙座椅配置
資料來源：國立高雄餐旅學院航空管理系林慶杰同學攝。

【引申解析】

我國《航空器飛航作業管理規則》（2008年12月11日修正）第101條規定：「年滿二歲以上乘客搭乘航空器時，航空器使用人應為其配備具安全帶之座椅或臥舖，供其於航空器起飛、降落及飛航中使用。使用兒童安全座椅時，該座椅應經民航局或其他國家之民航主管機關核准。」除此之外，所有航空器應裝置前向或後向（在航空器縱軸15度以內）之空服員座椅，所有安全帶並符合緊急逃生之要求。而在考慮客艙失壓時氧氣設備的提供數量，依據同法第123條：「航空器飛航時，其艙壓高度高於一萬呎者，應備有氧氣及其配送設備。航空器飛航高度高於一萬呎者，應備有維持艙壓高度低於一萬呎之裝置或符合第七十七條規定供應氧氣。加壓航空器，其飛航高度高於二萬五千呎者，應備有警告飛航組員失壓情況之裝置。中華民國八十七年十一月九日或以後首次適航之航空器，其飛航高度高於二萬五千呎以上或二萬五千呎以下飛航，無法於四分鐘內安全下降至一萬三千呎者，應備有自動氧氣配送設備，並符合第七十七條規定供應氧氣。該配送設備之單元數目應超過乘客及客艙組員座椅總數百分之十以上。」

而有關航空器客艙內應有明確指示乘客相關訊息的標識方法，在《航空器飛航作業管理規則》第45條規定：「航空器使用人應於航空器起飛前確使所有乘客知悉下列事項：一、禁菸告知。二、電子用品使用限制之告知。三、座椅安全帶繫緊及鬆開之說明。四、緊急出口位置。五、救生背心位置及使用方法。六、氧氣面罩位置及使用方法。七、供乘客個別及共同使用之其他緊急裝備。對可能需要協助迅速移至緊急出口之乘客，客艙組員應個別說明遇緊急時，至適當緊急出口之路線與開始前往出口之時機並詢問乘客或其同伴最適當之協助方式。航空器使用人應於航空器內備有印刷之緊急出口圖示及操作方法與其他緊急裝備使用需要之說明資料並置於乘客易於取用處。每一說明資料應僅適用於該型別及配置之航空器。航空器使用人應訂定出口座椅安排計畫，該計畫應包括定義各型別航空器之緊急出口、座位安排程序、機場資訊及出口

座位乘客提示卡，以提供相關作業人員使用。航空器使用人應將第一項至第五項規定之作業於相關手冊內載明。」另外，該規則第292條亦規定：「機長應確使組員及乘員知悉下列裝備之位置及使用方法，並提供書面使用說明：一、座椅安全帶。二、緊急出口。三、救生背心。四、氧氣裝備。五、供乘員個別及共同使用之緊急裝備。航空器搭載乘員者，機長於航空器起飛、降落時，應告知乘員繫妥安全帶或肩帶。飛航中遭遇亂流或緊急情況時，並應告知乘員採取適當之行動。但水上飛機或裝置浮筒之直昇機，於水面移動作業時，從事自碼頭推離及在碼頭繫留之人員，不在此限。」

　　至於每一航班的空服員派遣人數如何規範？依該規則第188條規定：「航空器載客座位數為二十座至五十座時，應派遣一名以上之客艙組員。載客座位數為五十一座至一百座時，應派遣二名以上之客艙組員，於每增加五十座載客座位數時，增派一名以上之客艙組員，以確保飛航安全及執行緊急撤離功能。但運渡或經民航局事先核准者，不在此限。航空器使用人應將前項客艙組員人數訂定於營運規範內。」客艙組

圖11-6　中華航空體貼旅客，B737-800客機配備符合人體工學之乘客座椅

資料來源：國立高雄餐旅學院航空管理系林慶杰同學攝。

圖11-7　為節省客艙空間，空服員座椅採彈性調整，其安全帶採肩帶式

資料來源：國立高雄餐旅學院航空管理系林慶杰同學攝。

員工作時應著制服。經指派負責緊急逃生之客艙組員應於起飛、降落及機長指示時，坐於客艙組員座椅上，並繫緊安全帶，如有裝置肩帶者，並應繫緊肩帶。

　　至於機上執勤的飛航組員座椅有何規範？同規則第155條規定：「飛航組員工作席位規定如下：一、飛航組員於起飛、降落時，應各就其工作席位。二、飛航組員於航路上應各就其工作席位，除因工作或生理上之需要外，不得離席。三、飛航組員位於工作席位時，應繫安全帶，起飛降落時應繫肩帶。駕駛席位以外之飛航組員，如肩帶影響其工作，於起飛、降落時得不繫肩帶。但仍應繫安全帶。四、飛航組員位於工作席位時，不得閱讀與該次飛航無關之書籍報刊。」航空器使用人必應遵循第159條之規定就各型航空器指派其每一飛航組員，於飛航緊急情況或緊急撤離時擔任必要任務。其任務包括緊急及救生裝備之使用。航空器使用人，並應於年度訓練計畫中施以訓練及定期演練。該規則第

161條規定：「各型航空器之訓練計畫如下：一、機種新進訓練。二、升等訓練。三、機種轉換訓練。四、定期複訓。五、恢復資格訓練。」除此之外，航空器使用人應每十二個月對其飛航組員實施航路考驗一次，對未經航路考驗合格之飛航組員，不得派遣其飛航。前項航路考驗應由檢定駕駛員執行。飛航組員於航路考驗屆期前一個月或屆期後一個月內進行考驗，均視為於屆期當月考驗，以便於計算下次屆期月份。

第七節　Flight Attendants

ICAO Annex- PART 1; CHAPTER 1. DEFINITIOS

Cabin attendant:

A crew member who performs, in the interest of safety of passengers, duties assigned by the operator or the pilot-in-command of the aircraft, but who shall not act as a flight crew member.

【引申解析】

《航空器飛航作業管理規則》第2條第11項對「客艙組員」的定義如下：「客艙組員：指由航空器使用人或機長指定於飛航時，在航空器內從事與乘客有關安全工作或服務之人員。但不能從事飛航組員之工作。」

Crew member:

A person assigned by an operator for duty on an aircraft during flight time.

【引申解析】

《航空器飛航作業管理規則》第2條第4項對「組員」的定義如下：「組員：指由航空器使用人指派於飛航時在航空器內工作之人員。」；第5項對「飛航組員」的定義如下：「飛航組員：指於飛航時在航空器

內負責航空器相關作業且具有證照之工作人員。」而根據《民用航空法》第2條第4項對「航空人員」界定爲：「四、航空人員：指航空器駕駛員、飛航機械員、地面機械員、飛航管制員、維修員及航空器簽派人員。」從而我們可以推知，空服員並非法律意義的航空人員，也不是飛航組員，但他（她）們卻符合組員的界定標準，空服員正式的法律名稱爲客艙組員。

此外，中共的《民用航空法》第5章第39條對「空勤人員」（即相對於我國之飛航組員）的界定如下：「空勤人員：包括駕駛員、領航員、飛行機械人員、飛行通信員、乘務員。」換言之，中共的空勤組員（他們稱爲乘務員）則被定義爲空勤人員的一部分，此爲海峽兩岸較大的差異。

14 CFR- CHAPTER I- PART 91

THIS DATA CURRENT AS OF THE FEDERAL REGISTER DATED AUGUST 7, 2003

§ 91.533 Flight Attendant Requirements.

(a)No person may operate an airplane unless at least the following number of flight attendants are on board the airplane:

 (1)For airplanes having more than 19 but less than 51 passengers on board, one flight attendant.

 (2)For airplanes having more than 50 but less than 101 passengers on board, two flight attendants.

 (3)For airplanes having more than 100 passengers on board, two flight attendants plus one additional flight attendant for each unit (or part of a unit)of 50 passengers above 100.

(b)No person may serve as a flight attendant on an airplane when required by paragraph(a) of this section unless that person has demonstrated to the pilot in command familiarity with the necessary functions to

be performed in an emergency or a situation requiring emergency evacuation and is capable of using the emergency equipment installed on that airplane.

【引申解析】

有關美國聯邦航空法FAR 91.533所記載之客艙組員最低派遣人數的計算標準，我國的《航空器飛航作業管理規則》第339條亦做同樣的規定：「乘員座位數為二十座至五十座時，應派遣一名以上之客艙組員。乘員座位數為五十一座至一百座時，應派遣二名以上之客艙組員，於每增加乘員座位數五十座時，增派一名以上之客艙組員。但運渡或經民航局事先核准者，不在此限。客艙組員應熟練執行緊急程序及需要緊急逃生之時機，並具使用航空器上緊急裝備之能力。」

14 CFR- CHAPTER I- PART 121

THIS DATA CURRENT AS OF THE FEDERAL REGISTER DATED AUGUST 7, 2003

§ 121.391 Flight Attendants.

(a)Each certificate holder shall provide at least the following flight attendants on each passenger-carrying airplane used:

(1)For airplanes having a maximum payload capacity of more than 7,500 pounds and having a seating capacity of more than 9 but less than 51 passengers— one flight attendant.

(2)For airplanes having a maximum payload capacity of 7,500 pounds or less and having a seating capacity of more than 19 but less than 51 passengers— one flight attendant.

(3)For airplanes having a seating capacity of more than 50 but less than 101 passengers— two flight attendants.

(4)For airplanes having a seating capacity of more than 100 passengers

一 two flight attendants plus one additional flight attendant for each unit (or part of a unit) of 50 passenger seats above a seating capacity of 100 passengers.

(b)If, in conducting the emergency evacuation demonstration required under § 121.291 (a)or(b), the certificate holder used more flight attendants than is required under paragraph(a) of this section for the maximum seating capacity of the airplane used in the demonstration, he may not, thereafter, take off that airplane—

(1)In its maximum seating capacity configuration with fewer flight attendants than the number used during the emergency evacuation demonstration; or

(2)In any reduced seating capacity configuration with fewer flight attendants than the number required by paragraph(a) of this section for that seating capacity plus the number of flight attendants used during the emergency evacuation demonstration that were in excess of those required under paragraph(a) of this section.

(c)The number of flight attendants approved under paragraphs(a) and (b) of this section are set forth in the certificate holder's operations specifications.

(d)During takeoff and landing, flight attendants required by this section shall be located as near as practicable to required floor level exists and shall be uniformly distributed throughout the airplane in order to provide the most effective egress of passengers in event of an emergency evacuation. During taxi, flight attendants required by this section must remain at their duty stations with safety belts and shoulder harnesses fastened except to perform duties related to the safety of the airplane and its occupants.

[Doc. No. 2033, 30 FR 3206, Mar. 9, 1965, as amended by Amdt. 121-30, 32 FR 13268, Sept. 20, 1967; Amdt. 121-46, 34 FR 5545, Mar. 22, 1969; Amdt. 121-84, 37 FR 3975, Feb. 24, 1972; Amdt. 121-88, 37 FR 5606, Mar. 17, 1972; Amdt. 121-159, 45 FR 41593, June 19, 1980; Amdt. 121-176, 46 FR 61454, Dec. 17, 1981; Amdt. 121-180, 47 FR 56463, Dec. 16, 1982; Amdt. 121-251, 60 FR 65933, Dec. 20, 1995]

14 CFR- CHAPTER I- PART 135

THIS DATA CURRENT AS OF THE FEDERAL REGISTER DATED AUGUST 7, 2003

§ 135.273 Duty Period Limitations and Rest Time Requirements.

(a)For purposes of this section—

Calendar day means the period of elapsed time, using Coordinated Universal Time or local time, that begins at midnight and ends 24 hours later at the next midnight.

Duty period means the period of elapsed time between reporting for an assignment involving flight time and release from that assignment by the certificate holder. The time is calculated using either Coordinated Universal Time or local time to reflect the total elapsed time.

Flight attendant means an individual, other than a flight crewmember, who is assigned by the certificate holder, in accordance with the required minimum crew complement under the certificate holder's operations specifications or in addition to that minimum complement, to duty in an aircraft during flight time and whose duties include but are not necessarily limited to cabin-safety-related responsibilities.

Rest period means the period free of all responsibility for work or duty should the occasion arise.

(b)Except as provided in paragraph(c) of this section, a certificate holder may assign a duty period to a flight attendant only when the applicable duty period limitations and rest requirements of this paragraph are met.

(1)Except as provided in paragraphs(b)(4), (b)(5), and (b)(6) of this section, no certificate holder may assign a flight attendant to a scheduled duty period of more than 14 hours.

(2)Except as provided in paragraph(b)(3) of this section, a flight attendant scheduled to a duty period of 14 hours or less as provided under paragraph(b)(1) of this section must be given a scheduled rest period of at least 9 consecutive hours. This rest period must occur between the completion of the scheduled duty period and the commencement of the subsequent duty period.

(3)The rest period required under paragraph(b)(2) of this section may be scheduled or reduced to 8 consecutive hours if the flight attendant is provided a subsequent rest period of at least 10 consecutive hours; this subsequent rest period must be scheduled to begin no later than 24 hours after the beginning of the reduced rest period and must occur between the completion of the scheduled duty period and the commencement of the subsequent duty period.

(4)A certificate holder may assign a flight attendant to a scheduled duty period of more than 14 hours, but no more than 16 hours, if the certificate holder has assigned to the flight or flights in that duty period at least one flight attendant in addition to the minimum flight attendant complement required for the flight or flights in that duty period under the certificate holder's operations specifications.

(5)A certificate holder may assign a flight attendant to a scheduled duty period of more than 16 hours, but no more than 18 hours, if

the certificate holder has assigned to the flight or flights in that duty period at least two flight attendants in addition to the minimum flight attendant complement required for the flight or flights in that duty period under the certificate holder's operations specifications.

(6)A certificate holder may assign a flight attendant to a scheduled duty period of more than 18 hours, but no more than 20 hours, if the scheduled duty period includes one or more flights that land or take off outside the 48 contiguous states and the District of Columbia, and if the certificate holder has assigned to the flight or flights in that duty period at least three flight attendants in addition to the minimum flight attendant complement required for the flight or flights in that duty period under the certificate holder's operations specifications.

(7)Except as provided in paragraph(b)(8) of this section, a flight attendant scheduled to a duty period of more than 14 hours but no more than 20 hours, as provided in paragraphs(b)(4), (b)(5), and (b)(6) of this section, must be given a scheduled rest period of at least 12 consecutive hours. This rest period must occur between the completion of the scheduled duty period and the commencement of the subsequent duty period.

(8)The rest period required under paragraph(b)(7) of this section may be scheduled or reduced to 10 consecutive hours if the flight attendant is provided a subsequent rest period of at least 14 consecutive hours; this subsequent rest period must be scheduled to begin no later than 24 hours after the beginning of the reduced rest period and must occur between the completion of the scheduled duty period and the commencement of the subsequent duty period.

(9)Notwithstanding paragraphs(b)(4), (b)(5), and (b)(6) of this section, if a certificate holder elects to reduce the rest period to 10 hours as authorized by paragraph(b)(8) of this section, the certificate holder may not schedule a flight attendant for a duty period of more than 14 hours during the 24-hour period commencing after the beginning of the reduced rest period.

(10)No certificate holder may assign a flight attendant any duty period with the certificate holder unless the flight attendant has had at least the minimum rest required under this section.

(11)No certificate holder may assign a flight attendant to perform any duty with the certificate holder during any required rest period.

(12)Time spent in transportation, not local in character, that a certificate holder requires of a flight attendant and provides to transport the flight attendant to an airport at which that flight attendant is to serve on a flight as a crewmember, or from an airport at which the flight attendant was relieved from duty to return to the flight attendant's home station, is not considered part of a rest period.

(13)Each certificate holder must relieve each flight attendant engaged in air transportation from all further duty for at least 24 consecutive hours during any 7 consecutive calendar days.

(14)A flight attendant is not considered to be scheduled for duty in excess of duty period limitations if the flights to which the flight attendant is assigned are scheduled and normally terminate within the limitations but due to circumstances beyond the control of the certificate holder (such as adverse weather conditions) are not at the time of departure expected to reach their destination within the scheduled time.

(c)Notwithstanding paragraph(b) of this section, a certificate holder may apply the flight crewmember flight time and duty limitations and rest requirements of this part to flight attendants for all operations conducted under this part provided that—

(1)The certificate holder establishes written procedures that—

(i)Apply to all flight attendants used in the certificate holder's operation;

(ii)Include the flight crewmember requirements contained in subpart F of this part, as appropriate to the operation being conducted, except that rest facilities on board the aircraft are not required; and

(iii)Include provisions to add one flight attendant to the minimum flight attendant complement for each flight crewmember who is in excess of the minimum number required in the aircraft type certificate data sheet and who is assigned to the aircraft under the provisions of subpart F of this part, as applicable.

(iv)Are approved by the Administrator and described or referenced in the certificate holder's operations specifications; and

(2)Whenever the Administrator finds that revisions are necessary for the continued adequacy of duty period limitation and rest requirement procedures that are required by paragraph(c)(1)of this section and that had been granted final approval, the certificate holder must, after notification by the Administrator, make any changes in the procedures that are found necessary by the Administrator. Within 30 days after the certificate holder receives such notice, it may file a petition to reconsider the notice with the certificate-holding district office. The filing of a petition to reconsider stays the notice, pending

民航法規

> decision by the Administrator. However, if the Administrator finds that there is an emergency that requires immediate action in the interest of safety, the Administrator may, upon a statement of the reasons, require a change effective without stay.
>
> [Amdt. 135-52, 59 FR 42993, Aug. 19, 1994, as amended by Amdt. 135-60, 61 FR 2616, Jan. 26, 1996]

【引申解析】

　　對於美國聯邦航空法FAR 135.273中有關排班執勤時間限制下的客艙組員需求數及相關休息時間等規定，整理如下表，讀者可由下表對前述篇幅諸法條所載的規範予以效率化的瞭解。

Scheduled Duty Period	Minimum Rest Period	Reduced Rest Period	Rest Period Following Reduced Rest	No. of Flight Attendants
14 hrs or less	9 hrs	8 hrs	10 hrs	Minimum
14-16 hrs	12 hrs	10 hrs	14 hrs	Minimum+1
16-18 hrs	12 hrs	10 hrs	14 hrs	Minimum+2
*18-20 hrs	12 hrs	10 hrs	14 hrs	Minimum+3

*Applies only to duty periods with one or more flights that land or take off outside the 48 contiguous states and the District of Columbia.

　　前述美國聯邦航空法FAR 135.273有關排班執勤時間及休息時間等規定僅專為「客艙組員」而設計，至於與飛航組員相關的「執勤時間」及「休息時間」的規範，《航空器飛航作業管理規則》第2條第20項對「執勤時間」界定為：「指組員自前次休息時間後所執行之飛航工作開始起算至完成所有飛航任務，並解除任何工作責任為止之時間。」而第21項對「休息時間」的界定為：「指組員在地面毫無任何工作責任之時間。」而其休息處所，則依第22項定義，係指組員之居住處所或公司提供組員住用之旅館或宿舍。就飛航組員之飛航時間限度，第37條、第38條提供了明確的說明：

482

一、標準飛航組員之飛航時間限度

1.連續二十四小時內，國內航線其飛航時間不得超過八小時，於任務完畢後應給予連續十小時以上之休息。國際航線其飛航時間不得超過十小時，如國際航線飛航時間未超過八小時，於任務完畢後應給予連續十小時以上之休息，如國際航線飛航時間超過八小時，於任務完畢後應給予連續十八小時以上之休息；如國內航線及國際航線混合派遣時，其飛航時間限度應依國際航線之規定。

2.連續七日內，應給予連續二十四小時之休息。但以標準飛航組員派遣者，其連續七天內之總飛航時間不得超過三十二小時。

二、加強飛航組員之飛航時間限度

1.連續二十四小時之內，於備有睡眠設備之航空器，飛航時間不得超過十六小時；於未備有睡眠設備之航空器，應於客艙內備有休息座椅，飛航時間不得超過十二小時。如飛航時間超過十小時但少於十二小時，任務完畢後，應給予連續十八小時以上之休息。如飛航時間超過十二小時，任務完畢後，應給予連續二十四小時以上之休息。

2.連續七天內，應給予連續二十四小時之休息。

3.加強飛航組員之飛航時間及執勤時間如符合標準飛航組員之飛航時間限度時，其休息時間得依標準飛航組員之規定。

三、雙飛航組員之飛航時間限度

1.連續二十四小時內，於備有睡眠設備之航空器，飛航時間不得超過十八小時。如飛航時間超過十六小時，任務完畢後，應給予連續二十二小時以上之休息。未超過十六小時，任務完畢後，應給予連續十八小時以上之休息。

2.連續二十四小時內，於未備有睡眠設備之航空器，應於客艙內備有休息座椅，飛航時間不得超過十二小時，任務完畢後，應給予連續十八小時以上之休息。

3.連續七日內，應給予連續二十四小時之休息。飛航組員飛航二地

之時間差如於六小時以上，且在不同時區超過四十八小時停留者，於任務完畢返回基地後至少於四十八小時內，航空器使用人不得再派遣任何飛航任務。但再派遣之目的地為前一停留地或與前一停留地時間差在三小時以內者，不在此限。雙飛航組員之飛航時間及執勤時間，符合標準或加強飛航組員之飛航時間限度時，其休息時間得依標準或加強飛航組員之規定。飛航組員之飛航時間，於連續三十日內，其總飛航時間不得超過一百二十小時；於連續九十日內，其總飛航時間不得超過三百小時；於連續十二個月內，其總飛航時間不得超過一千小時。

四、飛航組員之執勤時間限度

1. 標準飛航組員：國內航線一次可連續執勤十二小時，國際航線一次可連續執勤十四小時；如國內航線及國際航線混合派遣時，其執勤時間限度依國際航線之規定。

2. 加強飛航組員：一次可連續執勤十八小時。

3. 雙飛航組員：一次可連續執勤二十四小時。

五、飛航組員之飛降落次數之規定

飛機飛航組員於執勤時間限度內，除飛航訓練外，其起飛降落次數不得超過下列規定（《航空器飛航作業管理規則》第39條）：

1. 國際航線：不得超過六次。

3. 國內航線：不得超十二次。但飛航時間均短於二十分鐘者，其起飛降落次數最多得增加四次。

3. 國內航線及國際航線混合派遣時，依第一款之規定。

第八節　Crewmembers Duties

14 CFR- CHAPTER I - PART 121

THIS DATA CURRENT AS OF THE FEDERAL REGISTER

DATED AUGUST 7, 2003

§ 121.542 Flight Crewmember Duties.

(a)No certificate holder shall require, nor may any flight crewmember perform, any duties during a critical phase of flight except those duties required for the safe operation of the aircraft. Duties such as company required calls made for such nonsafety related purposes as ordering galley supplies and confirming passenger connections, announcements made to passengers promoting the air carrier or pointing out sights of interest, and filling out company payroll and related records are not required for the safe operation of the aircraft.

(b)No flight crewmember may engage in, nor may any pilot in command permit, any activity during a critical phase of flight which could distract any flight crewmember from the performance of his or her duties or which could interfere in any way with the proper conduct of those duties. Activities such as eating meals, engaging in nonessential conversations within the cockpit and nonessential communications between the cabin and cockpit crews, and reading publications not related to the proper conduct of the flight are not required for the safe operation of the aircraft.

(c)For the purposes of this section, critical phases of flight includes all ground operations involving taxi, takeoff and landing, and all other flight operations conducted below 10,000 feet, except cruise flight.

Note: Taxi is defined as "movement of an airplane under its own power on the surface of an airport."

[Doc. No. 20661, 46 FR 5502, Jan. 19, 1981]

 ## 第九節　Admission to Flight Deck

14 CFR- CHAPTER I- PART 121

THIS DATA CURRENT AS OF THE FEDERAL REGISTER DATED AUGUST 7, 2003

§ 121.547 Admission to Flight Deck

(a)No person may admit any person to the flight deck of an aircraft unless the person being admitted is --

(1)A crewmember;

(2)An FAA air carrier inspector, a DOD commercial air carrier evaluator, or an authorized representative of the National Transportation Safety Board, who is performing official duties;

(3)Any person who --

(i)Has permission of the pilot in command, an appropriate management official of the part 119 certificate holder, and the Administrator; and

(ii)Is an employee of --

(A)The United States, or

(B)A part 119 certificate holder and whose duties are such that admission to the flightdeck is necessary or advantageous for safe operation; or

(C)An aeronautical enterprise certificated by the Administrator

and whose duties are such that admission to the flightdeck is necessary or advantageous for safe operation.

(4)Any person who has the permission of the pilot in command, an appropriate management official of the part 119 certificate holder and the Administrator. Paragraph(a)(2) of this section does not limit the emergency authority of the pilot in command to exclude any person from the flightdeck in the interests of safety.

(b)For the purposes of paragraph(a)(3) of this section, employees of the United States who deal responsibly with matters relating to safety and employees of the certificate holder whose efficiency would be increased by familiarity with flight conditions, may be admitted by the certificate holder. However, the certificate holder may not admit employees of traffic, sales, or other departments that are not directly related to flight operations, unless they are eligible under paragraph(a) (4)of this section.

(c)No person may admit any person to the flight deck unless there is a seat available for his use in the passenger compartment, except --

(1)An FAA air carrier inspector, a DOD commercial air carrier evaluator, or authorized representative of the Administrator or National Transportation Safety Board who is checking or observing flight operations;

(2)An air traffic controller who is authorized by the Administrator to observe ATC procedures;

(3)A certificated airman employed by the certificate holder whose duties require an airman certificate;

(4)A certificated airman employed by another part 119 certificate

holder whose duties with that part 119 certificate holder require an airman certificate and who is authorized by the part 119 certificate holder operating the aircraft to make specific trips over a route;

(5) An employee of the part 119 certificate holder operating the aircraft whose duty is directly related to the conduct or planning of flight operations or the in-flight monitoring of aircraft equipment or operating procedures, if his presence on the flightdeck is necessary to perform his duties and he has been authorized in writing by a responsible supervisor, listed in the Operations Manual as having that authority; and

(6) A technical representative of the manufacturer of the aircraft or its components whose duties are directly related to the in-flight monitoring of aircraft equipment or operating procedures, if his presence on the flightdeck is necessary to perform his duties and he has been authorized in writing by the Administrator and by a responsible supervisor of the operations department of the part 119 certificate holder, listed in the Operations Manual as having that authority.

[Doc. No. 6258, 29 FR 19220, Dec. 31, 1964, as amended by Doc. No. 8084, 32 FR 5769, Apr. 11, 1967; Amdt. 121-253, 61 FR 2613, Jan. 26, 1996; Amdt. 121-288, 67 FR 2127, Jan. 15, 2002; Amdt. 121-290, 68 FR 41217, July 10, 2003]

【引申解析】

　　《航空器飛航作業管理規則》第194條規定：「客運航空器之駕駛艙除經航空器使用人依規定允許之所屬人員及執行簽派任務人員外，其他人員不得進入。但經民航局核准者，不在此限。」且同法第193條並規定：「客運航空器之駕駛艙門，於飛航中應予關妥並上鎖。航空器使

用人應提供方法使客艙組員於發現有礙飛航安全之干擾行爲時能通知飛航組員。飛航國際航線之客運航空器最大起飛重量超過四萬五千五百公斤，或載客座位數超過六十座，於中華民國九十二年十一月一日前，應裝置經民航局核准之駕駛艙門，其強度應足以抵擋小型武器及手榴彈破片穿透及非許可人員之強力闖入。此門應能由任一駕駛員座椅上操作上鎖及解鎖。裝置前項駕駛艙門之航空器，其駕駛艙門應於乘客登機完畢艙門關妥後至艙門開啓乘客下機前之期間，保持關妥及上鎖位置。但航空器使用人或民航局許可進入駕駛艙之人員於需要進出時，不在此限。裝置第二項規定駕駛艙門之航空器，應有由任一駕駛員座椅上即可監看駕駛艙門外部情況之方法，以辨識欲進入駕駛艙之人員及察覺可疑行爲與潛在威脅。航空器使用人因特殊情況無法於規定期限內完成本條規定之駕駛艙門及客艙監視系統改裝時，應檢具相關證明文件及說明文件向民航局申請核准延展完成期限。」

 ## 第十節　Briefing Passengers before Takeoff

　　在瞭解FAR 121.571 之前，讓我們先看看ICAO Annex 6 Requirement 及我國《航空器飛航作業管理規則》第45條對本節「Briefing Passengers Before Take off」相關的規定：

ICAO Annex 6 Requirement 4.2.12 Passengers

4.2.12.1 An operator shall ensure that passengers are made familiar with the location and use of:

(a)seat belts;

(b)emergency exits;

(c)life jackets, if the carriage of life jackets is prescribed;

(d)oxygen dispensing equipment. if the provision of oxygen for the use of passengers is prescribed; and

(e)other emergency equipment provided for individual use, including passenger emergency briefing cards.

4.2.12.2 The operator shall inform the passengers of the location and general manner of use of the principal emergency equipment carried for collective use.

4.2.12.3 In an emergency during flight, passengers shall be instructed in such emergency action as may be appropriate to the circumstances.

4.2.12.4 The operator shall ensure that during take-off and landing and whenever, by reason of turbulence or any emergency occurring during flight, the precaution is considered necessary, all passengers on board an aeroplane shall be secured in their seats by means of the seat belts or harnesses provided.

【引申解析】

《航空器飛航作業管理規則》第45條：「航空器使用人應於航空器起飛前確使所有乘客知悉下列事項：一、禁菸告知。二、電子用品使用限制之告知。三、座椅安全帶繫緊及鬆開之說明。四、緊急出口位置。五、救生背心位置及使用方法。六、氧氣面罩位置及使用方法。七、供乘客個別及共同使用之其他緊急裝備。對可能需要協助迅速移至緊急出口之乘客，客艙組員應個別說明遇緊急時，至適當緊急出口之路線與開始前往出口之時機並詢問乘客或其同伴最適當之協助方式。航空器使用人應於航空器內備有印刷之緊急出口圖示及操作方法與其他緊急裝備使用需要之說明資料並置於乘客易於取用處。每一說明資料應僅適用於該型別及配置之航空器。航空器使用人應訂定出口座椅安排計畫，該計畫應包括定義各型別航空器之緊急出口、座位安排程序、機場資訊及出口座位乘客提示卡，以提供相關作業人員使用。航空器使用人應將第一項至第五項規定之作業於相關手冊內載明。」

圖11-8　緊急出口是遭逢事故時的重要關鍵

資料來源：國立高雄餐旅學院航空管理系林慶杰同學攝。

14 CFR- CHAPTER I- PART 121

THIS DATA CURRENT AS OF THE FEDERAL REGISTER DATED AUGUST 7, 2003

§ 121.571 Briefing Passengers before Takeoff

(a)Each certificate holder operating a passenger-carrying airplane shall insure that all passengers are orally briefed by the appropriate crewmember as follows:

(1)Before each takeoff, on each of the following:

(i)Smoking. Each passenger shall be briefed on when, where, and under what conditions smoking is prohibited including, but not limited to, any applicable requirements of part 252 of this title. This briefing shall include a statement that the Federal Aviation Regulations require passenger compliance with the lighted

passenger information signs, posted placards, areas designated for safety purposes as no smoking areas, and crewmember instructions with regard to these items. The briefing shall also include a statement that Federal law prohibits tampering with, disabling, or destroying any smoke detector in an airplane lavatory; smoking in lavatories; and, when applicable, smoking in passenger compartments.

(ii)The location of emergency exits.

(iii)The use of safety belts, including instructions on how to fasten and unfasten the safety belts. Each passenger shall be briefed on when, where, and under what conditions the safety belt must be fastened about that passenger. This briefing shall include a statement that the Federal Aviation Regulations require passenger compliance with lighted passenger information signs and crewmember instructions concerning the use of safety belts.

(iv)The location and use of any required emergency flotation means.

(v)on operations that do not use a flight attendant, the following additional information:

(A)The placement of seat backs in an upright position before takeoff and landing.

(B)Location of survival equipment.

(C)If the flight involves operations above 12,000 MSL, the normal and emergency use of oxygen.

(D)Location and operation of fire extinguisher.

(2)After each takeoff, immediately before or immediately after turning the seat belt sign off, an announcement shall be made that passengers should keep their seat belts fastened, while seated, even

when the seat belt sign is off.

(3)Except as provided in paragraph(a)(4) of this section, before each takeoff a required crewmember assigned to the flight shall conduct an individual briefing of each person who may need the assistance of another person to move expeditiously to an exit in the event of an emergency. In the briefing the required crewmember shall --

(i)Brief the person and his attendant, if any, on the routes to each appropriate exit and on the most appropriate time to begin moving to an exit in the event of an emergency; and

(ii)Inquire of the person and his attendant, if any, as to the most appropriate manner of assisting the person so as to prevent pain and further injury.

(4)The requirements of paragraph(a)(3) of this section do not apply to a person who has been given a briefing before a previous leg of a flight in the same aircraft when the crewmembers on duty have been advised as to the most appropriate manner of assisting the person so as to prevent pain and further injury.

(b)Each certificate holder shall carry on each passenger-carrying airplane, in convenient locations for use of each passenger, printed cards supplementing the oral briefing and containing --

(1)Diagrams of, and methods of operating, the emergency exits; and

(2)Other instructions necessary for use of emergency equipment. Each card required by this paragraph must contain information that is pertinent only to the type and model airplane used for that flight.

(c)The certificate holder shall describe in its manual the procedure to be followed in the briefing required by paragraph(a) of this section.

[Doc. No. 2033, 30 FR 3206, Mar. 9, 1965, as amended by Amdt.

121-30, 32 FR 13268, Sept. 20, 1967; Amdt. 121-84, 37 FR 3975, Feb. 24, 1972; Amdt. 121-133, 42 FR 18394, Apr. 7, 1977; Amdt. 121-144, 43 FR 22648, May 25, 1978; Amdt. 121-146, 43 FR 28403, June 29, 1978; Amdt. 121-196, 53 FR 12362, Apr. 13, 1988; Amdt. 121-230, 57 FR 42674, Sept. 15, 1992; Amdt. 121-251, 60 FR 65935, Dec. 20, 1995]

【引申解析】

　　實務上，有關航空公司的客艙廣播（cabin announcement）可依「正常狀況（必要之廣播）」及「特殊狀況（視情況廣播）」將飛機從旅客登機至下機的過程分為下列五個階段：(1)關艙門前（Before Door Closed）；(2)關艙門後／起飛前（After Door Closed/Before Take-Off）；(3)飛行中（In-Flight）；(4)下降時（Approaching）；(5)落地後（After Landing）；(6)緊急情況（Emergency）。

案例研討一

民航局飛安通告

　　1999年6月18日某國籍航空公司由香港飛台北之班機，未完成客艙「緊急逃生示範」情況下飛機即行起飛。據查該機於起飛前座艙長原欲播放「緊急逃生示範」影片時，發現全機之影視系統當機故障無法排除；惟適時塔台已許可起飛，後艙組員未堅持完成示範，即通知前艙Cabin Ready，而於起飛後始執行「緊急逃生示範」，導致程序流程之錯亂。民航局在飛安通告中建議該航：飛機起飛前應加強客艙影視系統等功能之測試。班機起飛前若客艙未完成「緊急逃生示範」時，應通知前艙；前艙組員需於接獲座艙長通知Cabin Ready後方可執行起飛任務。

資料來源：交通部民用航空局網站飛安通告。

第十一節　Food and Beverage Service Equipment during Takeoff, and Landing

14 CFR- CHAPTER I- PART 121

THIS DATA CURRENT AS OF THE FEDERAL REGISTER DATED AUGUST 7, 2003

§ 121.577 Stowage of Food, Deverage, and Passenger Service Equipment during Airplane Movement on the Surface, Takeoff, and Landing.

(a)No certificate holder may move an airplane on the surface, take off, or land when any food, beverage, or tableware furnished by the certificate holder is located at any passenger seat.

(b)No certificate holder may move an airplane on the surface, take off, or land unless each food and beverage tray and seat back tray table is secured in its stowed position.

(c)No certificate holder may permit an airplane to move on the surface, take off, or land unless each passenger serving cart is secured in its stowed position.

(d)No certificate holder may permit an airplane to move on the surface, take off, or land unless each movie screen that extends into an aisle is stowed.

(e)Each passenger shall comply with instructions given by a crewmember with regard to compliance with this section.

[Doc. No. 26142, 57 FR 42674, Sept. 15, 1992]

第十二節　Exit Seating

§ 121.585 Exit Seating.

(a)(1)Each certificate holder shall determine, to the extent necessary to perform the applicable functions of paragraph(d) of this section, the suitability of each person it permits to occupy an exit seat, in accordance with this section. For the purpose of this section --

(i)Exit seat means --

(A)Each seat having direct access to an exit; and,

(B)Each seat in a row of seats through which passengers would have to pass to gain access to an exit, from the first seat inboard of the exit to the first aisle inboard of the exit.

(ii)A passenger seat having "direct access" means a seat from which a passenger can proceed directly to the exit without entering an aisle or passing around an obstruction.

(2)Each certificate holder shall make the passenger exit seating determinations required by this paragraph in a non-discriminatory manner consistent with the requirements of this section, by persons designated in the certificate holder's required operations manual.

(3)Each certificate holder shall designate the exit seats for each passenger seating configuration in its fleet in accordance with the definitions in this paragraph and submit those designations for approval as part of the procedures required to be submitted for approval under paragraphs(n) and (p) of this section.

(b)No certificate holder may seat a person in a seat affected by this section if the certificate holder determines that it is likely that the

person would be unable to perform one or more of the applicable functions listed in paragraph(d) of this section because --

(1)The person lacks sufficient mobility, strength, or dexterity in both arms and hands, and both legs:

(i)To reach upward, sideways, and downward to the location of emergency exit and exit-slide operating mechanisms;

(ii)To grasp and push, pull, turn, or otherwise manipulate those mechanisms;

(iii)To push, shove, pull, or otherwise open emergency exits;

(iv)To lift out, hold, deposit on nearby seats, or maneuver over the seatbacks to the next row objects the size and weight of over-wing window exit doors;

(v)To remove obstructions similar in size and weight to over-wing exit doors;

(vi)To reach the emergency exit expeditiously;

(vii)To maintain balance while removing obstructions;

(viii)To exit expeditiously;

(ix)To stabilize an escape slide after deployment; or

(x)To assist others in getting off an escape slide;

(2)The person is less than 15 years of age or lacks the capacity to perform one or more of the applicable functions listed in paragraph(d) of this section without the assistance of an adult companion, parent, or other relative;

(3)The person lacks the ability to read and understand instructions required by this section and related to emergency evacuation provided by the certificate holder in printed or graphic form or the ability to understand oral crew commands.

(4)The person lacks sufficient visual capacity to perform one or more of the applicable functions in paragraph(d) of this section without the assistance of visual aids beyond contact lenses or eyeglasses;

(5)The person lacks sufficient aural capacity to hear and understand instructions shouted by flight attendants, without assistance beyond a hearing aid;

(6)The person lacks the ability adequately to impart information orally to other passengers; or,

(7)The person has:

(i)A condition or responsibilities, such as caring for small children, that might prevent the person from performing one or more of the applicable functions listed in paragraph(d) of this section; or

(ii)A condition that might cause the person harm if he or she performs one or more of the applicable functions listed in paragraph(d) of this section.

(c)Each passenger shall comply with instructions given by a crewmember or other authorized employee of the certificate holder implementing exit seating restrictions established in accordance with this section.

(d)Each certificate holder shall include on passenger information cards, presented in the language in which briefings and oral commands are given by the crew, at each exit seat affected by this section, information that, in the event of an emergency in which a crewmember is not available to assist, a passenger occupying an exit seat may use if called upon to perform the following functions:

(1)Locate the emergency exit;

(2)Recognize the emergency exit opening mechanism;

(3)Comprehend the instructions for operating the emergency exit;

(4)Operate the emergency exit;

(5)Assess whether opening the emergency exit will increase the hazards to which passengers may be exposed;

(6)Follow oral directions and hand signals given by a crewmember;

(7)Stow or secure the emergency exit door so that it will not impede use of the exit;

(8)Assess the condition of an escape slide, activate the slide, and stabilize the slide after deployment to assist others in getting off the slide;

(9)Pass expeditiously through the emergency exit; and

(10)Assess, select, and follow a safe path away from the emergency exit.

(e)Each certificate holder shall include on passenger information cards, at each exit seat --

(1)In the primary language in which emergency commands are given by the crew, the selection criteria set forth in paragraph(b) of this section, and a request that a passenger identify himself or herself to allow reseating if he or she:

(i)Cannot meet the selection criteria set forth in paragraph(b) of this section;

(ii)Has a nondiscernible condition that will prevent him or her from performing the applicable functions listed in paragraph(d) of this section;

(iii)May suffer bodily harm as the result of performing one or more of those functions; or

(iv)Does not wish to perform those functions; and

(2)In each language used by the certificate holder for passenger information cards, a request that a passenger identify himself or herself to allow reseating if he or she lacks the ability to read, speak, or understand the language or the graphic form in which instructions required by this section and related to emergency evacuation are provided by the certificate holder, or the ability to understand the specified language in which crew commands will be given in an emergency.

(3)May suffer bodily harm as the result of performing one or more of those functions; or,

(4)Does not wish to perform those functions.

A certificate holder shall not require the passenger to disclose his or her reason for needing reseating.

(f)Each certificate holder shall make available for inspection by the public at all passenger loading gates and ticket counters at each airport where it conducts passenger operations, written procedures established for making determinations in regard to exit row seating.

(g)No certificate holder may allow taxi or pushback unless at least one required crewmember has verified that no exit seat is occupied by a person the crewmember determines is likely to be unable to perform the applicable functions listed in paragraph(d) of this section.

(h)Each certificate holder shall include in its passenger briefings a reference to the passenger information cards, required by paragraphs(d) and (e), the selection criteria set forth in paragraph(b), and the functions to be performed, set forth in paragraph(d) of this section.

(i)Each certificate holder shall include in its passenger briefings a request that a passenger identify himself or herself to allow reseating if he or she --

(1)Cannot meet the selection criteria set forth in paragraph(b) of this section;

(2)Has a nondiscernible condition that will prevent him or her from performing the applicable functions listed in paragraph(d) of this section;

(3)May suffer bodily harm as the result of performing one or more of those functions listed in paragraph(d) of this section; or,

(4)Does not wish to perform those functions listed in paragraph(d) of this section. A certificate holder shall not require the passenger to disclose his or her reason for needing reseating.

(j)[Reserved]

(k)In the event a certificate holder determines in accordance with this section that it is likely that a passenger assigned to an exit seat would be unable to perform the functions listed in paragraph(d) of this section or a passenger requests a non-exit seat, the certificate holder shall expeditiously relocate the passenger to a non-exit seat.

(l)In the event of full booking in the non-exit seats and if necessary to accommodate a passenger being relocated from an exit seat, the certificate holder shall move a passenger who is willing and able to assume the evacuation functions that may be required, to an exit seat.

(m)A certificate holder may deny transportation to any passenger under this section only because --

(1)The passenger refuses to comply with instructions given by a crewmember or other authorized employee of the certificate holder implementing exit seating restrictions established in accordance with this section, or

(2)The only seat that will physically accommodate the person's

handicap is an exit seat.

(n)In order to comply with this section certificate holders shall --

  (1)Establish procedures that address:

    (i)The criteria listed in paragraph(b) of this section;

    (ii)The functions listed in paragraph(d) of this section;

    (iii)The requirements for airport information, passenger information cards, crewmember verification of appropriate seating in exit seats, passenger briefings, seat assignments, and denial of transportation as set forth in this section;

    (iv)How to resolve disputes arising from implementation of this section, including identification of the certificate holder employee on the airport to whom complaints should be addressed for resolution; and,

  (2)Submit their procedures for preliminary review and approval to the principal operations inspectors assigned to them at the certificate-holding district office.

(o)Certificate holders shall assign seats prior to boarding consistent with the criteria listed in paragraph(b) and the functions listed in paragraph(d) of this section, to the maximum extent feasible.

(p)The procedures required by paragraph(n) of this section will not become effective until final approval is granted by the Director, Flight Standards Service, Washington, DC. Approval will be based solely upon the safety aspects of the certificate holder's procedures.

[Doc. No. 25821, 55 FR 8072, Mar. 6, 1990, as amended by Amdt 121-232, 57 FR 48663, Oct. 27, 1992; Amdt. 121-253, 61 FR 2614, Jan. 26, 1996]

 第十三節　Authority to Refuse Transportation

14 CFR- CHAPTER I- PART 121

THIS DATA CURRENT AS OF THE FEDERAL REGISTER DATED AUGUST 7, 2003

§ 121.586 Authority to Refuse Transportation.

(a)No certificate holder may refuse transportation to a passenger on the basis that, because the passenger may need the assistance of another person to move expeditiously to an exit in the event of an emergency, his transportation would or might be inimical to safety of flight unless --

　(1)The certificate holder has established procedures (including reasonable notice requirements) for the carriage of passengers who may need the assistance of another person to move expeditiously to an exit in the event of an emergency; and

　(2)At least one of the following conditions exist:

　　(i)The passenger fails to comply with the notice requirements in the certificate holder's procedures.

　　(ii)The passenger cannot be carried in accordance with the certificate holder's procedures.

(b)Each certificate holder shall provide the certificate-holding district office with a copy of each procedure it establishes in accordance with paragraph(a)(2) of this section.

(c)Whenever the Administrator finds that revisions in the procedures described in paragraph(a)(2) of this section are necessary in the interest of safety or in the public interest, the certificate holder,

after notification by the Administrator, shall make those revisions in its procedures. Within 30 days after the certificate holder receives such notice, it may file a petition to reconsider the notice with the certificate-holding district office. The filing of a petition to reconsider stays the notice pending a decision by the Administrator. However, if the Administrator finds that there is an emergency that requires immediate action in the interest of safety in air commerce, he may, upon a statement of the reasons, require a change effective without stay.

(d)Each certificate holder shall make available to the public at each airport it serves a copy of each procedure it establishes in accordance with paragraph(a)(1) of this section.

[Doc. No. 12881, 42 FR 18394, Apr. 7, 1977, as amended by Amdt. 121-174, 46 FR 38051, July 23, 1981; Amdt. 121-207, 54 FR 39293, Sept. 25, 1989; Amdt. 121-253, 61 FR 2614, Jan. 26, 1996]

 第十四節 Closing and Locking of Flightcrew Compartment Door

14 CFR- CHAPTER I- PART 121
THIS DATA CURRENT AS OF THE FEDERAL REGISTER DATED AUGUST 7, 2003
§ 121.587 Closing and Locking of Flightcrew Compartment Door.

(a)Except as provided in paragraph(b) of this section, a pilot in command of an airplane that has a lockable flightcrew compartment door in

accordance with § 121.313 and that is carrying passengers shall ensure that the door separating the flightcrew compartment from the passenger compartment is closed and locked at all times when the aircraft is being operated.

(b)The provisions of paragraph(a) of this section do not apply at any time when it is necessary to permit access and egress by persons authorized in accordance with § 121.547 and provided the part 119 operator complies with FAA approved procedures regarding the opening, closing and locking of the flightdeck doors.

[Doc. No. FAA-2002-11032, Jan. 15, 2002]

【引申解析】

　　我國《航空器飛航作業管理規則》第193條規定：「客運航空器之駕駛艙門，於飛航中應予關妥並上鎖。航空器使用人應提供方法使客艙組員於發現有礙飛航安全之干擾行為時能通知飛航組員。飛航國際航線之客運航空器最大起飛重量超過四萬五千五百公斤，或載客座位數超過六十座，於中華民國九十二年十一月一日前，應裝置經民航局核准之駕駛艙門，其強度應足以抵擋小型武器及手榴彈破片穿透及非許可人員之強力闖入。此門應能由任一駕駛員座椅上操作上鎖及解鎖。裝置前項駕駛艙門之航空器，其駕駛艙門應於乘客登機完畢艙門關妥後至艙門開啟乘客下機前之期間，保持關妥及上鎖位置。但航空器使用人或民航局許可進入駕駛艙之人員於需要進出時，不在此限。裝置第二項規定駕駛艙門之航空器，應有由任一駕駛員座椅上即可監看駕駛艙門外部情況之方法，以辨識欲進入駕駛艙之人員及察覺可疑行為與潛在威脅。」

案例研討二

烏拉圭乘客踢裂艙門，硬闖駕駛艙

　　美國聯合航空，一架從邁阿密飛往阿根廷的班機於2002年2月7日傳出乘客踢裂艙門企圖闖入駕駛艙的意外。幸好機組人員和乘客及時合力將他制服，才有驚無險地結束這場高空驚魂記。這架美國聯合航空855班機是由佛州邁阿密飛往阿根廷。上面共載有157人。不料客機到了巴西上空，二十八歲的烏拉圭銀行職員莫瑞拉卻突然離開座位，企圖闖入駕駛艙。鮑伊立刻衝過去阻止，不過艙門已經被踢裂，莫瑞拉擠進敞開的下半段艙門，企圖闖進駕駛艙，裡面的副駕駛情急之下抓起和畫面上類似的消防斧頭往莫瑞拉的頭上敲下去。其他乘客和空服人員趁機將莫瑞拉拖出艙門，合力將他制服。接下來的旅程，莫瑞拉都被銬上手銬，綁在座位上。飛機一落地，他就被阿根廷警方逮捕，送回邁阿密接受偵訊。FBI表示，莫瑞拉並不是恐怖分子，也沒有攜帶武器或嗑藥，至於他企圖闖入駕駛艙的原因，據阿根廷警方透露，顯然是登機前過量飲酒所致。

資料來源：民視新聞，連惠幸編譯，2002/2/8。

案例研討三

聯航駕駛艙　配備眩暈槍

　　美國聯合航空公司於2001年11月15日宣布將在所有客機內配備眩暈槍，並要求空服員接受特殊訓練，以制止歹徒劫機。另外，美國會參、眾兩院於11月16日通過兩院折衷版的加強飛安法

案，由聯邦政府接管機場行李檢查工作一年，以防類似九一一的事件再度發生。　聯航是全美第一家計畫使用眩暈槍的大型航空公司。聯航計畫在其五百架飛機的駕駛艙內配備眩暈槍，放置於有密碼保護的箱盒內，以利駕駛員在不損及飛安的情況下制伏劫機客。除聯航，另一家經營美國國內航線的Mesa航空集團上月亦表示計畫訓練飛行員使用眩暈槍。眩暈槍釋放的電波會立即使人失去行動能力，但不具致命性，也不會在機艙造成破洞而影響飛機飛行。不過眩暈槍可能使人體灼傷。

資料來源：《自由時報》，2001/11/17。

第十五節　Carry-on Baggage

14 CFR § 121.589 Carry-on Baggage

DATE: Dec 31, 1964

(a)No certificate holder may allow the boarding of carry-on baggage on an airplane unless each passenger's baggage has been scanned to control the size and amount carried on board in accordance with an approved carry-on baggage program in its operations specifications. In addition, no passenger may board an airplane if his/her carry-on baggage exceeds the baggage allowance prescribed in the carry-on baggage program in the certificate holder's operations specifications.

(b)No certificate holder may allow all passenger entry doors of an airplane to be closed in preparation for taxi or pushback unless at least one required crewmember has verified that each article of baggage is stowed in accordance with this section and § 121.285(c) and (d) of this part.

(c)No certificate holder may allow an airplane to take off or land unless each article of baggage is stowed:

    (1)In a suitable closet or baggage or cargo stowage compartment placarded for its maximum weight and providing proper restraint for all baggage or cargo stowed within, and in a manner that does not hinder the possible use of any emergency equipment; or

    (2)As provided in § 121.285 (c) and (d); or

    (3)Under a passenger seat.

(d)Baggage, other than articles of loose clothing, may not be placed in an overhead rack unless that rack is equipped with approved restraining devices or doors.

(e)Each passenger must comply with instructions given by crewmembers regarding compliance with paragraphs(a), (b), (c), (d), and (g) of this section.

(f)Each passenger seat under which baggage is allowed to be stowed shall be fitted with a means to prevent articles of baggage stowed under it from sliding forward. In addition, each aisle seat shall be fitted with a means to prevent articles of baggage stowed under it from sliding sideward into the aisle under crash impacts severe enough to induce the ultimate inertia forces specified in the emergency landing condition regulations under which the airplane was type certificated.

(g)In addition to the methods of stowage in paragraph(c) of this section, flexible travel canes carried by blind individuals may be stowed--

    (1)Under any series of connected passenger seats in the same row, if the cane does not protrude into an aisle and if the cane is flat on the floor; or

    (2)Between a nonemergency exit window seat and the fuselage, if the

cane is flat on the floor; or

(3)Beneath any two nonemergency exit window seats, if the cane is flat on the floor; or

(4)In accordance with any other method approved by the Administrator.

[Doc. No. 24996,52 FR 21476, June 5, 1987, as amended by Amdt. 121-251, 60 FR 65935, Des. 20, 1995]

圖11-9　為了規範乘客手提行李，航空公司設置行李測試架作為評量標準
資料來源：國立高雄餐旅學院航空管理系林慶杰同學攝。

【引申解析】

　　我國《航空器飛航作業管理規則》第48條規定：「航空器使用人應於營運規範內訂定乘客隨身行李計畫，該計畫應包括各航空器型別之隨身行李件數、重量、尺寸及相關控管作業，並報請民航局核准。乘客隨身行李應置於乘客座椅下或客艙行李櫃內，以避免滑動或掉落，並不得

阻礙緊急裝備之取用及緊急撤離通道。但經民航局核准者，不在此限。
非經確認每件隨身行李均已放置妥當，航空器使用人不得允許航空器後
推、準備滑行。」

　　一般而言，旅客行李可細分為「無託運行李」（unchecked
baggage）和「託運行李」（checked baggage）。無託運行李所指為旅客
自行攜帶上機且自行保管的行李，包含「免費攜帶物品」（free carry on
item）及「座艙行李」（cabin baggage）。所謂「託運行李」的定義是
旅客交予航空公司置放於航空器貨艙託運之行李。一般而言，是較大、
較重、不便於攜帶之行李。以我國國內線的商務艙免費行李限額為20公
斤，經濟艙為10公斤，單件行李最多不可超過20公斤。而國際線的行李
問題較為複雜，依飛行地區不同，託運行李重量之限制可分為「論重
制度」及「論件制度」兩種。「論重制度」的地區大致為IATA Traffic
Conference Area 2（TC2）and Area 3（TC3），「論件制度」則為IATA
Traffic Conference Area 1（TC1）至Area3（TC3）及關島等地。

　　以「論重制度」來說，搭乘頭等艙的成人及二歲以上兒童之免費託
運行李限額為40公斤（88磅），商務艙為30公斤（66磅），經濟艙為20
公斤（44磅），單件行李最多不可超過32公斤。若有嬰兒旅客，則其免
費託運行李限額為10公斤及一部摺疊式嬰兒車。

　　至於美國、加拿大、美加屬地、南美洲特定國家、中美洲特定國家
等地所實施的「論件制度」，原則上，搭乘頭等艙和商務艙的成人及二
歲以上兒童之免費託運行李限額為行李兩件，且每件行李以體積長寬高
總和62吋（158公分）及重量70磅（32公斤）為限。搭乘經濟艙的成人
及二歲以上之兒童之免費託運行李限額為兩件，每件行李以體積長寬高
62吋（158公分）及重量70磅（32公斤）為限，但兩件行李的總體積不
可超過107吋（273公分）。若有嬰兒旅客，則其免費託運行李限額包含
一件以體積長寬高總和45吋（115公分）10公斤為限的行李，另可攜帶
一部摺疊式嬰兒車。補充一提，若旅客係往返美國者，機票行程內含第
三區（亞洲地區、西南太平洋地區）行程時，則該航段仍適用「論件制

度」。

　　至於旅客在搭機旅途中爲了穿著、使用、方便、舒適而須攜帶之「無託運行李」，每名旅客僅可以攜帶一件長寬高分別不超過56公分、36公分、23公分（22吋、14吋、9吋），單邊長寬高總和不超過115公分（45吋），重量不超過7公斤（15磅）之行李（或登機箱）等物品。原則上，「無託運行李」以能放置在座椅底下或座椅上方的密閉式置物櫃內，以避免滑動或掉落爲標準，並不得阻礙緊急撤離通道及影響緊急裝備之取用。妥善放置之定義：(1)置於座椅下方的「無託運行李」必須有前擋及側擋，以避免行李滑入通道；(2)「無託運行李」不可妨礙旅客在通道上的移動；(3)放置於上方置物箱內的物品須符合安全原則，且客艙服務人員能輕易地關閉箱門；(4)當上方置物箱門開啓時，物品不會由箱內掉落；(5)不得放置於旅客身上。

　　實務上，航空公司在各劃位櫃檯及候機室均設置的「無託運行李」測試架（test unit）作爲評量標準。有關各航空公司「託運行李」的免費額度政策不盡相同，因此各航間存在若干小小的差異，旅客旅行前應洽問清楚（楊政樺；2001）。

參考文獻

美國聯邦航空總署法規查詢系統。
高聰明（1998）。《航空客運風險管理》，長榮航空訓練中心。
楊政樺（2001）。《航空地勤服務管理》。台北：揚智文化。

〈附錄一〉中華民國民用航空法

民用航空法（中華民國九十八年一月二十三日總統華總一義字第09800018531
號令）

第一章　總則

第一條　為保障飛航安全，健全民航制度，符合國際民用航空標準法則，促
　　　　進民用航空之發展，特制定本法。

第二條　本法用詞定義如下：

　　　　一、航空器：指任何藉空氣之反作用力，而非藉空氣對地球表面之
　　　　　　反作用力，得以飛航於大氣中之器物。

　　　　二、航空站：指具備供航空器載卸客貨之設施與裝備及用於航空器
　　　　　　起降活動之區域。

　　　　三、飛航：指航空器之起飛、航行、降落及起飛前降落後所需在航
　　　　　　空站、飛行場之滑行。

　　　　四、航空人員：指航空器駕駛員、飛航機械員、地面機械員、飛航
　　　　　　管制員、維修員及航空器簽派人員。

　　　　五、飛行場：指用於航空器起降活動之水陸區域。

　　　　六、助航設備：指輔助飛航通信、氣象、無線電導航、目視助航及
　　　　　　其他用以引導航空器安全飛航之設備。

　　　　七、航路：指經民用航空局指定於空中以通道形式設立之管制空
　　　　　　域。

　　　　八、特種飛航：指航空器試飛、特技飛航、逾限或故障維護及運渡
　　　　　　等經核准之單次飛航活動。

　　　　九、飛航管制：指飛航管制機構為防止航空器間、航空器與障礙物
　　　　　　間於航空站跑、滑道滑行時之碰撞及加速飛航流量並保持有序
　　　　　　飛航所提供之服務。

　　　　十、機長：指由航空器所有人或使用人指派，於飛航時指揮並負航
　　　　　　空器作業及安全責任之駕駛員。

十一、民用航空運輸業：指以航空器直接載運客、貨、郵件，取得
　　　報酬之事業。

十二、普通航空業：指以航空器經營民用航空運輸業以外之飛航業
　　　務而受報酬之事業，包括空中遊覽、勘察、照測、消防、搜
　　　尋、救護、拖吊、噴灑、拖靶勤務、商務專機及其他經核准
　　　之飛航業務。

十三、航空貨運承攬業：指以自己之名義，為他人之計算，使民用
　　　航空運輸業運送航空貨物及非具有通信性質之國際貿易商業
　　　文件而受報酬之事業。

十四、航空站地勤業：指於機坪內從事航空器拖曳、導引、行李、
　　　貨物、餐點裝卸、機艙清潔、空橋操作及其有關勞務之事
　　　業。

十五、空廚業：指為提供航空器內餐飲或其他相關用品而於機坪內
　　　從事運送、裝卸之事業。

十六、航空貨物集散站經營業：指提供空運進口、出口、轉運或轉
　　　口貨物集散與進出航空站管制區所需之通關、倉儲場所、設
　　　備及服務而受報酬之事業。

十七、航空器失事：指自任何人為飛航目的登上航空器時起，至所
　　　有人離開該航空器時止，於航空器運作中所發生之事故，直
　　　接對他人或航空器上之人，造成死亡或傷害，或使航空器遭
　　　受實質上損害或失蹤。

十八、航空器重大意外事件：指自任何人為飛航目的登上航空器時
　　　起，至所有人離開該航空器時止，發生於航空器運作中之事
　　　故，有造成航空器失事之虞者。

十九、航空器意外事件：指自任何人為飛航目的登上航空器時起，
　　　至所有人離開該航空器時止，於航空器運作中所發生除前二
　　　款以外之事故。

二十、超輕型載具：指具動力可載人，且其最大起飛重量不逾
　　　五百一十公斤及最大起飛重量之最小起飛速度每小時不逾
　　　六十五公里或關動力失速速度每小時不逾六十四公里之航空

　　　　器。

二十一、飛航安全相關事件：指航空器因運作中所發生之航空器失
　　　　事、航空器重大意外事件、航空器意外事件及非在運作中
　　　　所發生之地面安全事件。

二十二、航空產品：指航空器、航空器發動機及螺旋槳。

二十三、自用航空器飛航活動：指以自有之航空器從事非營利性之
　　　　飛航。

二十四、飛機：指以動力推動較空氣為重之航空器，其飛航升力之
　　　　產生主要藉空氣動力反作用於航空器之表面。

二十五、直昇機：指較空氣為重之航空器，其飛航升力之產生主要
　　　　藉由一個或數個垂直軸動力旋翼所產生之空氣反作用力。

第三條　交通部為管理及輔導民用航空事業，設交通部民用航空局（以下簡
　　　　稱民航局）；其組織另以法律定之。

第四條　空域之運用及管制區域、管制地帶、限航區、危險區與禁航區之劃
　　　　定，由交通部會同國防部定之。

第五條　航空器自外國一地進入中華民國境內第一次降落，及自國境內前往
　　　　外國一地之起飛，應在指定之國際航空站起降。但經交通部核准或
　　　　緊急情況時，不在此限。

第六條　航空器如須在軍用飛行場降落，或利用軍用航空站設備時，應由航
　　　　空器所有人或使用人申請民航局轉請軍事航空管理機構核准。但因
　　　　故緊急降落者，不在此限。

　　　　航空器在軍用飛行場起降，應遵照該場之規定，並聽從其指揮。

第二章　航空器

第七條　中華民國國民、法人及政府各級機關，均得依本法及其他有關法令
　　　　享有自備航空器之權利。但如空域或航空站設施不足時，交通部對
　　　　自備非公共運輸用航空器之權利得限制之。

　　　　外國人，除依第七章有關規定外，不得在中華民國境內自備航空
　　　　器。

第十條之一　從事自用航空器飛航活動者，應申請民航局核轉交通部核准籌

辦，並應於核准籌辦期間內，購置航空器及具有依相關法規從事安全飛航之能力，並經民航局完成飛航安全能力審查合格後，申請民航局核轉交通部核准，由民航局發給核准文件，始得從事活動。停止活動時，應報請民航局核轉交通部備查。

前項從事自用航空器飛航活動者，應為中華民國國民、社團法人、財團法人。

從事自用航空器飛航活動者，不得以其航空器從事營利性飛航或出租供他人從事飛航活動。

從事自用航空器飛航活動之申請籌辦、核准程序與限制條件、航空器之申購與其限制、機齡限制、飛航申請及其他應遵行事項之規則，由交通部定之。

民航局應派員檢查從事自用航空器飛航活動者之各項人員、設備、飛航作業及活動，受檢者不得規避、妨礙或拒絕，檢查結果發現有缺失者，應通知其限期改善。

第八條　航空器應由所有人或使用人向民航局申請中華民國國籍登記，經審查合格後發給登記證書。已登記之航空器，非經核准註銷其登記，不得另在他國登記。

曾在他國登記之航空器，非經撤銷其登記，不得在中華民國申請登記。

第九條　航空產品與其各項裝備及零組件之設計、製造，應向民航局申請檢定，檢定合格者，發給相關證書；非經民航局檢定合格發給相關證書，不得製造、銷售或使用。

自國外進口之航空產品與其各項裝備及零組件，非經民航局檢定合格或認可，不得銷售或使用。

前二項航空產品與其各項裝備及零組件之設計、製造之檢定、適航證書與適航掛籤之申請、認可、發證、變更、註銷與換發、證照費收取及其他應遵行事項之規則，由交通部定之。

依前條領有登記證書之航空器，其所有人或使用人，應向民航局申請適航檢定；檢定合格者，發給適航證書。

前項適航檢定之分類與限制、適航證書之申請、檢定、發證、撤銷

　　　　　或廢止之條件、註銷與換發、簽證、紀錄、年限管制、適航、維修
　　　　　管理、證照費收取及其他應遵行事項之規則，由交通部定之。

第十條　　航空器合於下列規定之一者，得申請登記爲中華民國國籍航空器：

　　　　　一、中華民國國民所有。

　　　　　二、中華民國政府各級機關所有。

　　　　　三、依中華民國法律設立，在中華民國有主事務所之下列法人所
　　　　　　　有：

　　　　　　　(一)無限公司之股東全體爲中華民國國民。

　　　　　　　(二)有限公司之資本總額逾百分之五十爲中華民國之國民、法
　　　　　　　　　人所有，其代表公司之董事爲中華民國國民。

　　　　　　　(三)兩合公司之無限責任股東全體爲中華民國國民。

　　　　　　　(四)股份有限公司之股份總數逾百分之五十爲中華民國之國
　　　　　　　　　民、法人所有，其董事長及董事逾半數爲中華民國國民，
　　　　　　　　　且單一外國人持有之股份總數不得逾百分之二十五。

　　　　　　　(五)其他法人之代表人全體爲中華民國國民。

　　　　　外籍航空器，除本法另有規定外，不得在中華民國申請國籍登記。

第十一條　中華民國國民、法人及政府各級機關，以附條件買賣方式自外國
　　　　　購買之非中華民國航空器，於完成約定條件取得所有權前或向外國
　　　　　承租之非中華民國航空器，租賃期間在六個月以上，且航空器之操
　　　　　作及人員配備均由買受人或承租人負責者，經撤銷他國之登記後，
　　　　　得登記爲中華民國國籍。

　　　　　前項之登記由買受人或承租人向民航局申請。但其登記不得視爲所
　　　　　有權之證明。

　　　　　本法修正施行前所爲之登記符合本條之規定者，無須另爲登記。

第十二條　航空器登記後，應將中華民國國籍標誌及登記號碼，標明於航空
　　　　　器上顯著之處。

第十三條　登記證書遇有左列情事之一者，失其效力：

　　　　　一、航空器所有權移轉時。

　　　　　二、航空器滅失或毀壞致不能修復時。

　　　　　二、航空器拆卸或棄置時。

四、航空器喪失國籍時。

第十四條　適航證書遇有左列情事之一者，失其效力：

一、有效期間屆滿時。

二、登記證書失效時。

三、航空器不合適航安全條件時。

第十五條　登記證書或適航證書失效時，由民航局公告作廢。持有人並應自失效之日起二十日內，向民航局繳還原證書。

第十六條　已登記之航空器，如發現與第八條第二項、第十條或第十一條之規定不合者，民航局應撤銷其登記，並令繳還登記證書。

第十七條　登記證書失效時，除依前二條之規定辦理外，民航局應即註銷登記。

第十八條　航空器，除本法有特別規定外，適用民法及其他法律有關動產之規定。

第十九條　航空器得為抵押權之標的。

航空器之抵押，準用動產擔保交易法有關動產抵押之規定。

第二十條　航空器所有權移轉、抵押權設定及其租賃，非經登記不得對抗第三人。

第二十條之一　航空器之國籍與所有權之登記、註銷、抵押權與租賃權之登記、塗銷、國籍標誌、登記號碼及登記費收取等事項之規則，由交通部定之。

第二十一條　共有航空器準用海商法第十一條至第十四條及第十六條至第十九條之規定。

第二十二條　航空器，除本法或其他法律有特別規定外，自開始飛航時起，至完成該次飛航時止，不得施行扣留、扣押或假扣押。

第二十三條　航空產品與其各項裝備及零組件之設計、製造、性能、操作限制、飛航及維修資料等事項之標準，由民航局定之。國際間通用之適航標準，適於國內採用者，得經民航局核定後採用之。

航空產品與其各項裝備及零組件之檢定業務，民航局得委託其他機關、團體、個人辦理，受委託者之資格、責任、監督及其他應遵行事項之辦法，由交通部定之。

民航局應派員檢查第一項航空產品與其各項裝備及零組件製造廠
（以下簡稱製造廠）之各項人員、設備，並督導其業務，受檢者不
得規避、妨礙或拒絕；檢查結果發現有缺失者，應通知其限期改
善。其有下列情形之一者，應停止其一部或全部運作：

一、未依民航局核准之文件進行生產作業。

二、品管系統變更，未依規定通知民航局。

三、將民航局核准之產品標誌，標示於不符合適航標準之產品。

第二十三條之一　製造廠應於航空器製造完成後，向民航局申請臨時登記及
相關證書；臨時登記之航空器，僅得使用於航空器試飛或運渡之特
種飛航。

依前項規定申請臨時登記之航空器，不受第十條第一項第三款有關
所有人條件之限制，並免繳臨時登記費用。

第二十三條之二　從事維修航空產品與其各項裝備及零組件之維修廠，應向
民航局申請檢定；檢定合格者，發給維修廠檢定證書。

前項維修廠之檢定分類與程序、檢驗作業手冊、維護紀錄、簽證、
廠房設施、裝備、器材、工作人員之資格、維護與品保系統之建
立、申請檢定或申請增加、變更檢定、檢定證書之發證、註銷與換
發、證照費收取、維修管理及其他應遵行事項之規則，由交通部定
之。

民航局應派員檢查維修廠各項人員、設備，並督導其業務，受檢者
不得規避、妨礙或拒絕；檢查結果發現有缺失者，應通知其限期改
善。其有下列情形之一者，應停止其一部或全部運作：

一、航空人員未持有效檢定證或航空器駕駛員生理、心理狀態不適
合飛航。

二、航空器試飛對地面人員或財產有立即危險之虞。

第三章　航空人員

第二十四條　航空人員應為中華民國國民。但經交通部核准者，不在此限。

第二十五條　航空人員經學、術科檢定合格，由民航局發給檢定證後，方得
執行業務，並應於執業時隨身攜帶。

前項航空人員檢定之分類、檢定證之申請資格、學、術科之檢定項目、重檢、屆期重簽、檢定加簽、逾期檢定、外國人申請檢定之資格與程序、證照費收取、工作權限及其他應遵行事項之規則，由交通部定之。

第一項航空人員學、術科檢定業務，得委託機關、團體或個人辦理之；受委託者之資格、責任、監督及其他應遵行事項之辦法，由民航局定之。

第二十六條　航空器駕駛員、飛航機械員、飛航管制員之體格，應經民航局定期檢查，並得為臨時檢查；經檢查符合標準者，由民航局核發體格檢查及格證，並應於執業時隨身攜帶；經檢查不合標準者，應停止其執業。

前項航空人員體格之分類、檢查期限、檢查項目、檢查不合標準申請覆議之程序與提起複檢條件、期間之規定、檢查與鑑定費用之收取、體格檢查及格證之核發及檢查不合標準時停止執業之基準等事項之檢查標準，由民航局定之。

第一項航空人員體格檢查業務，得委託機關、團體辦理之；受委託者之資格、條件、責任及監督等事項之辦法，由民航局定之。

第二十七條　交通部為造就民用航空人才，得商同教育部設立民用航空學校或商請教育部增設或調整有關科、系、所、學院。

民用航空人員訓練機構於立案前，應先經交通部核准。

前項民用航空人員訓練機構之訓練分類、組織、籌設申請、許可證之申請、註銷與換發、招生程序、訓練學員之資格、訓練課程、訓練設施與設備、教師資格、證照費收取及訓練管理等事項之設立規則，由交通部定之。

民航局得派員檢查民用航空人員訓練機構之各項人員、訓練、設備，並督導其業務，受檢者不得拒絕、規避或妨礙；如有缺失，應通知受檢者限期改善。

第四章　航空站、飛行場與助航設備

第二十八條　國營航空站之籌設、興建、營運，應由民航局報經交通部核准

後，始得為之。直轄市、縣（市）營航空站之籌設、興建、營運，應由直轄市、縣（市）政府申請民航局核轉交通部核准後，始得為之。

民營航空站應由符合第十條第一項第三款第四目規定之股份有限公司申請民航局核轉交通部許可籌設，並應在核定籌設期間內興建完成及依法向有關機關辦妥登記後，申請民航局核轉交通部核准，始得營運。

前二項航空站之籌設、興建、營運之申請、核准、出租、轉讓、撤銷或廢止之條件、註銷、停止營運或解散、經營投資、作業管理及其他應遵行事項之辦法，由交通部定之。

第二十八條之一　前條航空站於興建後，其供航空器起飛、降落及地面活動區域之設施及作業，應由航空站經營人申請民航局認證合格。

本法中華民國九十六年六月十五日修正之條文施行前已營運之航空站，其供航空器起飛、降落與地面活動區域之設施及作業，由民航局通知航空站經營人限期申請認證。

前二項設施與作業之項目、認證、豁免程序、發證、吊扣、註銷及其他應遵行事項之辦法，由交通部定之。

民航局應派員檢查航空站內供航空器起飛、降落與地面活動區域之設施及作業，並督導其業務，航空站經營人不得規避、妨礙或拒絕；檢查結果發現有缺失者，應通知其限期改善。

第二十九條　飛行場得由中華民國各級政府、中華民國國民或具有第十條第一項第三款規定資格之法人向民航局申請，經交通部會同有關機關核准設立經營；其出租、轉讓或廢止時，亦同。

前項飛行場之經營人及管理人應以中華民國國民為限。

第二十九條之一　民營飛行場之籌設申請、設立許可、撤銷或廢止之條件、註銷、停止營運或解散、飛航管制、氣象測報、設計規範、安全作業、臨時性起降場所之申請、營運管理及其他應遵行事項之規則，由交通部定之。

第三十條　航空站及飛行場，非經民航局許可，不得兼供他用。

借用軍用航空站及飛行場，交通部應與國防部協議。

第三十一條　國境內助航設備之設置、變更及廢止應先經申請民航局核准後始得為之。

助航設備設置人，應依民航局之規定管理其各項設備。

第三十二條　為維護飛航安全，民航局對航空站、飛行場及助航設備四周之建築物、其他障礙物之高度或燈光之照射角度，得劃定禁止或限制之一定範圍，報交通部會商內政部及有關機關後核定，由直轄市、縣（市）政府公告之。但經評估不影響飛航安全，並經行政院專案核准者，不在此限。

前項航空站、飛行場與助航設備四周之一定範圍、禁止或限制之高度或燈光之照射角度、公告程序、禁止、限制及專案核准之審核程序等事項之管理辦法，由交通部會同內政部、國防部定之。

第三十三條　違反前條強制、禁止或限制規定者，民航局得會同有關機關通知物主限期改善或拆遷。但經依前條專案核准者，物主應負責裝置障礙燈、標誌。

前項應拆遷或負責裝置障礙燈、標誌之建築物、燈光或其他障礙物，於禁止或限制之一定範圍公告時已存在者，其拆遷或負責裝置障礙燈、標誌，由航空站或飛行場經營人給與補償。

未依第一項規定拆遷者，由航空站及航空警察局會同有關機關強制拆除之。

第三十三條之一　建築物或其他設施超過一定高度者，物主應裝置障礙燈、標誌，並保持正常使用狀況；低於一定高度而經民航局評估有影響飛航安全者，亦同。

前項一定高度、設置障礙燈、標誌及影響飛航安全評估等事項之標準，由交通部會同內政部定之。

第三十四條　占有人應防止其牲畜、飛鴿及鳥類侵入航空站、飛行場或助航設備區域。對已侵入之牲畜、飛鴿及鳥類，顯有危害飛航安全者，航空站、飛行場或助航設備之經營人、管理人予以捕殺或驅離之。其有侵入之虞者，並得在航空站或飛行場四周之一定距離範圍內，採取適當措施。

航空站或飛行場四周之一定距離範圍內，禁止飼養飛鴿或施放有礙

飛航安全之物體。但經民航局核准者,不在此限。

前二項所訂一定距離範圍,由交通部會同有關機關劃定公告。於公告前,在該一定距離範圍內已存在之鴿舍,其在公告所定期間內拆遷者,由航空站或飛行場經營人給予補償,屆期不遷移或擅自再設者,由航空站、飛行場之經營人、管理人會同航空警察局強制拆除,不予補償;必要時,並得洽請有關機關協助執行。

前項所訂鴿舍拆遷補償之申請、現場勘查、鑑價、補償金之發放及其他應遵行事項之辦法,由交通部定之。

施放之有礙飛航安全物體,由航空站、飛行場之經營人、管理人會同航空警察局取締之;必要時,並得洽請有關機關協助執行。

第三十五條　航空站噪音防制工作,由民航局會同行政院環境保護署共同訂定噪音防制工作計畫。

前項航空站,屬於國營者,其噪音防制工作,由民航局辦理,並得由民航局委辦當地直轄市、縣(市)政府辦理;非屬國營之航空站,其噪音防制工作,由經營人辦理。

第三十六條　公營航空站、飛行場及助航設備所需之土地,政府得依法徵收之。

第三十七條　使用航空站、飛行場、助航設備及相關設施,應依規定繳納使用費、服務費或噪音防制費;使用國營航空站、助航設備及相關設施之收費標準,由交通部定之。非屬國營之航空站、飛行場之收費費率,由經營人擬訂,報請民航局核轉交通部核定;變更時,亦同。

前項噪音防制費,應作為噪音防制之用;該項費用應優先用於民用航空器使用之航空站附近噪音防制設施,其餘得視需要,用於相關居民健康維護、電費、房屋稅、地價稅等。

第一項各項費用中,場站降落費應按各航空站徵收之比率,每年提撥百分之八作為該航空站回饋金,該項費用應用於補助維護居民身心健康、獎助學金、社會福利、文化活動、基層建設經費、公益活動等。

前二項之經費分配及使用辦法,國營航空站由交通部定之。非屬國

營之航空站之經費分配及使用計畫，由經營人擬訂，報請民航局核轉交通部核定；飛行場之回饋金經費分配及使用計畫，由經營人擬訂，報請民航局核轉交通部核定。

第五章　飛航安全

第三十八條　航空器飛航時，應具備下列文書：

一、航空器登記證書。

二、航空器適航證書。

三、飛航日記簿。

四、載客時乘客名單。

五、貨物及郵件清單。

六、航空器無線電臺執照。

機長於起飛前，應確認航空器已具備前項文書。

航空器飛航前，經民航局檢查發覺未具備第一項文書或其文書失效者，應制止其飛航。

第三十九條　航空器之特種飛航，應先申請民航局核准。

第四十條　領有航空器適航證書之航空器，其所有人或使用人，應對航空器為妥善之維護，並應於飛航前依規定施行檢查，保持其適航安全條件，如不適航，應停止飛航；檢查員或機長認為不適航時，亦同。

民航局應派員或委託機關、團體指派合格人員檢查航空器所有人或使用人之機務作業，航空器所有人或使用人不得規避、妨礙或拒絕；如航空器之維護狀況不合於適航安全條件者，應制止其飛航，並廢止其適航證書。

民用航空運輸業，應將航空器機齡、飛航時數、最近一次維修紀錄及航空器駕駛員飛航時數等資料公開，作為乘客選擇之參考。

第二項受委託者之資格、責任、監督及其他應遵行事項之辦法，由交通部定之。

第四十一條　為維護飛航安全，航空器飛航時，應遵照一般飛航、目視飛航及儀器飛航之管制，並接受飛航管制機構之指示。

前項一般飛航、目視飛航、儀器飛航及其他應遵行事項之規則，由

民航局定之。

第四十一條之一　航空器所有人或使用人應負航空器飛航安全之責,並依本法或本法所發布之法規命令從事安全飛航作業。

　　航空器飛航作業、飛航準備、航空器性能操作限制、航空器儀表、裝備與文件、航空器通信與航行裝備、航空器維護、飛航組員作業、駕駛員資格限制、簽派員、手冊表格與紀錄、客艙組員、保安及其他應遵行事項之規則,由交通部定之。

　　民航局應派員檢查航空器所有人或使用人之航務作業,航空器所有人或使用人不得規避、妨礙或拒絕;檢查結果發現有缺失者,應通知航空器所有人或使用人限期改善;其有下列情形之一者,應停止其飛航:

一、航空人員未持有效檢定證。

二、航空器駕駛員生理、心理狀態不適合飛航。

第四十一條之二　飛航安全相關事件之通報、消防、搶救、緊急應變及非屬航空器失事或重大意外事件之調查、統計及分析等事項之規則,由民航局定之。

第四十二條　航空器不得飛越禁航區。

　　航空器於飛航限航區及危險區,應遵守飛航規則之規定。

第四十三條　危險物品不得攜帶或託運進入航空器。但符合依第四項所定辦法或民航局核定採用之國際間通用之危險物品處理標準有關分類、識別、空運限制、封裝、標示、申報及託運人責任事項之規定者,不在此限。

　　民用航空運輸業、普通航空業、航空貨運承攬業、航空站地勤業、空廚業及航空貨物集散站經營業不得託運、存儲、裝載或運送危險物品。但符合第四項所定辦法或民航局核定採用之國際間通用之危險物品處理標準有關分類、識別、空運限制、封裝、標示、申報、託運人責任、航空器所有人或使用人責任、資訊提供、空運作業、訓練計畫、申請程序與遵守事項、失事與意外事件之通報及其他應遵行事項之規定者,不在此限。

　　前二項危險物品名稱,由民航局公告之。

危險物品之分類與識別、空運之限制、封裝、標示、申報、託運人責任、航空器所有人或使用人責任、資訊提供、空運作業、訓練計畫、申請程序與遵守事項、失事與意外事件之通報及其他應遵行事項之辦法，由交通部定之。國際間通用之危險物品處理標準，適於國內採用者，得經民航局核定後採用之。

第四十三條之一　槍砲彈藥刀械管制條例所定槍砲、刀械或其他有影響飛航安全之虞之物品，不得攜帶進入航空器。但因特殊任務需要，經航空警察局核准，並經航空器使用人同意之槍砲，不在此限。

前項其他有影響飛航安全之虞之物品名稱，由民航局公告之。

第四十三條之二　航空器關閉艙門並經航空器上工作人員宣布禁止使用時起至開啟艙門止，不得於航空器上使用干擾飛航或通訊之器材。

前項干擾飛航或通訊器材之種類及其禁止使用規定，由民航局公告之。

第四十四條　航空器飛航中，不得投擲任何物件。但法令另有規定，或為飛航安全，或為救助任務，而須投擲時，不在此限。

第四十五條　航空器在飛航中，機長為負責人，並得為一切緊急處置。

第四十六條　航空器及其裝載之客貨，均應於起飛前降落後，依法接受有關機關之檢查。

第四十七條　乘客於運送中或於運送完成後，與航空器運送人發生糾紛者，民航局應協助調處之。

乘客於調處時，受航空器運送人退去之要求，而仍留滯於航空器中者，航空器運送人經民航局同意，得請求航空警察局勸導或強制乘客離開航空器。

第一項之調處辦法，由民航局定之。

第四十七條之一　交通部為辦理國家民用航空保安事項，應擬訂國家民用航空保安計畫，報請行政院核定後實施。

航空警察局為各航空站之航空保安管理機關，應擬訂各航空站保安計畫，報請民航局核定後實施。

於航空站內作業之各公民營機構，應遵守航空站保安計畫之各項規定。

第四十七條之二　民用航空運輸業及普通航空業，應依國家民用航空保安計
　　　　　　　　畫擬訂其航空保安計畫，報請民航局核定後實施。

　　　　　　　　外籍民用航空運輸業應訂定其航空保安計畫，報請民航局備查後實
　　　　　　　　施。

　　　　　　　　航空貨物集散站經營業、航空站地勤業、空廚業及其他與航空站管
　　　　　　　　制區相連通並具獨立門禁與非管制區相連通之公民營機構，應於其
　　　　　　　　作業之航空站擬訂航空保安計畫，報請航空警察局核定後實施。

　　　　　　　　航空貨運承攬業得訂定航空保安計畫，向航空警察局申請為保安控
　　　　　　　　管人。

　　　　　　　　航空警察局得派員查核、檢查及測試航空站內作業之各公民營機構
　　　　　　　　及保安控管人之航空保安措施及航空保安業務，受查核、檢查及測
　　　　　　　　試單位不得規避、妨礙或拒絕；檢查結果發現有缺失者，應通知其
　　　　　　　　限期改善。

　　　　　　　　前項航空警察局派員查核、檢查及測試時，得要求航空站經營人會
　　　　　　　　同辦理。

第四十七條之三　航空器載運之乘客、行李、貨物及郵件，未經航空警察局
　　　　　　　　安全檢查者，不得進入航空器。但有下列情形之一者，不在此限：

　　　　　　　　一、依條約、協定及國際公約規定，不需安全檢查。

　　　　　　　　二、由保安控管人依核定之航空保安計畫實施保安控管之貨物。

　　　　　　　　三、其他經航空警察局依規定核准。

　　　　　　　　前項安全檢查之方式，由航空警察局公告之。

　　　　　　　　航空器所有人或使用人不得載運未依第一項規定接受安全檢查之乘
　　　　　　　　客、行李、貨物及郵件。

　　　　　　　　航空器上工作人員與其所攜帶及託運之行李、物品於進入航空器
　　　　　　　　前，應接受航空警察局之安全檢查，拒絕接受檢查者，不得進入航
　　　　　　　　空器。

　　　　　　　　航空器所有人或使用人對航空器負有航空保安之責。

　　　　　　　　前五項規定，於外籍航空器所有人或使用人，適用之。

第四十七條之四　航空站經營人為維護安全及運作之需求，應劃定部分航空
　　　　　　　　站區域為管制區。

527

人員、車輛及其所攜帶、載運之物品進出管制區，應接受航空警察局檢查。

第四十七條之五　航空保安計畫之訂定與報核程序、航空器所有人或使用人對於航空器之戒護與清艙檢查、旅客、行李、貨物、空廚餐飲與侍應品之保安措施、保安控管人之申請程序、戒護與被戒護人、武裝空安人員與其他經航空警察局許可攜帶武器進入航空器人員搭機應遵行事項、保安控制人員之資格、航空保安事件之緊急應變措施、航空保安品質管制計畫之訂定與報核程序、保安訓練計畫之訂定與報核程序、保安資料之保密、外籍航空器所有人或使用人保安管理及其他應遵行事項之辦法，由交通部定之。

第六章　民用航空事業之管理

第一節　民用航空運輸業

第四十八條　經營民用航空運輸業者，應申請民航局核轉交通部許可籌設，並應在核定籌設期間內，依法向有關機關辦妥登記、自備航空器及具有依相關法規從事安全營運之能力，並經民航局完成營運規範審查合格後，申請民航局核轉交通部核准，如營業項目包括國際運送業務者，並應先向海關辦理登記，取得證明文件，由民航局發給民用航空運輸業許可證，始得營業。

民用航空運輸業自民航局發給許可證之日起，逾二十四個月未開業，或開業後停業逾六個月者，由民航局報請交通部廢止其許可後，註銷其許可證，並通知有關機關廢止其登記。但有正當理由，並依規定程序申請核准延展者，不在此限。

民用航空運輸業結束營業，應先報請民航局轉報交通部備查，並自結束營業之日起三十日內，將原領民用航空運輸業許可證繳還；屆期未繳還時，由民航局逕行公告註銷。

第二項核准延展期限不得逾六個月，並以一次為限。

第四十九條　民用航空運輸業應為公司組織，並應合於下列規定：

一、無限公司之股東全體為中華民國國民。

二、有限公司之資本總額逾百分之五十為中華民國之國民、法人所

有，其代表公司之董事爲中華民國國民。

三、兩合公司之無限責任股東全體爲中華民國國民。

四、股份有限公司之股份總數逾百分之五十爲中華民國之國民、法
人所有，其董事長及董事逾半數爲中華民國國民，且單一外國
人持有之股份總數不得逾百分之二十五。

股份有限公司發行股票者，其股票應記名。

第五十條　民用航空運輸業應取得國際航權及時間帶，並持有航線證書後，
方得在指定航線上經營國際定期航空運輸業務。民航局應設置國際
機場時間帶協調委員會，或委託中立機構，辦理機場時間帶分配；
其受委託者之資格、條件、責任及監督等事項之辦法，由民航局定
之。

民用航空運輸業應取得國內機場航空器起降額度或時間帶，並持有
航線證書後，方得在指定航線上經營國內定期航空運輸業務。

前二項指定航線之起迄經停地點、業務性質及期限，均於航線證書
上規定之。

第一項國際航權分配及包機之審查綱要，由交通部定之。

第二項之國內機場航空器起降額度管理辦法及時間帶管理辦法，由
民航局定之。

第五十一條　民用航空運輸業許可證或航線證書，不得轉移，其持有人不得
認爲已取得各該許可證或證書所載各項之專營權。

第五十二條　已領有航線證書之民用航空運輸業，或經停中華民國境內之航
空器，應依郵政法之規定，負責載運郵件。

第五十三條　航空函件及航空郵政包裹運費應低於一般航空貨物運價。

第五十四條　民用航空運輸業對航空函件，應在客貨之前優先運送。

第五十五條　民用航空運輸業客貨之運價，其爲國際定期航線者，應報請民
航局轉報交通部備查；其爲國內定期航線者，應報請民航局轉報交
通部核准其上、下限範圍。變更時，亦同。

前項運價之使用、優惠方式、報核程序及生效日期等相關事項之管
理辦法，由交通部定之。

爲照顧澎湖縣、金門縣、連江縣、台東縣蘭嶼鄉及綠島鄉等離島地

區居民，對於往返居住地或離島與其離島間，搭乘航空器者，應予票價補貼。其補貼標準依機場條件劃分如下：

一、澎湖縣馬公機場、金門縣尚義機場補貼百分之二十。

二、連江縣南竿及北竿機場補貼百分之三十。

三、澎湖縣七美及望安機場、台東縣蘭嶼及綠島機場補貼百分之四十。

前項航空器，包含固定翼飛機及直昇機。

對於經營離島地區固定翼飛機及直昇機之航空公司，應予獎助。

第三項票價補貼辦法及前項獎助辦法，均由交通部擬訂，報請行政院核定之。

第五十六條　民用航空運輸業應將左列表報按期送請民航局核轉交通部備查：

一、有關營運者。

二、有關財務者。

三、有關航務者。

四、有關機務者。

五、股本百分之三以上股票持有者。

民航局於必要時，並得檢查其營運財務狀況及其他有關文件。

第五十七條　民航局得派員檢查民用航空運輸業各項人員、設備，並督導其業務，民用航空運輸業者不得拒絕、規避或妨礙；如有缺失，應通知民用航空運輸業者限期改善。

第五十八條　民用航空運輸業具有左列情事之一時，除應依法辦理外，並應申報民航局核轉交通部備查：

一、增減資本。

二、發行公司債。

三、與其他民用航空運輸業相互間或與相關企業組織間，有關租借、相繼運送及代理等契約。

四、主要航務及機務設備之變更或遷移。

第五十八條之一　民用航空運輸業申請聯營時，應擬具聯營實施計畫書，並檢附有關文件，報請民航局核轉交通部許可後，始得實施聯營；交

通部許可聯營時,得附加條件、期限、限制或負擔。

民用航空運輸業不依核定之計畫實施聯營、或核准聯營事由消滅或聯營事項有違公共利益或民航發展者,交通部得廢止許可、變更許可內容、命令停止或改正聯營行為。

第一項之聯營如構成公平交易法第七條之聯合行為者,應先經行政院公平交易委員會之許可;其聯營許可審查辦法,由交通部會同行政院公平交易委員會定之。

第五十九條 民航局為應公共利益之需要,得報請交通部核准後,通知民用航空運輸業調整或增闢指定航線。

第六十條 政府遇有緊急需要時,民用航空運輸業應接受交通部之指揮,辦理交辦之運輸事項。

第六十一條 民用航空運輸業依法解散時,其許可證及航線證書同時失效,並應於三十日內向民航局繳銷之。

第六十二條 民用航空運輸業許可證及航線證書定有期限者,期滿後非依法再行申請核准,不得繼續營業。

第六十三條 (刪除)

第六十三條之一 民用航空運輸業之營業項目、資格條件之限制、籌設申請與設立許可、許可證之申請、登記、註銷與換發、資本額、公司登記事項之變更、航空器之購買、附條件買賣、租用、機齡限制、航線籌辦、航線暫停或終止、飛航申請、聯營許可、證照費與包機申請費收取、營運管理及其他應遵行事項之規則,由交通部定之。

第二節 普通航空業

第六十四條 經營普通航空業者,應申請民航局核轉交通部許可籌設,並應在核定籌設期間內,依法向有關機關辦妥登記、自備航空器及具有依相關法規從事安全營運之能力,並經民航局完成營運規範審查合格後,申請民航局核轉交通部核准,營業項目包括商務專機之國際運送業務者,並應向海關辦理登記,取得證明文件,由民航局發給普通航空業許可證,始得營業。

普通航空業自民航局發給許可證之日起,逾十二個月未開業,或開業後停業逾六個月者,由民航局報請交通部廢止其許可後,註銷其

　　　　　　許可證，並通知有關機關廢止其登記。但有正當理由，並依規定程
　　　　　　序申請核准延展者，不在此限。

　　　　　　前項核准延展期限不得逾六個月，並以一次爲限。

第六十四條之一　普通航空業經營商務專機業務，應以座位數十九人以下之
　　　　　　飛機或直昇機提供單一客戶專屬客運服務，不得有個別攬客行爲。

　　　　　　普通航空業之營業項目、籌設申請與設立許可、許可證之申請、登
　　　　　　記、註銷與換發、資本額、公司登記事項之變更、航空器之購買、
　　　　　　附條件買賣、租用、機齡限制、飛航申請、證照費收取、營運管理
　　　　　　及其他應遵行事項之規則，由交通部定之。

第六十五條　第四十八條第三項、第四十九條、第五十六條、第五十七條、
　　　　　　第六十條規定，於普通航空業準用之。

第三節　航空貨運承攬業

第六十六條　經營航空貨運承攬業者，應申請民航局核轉交通部許可籌設，
　　　　　　並應在核定籌設期間內，依法向有關機關辦妥登記後，申請民航局
　　　　　　核轉交通部核准，由民航局發給航空貨運承攬業許可證後，始得營
　　　　　　業。

　　　　　　航空貨運承攬業自民航局發給許可證之日起逾六個月未開業，或開
　　　　　　業後停業逾六個月者，由民航局報請交通部廢止其許可後，註銷其
　　　　　　許可證，並通知有關機關廢止其登記。但有正當理由，並依規定程
　　　　　　序申請核准延展者，不在此限。

　　　　　　航空貨運承攬業結束營業，應先報請民航局轉報交通部備查，並自
　　　　　　結束營業之日起三十日內，將原領航空貨運承攬業許可證繳還，屆
　　　　　　期未繳還時，由民航局逕行公告註銷。

　　　　　　第二項核准延展期限不得逾六個月，並以一次爲限。

第六十六條之一　航空貨運承攬業應爲公司組織。

第六十七條　外籍航空貨運承攬業申請在中華民國境內設立分公司者，應申
　　　　　　請民航局核轉交通部許可籌設，並應在核定籌設期間內，依法辦理
　　　　　　分公司登記後，申請民航局核轉交通部核准，由民航局核發外籍航
　　　　　　空貨運承攬業分公司許可證後，始得營業。

　　　　　　外籍航空貨運承攬業未依前項規定設立分公司營運者，應委託在中

華民國境內之航空貨運承攬業代為執行或處理航空貨運承攬業務，始得在中華民國境內辦理航空貨運承攬業務。

第一項外籍航空貨運承攬業分公司結束營業，應先報請民航局轉報交通部備查，並自結束營業之日起三十日內，將原領外籍航空貨運承攬業分公司許可證繳還；屆期未繳還者，由民航局逕行公告註銷。

第六十八條 （刪除）

第六十九條　民航局得派員檢查航空貨運承攬業各項設備及業務，航空貨運承攬業者不得拒絕、規避或妨礙；如有缺失，應通知航空貨運承攬業限期改善。

第七十條　航空貨運承攬業不得聘用左列人員為經理人，已充任者，解任之：

一、有公司法第三十條各款情事之一者。

二、曾經營航空貨運承攬業受撤銷許可未滿五年者。

前項規定於公司董事及監察人，準用之。

第七十條之一　航空貨運承攬業、外籍航空貨運承攬業分公司之籌設申請與設立許可、許可證之申請、登記、註銷與換發、資本額、公司登記事項之變更、證照費收取、外籍航空貨運承攬業委託業務之申請、營運管理及其他應遵行事項之規則，由交通部定之。

前二條規定，於外籍航空貨運承攬業，準用之。

第四節　航空貨物集散站經營業

第七十一條　經營航空貨物集散站經營業者，應具備有關文書，申請民航局核轉交通部許可籌設，並應在核定籌設期間內，依法向有關機關辦妥登記，備妥有關場地、設備、設施，並應向海關辦理登記，取得證明文件後，申請民航局核轉交通部核准，由民航局發給航空貨物集散站經營業許可證後，始得營業。

航空貨物集散站如經核准於國際機場外二十五公里範圍內營業者，民航局應於機場內設置專屬之交接區域，以供機場外航空貨物集散站之貨物交接進出。

航空貨物集散站經營業自民航局發給許可證之日起，逾六個月未開

業，或開業後停業逾六個月者，由民航局報請交通部廢止其許可後，註銷其許可證，並通知有關機關廢止其登記。但有正當理由，並依規定程序申請核准延展者，不在此限。

前項核准延展期限不得逾六個月，並以一次爲限。

第七十二條　民用航空運輸業得報請民航局核轉交通部許可後，設立航空貨物集散站，自辦其自營之航空器所承運貨物之集散業務。

前項規定於依條約、協定或基於平等互惠原則，以同樣權利給與中華民國民用航空運輸業在其國內經營航空貨物集散站經營業務之外籍民用航空運輸業，準用之。

第七十二條之一　航空貨物集散站經營業、中外籍民用航空運輸業申請自辦航空貨物集散站經營業務之營業項目、籌設申請與設立許可、許可證之申請、登記、註銷與換發、資本額、公司登記事項之變更、證照費收取及營運管理等事項之規則，由交通部定之。

第七十三條　第四十八條第三項、第五十七條、第六十六條之一規定，於航空貨物集散站經營業準用之。

第五節　航空站地勤業

第七十四條　經營航空站地勤業者，應申請民航局核轉交通部許可籌設，並應在核定籌設期間內，依法向有關機關辦妥登記後，申請民航局核轉交通部核准，由民航局發給航空站地勤業許可證後，始得營業。

航空站地勤業自民航局發給許可證之日起，逾十二個月未開業，或開業後停業逾六個月者，由民航局報請交通部廢止其許可後，註銷其許可證，並通知有關機關廢止其登記。但有正當理由，並依規定程序申請核准延展者，不在此限。

前項核准延展期限不得逾六個月，並以一次爲限。

第七十四條之一　航空站地勤業應爲公司組織，並應合於下列之規定：

一、無限公司之股東全體爲中華民國國民。

二、有限公司之資本總額逾百分之五十爲中華民國之國民、法人所有，其代表公司之董事二分之一以上爲中華民國國民。

三、兩合公司之無限責任股東全體爲中華民國國民。

四、股份有限公司之股份總數逾百分之五十爲中華民國之國民、法

　　　　人所有，其董事長及董事逾半數為中華民國國民，且單一外國
　　　　人持有之股份總數不得逾百分之二十五。

　　　股份有限公司發行股票者，其股票應記名。

　　　航空站地勤業因條約或協定另有規定者，不受前二項規定之限制。

第七十五條　民用航空運輸業得報請民航局核轉交通部許可後，兼營航空站
　　　　地勤業或自辦航空站地勤業務。

　　　前項規定，於依條約、協定或基於平等互惠原則，以同樣權利給與
　　　　中華民國民用航空運輸業者在其國內經營航空站地勤業務之外籍民
　　　　用航空運輸業，準用之。

　　　前二項經許可兼營航空站地勤業或自辦航空站地勤業務者，交通部
　　　　為維持航空站之安全及營運秩序，得限制其一部或全部之營業。

第七十五條之一　航空站地勤業、中外籍民用航空運輸業申請兼營航空站地
　　　　勤業或自辦航空站地勤業務之營業項目、籌設申請與設立許可、許
　　　　可證之申請、登記、註銷與換發、資本額、增減營業項目、公司登
　　　　記事項之變更、證照費收取及營運管理等事項之規則，由交通部定
　　　　之。

第七十六條　第四十八條第三項、第五十七條於航空站地勤業，準用之。

第七十七條　第四十八條第三項、第五十七條、第七十四條、第七十四條之
　　　　一、第七十五條規定，於空廚業準用之。

第七十七條之一　空廚業、中外籍民用航空運輸業申請兼營空廚業之營業項
　　　　目、籌設申請與設立許可、許可證之申請、登記、註銷與換發、資
　　　　本額、公司登記事項之變更、證照費收取及營運管理等事項之規
　　　　則，由交通部定之。

第七章　外籍航空器或外籍民用航空運輸業

第七十八條　外籍航空器，非經交通部許可，不得在中華民國領域飛越或降
　　　　落。但條約或協定另有規定者，從其規定。

　　　民航局得派員檢查在中華民國境內起降之外籍航空器之各項人員、
　　　　設備及其有關文件。

　　　第一項外籍航空器之飛入、飛出與飛越中華民國境內及其他應遵行

事項之規則，由交通部定之。

第七十八條之一　第五條、第六條、第三十七條第一項、第三十八條、第三十九條、第四十一條、第四十二條、第四十三條第一項、第二項、第四十三條之一第一項、第四十四條至第四十七條、第五十三條、第五十四條、第五十五條第一項、第五十七條、第六十一條、第六十二條、第八十九條、第九十條、第九十一條、第九十二條、第九十三條、第九十三條之一、第九十七條及第九十九條規定，於外籍民用航空運輸業、外籍航空器、外籍航空貨運承攬業、外籍航空人員，準用之。

第七十九條　外籍民用航空運輸業，須經民航局許可，其航空器始得飛航於中華民國境內之一地與境外一地之間，按有償或無償方式非定期載運客貨、郵件。

第八十條　外籍民用航空運輸業，依條約或協定，或基於平等互惠原則，其航空器定期飛航於中華民國境內之一地與境外一地之間，按有償或無償方式載運客貨、郵件，應先向民航局申請核發航線證書。

第八十一條　外籍航空器或外籍民用航空運輸業，不得在中華民國境內兩地之間按有償或無償方式載運客貨、郵件或在中華民國境內經營普通航空業務。

第八十二條　外籍民用航空運輸業在中華民國設立分支機構，應檢附有關文書，申請民航局核轉交通部許可後，依法辦理登記；其為分公司者，並應依法辦理分公司登記，申請民航局核轉交通部核准，並向海關辦理登記，取得證明文件，由民航局核發外籍民用航空運輸業分公司許可證後，始得營業。

外籍民用航空運輸業未依前項規定設立分公司營運者，應委託在中華民國境內之總代理執行或處理客、貨運業務，始得在中華民國境內攬載客貨。

第一項外籍民用航空運輸業分公司結束營業，應先報請民航局轉報交通部備查，並自結束營業之日起三十日內，將原領外籍民用航空運輸業分公司許可證繳還；屆期未繳還者，由民航局逕行公告註銷。

第八十三條　中華民國民用航空運輸業或普通航空業因自有航空器維修需要，或政府機關因公務需要，租賃或借用外籍航空器，其期間在六個月以下並經交通部核准者，得不受第八十一條之限制。

第八十三條之一　外籍民用航空運輸業之航線籌辦、設立分支機構、總代理申請、證照費與包機申請費之收取、營運管理及其他應遵行事項之規則，由交通部定之。

第八章（刪除）

第八十四條（刪除）

第八十五條（刪除）

第八十六條（刪除）

第八十七條（刪除）

第八十八條（刪除）

第八十八條之一（刪除）

第九章　賠償責任

第八十九條　航空器失事致人死傷，或毀損他人財物時，不論故意或過失，航空器所有人應負損害賠償責任；其因不可抗力所生之損害，亦應負責。自航空器上落下或投下物品，致生損害時，亦同。

第九十條　航空器依租賃、附條件買賣或借貸而使用者，關於前條所生之損害，由所有人與承租人、附條件買賣買受人或借用人負連帶賠償責任。但附條件買賣、租賃已登記，除所有人有過失外，由承租人、附條件買賣買受人單獨負責。

第九十一條　乘客於航空器中或於上下航空器時，因意外事故致死亡或傷害者，航空器使用人或運送人應負賠償之責。但因可歸責於乘客之事由，或因乘客有過失而發生者，得免除或減輕賠償。

乘客因航空器運送人之運送遲到而致損害者，航空器運送人應負賠償之責。但航空器運送人能證明其遲到係因不可抗力之事由所致者，除另有交易習慣者外，以乘客因遲到而增加支出之必要費用為限。

第九十二條　損害之發生，由於航空人員或第三人故意或過失所致者，航空

器所有人、承租人或借用人，對於航空人員或第三人有求償權。

第九十三條　乘客或航空器上工作人員之損害賠償額，有特別契約者，依其契約；特別契約中有不利於中華民國國民之差別待遇者，依特別契約中最有利之規定。無特別契約者，由交通部依照本法有關規定並參照國際間賠償額之標準訂定辦法，報請行政院核定之。

前項特別契約，應以書面爲之。

第一項所定損害賠償標準，不影響被害人以訴訟請求之權利。

第九十三條之一　航空器使用人或運送人，就其託運貨物或登記行李之毀損或滅失所負之賠償責任，每公斤最高不得超過新台幣一千元。但託運人託運貨物或行李之性質、價值，於託運前已向運送人聲明並載明於貨物運送單或客票者，不在此限。

乘客隨身行李之賠償責任，按實際損害計算。但每一乘客最高不得超過新台幣二萬元。

航空器使用人或運送人因故意或重大過失致生前二項所定之損害者，不得主張賠償額之限制責任。

前三項規定，於航空貨運承攬業、航空站地勤業或航空貨物集散站經營業爲賠償被請求人時，準用之。

第九十四條　航空器所有人應於依第八條申請登記前，民用航空運輸業應於依第四十八條申請許可前，投保責任保險。

前項責任保險，經交通部訂定金額者，應依訂定之金額投保之。

第九十五條　外籍航空器經特許在中華民國領域飛航時，交通部得令其先提出適當之責任擔保金額或保險證明。

第九十六條　未經提供責任擔保之外籍航空器，或未經特許緊急降落或傾跌於中華民國領域之外籍航空器，民航局得扣留其航空器；其因而致人或物發生損害時，並應依法賠償。

遇前項情形，除有其他違反法令情事外，航空器所有人、承租人、借用人或駕駛員能提出擔保經民航局認可時，應予放行。

第九十七條　因第八十九條所生損害賠償之訴訟，得由損害發生地之法院管轄之。

因第九十一條所生損害賠償之訴訟，得由運送契約訂定地或運送目

的地之法院管轄之。

第九十八條　因航空器失事，致其所載人員失蹤，其失蹤人於失蹤滿六個月後，法院得因利害關係人或檢察官之聲請，爲死亡之宣告。

第九十九條　航空器失事之賠償責任及其訴訟之管轄，除本法另有規定外，適用民法及民事訴訟法之規定。

第九章之一　超輕型載具

第九十九條之一　設立超輕型載具活動團體（以下簡稱活動團體），應先經民航局許可，並依法完成人民團體之法人登記，且其活動指導手冊經報請民航局核轉交通部會同行政院體育委員會核定後，始得從事活動。

前項活動指導手冊之內容，應包含下列事項：

一、超輕型載具製造、進口、註冊、檢驗、給證及換（補）證之申請。

二、超輕型載具操作證之給證及換（補）證之申請。

三、活動場地之需求規劃、協調及申請。

四、活動空域之範圍、限制、遵守、空域安全及管理。

五、飛航安全相關事件之通報及處理。

活動團體之設立許可、廢止之條件與程序、活動指導手冊之擬訂、超輕型載具之引進、註冊、檢驗、給證、換（補）證、設計分類、限制、審查程序、超輕型載具操作證之給證、換（補）證、操作與飛航限制、活動場地之申請、比賽之申請、收費基準、飛航安全相關事件之通報及處理、超輕型載具製造廠試飛活動、試飛手冊、資格限制及其他應遵行事項之辦法，由交通部定之。

超輕型載具之設計、製造標準，由民航局定之。國際間通用之標準，適於國內採用者，得經民航局核定後採用之。

第九十九條之二　超輕型載具所有人及操作人應加入活動團體爲會員，始得從事活動，並遵守活動團體之指導。但超輕型載具製造廠及其超輕型載具操作人，不在此限。

超輕型載具所有人及操作人應負超輕型載具飛航安全之責，對超輕

型載具爲妥善之維護，並依本法及本法所發布之法規命令從事安全
飛航作業。

第九十九條之三　超輕型載具應經註冊，並經檢驗合格，發給超輕型載具檢
驗合格證後，始得飛航。但超輕型載具製造廠依民航局核准之試飛
手冊及相關限制從事超輕型載具之試飛活動者，不在此限。

超輕型載具操作人應經體格檢查合格，並經學、術科測驗合格發給
超輕型載具操作證後，始得操作超輕型載具飛航。

超輕型載具之註冊、檢驗給證及操作人之測驗給證等事項，得由民
航局辦理或委託專業機構辦理。

第九十九條之四　超輕型載具活動之空域，由交通部會同國防部劃定，必要
時得廢止之。

前項空域，不得劃定於國家公園及實施都市計畫地區之上空。但農
業區、風景區或經行政院同意之地區者，不在此限。

第一項空域，民航局得依國防或維護飛航安全或公共利益之需要，
訂定使用期限或其他使用上之禁止、限制事項，並公告之。

活動團體應將前項之公告事項，轉知其會員遵守。

第九十九條之五　超輕型載具操作人應以目視飛航操作超輕型載具，並不得
有下列行爲：

一、於劃定空域外從事飛航活動。

二、血液中酒精濃度超過百分之零點零四或吐氣中酒精濃度超過每
　　公升零點二毫克仍操作超輕型載具。

三、於終昏後至始曉前之時間飛航。

超輕型載具操作人在操作時，應防止與其他航空器、超輕型載具或
障礙物接近或碰撞。

民航局取締違法超輕型載具飛航活動或活動場地時，得洽請有關機
關協助執行。

第九十九條之六　操作超輕型載具而致他人死傷，或毀損他人財物時，不論
故意或過失，超輕型載具所有人應負賠償責任；其因不可抗力所生
之損害，亦應負責。自超輕型載具上落下或投下物品，致生損害
時，亦同。

超輕型載具所有人將其超輕型載具交由他人操作者,關於前項所生之損害,由所有人與操作人負連帶賠償責任。

前二項致他人死傷之損害賠償額,準用依第九十三條第一項所定辦法之標準;該辦法所定標準不影響被害人以訴訟請求之權利。

超輕型載具所有人應依前項所定之損害賠償額,投保責任保險。

第九十九條之七　民航局應派員檢查活動團體各項設備、業務及其所屬會員之超輕型載具,活動團體不得拒絕、規避或妨礙;如有缺失,應通知活動團體限期改善。

第九十九條之八　第四十二條第一項、第四十三條第一項、第四十四條、第九十八條、第九十九條規定,於超輕型載具準用之。

第十章　罰則

第一百條　以強暴、脅迫或其他方法劫持航空器者,處死刑、無期徒刑或七年以上有期徒刑。

因而致人於死者,處死刑或無期徒刑;致重傷者,處死刑、無期徒刑或十年以上有期徒刑。

第一項之未遂犯罰之。

預備犯第一項之罪者,處三年以下有期徒刑。

第一百零一條　以強暴、脅迫或其他方法危害飛航安全或其設施者,處七年以下有期徒刑、拘役或新台幣二十一萬元以下罰金。

因而致航空器或其他設施毀損者,處三年以上十年以下有期徒刑。

因而致人於死者,處死刑、無期徒刑或十年以上有期徒刑;致重傷者,處五年以上十二年以下有期徒刑。

第一項之未遂犯罰之。

第一百零二條　違反第四十三條之二第一項規定者,處五年以下有期徒刑、拘役或新台幣十五萬元以下罰金。

犯前項之罪,因而致人於死者,處無期徒刑或七年以上有期徒刑;致重傷者,處三年以上十年以下有期徒刑。

第一百零三條　使用未領適航證書之航空器飛航者,處五年以下有期徒刑、拘役或新台幣一百萬元以下罰金;以無效之適航證書飛航者,亦

同。

第一百零四條　未領檢定證及體格檢查及格證而從事飛航者，處五年以下有期徒刑、拘役或新台幣一百萬元以下罰金。

第一百零五條　未指定犯人向公務員、民用航空事業或活動團體之人員誣告犯危害飛航安全或設施，或散布危害飛航安全之不實訊息者，處三年以下有期徒刑、拘役或新台幣一百萬元以下罰金。

犯前項之罪，因而致生飛航安全危險者，處三年以上十年以下有期徒刑；致航空器毀損或人員傷亡者，處無期徒刑或五年以上有期徒刑。

第一百零六條　以詐術申請檢定或登記，因而取得航空人員檢定證、體格檢查及格證、航空器登記證書或適航證書者，處五年以下有期徒刑、拘役或科或併科新台幣一百萬元以下罰金。

前項書、證，由民航局撤銷。

第一百零七條　違反第七十八條規定者，其機長處三年以下有期徒刑、拘役或新台幣一百萬元以下罰金。

第一百零八條　航空人員、航空器上工作人員、乘客或超輕型載具操作人違反第四十四條規定，而無正當理由者，處三年以下有期徒刑、拘役或新台幣六十萬元以下罰金。

第一百零九條　違反第四十二條第一項規定者，處二年以下有期徒刑、拘役或新台幣四十萬元以下罰金。

第一百十條　製造廠或維修廠之負責人、受僱人或其他從業人員，因執行業務，以未經檢驗合格之航空器各項裝備及其零組件從事製造或維修者，處三年以下有期徒刑、拘役或科或併科新台幣一百萬元以下罰金。

犯前項之罪，因而致生飛航安全危險者，處三年以上十年以下有期徒刑；致人於死者，處死刑、無期徒刑或十年以上有期徒刑；致重傷者，處五年以上十二年以下有期徒刑。

因業務上之過失，犯第一項之罪而致生飛航安全危險者，處三年以下有期徒刑或拘役，得併科新台幣一百萬元以下罰金；致人於死者，處七年以下有期徒刑或拘役，得併科新台幣三百萬元以下罰

金；致重傷者，處五年以下有期徒刑或拘役，得併科新台幣二百萬元以下罰金。

第一百十條之一　超輕型載具操作人於劃定空域外，從事飛航活動，因而致生飛航安全之危險者，處六月以上五年以下有期徒刑；致人於死者，處三年以上十年以下有期徒刑；致重傷者，處一年以上七年以下有期徒刑。

第一百十條之二　無故侵入航空器者，處一年以下有期徒刑、拘役或新台幣五萬元以下罰金。

無故隱匿其內，或受退去之要求而仍留滯者，亦同。

第一百十一條　航空人員有下列情事之一者，處新台幣六萬元以上三十萬元以下罰鍰；情節重大者，停止其執業或廢止其檢定證：

一、無故在航空站或飛行場以外地區降落或起飛。

二、違反第四十六條規定，航空器於起飛前、降落後拒絕接受檢查。

三、因技術上錯誤導致航空器失事或重大意外事件。

四、逾期使用體格檢查及格證或檢定證。

五、填寫不實紀錄或虛報飛行時間。

六、冒名頂替或委託他人代為簽證各項證書、紀錄或文書。

七、航空器發生飛航安全相關事件後，故意隱匿不報。

八、利用檢定證從事非法行為。

九、因怠忽業務而導致重大事件。

十、擅自允許他人代行指派之職務而導致重大事件。

十一、擅自塗改或借予他人使用檢定證。

航空人員有下列情事之一者，得予以警告或處新台幣六萬元以上三十萬元以下罰鍰，並命其限期改善，屆期未改善者，得按次處罰；情節重大者，停止其執業或廢止其檢定證：

一、違反第二十五條第一項規定，未於執業時隨身攜帶檢定證。

二、違反第二十六條第一項規定，未於執業時隨身攜帶體格檢查及格證。

三、違反第三十八條第一項規定，航空器於飛航時應具備之文書不

全。

四、違反第四十一條規定，未遵守飛航管制或飛航管制機構指示。

五、違反依第四十一條之一第二項所定規則有關航空器飛航作業、飛航準備、航空器性能操作限制、航空器儀表、裝備與文件、航空器通信與航行裝備、航空器維護、飛航組員作業、駕駛員資格限制、簽派員、手冊表格與紀錄、客艙組員、保安或其他應遵行事項之規定。

六、檢定證應繳銷而不繳銷。

第一百十二條　航空器所有人、使用人、民用航空運輸業、普通航空業、航空貨運承攬業、航空站地勤業、空廚業、航空貨物集散站經營業、飛行場、製造廠或民用航空人員訓練機構有下列情事之一者，處新台幣六十萬元以上三百萬元以下罰鍰；情節重大者，民航局得報請交通部核准後，停止其營業之一部或全部或廢止其許可：

一、航空器國籍標誌及登記號碼不明或不依規定地位標明。

二、違反第四十條第一項規定之航空器維護作業。

三、規避、妨礙或拒絕依第五十六條第二項規定之檢查。

四、違反第五十八條之一第一項規定，未經許可實施聯營。

五、違反第六十四條之一第一項規定而為個別攬客行為。

六、其他依本法應接受檢查或限期改善事項而規避、妨礙或拒絕檢查或屆期未改善者。

航空器所有人、使用人、民用航空運輸業、普通航空業、航空貨運承攬業、航空站地勤業、空廚業、航空貨物集散站經營業、飛行場、製造廠或民用航空人員訓練機構有下列情事之一者，得予以警告或處新台幣六十萬元以上三百萬元以下罰鍰，並命其限期改善，屆期未改善者，得按次處罰；情節重大者，民航局得報請交通部核准後，停止其營業之一部或全部或廢止其許可：

一、登記證書或適航證書及依據本法所發其他證書應繳銷而不繳銷。

二、違反依第九條第三項所定規則有關航空產品與其各項裝備及零組件之設計、製造之檢定、認可或其他應遵行事項之規定。

三、違反依第九條第五項所定規則有關適航檢定之分類與限制、檢定、簽證、紀錄、年限管制、適航、維修管理或其他應遵行事項之規定。

四、違反第四十一條第一項規定，未遵守飛航管制或飛航管制機構指示。

五、違反依第四十一條之一第二項所定規則有關航空器飛航作業、飛航準備、航空器性能操作限制、航空器儀表、裝備與文件、航空器通信與航行裝備、航空器維護、飛航組員作業、駕駛員資格限制、簽派員、手冊表格與紀錄、客艙組員、保安或其他應遵行事項之規定。

六、違反依第四十一條之二所定規則有關飛航安全相關事件通報作業事項之規定。

七、不遵照噪音管制規定。

八、違反第五十五條第一項規定，客貨運價之訂定及變更，未報請備查或核准。

九、違反第五十六條第一項規定，未按期申報營運、財務、航務、機務或股本百分之三以上股票持有者之表報。

十、違反第五十八條規定，未申報增減資本、發行公司債、租借、相繼運送與代理等契約或主要航務與機務設備之變更或遷移。

未經許可而從事民用航空運輸業、普通航空業、航空貨運承攬業、空廚業、航空站地勤業、航空貨物集散站經營業或民用航空人員訓練機構之業務及製造、銷售航空產品與其各項裝備及零組件者，處新台幣六十萬元以上三百萬元以下罰鍰。

第一百十二條之一　對於前二條未發覺之違規，主動向民航局提出者，民航局得視其情節輕重，減輕或免除其處罰。

第一百十二條之二　有下列情事之一者，處新台幣二萬元以上十萬元以下罰鍰：

一、違反第四十三條第一項規定，攜帶或託運危險物品進入航空器。

二、違反第四十三條之一第一項規定，攜帶槍砲、刀械或有影響飛

　　　　航安全之虞之物品進入航空器。

　　　　民用航空運輸業、普通航空業、航空貨運承攬業、航空站地勤業、空廚業或航空貨物集散站經營業違反第四十三條第二項規定，託運、存儲、裝載或運送危險物品者，處新台幣二萬元以上十萬元以下罰鍰。

　　　　一年內違反前項規定達三次者，處新台幣十萬元以上五十萬元以下罰鍰，並得報請民航局轉報交通部核准後，停止其營業之一部或全部或廢止其許可。

　　　　託運人違反第四十三條第一項規定，不實申報危險物品於進入航空器前受查獲者，處新台幣二萬元以上十萬元以下罰鍰。

　　　　前四項規定，由航空警察局處罰之。

　　　　對於第一項至第四項未發覺之違規，主動向航空警察局提出者，航空警察局得視其情節輕重，減輕或免除其處罰。

第一百十二條之三　航空站地勤業、中外籍民用航空運輸業兼營航空站地勤業或自辦航空站地勤業務者，有違反依第七十五條之一所定規則有關營運管理事項之規定者，得予以警告或處新台幣六萬元以上三十萬元以下罰鍰，並命其限期改善，屆期未改善者，得按次處罰；情節重大者，民航局得報請交通部核准後，停止其營業之一部或全部或廢止其許可。

　　　　空廚業或中外籍民用航空運輸業兼營空廚業者，有違反依第七十七條之一所定規則有關營運管理事項之規定者，得予以警告或處新台幣六萬元以上三十萬元以下罰鍰，並命其限期改善，屆期未改善者，得按次處罰；情節重大者，民航局得報請交通部核准後，停止其營業之一部或全部或廢止其許可。

第一百十二條之四　航空器所有人或使用人、外籍航空器所有人或使用人、民用航空運輸業、外籍民用航空運輸業、普通航空業、航空貨物集散站經營業、航空站地勤業、空廚業、航空站內作業之公民營機構、其他與航空站管制區相連通並具獨立門禁與非管制區相連通之公民營機構，有下列情事之一者，處新台幣三萬元以上十五萬元以下罰鍰，並得按次處罰：

一、違反第四十七條之一第三項規定，未遵守其作業航空站保安計畫之各項規定。

二、違反第四十七條之二第一項至第三項規定，拒絕提送或未提送航空保安計畫。

三、違反第四十七條之二第五項規定，規避、妨礙或拒絕檢查或屆期未改善。

四、違反第四十七條之三第三項規定，載運未依同條第一項規定接受航空警察局安全檢查之乘客、行李、貨物及郵件。

五、違反依第四十七條之五所定辦法有關航空器戒護與清艙檢查、旅客、行李、貨物、空廚餐飲及侍應品保安措施、戒護與被戒護人員、武裝空安人員及其他經航空警察局許可攜帶武器進入航空器人員搭機應遵行事項、保安控制人員資格、航空保安事件緊急應變措施、航空保安品質管制計畫訂定、保安訓練計畫訂定、保安資料保密及外籍航空器所有人或使用人保安管理或其他應遵行事項之規定。

違反前項規定之航空貨物集散站經營業、航空站地勤業、空廚業、航空站內作業之公民營機構、其他與航空站管制區相連通並具獨立門禁與非管制區相連通之公民營機構，由航空警察局處罰之。

航空器所有人或使用人、外籍航空器所有人或使用人、民用航空運輸業、外籍民用航空運輸業、普通航空業、航空貨物集散站經營業、航空站地勤業及空廚業，違反第一項規定，經連續處罰三次仍未改善者，得由民航局或由航空警察局報請民航局核轉交通部核准後，停止其營業之一部或全部或廢止其許可。

保安控管人有下列情事之一者，得由航空警察局廢止其為保安控管人之資格；其於廢止後一年內，不得重新申請為保安控管人：

一、違反第四十七條之二第五項規定，拒不接受檢查或屆期未改善。

二、違反依第四十七條之五所定辦法有關航空器戒護與清艙檢查、旅客、行李、貨物、空廚餐飲與侍應品保安措施、戒護與被戒護人員、武裝空安人員與其他經航空警察局許可攜帶武器進入

航空器人員搭機應遵行事項、保安控制人員資格、航空保安事件緊急應變措施、航空保安品質管制計畫訂定、保安訓練計畫訂定、保安資料保密及外籍航空器所有人或使用人保安管理或其他應遵行事項之規定。

第一百十二條之五　未經核准而從事自用航空器飛航活動者，處新台幣六十萬元以上三百萬元以下罰鍰。

從事自用航空器飛航活動有下列情事之一者，處新台幣六十萬元以上三百萬元以下罰鍰；情節重大者，民航局得報請交通部核准後，停止或限制其飛航活動：

一、違反第七條之一第三項規定，以航空器從事營利性飛航或出租。

二、違反第七條之一第五項規定，規避、妨礙或拒絕檢查或屆期未改善。

從事自用航空器飛航活動有下列情事之一者，得予以警告或處新台幣六萬元以上三十萬元以下罰鍰，並命其限期改善，屆期未改善者，得按次處罰；情節重大者，民航局得報請交通部核准後，停止或限制其飛航活動：

一、航空器國籍標誌及登記號碼不明或不依規定地位標明。

二、登記證書或適航證書及依據本法所發其他證書應繳銷而不繳銷。

三、違反依第九條第五項所定規則有關適航檢定之分類與限制、檢定、簽證、紀錄、年限管制、適航、維修管理或其他應遵行事項之規定。

四、違反第四十條第一項規定之航空器維護作業。

五、違反第四十一條第一項規定，未遵守飛航管制或飛航管制機構指示。

六、違反依第四十一條之一第二項所定規則有關航空器飛航作業、飛航準備、航空器性能操作限制、航空器儀表、裝備與文件、航空器通信與航行裝備、航空器維護、飛航組員作業、駕駛員資格限制、簽派員、手冊表格與紀錄、客艙組員、保安或其他

應遵行事項之規定。

七、不遵照噪音管制規定。

第一百十二條之六　普通航空業有下列情事之一者，處新台幣六萬元以上三十萬元以下罰鍰：

一、未依核准之作業項目實施作業。

二、無故在未經核准之臨時性起降場所起降。

三、搭載未經核准之乘員。

第一百十二條之七　航空貨物集散站經營業有下列情事之一者，得予以警告或處新台幣六萬元以上三十萬元以下罰鍰，並命其限期改善，屆期未改善者，得按次處罰；情節重大者，民航局得報請交通部核准後，停止其營業之一部或全部或廢止其許可：

一、未經核准，將停車場用地移作他用。

二、未經核准，於原核准土地範圍外之相鄰土地增設航空貨物集散站設施。

三、未經核准，於原核准建物範圍內增設貨棧。

四、貨棧未經會勘同意，擅自啟用。

第一百十三條　製造廠或維修廠因其負責人、受僱人或其他從業人員犯第一百十條之罪者，處新台幣一百萬元以上三百萬元以下罰鍰。

第一百十四條　維修廠執行業務時，有下列情事之一者，處新台幣六萬元以上三十萬元以下罰鍰；情節重大者，並得停止其營業之一部或全部或廢止其檢定證書：

一、對於大修理或大改裝之工作，未依照民航局或原製造廠所在國家民航主管機關核定之技術文件執行。

二、執行修護或改裝未經檢定合格範圍內之工作項目，或執行經檢定合格項目，而缺少所需特種裝備、設施、工具或技術文件。

三、修護能量包括所有人員、設施、裝備、工具與器材等，未保持不低於其檢定證所載工作項目所需之標準或未依規定自行定期檢查。

四、執行修護或改裝工作，其所用之器材、方法及程序，未依工作物之原製造廠商所發布或經民航局認可之技術文件實施。

五、使用特種工具或試驗設備時，未依照原製造廠商之建議或民航局認可之代用方案。

六、接受他人委託代為長期維護航空器，未依照其使用人或所有人之維護計畫實施。

七、對經修理或改裝完成之航空產品、儀器、無線電設備或附件，未經由合格之檢驗人員執行最後檢驗，並由民航局核可之人員在工作紀錄及適當之表格或掛籤上簽證，證明其可供安全使用。

八、對所執行之各項修護及改裝工作，未有完整之紀錄或未予妥善保管該項紀錄。

九、經檢定合格後，未依民航局認可之技術文件執行業務，或塗改、填寫不實紀錄，或對品保系統重大失效或產品重大故障、失效或缺陷隱匿不報。

十、違反依第二十三條之二第二項所定規則有關檢驗作業手冊、維護紀錄、簽證、廠房設施、裝備、器材、工作人員之資格、維護與品保系統之建立或維修管理事項之規定。

十一、其他依本法應接受檢查或限期改善事項而規避、妨礙或拒絕檢查或屆期未改善。

對於前項未發覺之違規，主動向民航局提出者，民航局得視其情節輕重，減輕或免除處罰。

第一百十五條　外籍民用航空運輸業，違反本法或依本法所發布之命令或違反條約或協定之規定者，除依本法處罰外，民航局得撤銷其發給之航線證書或暫停其營業之全部或一部。

第一百十六條　民營飛行場經營人、助航設備設置人有左列情形之一者，處新台幣六十萬元以上三百萬元以下罰鍰，並限期改善、拆遷或裝置之，逾期未完成者，得連續處罰之：

一、違反第二十九條第一項規定，未經核准設立、出租、轉讓或廢止飛行場者。

二、違反第三十一條規定，未經核准設置、變更、廢止國境內助航設備或未依規定管理其各項設備者。

第一百十七條　有左列情事之一者，處民營飛行場經營人或管理人新台幣三十萬元以上一百五十萬元以下罰鍰：

一、未經許可，將飛行場兼供他用者。

二、未經許可，將飛行場廢止、讓與或出租者。

三、飛行場收取費用不依規定者。

四、未依規定管理其助航設備者。

第一百十八條　有下列情事之一者，處新台幣三十萬元以上一百五十萬元以下罰鍰：

一、違反第三十三條第一項規定，未於限期內改善、拆遷或負責裝置障礙燈及標誌。

二、違反第三十三條之一第一項規定，未裝置障礙燈、標誌或保持正常使用狀況。

三、違反第三十四條第一項規定侵入之牲畜，經查為占有人疏縱。

四、違反第三十四條第二項規定，飼養飛鴿或施放有礙飛航安全物體。

前項第一款及第二款之物主，經處罰後仍不遵從者，得按次處罰。

第一百十九條　民用航空運輸業，違反第四十條第三項規定者，處新台幣六萬元以上三十萬元以下罰鍰。

第一百十九條之一　超輕型載具所有人、操作人、活動團體或超輕型載具製造廠，有下列情事之一者，處新台幣六萬元以上三十萬元以下罰鍰；其情節重大者，並得停止其活動或廢止超輕型載具操作證：

一、違反第九十九條之一第一項規定，而從事活動。

二、違反第九十九條之二第一項規定，未加入活動團體而從事活動或未遵守活動團體之指導。

三、違反第九十九條之三第一項規定，未領有超輕型載具檢驗合格證而從事飛航活動，或未依民航局核准之試飛手冊及相關限制而從事超輕型載具之試飛活動。

四、違反第九十九條之三第二項規定，未領有超輕型載具操作證，而從事飛航活動。

五、違反依第九十九條之四第三項所定之使用期限或禁止、限制規

六、違反第九十九條之四第四項規定，活動團體未轉知其會員遵守。

七、違反第九十九條之五第一項之禁止規定。

八、違反第九十九條之五第二項規定，而與其他航空器、超輕型載具或障礙物發生接近或碰撞事件。

九、違反第九十九條之六第四項規定，未投保責任保險。

十、違反第九十九條之七規定，規避、妨礙或拒絕檢查或屆期未改善。

第一百十九條之二　於航空器上有下列情事之一者，處新台幣一萬元以上五萬元以下罰鍰：

一、不遵守機長為維護航空器上秩序及安全之指示。

二、使用含酒精飲料或藥物，致危害航空器上秩序。

三、於航空器廁所內吸菸。

四、擅自阻絕偵菸器或無故操作其他安全裝置。

第一百十九條之三　有下列情事之一者，處新台幣五千元以上二萬五千元以下罰鍰，航空站經營人並得會同航空警察局強制其離開航空站：

一、未經許可於航空站向乘客或公眾募捐、銷售物品或其他商業行為。

二、於航空站糾纏乘客或攬客。

三、攜帶動物進入航空站，妨礙衛生、秩序或安全。

四、於航空站隨地吐痰、檳榔汁、檳榔渣，拋棄紙屑、菸蒂、口香糖、其他廢棄物或於禁菸區吸菸。

五、於航空站遊蕩或滯留，致妨礙乘客通行、使用或影響安寧秩序。

六、未經許可，於航空站張貼或散發宣傳品、懸掛旗幟、陳列物品、舉辦活動者或以不當方法污損設施。

七、於航空站之公共通道任意停放車輛致影響通行。

八、違反第四十七條之四第二項規定，拒絕接受檢查或擅自進出管制區。

前項第八款規定，由航空警察局處罰之。

第一百十九條之四　本法所定之罰鍰及其他種類之行政罰，除本法另有規定外，由民航局處罰之。

第一百二十條　（刪除）

第十一章　附則

第一百二十一條　本法未規定事項，涉及國際事項者，民航局得參照有關國際公約及其附約所定標準、建議、辦法或程序報請交通部核准採用，發布施行。

第一百二十二條　（刪除）

第一百二十三條　本法自公布日施行。

〈附錄二〉中華人民共和國民用航空法

中華人民共和國民用航空法

1995年10月30日第八屆全國人民代表大會常務委員會第十六次會議通過

1995年10月30日中華人民共和國主席令第五十六號公布，自1996年3月1日起施行

第一章　總則

第一條　為了維護國家的領空主權和民用航空權利，保障民用航空活動安全和有秩序地進行，保護民用航空活動當事人各方的合法權益，促進民用航空事業的發展，制定本法。

第二條　中華人民共和國的領陸和領水之上的空域為中華人民共和國領空。中華人民共和國對領空享有完全的、排他的主權。

第三條　國務院民用航空主管部門對全國民用航空活動實施統一監督管理；根據法律和國務院的決定，在本部門的權限內，發布有關民用航空活動的規定、決定。國務院民用航空主管部門設立的地區民用航空管理機構依照國務院民用航空主管部門的授權，監督管理各該地區的民用航空活動。

第四條　國家扶持民用航空事業的發展，鼓勵和支援發展民用航空的科學研究和教育事業，提高民用航空科學技術水平。國家扶持民用航空器製造業的發展，為民用航空活動提供安全、先進、經濟、適用的民用航空器。

第二章　民用航空器國籍

第五條　本法所稱民用航空器，是指除用於執行軍事、海關、警察飛行任務外的航空器。

第六條　經中華人民共和國國務院民用航空主管部門依法進行國籍登記的民用航空器，具有中華人民共和國國籍，由國務院民用航空主管部門發給國籍登記證書。國務院民用航空主管部門設立中華人民共和國

民用航空器國籍登記簿，統一記載民用航空器的國籍登記事項。

第七條　下列民用航空器應當進行中華人民共和國國籍登記：

(一)中華人民共和國國家機構的民用航空器；

(二)依照中華人民共和國法律設立的企業法人的民用航空器；企業
法人的註冊資本中有外商出資的，其機構設置、人員組成和中
方投資人的出資比例，應當符合行政法規的規定；

(三)國務院民用航空主管部門准予登記的其他民用航空器。自境外
租賃的民用航空器，承租人符合前款規定，該民用航空器的機
組人員由承租人配備的，可以申請登記中華人民共和國國籍，
但是必須先予註銷該民用航空器原國籍登記。

第八條　依法取得中華人民共和國國籍的民用航空器，應當標明規定的國籍
標誌和登記標誌。

第九條　民用航空器不得具有雙重國籍。未註銷外國國籍的民用航空器不得
在中華人民共和國申請國籍登記。

第三章　民用航空器權利

第一節　一般規定

第十條　本章規定的對民用航空器的權利，包括對民用航空器構架、發動
機、螺旋槳、無線電設備和其他一切為了在民用航空器上使用的，
無論安裝於其上或者暫時拆離的物品的權利。

第十一條　民用航空器權利人應當就下列權利分別向國務院民用航空主管部
門辦理權利登記：

(一)民用航空器所有權；

(二)通過購買行為取得並占有民用航空器的權利；

(三)根據租賃期限為六個月以上的租賃合同占有民用航空器的權
利；

(四)民用航空器抵押權。

第十二條　國務院民用航空主管部門設立民用航空器權利登記簿。同一民用
航空器的權利登記事項應當記載於同一權利登記簿中。

民用航空器權利登記事項，可以供公眾查詢、復制或者摘錄。

第十三條　除民用航空器經依法強制拍賣外，在已經登記的民用航空器權利
　　　　　得到補償或者民用航空器權利人同意之前，民用航空器的國籍登記
　　　　　或者權利登記不得轉移至國外。

第二節　民用航空器所有權和抵押權

第十四條　民用航空器所有權的取得、轉讓和消滅，應當向國務院民用航空
　　　　　主管部門登記；未經登記的，不得對抗第三人。民用航空器所有權
　　　　　的轉讓，應當簽訂書面合同。

第十五條　國家所有的民用航空器，由國家授予法人經營管理或者使用的，
　　　　　本法有關民用航空器所有人的規定適用於該法人。

第十六條　設定民用航空器抵押權，由抵押權人和抵押人共同向國務院民用
　　　　　航空主管部門辦理抵押權登記；未經登記的，不得對抗第三人。

第十七條　民用航空器抵押權設定後，未經抵押權人同意，抵押人不得將被
　　　　　抵押民用航空器轉讓他人。

第三節　民用航空器優先權

第十八條　民用航空器優先權，是指債權人依照本法第十九條規定，向民用
　　　　　航空器所有人、承租人提出賠償請求，對產生該賠償請求的民用航
　　　　　空器具有優先受償的權利。

第十九條　下列各項債權具有民用航空器優先權：
　　　　　(一)援救該民用航空器的報酬；
　　　　　(二)保管維護該民用航空器的必需費用。
　　　　　前款規定的各項債權，後發生的先受償。

第二十條　本法第十九條規定的民用航空器優先權，其債權人應當自援救或
　　　　　者保管維護工作終了之日起三個月內，就其債權向國務院民用航空
　　　　　主管部門登記。

第二十一條　為了債權人的共同利益，在執行人民法院判決以及拍賣過程中
　　　　　產生的費用，應當從民用航空器拍賣所得價款中先行撥付。

第二十二條　民用航空器優先權先於民用航空器抵押權受償。

第二十三條　本法第十九條規定的債權轉移的，其民用航空器優先權隨之轉
　　　　　移。

第二十四條　民用航空器優先權應當通過人民法院扣押產生優先權的民用航

空器行使。

第二十五條　民用航空器優先權自援救或者保管維護工作終了之日起滿三個月時終止；但是，債權人就其債權已經依照本法第二十條規定登記，並具有下列情形之一的除外：

(一)債權人、債務人已經就此項債權的金額達成協議；

(二)有關此項債權的訴訟已經開始。

民用航空器優先權不因民用航空器所有權的轉讓而消滅；但是，民用航空器經依法強制拍賣的除外。

第四節　民用航空器租賃

第二十六條　民用航空器租賃合同，包括融資租賃合同和其他租賃合同，應當以書面形式訂立。

第二十七條　民用航空器的融資租賃，是指出租人按照承租人對供貨方和民用航空器的選擇，購得民用航空器，出租給承租人使用，由承租人定期交納租金。

第二十八條　融資租賃期間，出租人依法享有民用航空器所有權，承租人依法享有民用航空器的占有、使用、收益權。

第二十九條　融資租賃期間，出租人不得干擾承租人依法占有、使用民用航空器；承租人應當適當地保管民用航空器，使之處於原交付時的狀態，但是合理損耗和經出租人同意的對民用航空器的改變除外。

第三十條　融資租賃期滿，承租人應當將符合本法第二十九條規定狀態的民用航空器退還出租人；但是，承租人依照合同行使購買民用航空器的權利或者為繼續租賃而占有民用航空器的除外。

第三十一條　民用航空器融資租賃中的供貨方，不就同一損害同時對出租人和承租人承擔責任。

第三十二條　融資租賃期間，經出租人同意，在不損害第三人利益的情況下，承租人可以轉讓其對民用航空器的占有權或者租賃合同約定的其他權利。

第三十三條　民用航空器的融資租賃和租賃期限為六個月以上的其他租賃，承租人應當就其對民用航空器的占有權向國務院民用航空主管部門辦理登記；未經登記的，不得對抗第三人。

第四章　民用航空器適航管理

第三十四條　設計民用航空器及其發動機、螺旋槳和民用航空器上設備,應當向國務院民用航空主管部門申請領取型號合格證書。經審查合格的,發給型號合格證書。

第三十五條　生產、維修民用航空器及其發動機、螺旋槳和民用航空器上設備,應當向國務院民用航空主管部門申請領取生產許可證書、維修許可證書。經審查合格的,發給相應的證書。

第三十六條　外國製造人生產的任何型號的民用航空器及其發動機、螺旋槳和民用航空器上設備,首次進口中國的,該外國製造人應當向國務院民用航空主管部門申請領取型號認可證書。經審查合格的,發給型號認可證書。

　　　　　已取得外國頒發的型號合格證書的民用航空器及其發動機、螺旋槳和民用航空器上設備,首次在中國境內生產的,該型號合格證書的持有人應當向國務院民用航空主管部門申請領取型號認可證書。經審查合格的,發給型號認可證書。

第三十七條　具有中華人民共和國國籍的民用航空器,應當持有國務院民用航空主管部門頒發的適航證書,方可飛行。

　　　　　出口民用航空器及其發動機、螺旋槳和民用航空器上設備,製造人應當向國務院民用航空主管部門申請領取出口適航證書。經審查合格的,發給出口適航證書。

　　　　　租用的外國民用航空器,應當經國務院民用航空主管部門對其原國籍登記國發給的適航證書審查認可或者另發適航證書,方可飛行。

　　　　　民用航空器適航管理規定,由國務院制定。

第三十八條　民用航空器的所有人或者承租人應當按照適航證書規定的使用範圍使用民用航空器,做好民用航空器的維修保養工作,保證民用航空器處於適航狀態。

第五章　航空人員

第一節　一般規定

第三十九條　本法所稱航空人員，是指下列從事民用航空活動的空勤人員和地面人員：

(一)空勤人員，包括駕駛員、領航員、飛行機械人員、飛行通信員、乘務員；

(二)地面人員，包括民用航空器維修人員、空中交通管制員、飛行簽派員、航空電台通信員。

第四十條　航空人員應當接受專門訓練，經考核合格，取得國務院民用航空主管部門頒發的執照，方可擔任其執照載明的工作。

空勤人員和空中交通管制員在取得執照前，還應當接受國務院民用航空主管部門認可的體格檢查單位的檢查，並取得國務院民用航空主管部門頒發的體格檢查合格證書。

第四十一條　空勤人員在執行飛行任務時，應當隨身攜帶執照和體格檢查合格證書，並接受國務院民用航空主管部門的查驗。

第四十二條　航空人員應當接受國務院民用航空主管部門定期或者不定期的檢查和考核；經檢查、考核合格的，方可繼續擔任其執照載明的工作。

空勤人員還應當參加定期的緊急程序訓練。

空勤人員間斷飛行的時間超過國務院民用航空主管部門規定時限的，應當經過檢查和考核；乘務員以外的空勤人員還應當經過帶飛。經檢查、考核、帶飛合格的，方可繼續擔任其執照載明的工作。

第二節　機組

第四十三條　民用航空器機組由機長和其他空勤人員組成。機長應當由具有獨立駕駛該型號民用航空器的技術和經驗的駕駛員擔任。

機組的組成和人員數額，應當符合國務院民用航空主管部門的規定。

第四十四條　民用航空器的操作由機長負責，機長應當嚴格履行職責，保護民用航空器及其所載人員和財產的安全。

機長在其職權範圍內發布的命令，民用航空器所載人員都應當執行。

第四十五條　飛行前，機長應當對民用航空器實施必要的檢查；未經檢查，
　　　　　　不得起飛。

　　　　　　機長發現民用航空器、機場、氣象條件等不符合規定，不能保證飛
　　　　　　行安全的，有權拒絕起飛。

第四十六條　飛行中，對於任何破壞民用航空器、擾亂民用航空器內秩序、
　　　　　　危害民用航空器所載人員或者財產安全以及其他危及飛行安全的行
　　　　　　為，在保證安全的前提下，機長有權採取必要的適當措施。

　　　　　　飛行中，遇到特殊情況時，為保證民用航空器及其所載人員的安
　　　　　　全，機長有權對民用航空器作出處置。

第四十七條　機長發現機組人員不適宜執行飛行任務的，為保證飛行安全，
　　　　　　有權提出調整。

第四十八條　民用航空器遇險時，機長有權採取一切必要措施，並指揮機組
　　　　　　人員和航空器上其他人員採取搶救措施。在必須撤離遇險民用航空
　　　　　　器的緊急情況下，機長必須採取措施，首先組織旅客安全離開民用
　　　　　　航空器；未經機長允許，機組人員不得擅自離開民用航空器；機長
　　　　　　應當最後離開民用航空器。

第四十九條　民用航空器發生事故，機長應當直接或者通過空中交通管制單
　　　　　　位，如實將事故情況及時報告國務院民用航空主管部門。

第五十條　　機長收到船舶或者其他航空器的遇險信號，或者發現遇險的船
　　　　　　舶、航空器及其人員，應當將遇險情況及時報告就近的空中交通管
　　　　　　制單位並給予可能的合理的援助。

第五十一條　飛行中，機長因故不能履行職務的，由僅次於機長職務的駕駛
　　　　　　員代理機長；在下一個經停地起飛前，民用航空器所有人或者承租
　　　　　　人應當指派新機長接任。

第五十二條　只有一名駕駛員，不需配備其他空勤人員的民用航空器，本節
　　　　　　對機長的規定，適用於該駕駛員。

第六章　民用機場

第五十三條　本法所稱民用機場，是指專供民用航空器起飛、降落、滑行、
　　　　　　停放以及進行其他活動使用的劃定區域，包括附屬的建築物、裝置

和設施。

本法所稱民用機場不包括臨時機場。軍民合用機場由國務院、中央軍事委員會另行制定管理辦法。

第五十四條　民用機場的建設和使用應當統籌安排、合理布局，提高機場的使用效率。

全國民用機場的布局和建設規劃，由國務院民用航空主管部門會同國務院其他有關部門制定，並按照國家規定的程序，經批准後組織實施。

省、自治區、直轄市人民政府應當根據全國民用機場的布局和建設規劃，制定本行政區域內的民用機場建設規劃，並按照國家規定的程序報經批准後，將其納入本級國民經濟和社會發展規劃。

第五十五條　民用機場建設規劃應當與城市建設規劃相協調。

第五十六條　新建、改建和擴建民用機場，應當符合依法制定的民用機場布局和建設規劃，符合民用機場標準，並按照國家規定報經有關主管機關批准並實施。

不符合依法制定的民用機場布局和建設規劃的民用機場建設項目，不得批准。

第五十七條　新建、擴建民用機場，應當由民用機場所在地縣級以上地方人民政府發布公告。

前款規定的公告應當在當地主要報紙上刊登，並在擬新建、擴建機場周圍地區張貼。

第五十八條　禁止在依法劃定的民用機場範圍內和按照國家規定劃定的機場淨空保護區域內從事下列活動：

(一)修建可能在空中排放大量煙霧、粉塵、火焰、廢氣而影響飛行安全的建築物或者設施；

(二)修建靶場、強烈爆炸物倉庫等影響飛行安全的建築物或者設施；

(三)修建不符合機場淨空要求的建築物或者設施；

(四)設置影響機場目視助航設施使用的燈光、標誌或者物體；

(五)種植影響飛行安全或者影響機場助航設施使用的植物；

(六)飼養、放飛影響飛行安全的鳥類動物和其他物體;

(七)修建影響機場電磁環境的建築物或者設施。

禁止在依法劃定的民用機場範圍內放養牲畜。

第五十九條　民用機場新建、擴建的公告發布前,在依法劃定的民用機場範圍內和按照國家規定劃定的機場淨空保護區域內存在的可能影響飛行安全的建築物、構築物、樹木、燈光和其他障礙物體,應當在規定的期限內清除;對由此造成的損失,應當給予補償或者依法採取其他補救措施。

第六十條　民用機場新建、擴建的公告發布後,任何單位和個人違反本法和有關行政法規的規定,在依法劃定的民用機場範圍內和按照國家規定劃定的機場淨空保護區域內修建、種植或者設置影響飛行安全的建築物、構築物、樹木、燈光和其他障礙物體的,由機場所在地縣級以上地方人民政府責令清除;由此造成的損失,由修建、種植或者設置該障礙物體的人承擔。

第六十一條　在民用機場及其按照國家規定劃定的淨空保護區域以外,對可能影響飛行安全的高大建築物或者設施,應當按照國家有關規定設置飛行障礙燈和標誌,並使其保持正常狀態。

第六十二條　民用機場應當持有機場使用許可證,方可開放使用。

民用機場具備下列條件,並按照國家規定經驗收合格後,方可申請機場使用許可證:

(一)具備與其運營業務相適應的飛行區、航站區、工作區以及服務設施和人員;

(二)具備能夠保障飛行安全的空中交通管制、通信導航、氣象等設施和人員;

(三)具備符合國家規定的安全保衛條件;

(四)具備處理特殊情況的應急計畫以及相應的設施和人員;

(五)具備國務院民用航空主管部門規定的其他條件。

國際機場還應當具備國際通航條件,設立海關和其他口岸檢查機關。

第六十三條　民用機場使用許可證由機場管理機構向國務院民用航空主管部

門申請，經國務院民用航空主管部門審查批准後頒發。

第六十四條　設立國際機場，由國務院民用航空主管部門報請國務院審查批准。

國際機場的開放使用，由國務院民用航空主管部門對外公告；國際機場資料由國務院民用航空主管部門統一對外提供。

第六十五條　民用機場應當按照國務院民用航空主管部門的規定，採取措施，保證機場內人員和財產的安全。

第六十六條　供運輸旅客或者貨物的民用航空器使用的民用機場，應當按照國務院民用航空主管部門規定的標準，設置必要設施，為旅客和貨物托運人、收貨人提供良好服務。

第六十七條　民用機場管理機構應當依照環境保護法律、行政法規的規定，做好機場環境保護工作。

第六十八條　民用航空器使用民用機場及其助航設施的，應當繳納使用費、服務費；使用費、服務費的收費標準，由國務院民用航空主管部門會同國務院財政部門、物價主管部門制定。

第六十九條　民用機場廢棄或者改作他用，民用機場管理機構應當依照國家規定辦理報批手續。

第七章　空中航行

第一節　空域管理

第七十條　國家對空域實行統一管理。

第七十一條　劃分空域，應當兼顧民用航空和國防安全的需要以及公眾的利益，使空域得到合理、充分、有效的利用。

第七十二條　空域管理的具體辦法，由國務院、中央軍事委員會制定。

第二節　飛行管理

第七十三條　在一個劃定的管制空域內，由一個空中交通管制單位負責該空域內的航空器的空中交通管制。

第七十四條　民用航空器在管制空域內進行飛行活動，應當取得空中交通管制單位的許可。

第七十五條　民用航空器應當按照空中交通管制單位指定的航路和飛行高度

飛行；因故確需偏離指定的航路或者改變飛行高度飛行的，應當取得空中交通管制單位的許可。

第七十六條　在中華人民共和國境內飛行的航空器，必須遵守統一的飛行規則。

進行目視飛行的民用航空器，應當遵守目視飛行規則，並與其他航空器、地面障礙物體保持安全距離。

進行儀表飛行的民用航空器，應當遵守儀表飛行規則。

飛行規則由國務院、中央軍事委員會制定。

第七十七條　民用航空器機組人員的飛行時間、執勤時間不得超過國務院民用航空主管部門規定的時限。

民用航空器機組人員受到酒類飲料、麻醉劑或者其他藥物的影響，損及工作能力的，不得執行飛行任務。

第七十八條　民用航空器除按照國家規定經特別批准外，不得飛入禁區；除遵守規定的限制條件外，不得飛入限制區。

前款規定的禁區和限制區，依照國家規定劃定。

第七十九條　民用航空器不得飛越城市上空；但是，有下列情形之一的除外：

(一)起飛、降落或者指定的航路所必需的；

(二)飛行高度足以使該航空器在發生緊急情況時離開城市上空，而不致危及地面上的人員、財產安全的；

(三)按照國家規定的程序獲得批准的。

第八十條　飛行中，民用航空器不得投擲物品；但是，有下列情形之一的除外：

(一)飛行安全所必需的；

(二)執行救助任務或者符合社會公共利益的其他飛行任務所必需的。

第八十一條　民用航空器未經批准不得飛出中華人民共和國領空。

對未經批准正在飛離中華人民共和國領空的民用航空器，有關部門有權根據具體情況採取必要措施，予以制止。

第三節　飛行保障

第八十二條　空中交通管制單位應當為飛行中的民用航空器提供空中交通服

務，包括空中交通管制服務、飛行情報服務和告警服務。

提供空中交通管制服務，旨在防止民用航空器同航空器、民用航空器同障礙物體相撞，維持並加速空中交通的有秩序的活動。

提供飛行情報服務，旨在提供有助於安全和有效地實施飛行的情報和建議。

提供告警服務，旨在當民用航空器需要搜尋援救時，通知有關部門，並根據要求協助該有關部門進行搜尋援救。

第八十三條　空中交通管制單位發現民用航空器偏離指定航路、迷失航向時，應當迅速採取一切必要措施，使其回歸航路。

第八十四條　航路上應當設置必要的導航、通信、氣象和地面監視設備。

第八十五條　航路上影響飛行安全的自然障礙物體，應當在航圖上標明；航路上影響飛行安全的人工障礙物體，應當設置飛行障礙燈和標誌，並使其保持正常狀態。

第八十六條　在距離航路邊界三十公里以內的地帶，禁止修建靶場和其他可能影響飛行安全的設施；但是，平射輕武器靶場除外。

在前款規定地帶以外修建固定的或者臨時性對空發射場，應當按照國家規定獲得批准；對空發射場的發射方向，不得與航路交叉。

第八十七條　任何可能影響飛行安全的活動，應當依法獲得批准，並採取確保飛行安全的必要措施，方可進行。

第八十八條　國務院民用航空主管部門應當依法對民用航空無線電台和分配給民用航空系統使用的專用頻率實施管理。

任何單位或者個人使用的無線電台和其他儀器、裝置，不得妨礙民用航空無線電專用頻率的正常使用。對民用航空無線電專用頻率造成有害干擾的，有關單位或者個人應當迅速排除干擾；未排除干擾前，應當停止使用該無線電台或者其他儀器、裝置。

第八十九條　郵電通信企業應當對民用航空電信傳遞優先提供服務。

國家氣象機構應當對民用航空氣象機構提供必要的氣象資料。

第四節　飛行必備文件

第九十條　從事飛行的民用航空器，應當攜帶下列文件：

(一)民用航空器國籍登記證書；

(二)民用航空器適航證書；

(三)機組人員相應的執照；

(四)民用航空器航行記錄簿；

(五)裝有無線電設備的民用航空器，其無線電台執照；

(六)載有旅客的民用航空器，其所載旅客姓名及其出發地點和目的
地點的清單；

(七)載有貨物的民用航空器，其所載貨物的艙單和明細的申報單；

(八)根據飛行任務應當攜帶的其他文件。

民用航空器未按規定攜帶前款所列文件的，國務院民用航空主管部
門或者其授權的地區民用航空管理機構可以禁止該民用航空器起
飛。

第八章　公共航空運輸企業

第九十一條　公共航空運輸企業，是指以營利為目的，使用民用航空器運送
旅客、行李、郵件或者貨物的企業法人。

第九十二條　設立公共航空運輸企業，應當向國務院民用航空主管部門申請
領取經營許可證，並依法辦理工商登記；未取得經營許可證的，工
商行政管理部門不得辦理工商登記。

第九十三條　設立公共航空運輸企業，應當具備下列條件：

(一)有符合國家規定的適應保證飛行安全要求的民用航空器；

(二)有必需的依法取得執照的航空人員；

(三)有不少於國務院規定的最低限額的註冊資本；

(四)法律、行政法規規定的其他條件。

第九十四條　公共航空運輸企業的組織形式、組織機構適用公司法的規定。
本法施行前設立的公共航空運輸企業，其組織形式、組織機構不完
全符合公司法規定的，可以繼續沿用原有的規定，適用前款規定的
日期由國務院規定。

第九十五條　公共航空運輸企業應當以保證飛行安全和航班正常，提供良好
服務為準則，採取有效措施，提高運輸服務質量。

公共航空運輸企業應當教育和要求本企業職工嚴格履行職責，以文

明禮貌、熱情周到的服務態度，認眞做好旅客和貨物運輸的各項服務工作。

旅客運輸航班延誤的，應當在機場內及時通告有關情況。

第九十六條　公共航空運輸企業申請經營定期航班運輸（以下簡稱航班運輸）的航線，暫停、終止經營航線，應當報經國務院民用航空主管部門批准。

公共航空運輸企業經營航班運輸，應當公布班期時刻。

第九十七條　公共航空運輸企業的營業收費項目，由國務院民用航空主管部門確定。

國內航空運輸的運價管理辦法，由國務院民用航空主管部門會同國務院物價主管部門制定，報國務院批准後執行。

國際航空運輸運價的制定按照中華人民共和國政府與外國政府簽訂的協定、協議的規定執行；沒有協定、協議的，參照國際航空運輸市場價格制定運價，報國務院民用航空主管部門批准後執行。

第九十八條　公共航空運輸企業從事不定期運輸，應當經國務院民用航空主管部門批准，並不得影響航班運輸的正常經營。

第九十九條　公共航空運輸企業應當依照國務院制定的公共航空運輸安全保衛規定，制定安全保衛方案，並報國務院民用航空主管部門備案。

第一百條　公共航空運輸企業不得運輸法律、行政法規規定的禁運物品。

公共航空運輸企業未經國務院民用航空主管部門批准，不得運輸作戰軍火、作戰物資。

禁止旅客隨身攜帶法律、行政法規規定的禁運物品乘坐民用航空器。

第一百零一條　公共航空運輸企業運輸危險品，應當遵守國家有關規定。

禁止以非危險品品名托運危險品。

禁止旅客隨身攜帶危險品乘坐民用航空器。除因執行公務並按照國家規定經過批准外，禁止旅客攜帶槍枝、管制刀具乘坐民用航空器。禁止違反國務院民用航空主管部門的規定將危險品作爲行李托運。

危險品品名由國務院民用航空主管部門規定並公布。

第一百零二條　公共航空運輸企業不得運輸拒絕接受安全檢查的旅客，不得違反國家規定運輸未經安全檢查的行李。

公共航空運輸企業必須按照國務院民用航空主管部門的規定，對承運的貨物進行安全檢查或者採取其他保證安全的措施。

第一百零三條　公共航空運輸企業從事國際航空運輸的民用航空器及其所載人員、行李、貨物應當接受邊防、海關、檢疫等主管部門的檢查；但是，檢查時應當避免不必要的延誤。

第一百零四條　公共航空運輸企業應當依照有關法律、行政法規的規定優先運輸郵件。

第一百零五條　公共航空運輸企業應當投保地面第三人責任險。

第九章　公共航空運輸

第一節　一般規定

第一百零六條　本章適用於公共航空運輸企業使用民用航空器經營的旅客、行李或者貨物的運輸，包括公共航空運輸企業使用民用航空器辦理的免費運輸。

本章不適用於使用民用航空器辦理的郵件運輸。

對多式聯運方式的運輸，本章規定適用於其中的航空運輸部分。

第一百零七條　本法所稱國內航空運輸，是指根據當事人訂立的航空運輸合同，運輸的出發地點、約定的經停地點和目的地點均在中華人民共和國境內的運輸。

本法所稱國際航空運輸，是指根據當事人訂立的航空運輸合同，無論運輸有無間斷或者有無轉運，運輸的出發地點、目的地點或者約定的經停地點之一不在中華人民共和國境內的運輸。

第一百零八條　航空運輸合同各方認爲幾個連續的航空運輸承運人辦理的運輸是一項單一業務活動的，無論其形式是以一個合同訂立或者數個合同訂立，應當視爲一項不可分割的運輸。

第二節　運輸憑證

第一百零九條　承運人運送旅客，應當出具客票。旅客乘坐民用航空器，應當交驗有效客票。

第一百一十條　客票應當包括的內容由國務院民用航空主管部門規定，至少
　　　　　　　應當包括以下內容：

(一)出發地點和目的地點；

(二)出發地點和目的地點均在中華人民共和國境內，而在境外有一
　　個或者數個約定的經停地點的，至少註明一個經停地點；

(三)旅客航程的最終目的地點、出發地點或者約定的經停地點之一
　　不在中華人民共和國境內，依照所適用的國際航空運輸公約的
　　規定，應當在客票上聲明此項運輸適用該公約的，客票上應當
　　載有該項聲明。

第一百一十一條　客票是航空旅客運輸合同訂立和運輸合同條件的初步證
　　　　　　　　據。

旅客未能出示客票、客票不符合規定或者客票遺失，不影響運輸合
同的存在或者有效。

在國內航空運輸中，承運人同意旅客不經其出票而乘坐民用航空器
的，承運人無權援用本法第一百二十八條有關賠償責任限制的規
定。

在國際航空運輸中，承運人同意旅客不經其出票而乘坐民用航空器
的，或者客票上未依照本法第一百一十條第(三)項的規定聲明的，
承運人無權援用本法第一百二十九條有關賠償責任限制的規定。

第一百一十二條　承運人載運托運行李時，行李票可以包含在客票之內或者
　　　　　　　　與客票相結合。除本法第一百一十條的規定外，行李票還應當包括
　　　　　　　　下列內容：

(一)托運行李的件數和重量；

(二)需要聲明托運行李在目的地點交付時的利益的，註明聲明金
　　額。

行李票是行李托運和運輸合同條件的初步證據。

旅客未能出示行李票、行李票不符合規定或者行李票遺失，不影響
運輸合同的存在或者有效。

在國內航空運輸中，承運人載運托運行李而不出具行李票的，承運
人無權援用本法第一百二十八條有關賠償責任限制的規定。

在國際航空運輸中，承運人載運托運行李而不出具行李票的，或者行李票上未依照本法第一百一十條第(三)項的規定聲明的，承運人無權援用本法第一百二十九條有關賠償責任限制的規定。

第一百一十三條　承運人有權要求托運人填寫航空貨運單，托運人有權要求承運人接受該航空貨運單。托運人未能出示航空貨運單、航空貨運單不符合規定或者航空貨運單遺失，不影響運輸合同的存在或者有效。

第一百一十四條　托運人應當填寫航空貨運單正本一式三份，連同貨物交給承運人。

航空貨運單第一份註明「交承運人」，由托運人簽字、蓋章；第二份註明「交收貨人」，由托運人和承運人簽字、蓋章；第三份由承運人在接受貨物後簽字、蓋章，交給托運人。

承運人根據托運人的請求填寫航空貨運單的，在沒有相反證據的情況下，應當視爲代托運人填寫。

第一百一十五條　航空貨運單應當包括的內容由國務院民用航空主管部門規定，至少應當包括以下內容：

(一)出發地點和目的地點；

(二)出發地點和目的地點均在中華人民共和國境內，而在境外有一個或者數個約定的經停地點的，至少註明一個經停地點；

(三)貨物運輸的最終目的地點、出發地點或者約定的經停地點之一不在中華人民共和國境內，依照所適用的國際航空運輸公約的規定，應當在貨運單上聲明此項運輸適用該公約的，貨運單上應當載有該項聲明。

第一百一十六條　在國內航空運輸中，承運人同意未經填具航空貨運單而載運貨物的，承運人無權援用本法第一百二十八條有關賠償責任限制的規定。

在國際航空運輸中，承運人同意未經填具航空貨運單而載運貨物的，或者航空貨運單上未依照本法第一百一十五條第(三)項的規定聲明的，承運人無權援用本法第一百二十九條有關賠償責任限制的規定。

第一百一十七條　托運人應當對航空貨運單上所填關於貨物的說明和聲明的
　　　　　　正確性負責。

　　　　　　因航空貨運單上所填的說明和聲明不符合規定、不正確或者不完
　　　　　　全，給承運人或者承運人對之負責的其他人造成損失的，托運人應
　　　　　　當承擔賠償責任。

第一百一十八條　航空貨運單是航空貨物運輸合同訂立和運輸條件以及承運
　　　　　　人接受貨物的初步證據。

　　　　　　航空貨運單上關於貨物的重量、尺寸、包裝和包裝件數的說明具有
　　　　　　初步證據的效力。除經過承運人和托運人當面查對並在航空貨運單
　　　　　　上註明經過查對或者書寫關於貨物的外表情況的說明外，航空貨運
　　　　　　單上關於貨物的數量、體積和情況的說明不能構成不利於承運人的
　　　　　　證據。

第一百一十九條　托運人在履行航空貨物運輸合同規定的義務的條件下，有
　　　　　　權在出發地機場或者目的地機場將貨物提回，或者在途中經停時中
　　　　　　止運輸，或者在目的地點或者途中要求將貨物交給非航空貨運單上
　　　　　　指定的收貨人，或者要求將貨物運回出發地機場；但是，托運人不
　　　　　　得因行使此種權利而使承運人或者其他托運人遭受損失，並應當償
　　　　　　付由此產生的費用。

　　　　　　托運人的指示不能執行的，承運人應當立即通知托運人。

　　　　　　承運人按照托運人的指示處理貨物，沒有要求托運人出示其所收執
　　　　　　的航空貨運單，給該航空貨運單的合法持有人造成損失的，承運人
　　　　　　應當承擔責任，但是不妨礙承運人向托運人追償。

　　　　　　收貨人的權利依照本法第一百二十條規定開始時，托運人的權利即
　　　　　　告終止；但是，收貨人拒絕接受航空貨運單或者貨物，或者承運人
　　　　　　無法同收貨人聯繫的，托運人恢復其對貨物的處置權。

第一百二十條　除本法第一百一十九條所列情形外，收貨人於貨物到達目的
　　　　　　地點，並在繳付應付款項和履行航空貨運單上所列運輸條件後，有
　　　　　　權要求承運人移交航空貨運單並交付貨物。

　　　　　　除另有約定外，承運人應當在貨物到達後立即通知收貨人。

　　　　　　承運人承認貨物已經遺失，或者貨物在應當到達之日起七日後仍未

到達的，收貨人有權向承運人行使航空貨物運輸合同所賦予的權
利。

第一百二十一條　托運人和收貨人在履行航空貨物運輸合同規定的義務的條
件下，無論為本人或者他人的利益，可以以本人的名義分別行使本
法第一百一十九條和第一百二十條所賦予的權利。

第一百二十二條　本法第一百一十九條、第一百二十條和第一百二十一條的
規定，不影響托運人同收貨人之間的相互關係，也不影響從托運人
或者收貨人獲得權利的第三人之間的關係。

　　　　任何與本法第一百一十九條、第一百二十條和第一百二十一條規定
不同的合同條款，應當在航空貨運單上載明。

第一百二十三條　托運人應當提供必需的資料和文件，以便在貨物交付收貨
人前完成法律、行政法規規定的有關手續；因沒有此種資料、文
件，或者此種資料、文件不充足或者不符合規定造成的損失，除由
於承運人或者其受僱人、代理人的過錯造成的外，托運人應當對承
運人承擔責任。

　　　　除法律、行政法規另有規定外，承運人沒有對前款規定的資料或者
文件進行檢查的義務。

第三節　承運人的責任

第一百二十四條　因發生在民用航空器上或者在旅客上、下民用航空器過程
中的事件，造成旅客人身傷亡的，承運人應當承擔責任；但是，旅
客的人身傷亡完全是由於旅客本人的健康狀況造成的，承運人不承
擔責任。

第一百二十五條　因發生在民用航空器上或者在旅客上、下民用航空器過程
中的事件，造成旅客隨身攜帶物品毀滅、遺失或者損壞的，承運人
應當承擔責任。因發生在航空運輸期間的事件，造成旅客的托運行
李毀滅、遺失或者損壞的，承運人應當承擔責任。

　　　　旅客隨身攜帶物品或者托運行李的毀滅、遺失或者損壞完全是由於
行李本身的自然屬性、質量或者缺陷造成的，承運人不承擔責任。
本章所稱行李，包括托運行李和旅客隨身攜帶的物品。

　　　　因發生在航空運輸期間的事件，造成貨物毀滅、遺失或者損壞的，

承運人應當承擔責任；但是，承運人證明貨物的毀滅、遺失或者損壞完全是由於下列原因之一造成的，不承擔責任：

(一)貨物本身的自然屬性、質量或者缺陷；

(二)承運人或者其受僱人、代理人以外的人包裝貨物的，貨物包裝不良；

(三)戰爭或者武裝衝突；

(四)政府有關部門實施的與貨物入境、出境或者過境有關的行為。

本條所稱航空運輸期間，是指在機場內、民用航空器上或者機場外降落的任何地點，托運行李、貨物處於承運人掌管之下的全部期間。

航空運輸期間，不包括機場外的任何陸路運輸、海上運輸、內河運輸過程；但是，此種陸路運輸、海上運輸、內河運輸是為了履行航空運輸合同而裝載、交付或者轉運，在沒有相反證據的情況下，所發生的損失視為在航空運輸期間發生的損失。

第一百二十六條　旅客、行李或者貨物在航空運輸中因延誤造成的損失，承運人應當承擔責任；但是，承運人證明本人或者其受僱人、代理人為了避免損失的發生，已經採取一切必要措施或者不可能採取此種措施的，不承擔責任。

第一百二十七條　在旅客、行李運輸中，經承運人證明，損失是由索賠人的過錯造成或者促成的，應當根據造成或者促成此種損失的過錯的程度，相應免除或者減輕承運人的責任。旅客以外的其他人就旅客死亡或者受傷提出賠償請求時，經承運人證明，死亡或者受傷是旅客本人的過錯造成或者促成的，同樣應當根據造成或者促成此種損失的過錯的程度，相應免除或者減輕承運人的責任。

在貨物運輸中，經承運人證明，損失是由索賠人或者代行權利人的過錯造成或者促成的，應當根據造成或者促成此種損失的過錯的程度，相應免除或者減輕承運人的責任。

第一百二十八條　國內航空運輸承運人的賠償責任限額由國務院民用航空主管部門制定，報國務院批准後公布執行。

旅客或者托運人在交運托運行李或者貨物時，特別聲明在目的地

點交付時的利益，並在必要時支付附加費的，除承運人證明旅客或者託運人聲明的金額高於託運行李或者貨物在目的地點交付時的實際利益外，承運人應當在聲明金額範圍內承擔責任；本法第一百二十九條的其他規定，除賠償責任限額外，適用於國內航空運輸。

第一百二十九條　國際航空運輸承運人的賠償責任限額按照下列規定執行：

(一)對每名旅客的賠償責任限額爲16600計算單位；但是，旅客可以同承運人書面約定高於本項規定的賠償責任限額；

(二)對託運行李或者貨物的賠償責任限額，每公斤爲17計算單位。旅客或者託運人在交運託運行李或者貨物時，特別聲明在目的地點交付時的利益，並在必要時支付附加費的，除承運人證明旅客或者託運人聲明的金額高於託運行李或者貨物在目的地點交付時的實際利益外，承運人應當在聲明金額範圍內承擔責任。

託運行李或者貨物的一部分或者託運行李、貨物中的任何物件毀滅、遺失、損壞或者延誤的，用以確定承運人賠償責任限額的重量，僅爲該一包件或者數包件的總重量；但是，因託運行李或者貨物的一部分或者託運行李、貨物中的任何物件的毀滅、遺失、損壞或者延誤，影響同一份行李票或者同一份航空貨運單所列其他包件的價值的，確定承運人的賠償責任限額時，此種包件的總重量也應當考慮在內；

(三)對每名旅客隨身攜帶的物品的賠償責任限額爲332計算單位。

第一百三十條　任何旨在免除本法規定的承運人責任或者降低本法規定的賠償責任限額的條款，均屬無效；但是，此種條款的無效，不影響整個航空運輸合同的效力。

第一百三十一條　有關航空運輸中發生的損失的訴訟，不論其根據如何，只能依照本法規定的條件和賠償責任限額提出，但是不妨礙誰有權提起訴訟以及他們各自的權利。

第一百三十二條　經證明，航空運輸中的損失是由於承運人或者其受僱人、代理人的故意或者明知可能造成損失而輕率地作爲或者不作爲造成

的，承運人無權援用本法第一百二十八條、第一百二十九條有關賠償責任限制的規定；證明承運人的受僱人、代理人有此種作為或者不作為的，還應當證明該受僱人、代理人是在受僱、代理範圍內行事。

第一百三十三條　就航空運輸中的損失向承運人的受僱人、代理人提起訴訟時，該受僱人、代理人證明他是在受僱、代理範圍內行事的，有權援用本法第一百二十八條、第一百二十九條有關賠償責任限制的規定。

在前款規定情形下，承運人及其受僱人、代理人的賠償總額不得超過法定的賠償責任限額。

經證明，航空運輸中的損失是由於承運人的受僱人、代理人的故意或者明知可能造成損失而輕率地作為或者不作為造成的，不適用本條第一款和第二款的規定。

第一百三十四條　旅客或者收貨人收受托運行李或者貨物而未提出異議，為托運行李或者貨物已經完好交付並與運輸憑證相符的初步證據。

托運行李或者貨物發生損失的，旅客或者收貨人應當在發現損失後向承運人提出異議。托運行李發生損失的，至遲應當自收到托運行李之日起七日內提出；貨物發生損失的，至遲應當自收到貨物之日起十四日內提出。托運行李或者貨物發生延誤的，至遲應當自托運行李或者貨物交付旅客或者收貨人處置之日起二十一日內提出。

任何異議均應當在前款規定的期間內寫在運輸憑證上或者另以書面提出。

除承運人有欺詐行為外，旅客或者收貨人未在本條第二款規定的期間內提出異議的，不能向承運人提出索賠訴訟。

第一百三十五條　航空運輸的訴訟時效期間為二年，自民用航空器到達目的地點、應當到達目的地點或者運輸終止之日起計算。

第一百三十六條　由幾個航空承運人辦理的連續運輸，接受旅客、行李或者貨物的每一個承運人應當受本法規定的約束，並就其根據合同辦理的運輸區段作為運輸合同的訂約一方。

對前款規定的連續運輸，除合同明文約定第一承運人應當對全程運

輸承擔責任外，旅客或者其繼承人只能對發生事故或者延誤的運輸區段的承運人提起訴訟。

托運行李或者貨物的毀滅、遺失、損壞或者延誤，旅客或者托運人有權對第一承運人提起訴訟，旅客或者收貨人有權對最後承運人提起訴訟，旅客、托運人和收貨人均可以對發生毀滅、遺失、損壞或者延誤的運輸區段的承運人提起訴訟。上述承運人應當對旅客、托運人或者收貨人承擔連帶責任。

第四節　實際承運人履行航空運輸的特別規定

第一百三十七條　本節所稱締約承運人，是指以本人名義與旅客或者托運人，或者與旅客或者托運人的代理人，訂立本章調整的航空運輸合同的人。

　　本節所稱實際承運人，是指根據締約承運人的授權，履行前款全部或者部分運輸的人，不是指本章規定的連續承運人；在沒有相反證明時，此種授權被認為是存在的。

第一百三十八條　除本節另有規定外，締約承運人和實際承運人都應當受本章規定的約束。締約承運人應當對合同約定的全部運輸負責。實際承運人應當對其履行的運輸負責。

第一百三十九條　實際承運人的作為和不作為，實際承運人的受僱人、代理人在受僱、代理範圍內的作為和不作為，關係到實際承運人履行的運輸的，應當視為締約承運人的作為和不作為。

　　締約承運人的作為和不作為，締約承運人的受僱人、代理人在受僱、代理範圍內的作為和不作為，關係到實際承運人履行的運輸的，應當視為實際承運人的作為和不作為；但是，實際承運人承擔的責任不因此種作為或者不作為而超過法定的賠償責任限額。

　　任何有關締約承運人承擔本章未規定的義務或者放棄本章賦予的權利的特別協議，或者任何有關依照本法第一百二十八條、第一百二十九條規定所作的在目的地點交付時利益的特別聲明，除經實際承運人同意外，均不得影響實際承運人。

第一百四十條　依照本章規定提出的索賠或者發出的指示，無論是向締約承運人還是向實際承運人提出或者發出的，具有同等效力；但是，本

法第一百一十九條規定的指示，只在向締約承運人發出時，方有效。

第一百四十一條　實際承運人的受僱人、代理人或者締約承運人的受僱人、代理人，證明他是在受僱、代理範圍內行事的，就實際承運人履行的運輸而言，有權援用本法第一百二十八條、第一百二十九條有關賠償責任限制的規定，但是依照本法規定不得援用賠償責任限制規定的除外。

第一百四十二條　對於實際承運人履行的運輸，實際承運人、締約承運人以及他們的在受僱、代理範圍內行事的受僱人、代理人的賠償總額不得超過依照本法得以從締約承運人或者實際承運人獲得賠償的最高數額；但是，其中任何人都不承擔超過對他適用的賠償責任限額。

第一百四十三條　對實際承運人履行的運輸提起的訴訟，可以分別對實際承運人或者締約承運人提起，也可以同時對實際承運人和締約承運人提起；被提起訴訟的承運人有權要求另一承運人參加應訴。

第一百四十四條　除本法第一百四十三條規定外，本節規定不影響實際承運人和締約承運人之間的權利、義務。

第十章　通用航空

第一百四十五條　通用航空，是指使用民用航空器從事公共航空運輸以外的民用航空活動，包括從事工業、農業、林業、漁業和建築業的作業飛行以及醫療衛生、搶險救災、氣象探測、海洋監測、科學實驗、教育訓練、文化體育等方面的飛行活動。

第一百四十六條　從事通用航空活動，應當具備下列條件：

(一)有與所從事的通用航空活動相適應，符合保證飛行安全要求的民用航空器；

(二)有必需的依法取得執照的航空人員；

(二)符合法律、行政法規規定的其他條件。

從事經營性通用航空，限於企業法人。

第一百四十七條　從事非經營性通用航空的，應當向國務院民用航空主管部門辦理登記。

從事經營性通用航空的，應當向國務院民用航空主管部門申請領取
通用航空經營許可證，並依法辦理工商登記；未取得經營許可證
的，工商行政管理部門不得辦理工商登記。

第一百四十八條　通用航空企業從事經營性通用航空活動，應當與用戶訂立
書面合同，但是緊急情況下的救護或者救災飛行除外。

第一百四十九條　組織實施作業飛行時，應當採取有效措施，保證飛行安
全，保護環境和生態平衡，防止對環境、居民、作物或者牲畜等造成
損害。

第一百五十條　從事通用航空活動的，應當投保地面第三人責任險。

第十一章　搜尋援救和事故調查

第一百五十一條　民用航空器遇到緊急情況時，應當發送信號，並向空中交
通管制單位報告，提出援救請求；空中交通管制單位應當立即通知
搜尋援救協調中心。民用航空器在海上遇到緊急情況時，還應當向
船舶和國家海上搜尋援救組織發送信號。

第一百五十二條　發現民用航空器遇到緊急情況或者收聽到民用航空器遇到
緊急情況的信號的單位或者個人，應當立即通知有關的搜尋援救協
調中心、海上搜尋援救組織或者當地人民政府。

第一百五十三條　收到通知的搜尋援救協調中心、地方人民政府和海上搜尋
援救組織，應當立即組織搜尋援救。

收到通知的搜尋援救協調中心，應當設法將已經採取的搜尋援救措
施通知遇到緊急情況的民用航空器。

搜尋援救民用航空器的具體辦法，由國務院規定。

第一百五十四條　執行搜尋援救任務的單位或者個人，應當盡力搶救民用航
空器所載人員，按照規定對民用航空器採取搶救措施並保護現場，
保存證據。

第一百五十五條　民用航空器事故的當事人以及有關人員在接受調查時，應
當如實提供現場情況和與事故有關的情節。

第一百五十六條　民用航空器事故調查的組織和程序，由國務院規定。

第十二章　對地面第三人損害的賠償責任

第一百五十七條　因飛行中的民用航空器或者從飛行中的民用航空器上落下的人或者物，造成地面（包括水面，下同）上的人身傷亡或者財產損害的，受害人有權獲得賠償；但是，所受損害並非造成損害的事故的直接後果，或者所受損害僅是民用航空器依照國家有關的空中交通規則在空中通過造成的，受害人無權要求賠償。

前款所稱飛行中，是指自民用航空器為實際起飛而使用動力時起至著陸衝程終了時止；就輕於空氣的民用航空器而言，飛行中是指自其離開地面時起至其重新著地時止。

第一百五十八條　本法第一百五十七條規定的賠償責任，由民用航空器的經營人承擔。

前款所稱經營人，是指損害發生時使用民用航空器的人。民用航空器的使用權已經直接或者間接地授予他人，本人保留對該民用航空器的航行控制權的，本人仍被視為經營人。

經營人的受僱人、代理人在受僱、代理過程中使用民用航空器，無論是否在其受僱、代理範圍內行事，均視為經營人使用民用航空器。

民用航空器登記的所有人應當被視為經營人，並承擔經營人的責任；除非在判定其責任的訴訟中，所有人證明經營人是他人，並在法律程序許可的範圍內採取適當措施使該人成為訴訟當事人之一。

第一百五十九條　未經對民用航空器有航行控制權的人同意而使用民用航空器，對地面第三人造成損害的，有航行控制權的人除證明本人已經適當注意防止此種使用外，應當與該非法使用人承擔連帶責任。

第一百六十條　損害是武裝衝突或者騷亂的直接後果，依照本章規定應當承擔責任的人不承擔責任。

依照本章規定應當承擔責任的人對民用航空器的使用權業經國家機關依法剝奪的，不承擔責任。

第一百六十一條　依照本章規定應當承擔責任的人證明損害是完全由於受害人或者其受僱人、代理人的過錯造成的，免除其賠償責任；應當承

擔責任的人證明損害是部分由於受害人或者其受僱人、代理人的過錯造成的，相應減輕其賠償責任。但是，損害是由於受害人的受僱人、代理人的過錯造成時，受害人證明其受僱人、代理人的行為超出其所授權的範圍的，不免除或者不減輕應當承擔責任的人的賠償責任。

一人對另一人的死亡或者傷害提起訴訟，請求賠償時，損害是該另一人或者其受僱人、代理人的過錯造成的，適用前款規定。

第一百六十二條　兩個以上的民用航空器在飛行中相撞或者相擾，造成本法第一百五十七條規定的應當賠償的損害，或者兩個以上的民用航空器共同造成此種損害的，各有關民用航空器均應當被認為已經造成此種損害，各有關民用航空器的經營人均應當承擔責任。

第一百六十三條　本法第一百五十八條第四款和第一百五十九條規定的人，享有依照本章規定經營人所能援用的抗辯權。

第一百六十四條　除本章有明確規定外，經營人、所有人和本法第一百五十九條規定的應當承擔責任的人，以及他們的受僱人、代理人，對於飛行中的民用航空器或者從飛行中的民用航空器上落下的人或者物造成的地面上的損害不承擔責任，但是故意造成此種損害的人除外。

第一百六十五條　本章不妨礙依照本章規定應當對損害承擔責任的人向他人追償的權利。

第一百六十六條　民用航空器的經營人應當投保地面第三人責任險或者取得相應的責任擔保。

第一百六十七條　保險人和擔保人除享有與經營人相同的抗辯權，以及對偽造證件進行抗辯的權利外，對依照本章規定提出的賠償請求只能進行下列抗辯：

(一)損害發生在保險或者擔保終止有效後；然而保險或者擔保在飛行中期滿的，該項保險或者擔保在飛行計畫中所載下一次降落前繼續有效，但是不得超過二十四小時；

(二)損害發生在保險或者擔保所指定的地區範圍外，除非飛行超出該範圍是由於不可抗力、援助他人所必需，或者駕駛、航行或

者領航上的差錯造成的。

前款關於保險或者擔保繼續有效的規定，只在對受害人有利時適用。

第一百六十八條　僅在下列情形下，受害人可以直接對保險人或者擔保人提起訴訟，但是不妨礙受害人根據有關保險合同或者擔保合同的法律規定提起直接訴訟的權利：

(一)根據本法第一百六十七條第(一)項、第(二)項規定，保險或者擔保繼續有效的；

(二)經營人破產的。

除本法第一百六十七條第一款規定的抗辯權，保險人或者擔保人對受害人依照本章規定提起的直接訴訟不得以保險或者擔保的無效或者追溯力終止為由進行抗辯。

第一百六十九條　依照本法第一百六十六條規定提供的保險或者擔保，應當被專門指定優先支付本章規定的賠償。

第一百七十條　保險人應當支付給經營的款項，在本章規定的第三人的賠償請求未滿足前，不受經營人的債權人的扣留和處理。

第一百七十一條　地面第三人損害賠償的訴訟時效期間為二年，自損害發生之日起計算；但是，在任何情況下，時效期間不得超過自損害發生之日起三年。

第一百七十二條　本章規定不適用於下列損害：

(一)對飛行中的民用航空器或者對該航空器上的人或者物造成的損害；

(二)為受害人同經營人或者同發生損害時對民用航空器有使用權的人訂立的合同所約束，或者為適用兩方之間的勞動合同的法律有關職工賠償的規定所約束的損害；

(三)核損害。

第十三章　對外國民用航空器的特別規定

第一百七十三條　外國人經營的外國民用航空器，在中華人民共和國境內從事民用航空活動，適用本章規定；本章沒有規定的，適用本法其他

有關規定。

第一百七十四條　外國民用航空器根據其國籍登記國政府與中華人民共和國政府簽訂的協定、協議的規定，或者經中華人民共和國國務院民用航空主管部門批准或者接受，方可飛入、飛出中華人民共和國領空和在中華人民共和國境內飛行、降落。

對不符合前款規定，擅自飛入、飛出中華人民共和國領空的外國民用航空器，中華人民共和國有關機關有權採取必要措施，令其在指定的機場降落；對雖然符合前款規定，但是有合理的根據認為需要對其進行檢查的，有關機關有權令其在指定的機場降落。

第一百七十五條　外國民用航空器飛入中華人民共和國領空，其經營人應當提供有關證明書，證明其已經投保地面第三人責任險或者已經取得相應的責任擔保；其經營人未提供有關證明書的，中華人民共和國國務院民用航空主管部門有權拒絕其飛入中華人民共和國領空。

第一百七十六條　外國民用航空器的經營人經其本國政府指定，並取得中華人民共和國國務院民用航空主管部門頒發的經營許可證，方可經營中華人民共和國政府與該外國政府簽訂的協定、協議規定的國際航班運輸；外國民用航空器的經營人經其本國政府批准，並獲得中華人民共和國國務院民用航空主管部門批准，方可經營中華人民共和國境內一地和境外一地之間的不定期航空運輸。

前款規定的外國民用航空器經營人，應當依照中華人民共和國法律、行政法規的規定，制定相應的安全保衛方案，報中華人民共和國國務院民用航空主管部門備案。

第一百七十七條　外國民用航空器的經營人，不得經營中華人民共和國境內兩點之間的航空運輸。

第一百七十八條　外國民用航空器，應當按照中華人民共和國國務院民用航空主管部門批准的班期時刻或者飛行計畫飛行；變更班期時刻或者飛行計畫的，其經營人應當獲得中華人民共和國國務院民用航空主管部門的批准；因故變更或者取消飛行的，其經營人應當及時報告中華人民共和國國務院民用航空主管部門。

第一百七十九條　外國民用航空器應當在中華人民共和國國務院民用航空主

管部門指定的設關機場起飛或者降落。

第一百八十條　中華人民共和國國務院民用航空主管部門和其他主管機關，有權在外國民用航空器降落或者飛出時查驗本法第九十條規定的文件。

外國民用航空器及其所載人員、行李、貨物，應當接受中華人民共和國有關主管機關依法實施的入境出境、海關、檢疫等檢查。

實施前兩款規定的查驗、檢查，應當避免不必要的延誤。

第一百八十一條　外國民用航空器國籍登記國發給或者核准的民用航空器適航證書、機組人員合格證書和執照，中華人民共和國政府承認其有效；但是，發給或者核准此項證書或者執照的要求，應當等於或者高於國際民用航空組織制定的最低標準。

第一百八十二條　外國民用航空器在中華人民共和國搜尋援救區內遇險，其所有人或者國籍登記國參加搜尋援救工作，應當經中華人民共和國國務院民用航空主管部門批准或者按照兩國政府協議進行。

第一百八十三條　外國民用航空器在中華人民共和國境內發生事故，其國籍登記國和其他有關國家可以指派觀察員參加事故調查。事故調查報告和調查結果，由中華人民共和國國務院民用航空主管部門告知該外國民用航空器的國籍登記國和其他有關國家。

第十四章　涉外關係的法律適用

第一百八十四條　中華人民共和國締結或者參加的國際條約同本法有不同規定的，適用國際條約的規定；但是，中華人民共和國聲明保留的條款除外。

中華人民共和國法律和中華人民共和國締結或者參加的國際條約沒有規定的，可以適用國際慣例。

第一百八十五條　民用航空器所有權的取得、轉讓和消滅，適用民用航空器國籍登記國法律。

第一百八十六條　民用航空器抵押權適用民用航空器國籍登記國法律。

第一百八十七條　民用航空器優先權適用受理案件的法院所在地法律。

第一百八十八條　民用航空運輸合同當事人可以選擇合同適用的法律，但是

法律另有規定的除外；合同當事人沒有選擇的，適用與合同有最密
切聯繫的國家的法律。

第一百八十九條　民用航空器對地面第三人的損害賠償，適用侵權行為地法
律。

民用航空器在公海上空對水面第三人的損害賠償，適用受理案件的
法院所在地法律。

第一百九十條　依照本章規定適用外國法律或者國際慣例，不得違背中華人
民共和國的社會公共利益。

第十五章　法律責任

第一百九十一條　以暴力、脅迫或者其他方法劫持航空器的，依照關於懲治
劫持航空器犯罪分子的決定追究刑事責任。

第一百九十二條　對飛行中的民用航空器上的人員使用暴力，危及飛行安
全，尚未造成嚴重後果的，依照刑法第一百零五條的規定追究刑事
責任；造成嚴重後果的，依照刑法第一百零六條的規定追究刑事責
任。

第一百九十三條　違反本法規定，隱匿攜帶炸藥、雷管或者其他危險品乘坐
民用航空器，或者以非危險品品名托運危險品，尚未造成嚴重後果
的，比照刑法第一百六十三條的規定追究刑事責任；造成嚴重後果
的，依照刑法第一百一十條的規定追究刑事責任。

企業事業單位犯前款罪的，判處罰金，並對直接負責的主管人員和
其他直接責任人員依照前款規定追究刑事責任。

隱匿攜帶槍枝子彈、管制刀具乘坐民用航空器的，比照刑法第
一百六十三條的規定追究刑事責任。

第一百九十四條　公共航空運輸企業違反本法第一百零一條的規定運輸危險
品的，由國務院民用航空主管部門沒收違法所得，可以並處違法所
得一倍以下的罰款。

公共航空運輸企業有前款行為，導致發生重大事故的，沒收違法所
得，判處罰金；並對直接負責的主管人員和其他直接責任人員依照
刑法第一百一十五條的規定追究刑事責任。

第一百九十五條　故意在使用中的民用航空器上放置危險品或者唆使他人放置危險品，足以毀壞該民用航空器，危及飛行安全，尚未造成嚴重後果的，依照刑法第一百零七條的規定追究刑事責任；造成嚴重後果的，依照刑法第一百一十條的規定追究刑事責任。

第一百九十六條　故意傳遞虛假情報，擾亂正常飛行秩序，使公私財產遭受重大損失的，依照刑法第一百五十八條的規定追究刑事責任。

第一百九十七條　盜竊或者故意損毀、移動使用中的航行設施，危及飛行安全，足以使民用航空器發生墜落、毀壞危險，尚未造成嚴重後果的，依照刑法第一百零八條的規定追究刑事責任；造成嚴重後果的，依照刑法第一百一十條的規定追究刑事責任。

第一百九十八條　聚眾擾亂民用機場秩序的，依照刑法第一百五十九條的規定追究刑事責任。

第一百九十九條　航空人員玩忽職守，或者違反規章制度，導致發生重大飛行事故，造成嚴重後果的，分別依照、比照刑法第一百八十七條或者第一百一十四條的規定追究刑事責任。

第二百條　違反本法規定，尚不夠刑事處罰，應當給予治安管理處罰的，依照治安管理處罰條例的規定處罰。

第二百零一條　違反本法第三十七條的規定，民用航空器無適航證書而飛行，或者租用的外國民用航空器未經國務院民用航空主管部門對其原國籍登記國發給的適航證書審查認可或者另發適航證書而飛行的，由國務院民用航空主管部門責令停止飛行，沒收違法所得，可以並處違法所得一倍以上五倍以下的罰款；沒有違法所得的，處以十萬元以上一百萬元以下的罰款。

適航證書失效或者超過適航證書規定範圍飛行的，依照前款規定處罰。

第二百零二條　違反本法第三十四條、第三十六條第二款的規定，將未取得型號合格證書、型號認可證書的民用航空器及其發動機、螺旋槳或者民用航空器上的設備投入生產的，由國務院民用航空主管部門責令停止生產，沒收違法所得，可以並處違法所得一倍以下的罰款；沒有違法所得的，處以五萬元以上五十萬元以下的罰款。

第二百零三條　違反本法第三十五條的規定，未取得生產許可證書、維修許可證書而從事生產、維修活動的，違反本法第九十二條、第一百四十七條第二款的規定，未取得公共航空運輸經營許可證或者通用航空經營許可證而從事公共航空運輸或者從事經營性通用航空的，國務院民用航空主管部門可以責令停止生產、維修或者經營活動。

第二百零四條　已取得本法第三十五條規定的生產許可證書、維修許可證書的企業，因生產、維修的質量問題造成嚴重事故的，國務院民用航空主管部門可以吊銷其生產許可證書或者維修許可證書。

第二百零五條　違反本法第四十條的規定，未取得航空人員執照、體格檢查合格證書而從事相應的民用航空活動的，由國務院民用航空主管部門責令停止民用航空活動，在國務院民用航空主管部門規定的限期內不得申領有關執照和證書，對其所在單位處以二十萬元以下的罰款。

第二百零六條　有下列違法情形之一的，由國務院民用航空主管部門對民用航空器的機長給予警告或者吊扣執照一個月至六個月的處罰，情節較重的，可以給予吊銷執照的處罰：

　　(一)機長違反本法第四十五條第一款的規定，未對民用航空器實施檢查而起飛的；

　　(二)民用航空器違反本法第七十五條的規定，未按照空中交通管制單位指定的航路和飛行高度飛行，或者違反本法第七十九條的規定飛越城市上空的。

第二百零七條　違反本法第七十四條的規定，民用航空器未經空中交通管制單位許可進行飛行活動的，由國務院民用航空主管部門責令停止飛行，對該民用航空器所有人或者承租人處以一萬元以上十萬元以下的罰款；對該民用航空器的機長給予警告或者吊扣執照一個月至六個月的處罰，情節較重的，可以給予吊銷執照的處罰。

第二百零八條　民用航空器的機長或者機組其他人員有下列行為之一的，由國務院民用航空主管部門給予警告或者吊扣執照一個月至六個月的處罰；有第(二)項或者第(三)項所列行為的，可以給予吊銷執照的處

罰：

(一)在執行飛行任務時，不按照本法第四十一條的規定攜帶執照和體格檢查合格證書的；

(二)民用航空器遇險時，違反本法第四十八條的規定離開民用航空器的；

(三)違反本法第七十七條第二款的規定執行飛行任務的。

第二百零九條　違反本法第八十條的規定，民用航空器在飛行中投擲物品的，由國務院民用航空主管部門給予警告，可以對直接責任人員處以二千元以上二萬元以下的罰款。

第二百一十條　違反本法第六十二條的規定，未取得機場使用許可證開放使用民用機場的，由國務院民用航空主管部門責令停止開放使用；沒收違法所得，可以並處違法所得一倍以下的罰款。

第二百一十一條　公共航空運輸企業、通用航空企業違反本法規定，情節較重的，除依照本法規定處罰外，國務院民用航空主管部門可以吊銷其經營許可證。對被吊銷經營許可證的，工商行政管理部門應吊銷其營業執照。

第二百一十二條　國務院民用航空主管部門和地區民用航空管理機構的工作人員，玩忽職守、濫用職權、徇私舞弊，構成犯罪的，依法追究刑事責任；尚不構成犯罪的，依法給予行政處分。

第十六章　附則

第二百一十三條　本法所稱計算單位，是指國際貨幣基金組織規定的特別提款權；其人民幣數額為法院判決之日、仲裁機構裁決之日或者當事人協議之日，按照國家外匯主管機關規定的國際貨幣基金組織的特別提款權對人民幣的換算辦法計算得出的人民幣數額。

第二百一十四條　本法自1996年3月1日起施行。

〈附錄三〉公務人員特種考試民航人員考試訊息

98年公務人員特種考試民航人員考試——考試簡介

　　本項考試係依「公務人員特種考試民航人員考試規則」辦理。

　　公務人員特種考試民航人員考試，設有三等考試及四等考試2個等別，三等設有飛航管制、航務管理、飛航諮詢及航空通信等4科別，四等設有航務管理、飛航諮詢及航空通信等3科別，但每年辦理考試時所設等別及科別，仍須配合用人機關任用需要予以設置。98年本項考試設三等考試飛航管制、航務管理2科別。

　　本考試應考資格：三等考試為中華民國國民，年滿18歲以上，45歲以下，並具有下列資格之一者，得應本考試三等考試。但應飛航管制科別考試者，其年齡須在35歲以下：(1)公立或立案之私立專科以上學校或經教育部承認之國外專科以上學校各所系科畢業得有證書者；(2)普通考試或相當普通考試之特種考試及格滿3年者；(3)高等檢定考試及格者。

　　本考試分二試舉行，第一試為筆試6科及英語會話，第二試為個別口試；第一試錄取者，始得應第二試。筆試應試科目之「英文」、「英語會話」中有一科成績不滿60分者，均不予錄取。

　　因應本考試錄取人員業務上之體能需要，飛航管制科別之應考人，於報名時應繳送初檢合格之體格檢查表，其體格檢查標準，除依公務人員考試體格檢查標準之規定辦理外，其視力及辨色力並應符合公務人員特種考試民航人員考試飛航管制人員體格複檢標準之規定，第一試錄取後，尚須經民航局航空醫務中心依「公務人員特種考試民航人員考試飛航管制人員體格複檢標準」嚴格之體檢合格，始得參加本考試第二試口試。另航務管理科別應考人於第一試錄取後，應依公務人員考試體格檢查標準之規定辦理體格檢查，並繳送體格檢查表。體格檢查不合格或逾期未繳送體格檢查表者，不得應第二試。

　　錄取人員須經訓練，訓練期滿成績及格，送由公務人員保障暨培訓委員會核定，始完成考試程序，報請考試院發給考試及格證書，並由交通部任用。三等考試飛航管制科別錄取人員於訓練期滿前必須通過交通部民用航空局指定之航空英語能力檢定，否則即視爲訓練成績不及格。本考試及格人員，訓練期滿成績及格取得考試及格資格之日起，實際任職6年內不得轉調交通部暨其所屬機關（構）以外機關（構）任職。

〈附錄四〉民航特考考試科目之民航法規歷屆考題

※八十二年公務人員特種考試民航人員考試（科別：空運管理）

一、試以簡單文字說明下列名詞定義：（每題10分，共50分）

    1.航空站

    2.助航設備

    3.航空貨運承攬業

    4.民用航空運輸業

    5.航空站地勤業

二、航空器飛航時應具備那些文書？（25分）

三、航空器經核准登記發登記證書後，其登記證書在何情事下失其效力？
    （25分）

※八十二年中央暨地方機關公務人員簡任升等考試（科別：飛航諮詢、航務管理）

一、何謂中華民國航空器？民用航空法有何規定以防止航空器雙重登記？試
    論述之。（25分）

二、對航空器上之乘客及載運貨物或航空器上工作人員之損害賠償額，民用
    航空法及其相關子法有何規定？其訂定之目的為何？試申論之。（25
    分）

三、航空器飛航時應具備那些文書？機長之職責如何？請分述之。（25分）

四、以強暴威脅或其他方法劫持航空器或危害飛航安全、飛航設施，均極易
    導致重大飛安事故，民用航空法對該等行為有何處罰規定？請闡述之。
    （25分）

※八十二年中央暨地方機關公務人員薦任升等考試（科別：空運管理、飛航管制、航務管理、航空通信）

一、何謂民用航空運輸業、航空貨運承攬業、普通航空業？其營業範圍如
    何？請分述之。（25分）

二、航空器飛航時應具備何種文書？如未具備或其文書失效者，應如何處理？（25分）

三、何謂機長？其在航空器上有哪些職責？（25分）

四、為維護飛航安全，民用航空法對航空站、飛行場及助航設備四周有何限制規定，請述之。（25分）

※八十二年交通事業電信、水運、民航、公路人員升資考試（升資別：員級晉升高員級；類科：民航人員業務、技術類各類科）

一、解釋下列名詞：（每小題5分，共計20分）

　　1.甲種航空貨運承攬業

　　2.飛行場

　　3.團體包機

　　4.航空器失事

二、何謂中華民國航空器？試說明之。（20分）

三、航空貨運承攬業需符合那些規定，始可申請兼營國際貿易商業文件之遞送。（20分）

四、航空貨運站對於那些貨物得拒絕進倉，試說明之。（20分）

五、何謂航空貨物集散站營業？並說明其經營業務之範圍。（20分）

※八十二年交通事業電信、水運、民航、公路人員升資考試試題（升資別：佐級晉升員級；類科：民航人員業務類業務管理、倉儲管理、事務管理）

一、解釋下列用詞：（每小題5分，共20分）

　　1.甲種民用航空運輸業

　　2.普通航空業

　　3.貨運包機

　　4.特種飛航

二、試說明航空器適航證書遇有何種情事時失其效力。（20分）

三、試說明依民用航空法規定，因航空器失事，至其所載人員失蹤，為死亡宣告之期限與程序。（20分）

四、試說明未經許可而經營民用航空運輸業者，現行民用航空法有關處罰之

規定。（20分）

五、試說明航空貨運承攬業申請設立或增設分公司時，有關資本額與增資之
規定。（20分）

※八十二年交通事業電信、水運、民航、公路人員升資考試（升資別：士級晉升佐級；類科：民航人員業務類業務管理、倉儲管理）

一、解釋下列用詞：（每小題5分，共25分）

1.航空貨運承攬業

2.航空站地勤業

3.普通航空業

4.航空器失事

5.包機

二、試說明航空器飛航時應具備之文書。（25分）

三、試說明以強暴、脅迫或其他方法危害飛航安全或其設施者，現行民用航
空法有關處罰之規定。（25分）

四、試說明民用航空運輸業客貨運價核定之程序。（25分）

※八十四年中央暨地方機關公務人員薦任升等考試（科別：空運管理、飛航管制、航務管理、航空通信）

一、試述航空客貨損害賠償辦法主要內容為何？（25分）

二、試述我國民用航空法主要內容為何？（25分）

三、試述我國民用航空法對航空器適航證書之規定。（25分）

四、試述我國民用航空法對民用航空運輸業經營有關之規定？（25分）

※八十四年中央暨地方機關公務人員簡任升等考試（科別：飛航管制、飛航諮詢）

一、試述國際民用航空組織（ICAO）之成立宗旨及其準立法權與準司法權
之概況。（25分）

二、外國航空器須依條約或協定始能前來我國航空站營運，試申述前述所稱
之條約或協定之主要內容通常包括哪些事項？（25分）

三、有關航空器失事調查，目前依我國民用航空法第八章之規定由民用航空
局進行，並將調查報告送交通部核定公告。試申述此項規定是否允當？

(25分)

四、何謂中華民國航空器？試申述其規定之各項政策意義。（25分）

※八十四年中央暨地方機關公務人員薦任升等考試（科別：空運管理、飛航管制、航務管理、航空通信）

一、試述航空客貨損害賠償辦法主要內容爲何？（25分）

二、試述我國民用航空法主要內容爲何？（25分）

三、試述我國民用航空法對航空器適航證書之規定。（25分）

四、試述我國民用航空法對民用航空運輸業經營有關之規定。（25分）

※八十六年中央暨地方機關公務人員薦任升等考試（科別：空運管理、飛航管制、航務管理、航空通信）

一、目前開放直昇機做一般運輸業務，各地區之直昇機飛行場將因需求而陸續申請設立。就現行民用航空法之條文，對於新的航空站或飛行場之設立有哪些規定，包括：(1)設立；(2)管理；(3)助航設施；(4)周圍條件等。（25分）

二、我國民用航空法對航空人員之檢定有細密規定，請就人員身分資格、訓練與僱用說明其適法性。對目前飛行員缺乏所因應之對策是否有適當的法源基礎，請說明。（25分）

三、台南航空站爲高雄小港機場之輔助航空站，民國八十五年該站之旅客流量超過180萬人次。請依民航相關法規，說明台南航空站應規劃成爲哪種類型區分之航空站，在升格前後之場站面積、場站人員編制、執行業務範圍、設施以及管理上會有何種變異，請依法令說明之。（25分）

四、民用航空法中規定的航空器之定義爲何？依現行法令，那種飛行器在那種條件下飛行，可以不須提送飛航計劃，不受飛航管制？（25分）

※八十七年特種考試交通事業民航人員考試（類別：技術員；科別：航務管理）

一、解釋下列名詞：（25分）

 1.航空器

 2.飛航管制

 3.航空人員

4.普通航空業

5.助航設備

二、我國民用航空法為保障飛安，就航空站，飛行場或助航設備區內，有何禁止活動事項規定？試說明之。（25分）

三、試就我國民用航空法（第五章飛航安全）之規定，說明領有適航證書的航空器，其所有人或使用人之義務。（25分）

四、試依我國民用航空法之規定，說明航空器登記證書在何種情況下，失其效力。（25分）

※八十八年中央暨地方機關公務人員薦任升等考試（科別：空運管理、航空電子工程、飛航管制、航務管理、航空通信）

一、試說明我國民用航空法最近修正之要點及其內容。（25分）

二、何謂國際民航五大航權？近年來「開放天空」政策對五大航權有何影響？（25分）

三、航空站飛行場之設立，須受民航主管機關監督或規範內容為何？航空站飛行場之經營原則如何？試說明之。（25分）

四、試說明航空客貨損害賠償最近修正之要點及其內容。（25分）

※八十八年中央暨地方機關公務人員簡任升等考試（科別：航務管理）

一、為配合政府推動「亞太營運中心－航空轉運中心計畫」，我國「民用航空法」曾修正那些內容，俾助於我國航空市場朝自由化、國際化發展。（25分）

二、試說明中華民國航空器之條件，及其應辦理之各項登記內容。（25分）

三、試說明我國航空客貨損害賠償額之原則內容，倘航空器使用人或運送人因故意或重大過失致發生客貨之損害，其賠償責任如何？（25分）

四、試說明「開放天空」政策對國際民航五大航權規範之影響，及我國因應之道。（25分）

※八十九年中央暨地方機關公務人員升等考試補辦考試薦任升等考試（科別：航空電子工程、航務管理）

一、在目前的民用航空法中，航空站與飛行場有何不同？助航設備與飛航管

制又有何異同？（25分）

二、航空器飛航時，應具備那些文書？試說明之。如應具備之文書不全者，
其罰則為何？（25分）

三、乘客於運送完成後，與航空器運送人發生糾紛時，民航主管單位調處時
機及調處程序為何？主管單位可否強制乘客離開航空器？（25分）

四、民用航空運輸業者應將何種資料定期送交民航局核可？（25分）

※九十年公務人員特種考試民航人員考試（三等考試）

一、試解釋下列各名詞：（每小題10分，共40分）
1.飛航情報區（Flight Information Region）
2.華沙公約（Warsaw Convention）
3.適航證書（Certificate of Airworthiness）
4.第六航權（The Sixth Freedom Traffic）

二、試依我國民用航空法之規定，說明航空器取得中華民國國籍之要件。
（20分）

三、試說明一九四四年於芝加哥簽訂之三項國際航空公約（Chicago
Conventions）所形成之戰後「國際航空大憲章」，對現代國際民航運輸
事業之影響。（20分）

四、試說明一九四六年英美簽訂之百慕達協定（Bermuda Agreement），對各
國雙邊民航關係之影響。（20分）

※九十年中央暨地方機關公務人員薦任升等考試（科別：空運管理、航空
電子工程、飛航管制、航務管理、航空通信）

一、民用航空法對「噪音防制費」與「機場回饋金」有何規定？民航局向機
場使用者收取該等費用之目的為何？（25分）

二、客於運送過程中與航空與航空器運送人發生糾紛，而於抵達目的地機場
拒絕離機（即俗稱罷機），民航局有何適法之作為？（25分）

三、為維護飛航安全，民用航空法對乘客攜帶危害飛安物品進入航空器或乘
客於航空器上使用電子用品有何規定？乘客違反前述規定罰則為何？
（25分）

四、若有民用航空運輸業者陷入財務困境，致嚴重影響航空器飛航安全之虞

時，民航局應作何種處理？若情況持續不改善，在何種狀況下可廢止其許可，註銷其許可證？（25分）

※九十一年公務人員特種考試民航人員考試（等別：三等考試；科別：飛航管制、航空通信）

一、我國「民用航空法」增修訂，對航空器國籍與所有權、適航及航空器裝備與其零組件之檢定，有那些新規定？試說明之。（20分）

二、民用航空運輸業在經營國際定期航空運輸業務，或經營國內定期航空運輸業務，應先取得或具備那些資格或條件？試說明之。（20分）

三、何謂「管制空域」？我國新修正「飛行及管制辦法」對「管制空域」如何劃定？各類空域之服務內容如何？試說明之。（20分）

四、試說明五大航權、第六航權及開放天空（OPEN SKY）政策對航權的影響。（20分）

五、配合我國加入世界貿易組織（WTO），承諾開放那些民航相關業務？對我國民航業發展有何利弊？試說明之。（20分）

※九十二年公務人員特種考試民航人員考試（三等考試）

一、我國「民用航空法」增修訂，對民用航空運輸業為避免飛安事故發生，規定應公開那些資料？試說明之。（20分）

二、試說明飛航情報區、防空識別區、禁航區、限航區及危險區之差別。（20分）

三、航空器適航檢定分類及限制條件內容如何？何種情事之航空器為不合於適航安全條件？試說明之。（20分）

四、國籍航空公司飛航「大陸台商春節返鄉專案」間接包機作業，及規避中東地區美伊戰事飛越大陸領空作業，在航權處理上有何意義？試說明之。（20分）

五、飛航服務包括飛航情報、守助及飛航管制等服務範圍，試詳細說明其服務範圍內容。（20分）

※九十四年公務人員特種考試民航人員考試（三等考試）

一、解釋下列名詞：

1.超輕型載具（10分）

2.航空人員（10分）

二、何謂機場時間帶？其與航線規劃安排之關係為何？（20分）

三、依民用航空法規定，超輕型載具活動團體之「活動指導手冊」應報經核
定後，使得從事活動；請說明該「活動指導手冊」之內容應包含哪些項
目？（20分）

四、依你所知，兩岸貨運便捷化涉及哪些談判話題？（20分）

五、航空器飛航時應具備哪些文書？（20分）

※九十五年公務人員特種考試民航人員考試（三等考試）

一、請說明航空器登記在私法及公法上之作用為何？何種航空器得登記為中
華民國國籍航空器？（25分）

二、民航法規中對航空站及其四周環境之管制規定有哪些？（25分）

三、請說明航空保安（Security）之重要性，並說明我國執行航空保安的法源
有那些？現行法規在執行上有何不足而待修正之處？（25分）

四、請依民用航空法及航空客貨損害賠償辦法說明航空器失事、航空貨物損
害及旅客運送遲延三項情事之民事賠償責任如何決定。（25分）

※九十六年公務人員特種考試民航人員考試（三等考試）

一、試申述我國民用航空法的特性為何？（20分）

二、民用航空法規範的民航事業有那幾種？試分述之。（20分）

三、試述我國民用航空局的主管事項為何？（20分）

四、民用航空法中，對旅客的死亡或受傷，貨物運送的毀損或滅失的賠償規
定為何？（20分）

五、民用航空運輸業經營國際與國內定期航線向政府申報運價的制度為何？
並申述各採不同申報制度的理由為何？（20分）

※九十七年公務人員特種考試民航人員考試（三等考試）

一、外國航空器在我國境內起降時，應具備那些文書？並說明其理由。（25
分）

二、試依據我國民用航空法暨其相關規則，解釋下列名詞：（25分）

    1.巡航駕駛員

    2.航務手冊

    3.起飛備用機場

    4.機場最低飛航限度

    5.導航性能需求

三、高齡航空器依交通部民用航空局要求受檢,使用人應備妥受檢航空器及其紀錄。試問上述受檢紀錄應包括那些資訊?(25分)

四、試問我國民用航空法共分幾章,並扼要簡述其內容?(25分)

※九十八年公務人員特種考試民航人員考試試題(三等考試)

一、試說明何謂「航空器」?並請依民用航空法對航空器之定義,解釋該法第91條(旅客運送責任)之適用範圍。(25分)

二、請由民用航空法第11條允許附條件買賣航空器或融資租賃之航空器於尚未由中華民國國民、法人或政府機關取得所有權前,登記為中華民國國籍之特別規定,說明航空器取得國籍之原則。(25分)

三、試說明何謂「包機」?並請申論民用航空法第80條應否適用於外籍民用航空運輸業所從事之包機業務。(25分)

四、請解釋民用航空法第81條限制外籍航空器或外籍民用航空運輸業,不得在中華民國境內兩地之間按有償或無償方式載運客貨、郵件或在中華民國境內經營普通航空業務之規範意義。(25分)

民航法規

作　　者／楊政樺

出 版 者／揚智文化事業股份有限公司

發 行 人／葉忠賢

總 編 輯／閻富萍

地　　址／新北市深坑區北深路三段 260 號 8 樓

電　　話／(02)8662-6826

傳　　真／(02)2664-7633

網　　址／http://www.ycrc.com.tw

E-mail ／ service@ycrc.com.tw

印　　刷／鼎易印刷事業股份有限公司

ISBN ／978-957-818-937-9

初版一刷／2003 年 12 月

二版三刷／2015 年 3 月

定　　價／新台幣 650 元

國家圖書館出版品預行編目資料

民航法規 = Civil aviation law / 楊政樺著. --
二版. -- 臺北縣深坑鄉：揚智文化, 2010.01
面；　公分.

ISBN 978-957-818-937-9（平裝）

1.航空法規

557.91　　　　　　　　　　　　　　98023255